ZUIGAORENMINJIANCHAYUAN
SIFA JIESHI ZHIDAOXING ANLI LIJIE YU SHIYONG

2016

最高人民检察院
司法解释 指导性案例
理解与适用

最高人民检察院法律政策研究室 编著

【权威解读·要旨提示·析案答疑·应用指南】

中国检察出版社

图书在版编目（CIP）数据

最高人民检察院司法解释指导性案例理解与适用. 2016 / 最高人民检察院法律政策研究室编著. —北京：中国检察出版社，2017.7

ISBN 978 - 7 - 5102 - 1922 - 1

Ⅰ.①最… Ⅱ.①最… Ⅲ.①法律解释 - 中国②案例 - 中国③法律适用 - 中国

Ⅳ.①D920. 5

中国版本图书馆 CIP 数据核字（2017）第 161234 号

最高人民检察院司法解释指导性案例理解与适用（2016）

最高人民检察院法律政策研究室　编著

出版发行：中国检察出版社

社　　址：北京市石景山区香山南路 109 号（100144）

网　　址：中国检察出版社（www. zgjccbs. com）

编辑电话：（010）86423753

发行电话：（010）86423726　86423727　86423728

经　　销：新华书店

印　　刷：北京玺诚印务有限公司

开　　本：710 mm×960 mm　16 开

印　　张：21. 25

字　　数：386 千字

版　　次：2017 年 7 月第一版　　2018 年 10 月第三次印刷

书　　号：ISBN 978 - 7 - 5102 - 1922 - 1

定　　价：66. 00 元

出版说明

  最高人民检察院就检察工作中具体应用法律的问题制定的司法解释是司法实践中司法人员执法的重要规则依据。2010 年 7 月制定的《最高人民检察院关于案例指导工作的规定》，明确规定检察机关指导性案例由最高人民检察院公开发布，作为指导全国检察机关工作的一种形式。通过选编检察机关办理的在认定事实、证据采信、适用法律和规范裁量权等方面具有普遍指导意义的案例，为全国检察机关依法办理案件提供指导和参考。司法解释和指导性案例对于统一法律适用、维护法律的公正实施具有重要意义。

  同时，最高人民检察院还发布了为数不少的事实上对法律适用活动产生重大乃至决定性影响的司法文件，这些司法文件包括却不限于"条例""办法"等。

  为帮助读者准确理解和适用最高人民检察院发布的司法解释、指导性案例及司法文件，以指导司法实践，我们特别编辑出版了《最高人民检察院司法解释指导性案例理解与适用》一书，此前已经出版了 2013－2014、2015 版，本书主要收录了 2016 年最高人民检察院及最高人民检察院与最高人民法院等部门联合制定发布的司法解释及规范性文件 23 部，指导性案例 9 个。除了个别文件外，都附有司法解释起草者或指导性案例选编者撰写的理解与适用文章。同时，为了便于读者收集整理，我们今后将每年出版一册，敬请期待。

  由于时间等原因，书中个别作者的单位有所调整，特此说明。

2016 年 6 月

目　　录

一、司法解释及规范性文件

二、指导性案例

一、司法解释及规范性文件

最高人民检察院关于全面加强
和规范刑事执行检察工作的决定

（最高人民检察院 2015 年 12 月 4 日公布　高检发〔2015〕15 号）

刑事执行检察是检察机关的一项基础业务，也是中国特色社会主义检察制度的重要组成部分。为深入贯彻修改后刑事诉讼法赋予检察机关法律监督新的职责和要求，认真落实十二届全国人大常委会对《最高人民检察院关于刑罚执行监督工作情况的报告》的审议意见，全面加强和规范刑事执行检察工作，开创刑事执行检察工作新局面，特作如下决定。

一、明确指导思想，加强组织领导

1. 明确工作的总体思路。当前和今后一个时期刑事执行检察工作的总体思路是：坚持以邓小平理论、"三个代表"重要思想和科学发展观为指导，深入学习贯彻党的十八大，十八届三中、四中、五中全会和习近平总书记系列重要讲话精神，以法治精神为引领，以努力让人民群众在每一个刑事执行案件中都感受到公平正义为目标，以强化刑事执行监督、强化人权司法保障为主线，在全面履行职责、规范司法行为、创新体制机制、提升履职能力、增强监督实效上下功夫，全面加强对刑罚执行、刑事强制措施执行、强制医疗执行的监督，努力为全面推进依法治国，保障"十三五"时期经济社会科学发展贡献力量。

2. 牢固树立"四个维护"有机统一的工作理念。牢固树立维护刑事执行公平公正、维护刑事执行场所监管秩序稳定、维护刑事被执行人合法权益、维护社会和谐稳定"四个维护"有机统一的刑事执行检察工作理念。"四个维护"目标一致、内在统一、相辅相成，是新时期刑事执行检察工作理念的发展和完善，必须全面理解、一体贯彻，形成推动工作发展的强大动力。

3. 遵循正确的工作原则。

——坚持依法监督与加强配合相结合。既要敢于监督、善于监督、规范监督，又要注重加强与被监督单位的工作配合。

——坚持实体监督与程序监督相结合。既要重视纠正实体违法，又要重视纠正程序违法。

──坚持纠正违法、查办职务犯罪与保障人权相结合。既要依法坚决打击违法犯罪行为，又要依法保护刑事被执行人的合法权益。

──坚持法律效果与政治效果、社会效果相结合。把监督效果作为评价监督工作的基本标准，既要追求良好的法律效果，又要追求良好的政治效果和社会效果。

──坚持强化刑事执行监督与强化自身监督相结合。既要依法履行监督职责，又要积极主动接受人民群众和社会各界的监督。

4. 切实加强组织领导。各级检察机关要高度重视刑事执行检察工作，真正摆上重要位置，加强领导，强化保障，狠抓落实。检察长要经常听取刑事执行检察工作汇报，定期深入基层调查研究和检查指导，及时解决影响和制约工作发展的突出问题和实际困难。主动向同级党委、人大报告刑事执行检察工作，积极争取重视和支持。适应繁重工作任务需要，积极争取政策支持，努力为刑事执行检察部门增加人员编制，把素质过硬、真抓实干、敢于担当、善于协调的优秀检察官充实到刑事执行检察部门领导岗位，注重优化刑事执行检察部门的人员结构。

二、全面履行职责，突出工作重点

5. 明确刑事执行检察职责。刑事执行检察的主要职责是：

（1）对人民法院、公安机关和监狱、看守所、社区矫正机构等执行机关执行刑罚活动和人民法院执行没收违法所得及其他涉案财产的活动是否合法实行监督；

（2）对减刑、假释、暂予监外执行的提请、审理、裁定、决定、执行活动是否合法实行监督；

（3）对监管被刑事拘留、逮捕和指定居所监视居住的犯罪嫌疑人、被告人的活动是否合法实行监督；

（4）对犯罪嫌疑人、被告人的羁押期限是否合法实行监督；

（5）对被逮捕后的犯罪嫌疑人、被告人进行羁押必要性审查；

（6）对强制医疗执行活动是否合法实行监督；

（7）对刑事执行机关的监管活动是否合法实行监督；

（8）查办和预防刑事执行活动中的职务犯罪；

（9）对罪犯又犯罪案件审查逮捕、审查起诉、出庭公诉，对罪犯又犯罪案件的立案、侦查、审判活动是否合法实行监督；

（10）受理刑事被执行人及其法定代理人、近亲属、辩护人、诉讼代理人的控告、举报和申诉；

（11）其他事项。

6. 加强刑罚交付执行和变更执行监督工作。把刑罚交付执行纳入常态化监督，及时监督纠正应当交付执行而不交付执行或者不及时交付执行，应当收押、收监而拒不收押、收监等行为。强化对减刑、假释、暂予监外执行案件提请、审理、裁定、决定、执行等各个环节的同步监督，继续加强对服刑人员中"有钱人""有权人"刑罚变更执行活动的监督，及时发现和纠正违法或者不当问题。规范和加强减刑、假释案件出庭监督工作。积极开展和切实加强财产刑执行监督工作。

7. 加强羁押必要性审查工作。切实加强羁押必要性审查工作，依法积极主动开展羁押必要性审查，准确把握犯罪嫌疑人、被告人被逮捕后继续羁押的必要性，规范操作流程、证据标准，探索建立说理告知、案件风险评估预警等制度，促进羁押必要性审查工作规范开展。

8. 加强社区矫正执行监督工作。推动社区矫正执行监督工作重心由定期专项检察监督向常态化检察监督转移，加强对社区矫正各执法环节的日常监督，重点监督纠正和预防社区服刑人员脱管、漏管等问题，促进社区矫正依法进行。

9. 加强强制医疗执行监督工作。积极探索适应强制医疗执行工作特点的监督方式和措施，以被执行人权利保护为切入点，重点加强对约束性保护措施、交付执行、监管医疗活动、中止强制医疗、解除强制医疗等执法活动的监督。

10. 加强刑事被执行人合法权益保障工作。认真办理刑事被执行人及相关人员控告、举报和申诉，注重对监管场所被羁押人员合法权益的保护，依法畅通其诉求渠道。加强刑事羁押期限监督，防止和纠正超期羁押、久押不决。依法严厉打击体罚虐待被监管人等违法犯罪活动，加强被监管人非正常死亡的检察和防范。依法重视保护未成年、年老病残和女性刑事被执行人的合法权益。加强执行死刑临场监督，保护死刑罪犯及其家属的合法权益。充分发挥刑事执行检察职能优势和作用，有效防止、及时发现和积极推动纠正冤假错案。

三、改进监督方式，强化监督手段

11. 改进派驻检察方式。坚持派驻检察这一具有中国特色的刑事执行监督方式，健全派驻检察工作制度。每月派驻检察时间不得少于十六个工作日。要深入服刑人员的劳动、学习、生活三大现场和看守所在押人员监室内开展日常监督工作，通过现场检察、与被监管人谈话、听取意见等，重点发现侵犯被监管人合法权益、破坏监管秩序、职务犯罪等违法犯罪线索和监管安全隐患，依法及时纠正、查处和督促整改。严格落实派驻检察岗位责任制和人员定期轮岗交流制度，防止出现派而不驻、驻而不察、察而不纠的问题。

12. 改进巡回检察方式。对常年关押或者收治人数较少的监管场所、指定居所监视居住场所和社区矫正活动，可以实行巡回检察。巡回检察每周不得少于一次，参加人员不得少于两人。每次巡回检察结束后，应当制作检察记录，报告重大事项，确保巡回检察扎实有效开展。

13. 改进专项检察方式。针对一个时期刑事执行活动中的突出问题，可以组织开展专项检察活动，集中时间、集中力量清理纠正或者监督整改。开展专项检察前，应当深入调研，精心准备，制定方案，加强协调。专项检察活动可以单独或者会同有关部门共同组织，强化协作配合，切实增强专项检察效果。

14. 改进巡视检察方式。上级人民检察院对下级人民检察院负责日常监督的刑事执行活动，可以组织巡视检察。市级以上人民检察院对辖区内的监管场所每年要确定一定的比例进行巡视检察。巡视检察采取明察暗访、随机抽查、突击检查和不定期检查等方式进行，不得事先通知被监督单位。每次巡视检察的时间原则上不得少于 3 天。巡视检察可以邀请人大代表、政协委员和人民监督员、特约检察员、专家咨询委员参加。巡视检察结果要及时向被监督单位的上级机关或者主管部门通报。开展巡视检察时，也要注意对下级人民检察院刑事执行监督工作进行检查。

15. 严肃查办职务犯罪。要把查办职务犯罪作为强化监督效果的最有力手段，贯穿于刑事执行监督全过程。进一步拓宽案件线索来源渠道，加强案件线索管理，严格执行案件线索报上一级人民检察院备案管理制度。对市级以上看守所、监狱的主要负责人或者监狱管理机关、公安机关、人民法院县处级以上领导干部刑事执行活动中的职务犯罪案件线索，应当层报最高人民检察院备案管理。突出办案重点，积极查处刑事执行活动中违法办理减刑假释暂予监外执行、重大监管事故、社区服刑人员脱管漏管、严重侵犯刑事被执行人合法权益等问题背后的职务犯罪。建立省级人民检察院为主导、市级人民检察院为主体、县级人民检察院为基础的办案机制，加强统一组织协调。对重大、疑难、复杂的案件，上级人民检察院应当采取提办、领办、指定异地管辖、挂牌督办、派员督办等方式，有效侦破案件。结合查办案件，加强刑事执行环节职务犯罪预防工作，促进相关部门健全制度、加强管理、堵塞漏洞。

16. 积极纠正违法行为。对刑事执行活动中的轻微违法行为可以口头纠正，对严重违法行为或者口头纠正意见不被采纳的，应当书面纠正。建立健全违法行为调查制度，细化案件受理、调查取证、制发法律文书、案卷归档等工作流程。纠正违法通知书在发出的同时，要报送上一级人民检察院，并抄送被监督单位的上级机关或者主管部门。注重监督效果，对被监督单位不纠正或者纠正不到位，应当及时报告上一级人民检察院，直至报告最高人民检察院，由上级人民检察院监督纠正。

17. 充分运用检察建议。对刑事执行活动中存在的执法不规范、安全隐患等可能导致执法不公或者监管事故等苗头性、倾向性问题，可以向有关单位发出检察建议。检察建议发出后，应当及时了解和掌握采纳落实情况。对被建议单位没有正当理由不予采纳的，可以向其上级机关或者主管部门反映有关情况，进一步督促落实。

四、推进机制改革，规范司法活动

18. 进一步深化检务公开。坚持以公开促规范，依法公开刑事执行检察的职责、依据、程序、结果、工作纪律和生效法律文书。拓展检务公开范围，创新检务公开方式，规范检务公开场所，使刑事执行检察活动更加公开透明。对有较大社会影响的刑事执行监督案件、罪犯又犯罪案件和刑事执行活动中的职务犯罪案件的办理情况，以及已经办结的典型案例，及时向社会公开。

19. 全面完善刑事执行检察业务规范。深入贯彻中央关于深化司法体制改革部署，健全刑事执行监督机制。针对刑事执行检察各项业务、各个岗位、各个环节，制定并细化工作规则，明确权力边界、司法标准、操作程序和监督责任，规范权力运行，防止权力滥用。修改完善监狱检察、看守所检察、监外执行检察等工作办法，制定羁押必要性审查、强制医疗执行监督、指定居所监视居住执行监督等新增业务规范，全面提升刑事执行检察工作规范化水平。健全与执行机关、审判机关的信息共享、案情通报、案件移送等制度。

20. 建立健全业务考核评价和管理机制。针对刑事执行检察部门、专门从事刑事执行检察业务的人民检察院、派驻监管场所检察室的不同职能，建立科学的业务数据通报和考核评价体系，重点考核减刑假释暂予监外执行同步监督、纠正违法行为、查办职务犯罪、法律文书适用等，全面准确评判刑事执行监督工作的力度、质量和效果。加强对专门从事刑事执行检察业务的人民检察院的统一业务管理和派驻监管场所检察室规范化等级动态管理，并将日常管理考核情况与评定先进基层检察院、示范检察室、检察室规范化等级结合起来。刑事执行检察部门办理的减刑假释暂予监外执行监督、羁押必要性审查、查办职务犯罪、被监管人死亡检察等案件，都应当纳入检察机关统一业务应用系统，加强管理和全程监督。

21. 严格执行十项禁令。一是严禁对刑事执行活动中的违法行为有错不纠，有案不立，压案不查；二是严禁在减刑假释暂予监外执行监督案件办理过程中为当事人说情、打招呼；三是严禁派出（派驻）检察人员未经请示，擅自对重大事项、重要案件作出决定，或者不严格执行上级决定；四是严禁未经调查、审批，擅自对外发布监管场所重大事故情况，甚至为监管场所遮掩、开脱；五是严禁弄虚作假，造假监督，拆分监督，滥发纠正违法通知书、检察建议书等法律文书；六是严禁违法会见在押人员，为在押人员传递物品信件、打探案情、通风报信，泄露办案秘密；七是严禁简单粗暴对待刑事被执行人及其近亲属，漠不关心其合理诉求和合法权益；八是严禁以权谋私，索贿受贿，徇私舞弊，办关系案、人情案、金钱案；九是严禁在刑事执行机关和监管场所领取补贴、报销费用、免费用餐；十是严禁接受刑事被执行人及其亲友、辩护人、诉讼代理人的吃请、礼物及提供的娱乐活动。违反以上禁令的，视情节轻重追究责任；构成犯罪的，依法追究刑事责任，同时对负有领导责任的院领导及部门负责人问责。

五、加强司法保障，提高履职能力

22. 加强思想政治、职业道德和纪律作风建设。始终把思想政治建设摆在队伍建设的首位，加强科学理论武装，强化职业道德教育，弘扬社会主义法治精神，践行"忠诚、执着、担当、奉献"的张飚精神，引导和教育广大刑事执行检察人员坚定理想信念，增强职业素养，坚守职业良知，严守职业纪律，努力建设一支政治坚定、素质过硬、监督有力、敢于担当、清正廉洁的刑事执行检察队伍。持之以恒加强自身反腐倡廉建设，健全定期轮岗等制度，从制度上预防和减少违法违纪问题的发生。

23. 加强专业化和履职能力建设。结合深化司法改革，优化刑事执行检察队伍结构，重点配强刑事执行检察官。建立与刑事执行检察专业化相适应的教育管理模式和培训体系，制定完善岗位素能标准。加强分类培训和专题培训，组织开展业务竞赛，强化岗位练兵，着力提高刑事执行检察人员的履职能力和水平。加强省级以上检察机关刑事执行检察人才库建设，努力培养一批刑事执行检察业务专家和标兵、能手。

24. 加强基层基础建设和经费保障。加大对刑事执行检察工作的经费投入，加强专门从事刑事执行检察业务的人民检察院办案和专业技术用房建设，保障派驻检察室有专门或者独立的用房、必要的车辆，落实派驻检察人员生活补助费。

25. 加强刑事执行检察信息化建设。坚持把科技强检作为提高刑事执行监督能力和效率效果的重要途径。加快研发和推行刑事执行检察业务应用软件，把刑事执行检察业务全面纳入到检察机关统一业务应用系统。加强派驻检察室与监管场所信息联网、监控联网和检察专线网支线"两网一线"的建设和使用，会同有关部门共同推进减刑假释网上办案平台和社区矫正信息平台建设，全面建成与刑事执行机关数据信息网络交换平台。探索建立刑事执行检察业务综合信息平台。

26. 加强刑事执行检察理论建设。重点加强对刑事执行检察重大实务和基础理论的研究，通过理论创新推进制度创新和工作创新。积极拓宽刑事执行检察理论研究平台和途径，促进理论研究成果的转化和应用，为科学决策、深化改革、制定司法解释、完善相关立法提供理论支撑。拓展与高等院校、科研院所的交流与合作，共同构建中国特色刑事执行检察理论体系。

《最高人民检察院关于全面加强和规范
刑事执行检察工作的决定》解读

袁其国 *

为深入贯彻修改后刑事诉讼法赋予检察机关法律监督新的职责和要求，认真落实十二届全国人大常委会对《最高人民检察院关于刑罚执行监督工作情况的报告》的审议意见，2015 年 12 月 4 日，高检院印发了《最高人民检察院关于全面加强和规范刑事执行检察工作的决定》（以下简称《决定》）。《决定》的出台，对于贯彻落实党中央会议精神和习近平总书记重要指示批示精神，全面落实全国人大常委会审议意见，积极回应人民群众和社会各界的关切，充分发挥刑事执行检察的职能作用，全面加强和规范刑事执行检察工作，推进刑事执行检察工作的创新发展，都具有十分重要的意义。为便于深入理解和掌握《决定》的主要精神和内容，现就《决定》的有关问题解读如下：

一、起草背景及过程

刑事执行检察是检察机关的一项基础业务，也是中国特色社会主义检察制度的重要组成部分。2001 年 9 月，最高人民检察院出台了《关于监所检察工作若干问题的规定》，2007 年 3 月，最高人民检察院出台了《关于加强和改进监所检察工作的决定》，这两个文件对于促进一个时期的监所检察工作起到了重要作用。随着刑事执行检察工作形势、任务、要求的发展变化，全国检察机关告别了有 60 多年历史的监所检察时代，正在开创刑事执行检察的新局面。面临着刑事执行检察的新形势和新任务，研究制定《决定》不仅非常必要，而且非常及时。

第一，党的十八大以来重要会议精神和全国人大常委会对《关于刑罚执行监督工作情况的报告》的审议意见，对进一步加强和规范刑事执行检察工作提出了明确要求。习近平总书记等中央领导同志多次对刑事执行检察工作作出重要指示批示，党的十八届三中、四中、五中全会也都要求检察机关加强对刑事执行活动的法律监督。十二届全国人大常委会第十七次会议听取和审议了高检院关于刑罚执行监督工作情况的报告，对刑事执行检察工作提出了很好的意见和建议。

---

* 作者单位：最高人民检察院刑事执行检察厅。

　　第二，修改后刑事诉讼法拓展了刑事执行检察职责，需要一个规范性文件引领和指导全面工作。随着修改后《刑事诉讼法》《人民检察院刑事诉讼规则（试行）》的实施和劳动教养制度的废止，原监所检察部门承担的法律监督职责有了大幅调整：有的是"从有到优"，原来固有的一些职责得到加强和优化了，如刑罚执行监督；有的是"从他有到我有"，如死刑执行临场监督；有的是"从无到有"，如指定居所监视居住执行监督、刑罚变更执行同步监督、社区矫正执行监督、强制医疗执行监督、羁押必要性审查等新的职能。从监督领域看，明确将刑罚执行、刑事强制措施执行、强制医疗执行的监督职责统一由刑事执行检察部门负责。因此，需要一个规范性文件引领和指导刑事执行检察全面工作。

　　第三，随着监所检察部门更名为刑事执行检察部门，我们的工作理念、原则、方式和要求等内容需要随之调整。2014年年底，最高人民检察院经报中编办批准，将监所检察厅更名为刑事执行检察厅。这不仅仅是简单的名称变更，而且是工作内涵和外延的调整；这既是新形势下刑事执行检察工作布局的调整，又是工作理念、工作原则、工作方式、工作要求的重大转变，标志着监所检察迈入了刑事执行检察的新时期。因此，需要一个文件对这些变化指出方向，提出要求，作出部署，提供保障，以利于更好地推动当前和今后一个时期刑事执行检察工作的科学发展。

　　第四，刑事执行检察面临不少新形势、新任务和新要求，需要我们作出有针对性的回应。2009年年初云南省晋宁县看守所发生"躲猫猫"事件以来，刑事执行检察工作得到了社会各界和新闻媒体前所未有的关注。特别是，近年来发生的广东省江门市原常务副市长林崇中违法保外就医案，广东健力宝集团原董事长张海违法减刑案，黑龙江省延寿县看守所在押人员杀警脱逃案，讷河监狱服刑罪犯利用手机网络诈骗、敲诈勒索案等，人民群众对刑事执行活动中存在的"花钱减刑""提钱出狱""牢头狱霸"、在押人员非正常死亡和脱逃等问题反映强烈。他们不仅关注刑事执行是否公平公正，而且关注检察机关是否忠实履行了法律监督职能，关注我们的法律监督是否及时、规范和有效。面对这些新形势、新任务、新要求，也需要一个规范性文件作出积极回应。

　　第五，近年来刑事执行检察工作中积累了一些好的经验和做法，也制定了一些规范性文件，这些也需要以文件的形式进行萃取和固定。近年来，最高人民检察院在全国检察机关组织开展了集中清理纠正久押不决案件、减刑假释暂予监外执行专项检察、社区服刑人员脱管漏管专项检察等活动，取得了明显成效，总结了一些好经验和好做法。同时，为不断规范刑事执行检察的司法行为，高检院制定了一些新的规范性文件，修订完善了原有的一些工作制度。这些都需要一个文件将其中的主要内容和成熟做法萃取和固定下来。

从 2015 年 2 月起，最高人民检察院启动文件起草工作，成立了专门的起草小组，进行了认真调研和论证。4 月，最高人民检察院刑事执行检察厅起草了《决定》初稿，经讨论和修改后形成了第二稿。5 月，全国检察机关刑事执行检察工作会议讨论了《决定》稿，根据会议代表意见修改形成了第三稿。6月初，高检院刑事执行检察厅下发通知，书面征求各省级院刑事执行检察部门意见，根据各地意见修改形成第四稿。在此基础上，高检院刑事执行检察厅多次召开厅务会进行研究和修改完善。9 月 14 日，最高人民检察院党组会审议了《决定》稿，要求征求有关单位意见，进一步修改完善。根据最高人民检察院党组会精神，刑事执行检察厅将《决定》稿分送各省级检察院和机关有关内设机构征求意见，根据反馈意见认真进行了研究和修改。10 月底 11 月初，中央十八届五中全会和全国人大常委会召开后，根据十八届五中全会会议精神和全国人大常委会审议高检院《关于刑罚执行监督工作情况的报告》的意见精神，对《决定》稿再次进行了修改。12 月初，刑事执行检察厅将修改完善后的《决定》稿，报送高检院领导和检委会专职委员进行审改和把关。12 月 4 日，经曹建明检察长签发后，高检院正式印发了《决定》。

二、主要内容及说明

《决定》共包括五大部分，分为 26 条。《决定》强调，刑事执行检察要牢固树立维护刑事执行公平公正、维护刑事执行场所监管秩序稳定、维护刑事被执行人合法权益、维护社会和谐稳定的工作理念，遵循依法监督与加强配合相结合，实体监督与程序监督相结合，纠正违法、查办职务犯罪与保障人权相结合，法律效果与政治效果、社会效果相结合，强化刑事执行监督与强化自身监督相结合的工作原则，以强化刑事执行监督、强化人权司法保障为主线，在全面履行职责、规范司法行为、创新体制机制、提升履职能力、增强监督实效上下功夫，全面加强对刑罚执行、刑事强制措施执行、强制医疗执行的监督。

（一）关于刑事执行检察的工作理念和工作原则

刑事执行检察工作理念的主要变化，是将原来的"三个维护"更新为现在的"四个维护"有机统一。原来，我们提的是维护刑罚执行和监管活动的公平公正、维护监管秩序稳定、维护被监管人合法权益"三个维护"的工作理念。根据刑事执行检察工作面临的新形势、新任务、新要求，在 2015 年 5月召开的全国刑事执行检察工作会议上，曹建明检察长将工作理念更新为"四个维护"有机统一，即维护刑事执行公平公正、维护刑事执行场所监管秩序稳定、维护刑事被执行人合法权益、维护社会和谐稳定。《决定》对这个重要变化作了吸收和固定，"四个维护"，目标一致、内在统一、相辅相成，是新时期刑事执行检察工作理念的发展和完善，也是对我们工作提出的新的、更高的要求，必须全面理解、一体贯彻，形成推动工作发展的强大动力。

《决定》主要确立了五项工作原则，也是对刑事执行检察提出的"五个结合"的工作要求。一是坚持依法监督与加强配合相结合。要求我们既要敢于监督、善于监督、规范监督，又要注重加强与被监督单位的工作配合。二是坚持实体监督与程序监督相结合。要求我们既要重视纠正实体违法，又要重视纠正程序违法。三是坚持纠正违法、查办职务犯罪与保障人权相结合。要求我们既要依法坚决打击违法犯罪行为，又要依法保护刑事被执行人的合法权益。四是坚持法律效果与政治效果、社会效果相结合。要求我们把监督效果作为评价监督工作的基本标准，既要追求良好的法律效果，又要追求良好的政治效果和社会效果。五是坚持强化刑事执行监督与强化自身监督相结合。要求我们既要依法履行监督职责，又要积极主动接受人民群众和社会各界的监督。

（二）关于刑事执行检察的职责范围和工作重点

刑事执行检察的职责较多，有人形象地称之为"小检察院"。为了使全国刑事执行检察人员能够明确自身担负的职责，严格按照法定职责开展工作，而不能超越职责进行监督。《决定》明确了刑事执行检察工作 11 项主要职责，包括：（1）对人民法院、公安机关和监狱、看守所、社区矫正机构等执行机关执行刑罚活动和人民法院执行没收违法所得及其他涉案财产的活动是否合法实行监督；（2）对减刑、假释、暂予监外执行的提请、审理、裁定、决定、执行活动是否合法实行监督；（3）对监管被刑事拘留、逮捕和指定居所监视居住的犯罪嫌疑人、被告人的活动是否合法实行监督；（4）对犯罪嫌疑人、被告人的羁押期限是否合法实行监督；（5）对被逮捕后的犯罪嫌疑人、被告人进行羁押必要性审查；（6）对强制医疗执行活动是否合法实行监督；（7）对刑事执行机关的监管活动是否合法实行监督；（8）查办和预防刑事执行活动中的职务犯罪；（9）对罪犯又犯罪案件审查逮捕、审查起诉、出庭公诉，对罪犯又犯罪案件的立案、侦查、审判活动是否合法实行监督；（10）受理刑事被执行人及其法定代理人、近亲属、辩护人、诉讼代理人的控告、举报和申诉；（11）其他事项。

同时，为指引各地检察机关刑事执行检察部门将主要精力放在重点工作上，《决定》要求，在全面履行刑事执行检察职责的同时，刑事执行检察部门要进一步突出工作重点，加强刑罚交付执行和变更执行监督、羁押必要性审查、社区矫正执行监督、强制医疗执行监督、刑事被执行人合法权益保障等工作。

（三）关于改进监督方式和强化监督手段

我们调研发现，实践中刑事执行检察部门的监督方式和手段均存在一些问题，影响了监督效果。就监督方式而言，有的地方派驻检察存在驻而不察、察而不纠的问题；有的地方巡回检察存在检察次数、时间要求不明确；作为刑事执行检察部门创新举措的巡视检察，仍然存在组织形式、巡视范围有待进一步规范的问题。就监督手段而言，有的地方查办职务犯罪案件数量偏少，办案结构不尽合理；有的地方纠正违法通知书、检察建议书一发了之，跟踪问效不够；个别地方存在降格使用监督手段的问题。

针对上述问题，《决定》围绕进一步增强监督实效的工作目标，就如何改进派驻检察、巡回检察、专项检察、巡视检察四种监督方式，如何强化检察建议、纠正违法、查办职务犯罪三种监督手段提出了具体意见。《决定》明确要求：改进派驻检察方式，每月派驻检察时间不得少于16个工作日。改进巡回检察方式，巡回检察每周不得少于一次，参加人员不得少于两人。改进专项检察方式，针对一个时期刑事执行活动中的突出问题，可以组织开展专项检察活动。改进巡视检察方式，上级人民检察院对下级人民检察院负责日常监督的刑事执行活动，可以组织巡视检察。刑事执行检察要强化监督手段，通过严肃查办职务犯罪，积极纠正违法行为，充分运用检察建议等方式加强监督效果。

需要强调的是，查办和预防刑事执行活动中的职务犯罪，既是刑事执行检察工作的重要内容，也是增强刑事执行法律监督刚性的重要手段，必须贯穿整个刑事执行监督全过程。这些年来，各级检察机关刑事执行检察部门坚持纠正违法与查办背后的职务犯罪相结合，对维护和促进刑事执行公平正义发挥了重要作用。但客观地讲，我们的办案情况与刑事执行活动中实际发生的职务犯罪状况相比，与人民群众的反映相比，还存在一定差距。各级检察机关刑事执行检察部门要高度重视办案工作，坚决克服畏难情绪，采取更加有力的措施，充分运用法律赋予的侦查权，依法严惩刑事执行中的职务犯罪，增强法律监督的权威和效果。

（四）关于进一步加强刑事执行检察工作

《决定》从8个方面对刑事执行检察工作进一步进行了加强。一是加强组织领导。要求各级检察机关要高度重视刑事执行检察工作，真正摆上重要位置，加强领导，强化保障，狠抓落实。二是加强五项重点工作。即加强刑罚交付执行和变更执行监督工作、羁押必要性审查工作、社区矫正执行监督工作、强制医疗执行监督工作、刑事被执行人合法权益保障工作。三是改进4种监督方式。即改进派驻检察、巡回检察、专项检察和巡视检察四种监督方式。四是强化3种监督手段。即要把查办职务犯罪作为强化监督效果的最有力的手段，积极纠正违法行为，充分运用检察建议。五是加强专业化和履职能力建设。优化队伍结构，建立与刑事执行检察专业化相适应的教育管理模式和培训体系，制定完善岗位素能标准。加强省级以上检察机关刑事执行检察人才库建设，努力培养一批刑事执行检察业务专家和标兵、能手。六是加强基层基础建设和经费保障。加大对刑事执行检察工作的经费投入，保障刑事执行检察部门有独立的办案和专业技术用房，保障派驻检察室有专门或者独立的用房、必要的执法车辆，落实派驻检察人员生活补助费。七是加强刑事执行检察信息化建设。加快研发和推行刑事执行检察业务应用软件，加强"两网一线"的建设和使用，会同有关部门共同推进减刑、假释网上办案平台和社区矫正信息平台建设，全面建成与刑事执行机关数据信息网络交换平台。探索建立刑事执行检察业务综合信息平台。八是加强刑事执行检察理论建设。重点加强对刑事执行检察重大实务和基础理论的研究，通过理论创新推进制度创新和工作创新，促进理论研究成果的转化和应用，构建中国特色刑事执行检察理论体系。

（五）关于进一步规范刑事执行检察工作

《决定》从3个方面对刑事执行检察工作进一步进行了规范。一是进一步深化检务公开。坚持以公开促规范，依法公开刑事执行检察的职责、依据、程序、结果、工作纪律和生效法律文书，不断拓展检务公开范围，创新检务公开方式，规范检务公开场所，使刑事执行检察活动更加公开透明。对有较大社会影响的刑事执行监督案件、罪犯再犯罪案件和刑事执行活动中的职务犯罪案件的办理情况，以及已经办结的典型案例，及时向社会公开。二是全面完善刑事执行检察业务规范。深入贯彻中央关于深化司法体制改革部署，健全刑事执行监督机制。针对刑事执行检察各项业务、各个岗位、各个环节，制定细化工作规则，明确权力边界、司法标准、操作程序和监督责任，规范权力运行，防止权力滥用。修改完善监狱检察、看守所检察、监外执行检察等工作办法，制定羁押必要性审查、强制医疗执行监督、指定居所监视居住执行监督等新增业务规范，全面提升刑事执行检察工作规范化水平。三是建立健全业务考核评价和管理机制。针对刑事执行检察部门、刑事执行检察院、派驻监管场所检察室的不同职能，建立科学的业务数据通报和考核评价体系，全面准确评判刑事执行监督工作的力度、质量和效果。加强对刑事执行检察院的统一业务管理和派驻监管场所检察室规范化等级动态管理，并将日常管理考核情况与评定先进基层检察院、示范检察室、检察室规范化等级结合起来。刑事执行检察部门办理的减刑、假释、暂予监外执行监督、羁押必要性审查、查办职务犯罪、被监管人死亡检察等案件，都应当纳入检察机关统一业务应用系统，加强管理和全程监督。

（六）关于刑事执行检察人员"十项禁令"

《决定》规定了刑事执行检察人员的"十项禁令"。研究制定刑事执行检察人员"十项禁令"，主要基于以下考虑：第一，这是规范刑事执行检察人员司法行为的需要。从 2015 年年底开始，最高人民检察院在全国检察机关部署开展了为期 1 年的规范司法行为专项整治工作，刑事执行检察厅也印发了《全国检察机关刑事执行检察部门深入开展规范司法行为专项整治工作的指导意见》。我们认为，应当以这次制定《决定》为契机，就如何进一步规范刑事执行检察人员的司法行为提出明确要求。第二，这是保证刑事执行检察工作健康发展的需要。当前，刑事执行检察职责得到了较大拓展，也可以说权力大了，但随之也带来了责任加重和权力滥用的风险。我们认为，刑事执行检察人员在监督别人执法行为的同时，更要注重对自身司法行为的监督。越是在刑事执行检察职责得以加强和拓展的时候，越是要进一步规范刑事执行检察行为。只有这样才能保证刑事执行检察权依法正确行使，才能不断提高刑事执行检察的司法公信力。第三，这是预防刑事执行检察人员违纪违法的需要。当前，一些地方仍然存在个别刑事执行检察人员违纪违法问题，高检院对此高度重视，深入分析了近年来全国刑事执行检察人员违纪违法的原因，排查出了容易导致刑事执行检察人员违纪违法的廉政风险点。为有效预防刑事执行检察人员违纪违法，《决定》中明确提出"十项禁令"。"十项禁令"既有利于维护司法公正，规范司法行为，也有利于加强队伍管理，保护我们的工作人员。

三、《决定》的学习和贯彻

《决定》是最高人民检察院加强和规范刑事执行检察工作的重要指导性文件，认真学习和贯彻《决定》，全面贯彻落实文件精神，是各级检察机关特别是刑事执行检察部门的一项重大任务。各级检察机关刑事执行检察部门应当充分认识做好刑事执行检察工作的重要意义，高度重视刑事执行检察工作，准确把握《决定》的精神实质和具体要求，积极贯彻落实《决定》提出的任务和要求，全面加强和规范刑事执行检察工作，开创刑事执行检察工作新局面。特别是，要注意把握好以下几点：

第一，注意与贯彻落实全国人大常委会对《关于刑罚执行监督工作情况的报告》的审议意见结合起来。全国人大常委会组成人员从工作摆布、推进改革、加强机构和队伍建设、加强协调配合等方面对刑事执行检察工作提出了很好的意见和建议，《决定》出台也是对这些审议意见的贯彻落实，因此要注意把二者结合起来，一并进行学习和贯彻。

第二，注意与学习贯彻全国检察机关刑事执行检察工作会议精神结合起来。全国检察机关刑事执行检察工作会议是监所检察厅更名为刑事执行检察厅后召开的第一次全国性工作会议，具有划时代的重要意义。高检院党组非常重视，曹建明检察长亲自出席并作了重要讲话。会议首次提出了一个工作思路、两条工作主线、3 个监督领域、4 个更加维护理念、6 条工作经验、8 个方面转变、8 个方面能力建设，指明了当前和今后一个时期刑事执行检察工作的发展方向和工作重点。《决定》的不少内容是对这次会议成果的提炼和固定。

第三，注意对今后刑事执行检察工作的引领和指导。当前，刑事执行检察工作既面临一些长期未能很好解决的老问题，也面临近年来出现的一些新问题，《决定》从理念、原则、工作重点、工作规范等方面进行了一些顶层设计，实际上是当前和今后一个时期刑事执行检察工作的指挥棒，需要发挥引领和指导作用。

第四，注意与其他刑事执行检察规范性文件的协调统一。近年来，最高人民检察院先后出台了一些规范刑事执行检察业务工作的规范性文件，如《人民检察院办理减刑、假释案件规定》《人民检察院临场监督执行死刑工作规则（试行）》《关于在刑事执行检察工作中防止和纠正冤假错案的指导意见》《人民检察院刑事执行检察部门预防和纠正超期羁押和久押不决案件工作规定（试行）》等。《决定》对这些文件中的基础性的、重要的内容予以合理吸收，对已经不合时宜的内容进行了修改完善。要注意协调统一地学习和贯彻。

食品药品行政执法与刑事司法衔接工作办法

（国家食品药品监督管理总局、公安部、最高人民法院、最高人民检察院、
国务院食品安全办 2015 年 12 月 22 日公布　食药监稽〔2015〕271 号）

第一章　总　　则

第一条　为进一步健全食品药品行政执法与刑事司法衔接工作机制，加大对食品药品领域违法犯罪行为打击力度，切实维护人民群众生命安全和身体健康，根据《中华人民共和国刑法》《中华人民共和国刑事诉讼法》《中华人民共和国食品安全法》《中华人民共和国药品管理法》等法律、行政法规和相关司法解释，制定本办法。

第二条　本办法适用于各级食品药品监管部门、公安机关、人民检察院、人民法院办理的食品（含食品添加剂）、药品、医疗器械、化妆品等领域涉嫌违法犯罪案件。

第三条　各级食品药品监管部门、公安机关、人民检察院、人民法院之间应当建立健全线索通报、案件移送、信息共享、信息发布等工作机制。

第四条　人民检察院对食品药品监管部门移送涉嫌犯罪案件活动和公安机关对移送案件的立案活动，依法实施法律监督。

第二章　案件移送与法律监督

第五条　食品药品监管部门在查办食品药品违法案件过程中，发现涉嫌犯罪，依法需要追究刑事责任的，应当及时将案件移送公安机关，并抄送同级人民检察院。

食品药品监管部门向公安机关移送的案件，应当符合下列条件：

（一）实施行政执法的主体与程序合法。

（二）有证据证明涉嫌犯罪事实发生。

第六条　食品药品监管部门在查处食品药品违法行为过程中，应当妥善保存所收集的与违法行为有关的证据。

第七条 食品药品监管部门向公安机关移送涉嫌犯罪案件，应当自作出移送决定之日起 24 小时内移交案件材料，并将案件移送书抄送同级人民检察院。

食品药品监管部门向公安机关移送涉嫌犯罪案件，应当附有下列材料：

（一）涉嫌犯罪案件的移送书；

（二）涉嫌犯罪案件情况的调查报告；

（三）涉案物品清单；

（四）有关检验报告或者鉴定意见；

（五）其他有关涉嫌犯罪的材料。

公安机关认为需要补充材料的，食品药品监管部门应当及时提供。

第八条 人民检察院发现食品药品监管部门不依法移送涉嫌犯罪案件线索的，应当及时与食品药品监管部门协商，并可以派员调阅、查询有关案卷材料；对于涉嫌犯罪的，应当提出建议依法移送的检察意见。食品药品监管部门应当自收到检察意见之日起 3 日内将案件移送公安机关，并将执行情况通知人民检察院。

第九条 公安机关对食品药品监管部门按照本办法第七条规定移送的涉嫌犯罪案件，一般应当自受理之日起 10 日内依法作出立案或者不予立案的决定；案情重大的，应当自受理之日起 30 日内作出立案或者不予立案的决定；特殊情况下，受案单位报经上一级公安机关批准，可以再延长 30 日作出决定。

公安机关作出立案、不予立案、撤销案件决定的，应当自作出决定之日起 3 日内书面通知食品药品监管部门，同时抄送人民检察院。公安机关作出不予立案或者撤销案件决定的，应当将案卷材料退回食品药品监管部门，并说明理由。

第十条 食品药品监管部门认为公安机关不予立案决定不当的，可以在接到不予立案通知书之日起 3 日内提请复议，公安机关应当在接到复议请求之日起 3 日内作出立案或者不予立案的复议决定，并书面通知食品药品监管部门。

对于公安机关逾期未作出是否立案决定，以及对不予立案决定、复议决定、立案后撤销案件决定有异议的，食品药品监管部门可以建议人民检察院予以立案监督。

第十一条 食品药品监管部门建议人民检察院进行立案监督的案件，应当提供立案监督建议书、相关案件材料，并附公安机关不予立案、立案后撤销案件决定及说明理由的材料，复议维持不予立案决定的材料或者公安机关逾期未作出是否立案决定的材料。

人民检察院认为需要补充材料的，食品药品监管部门应当及时提供。

第十二条 食品药品监管部门对于不追究刑事责任的案件，应当依法作出行政处罚或者其他处理。

食品药品监管部门向公安机关移送涉嫌犯罪案件前，已经作出的警告、责令停产停业、暂扣或者吊销许可证的行政处罚决定，不停止执行；向公安机关移送涉嫌犯罪案件时，应当附有行政处罚决定书。已经作出罚款行政处罚的，人民法院在判处罚金时依法折抵。未作出行政处罚决定的，原则上应当在公安机关决定不予立案或者撤销案件、人民检察院作出不起诉决定、人民法院作出无罪判决或者免予刑事处罚后，再决定是否给予行政处罚。

第十三条　公安机关对发现的食品药品违法行为，经审查没有犯罪事实，或者立案侦查后认为犯罪事实显著轻微、不需要追究刑事责任，但依法应当予以行政处罚的，应当及时将案件移交食品药品监管部门。

第十四条　人民检察院对作出不起诉决定的案件、人民法院对作出无罪判决或者免予刑事处罚的案件，认为依法应当给予行政处罚的，应当及时移交食品药品监管部门处理，并可以提出检察意见或者司法建议。

第十五条　对于尚未作出生效裁判的案件，食品药品监管部门依法应当作出责令停产停业、吊销许可证等行政处罚，需要配合的，公安机关、人民检察院、人民法院应当给予配合。

对于人民法院已经作出生效裁判的案件，依法还应当由食品药品监管部门作出吊销许可证等行政处罚的，食品药品监管部门可以依据人民法院生效裁判认定的事实和证据依法予以行政处罚。食品药品监管部门认为上述事实和证据有重大问题的，应当及时向人民法院反馈，并在人民法院通过法定程序重新处理后，依法作出处理。

第十六条　对流动性、团伙性、跨区域性危害食品药品安全犯罪案件的管辖，依照最高人民法院、最高人民检察院、公安部等部门联合印发的《关于办理流动性、团伙性、跨区域性犯罪案件有关问题的意见》（公通字〔2011〕14号）相关规定执行。

第十七条　案件移送中涉及多次实施危害食品药品安全违法行为，未经处理的，涉案产品的销售金额或者货值金额累计计算。

第十八条　食品药品监管部门在行政执法和查办案件过程中依法收集的物证、书证、视听资料、电子数据、检验报告、鉴定意见、勘验笔录、检查笔录等证据材料，经公安机关、人民检察院审查，人民法院庭审质证确认，可以作为证据使用。

第三章　涉案物品检验与认定

第十九条　公安机关、人民检察院、人民法院办理危害食品药品安全犯罪案件，商请食品药品监管部门提供检验结论、认定意见协助的，食品药品监管部门应当按照公安机关、人民检察院、人民法院刑事案件办理的法定时限要求积极协助，及时提供检验结论、认定意见，并承担相关费用。

第二十条　地方各级食品药品监管部门应当及时将会同有关部门认定的食品药品检验检测机构名单、检验检测资质及项目等，向公安机关、人民检察院、人民法院通报。

第二十一条　对同一批次或者同一类型的涉案食品药品，如因数量较大等原因，无法进行全部检验检测，根据办案需要，可以依法进行抽样检验检测。公安机关、人民检察院、人民法院对符合行政执法规范要求的抽样检验检测结果予以认可，可以作为该批次或该类型全部涉案产品的检验检测结果。

第二十二条　对于符合《最高人民法院最高人民检察院关于办理危害食品安全刑事案件适用法律若干问题的解释》（法释〔2013〕12号）第一条第二项中属于病死、死因不明的畜、禽、兽、水产动物及其肉类、肉类制品和第三项规定情形的涉案食品，食品药品监管部门可以直接出具认定意见并说明理由。

第二十三条　对于符合《中华人民共和国药品管理法》第四十八条第三款第一、二、五、六项规定情形的涉案药品，地市级以上食品药品监管部门可以直接出具认定意见并说明理由；确有必要的，应当载明检测结果。

第二十四条　根据食品药品监管部门或者公安机关、人民检察院的委托，对尚未建立食品安全标准检验方法的，相关检验检测机构可以采用非食品安全标准等规定的检验项目和检验方法对涉案食品进行检验，检验结果可以作为定罪量刑的参考。通过上述办法仍不能得出明确结论的，根据公安机关、人民检察院的委托，地市级以上的食品药品监管部门可以组织专家对涉案食品进行评估认定，该评估认定意见可作为定罪量刑的参考。

对药品的检验检测按照《中华人民共和国药品管理法》及其实施条例等有关规定执行。

对医疗器械的检测按照《医疗器械监督管理条例》有关规定执行。

第二十五条　食品药品监管部门依据检验检测报告、结合专家意见等相关材料得出认定意见的，应当按照以下格式出具结论：

（一）假药案件，结论中应写明"经认定，……属于假药（或者按假药论处）"；

（二）劣药案件，结论中应写明"经认定，……属于劣药（或者按劣药论处）"；

（三）生产、销售不符合食品安全标准的案件，符合《最高人民法院最高人民检察院关于办理危害食品安全刑事案件适用法律若干问题的解释》（法释〔2013〕12号）第一条相关情形的，结论中应写明"经认定，某食品……不符合食品安全标准，足以造成严重食物中毒事故（或者其他严重食源性疾病）"；

（四）生产、销售不符合保障人体健康的国家标准、行业标准的医疗器械案件，符合最高人民检察院、公安部联合印发的《关于公安机关管辖的刑事案件立案追诉标准的规定（一）》（公通字〔2008〕36号）第二十一条相关情形的，结论中应写明"经认定，某医疗器械……不符合国家标准、行业标准，足以严重危害人体健康"；

（五）其他案件也均应写明认定涉嫌犯罪应当具备的结论性意见。

第二十六条　办案部门应当及时告知犯罪嫌疑人、被害人或者其辩护律师、法定代理人，在涉案物品依法处置前提出重新或补充检验检测、认定的申请。

第四章　协作配合

第二十七条　食品药品监管部门在日常工作中发现属于《中华人民共和国食品安全法》《中华人民共和国药品管理法》规定的明显涉嫌犯罪的案件线索，应当立即以书面形式向同级公安机关通报。

公安机关应当及时进行审查，必要时可以进行初查。初查过程中，公安机关可以依法采取询问、查询、勘验、鉴定和调取证据材料等不限制被调查对象人身、财产权利的措施。对符合立案条件的，公安机关应当及时依法立案侦查。

第二十八条　各级食品药品监管部门在日常监管、监督抽检、风险监测和处理投诉举报中发现的食品药品重要违法信息，应当及时通报同级公安机关；公安机关应当将侦办案件中发现的重大监管问题通报食品药品监管部门。

公安机关在侦查食品药品犯罪案件中，已查明涉案食品药品流向的，应当及时通报同级食品药品监管部门依法采取控制措施。

第二十九条　食品药品监管部门和公安机关在查办食品药品违法犯罪案件过程中发现包庇纵容、徇私舞弊、贪污受贿、失职渎职等涉嫌职务犯罪行为的，应当及时将线索移送人民检察院。

第三十条　食品药品监管部门、公安机关、人民检察院、人民法院应当相互配合、支持，及时、全面回复专业咨询。

第三十一条　食品药品监管部门、公安机关和人民检察院，应当加强对重大案件的联合督办工作。

国家食品药品监督管理总局、公安部、最高人民检察院可以对下列重大案件实行联合督办：

（一）在全国范围内有重大影响的案件；

（二）引发公共安全事件，对公民生命健康、财产造成特别重大损害、损失的案件；

（三）跨地区，案情复杂、涉案金额特别巨大的案件；

（四）其他有必要联合督办的重大案件。

第三十二条　各级食品药品监管部门、公安机关、人民检察院、人民法院之间建立食品药品违法犯罪案件信息发布的沟通协作机制。发布案件信息前，应当互相通报情况；联合督办的重要案件信息应当联合发布。

第三十三条　各级食品药品监管部门、公安机关、人民检察院应当定期召开联席会议，通报案件办理工作情况，研究解决重大问题。

第三十四条　各级食品安全委员会办公室负责推动建立地区间、部门间食品案件查办联动机制，协调相关部门解决办案协作、涉案物品处置等方面重大问题。

第五章　信息共享

第三十五条　各级食品药品监管部门、公安机关、人民检察院应当积极建设行政执法与刑事司法衔接信息共享平台，逐步实现涉嫌犯罪案件的网上移送、网上受理、网上监督。

第三十六条　已经接入信息共享平台的食品药品监管部门、公安机关、人民检察院，应当在作出相关决定之日起7日内分别录入下列信息：

（一）适用一般程序的食品药品违法案件行政处罚、案件移送、提请复议和建议人民检察院进行立案监督的信息；

（二）移送涉嫌犯罪案件的立案、复议、人民检察院监督立案后的处理情况，以及提请批准逮捕、移送审查起诉的信息；

（三）监督移送、监督立案以及批准逮捕、提起公诉的信息。

尚未建成信息共享平台的食品药品监管部门、公安机关、人民检察院，应当自作出相关决定后及时向其他部门通报前款规定的信息。

第三十七条　各级食品药品监管部门、公安机关、人民检察院应当对信息共享平台录入的案件信息及时汇总、分析，定期对平台运行情况总结通报。

第六章　附　　则

第三十八条　各省、自治区、直辖市的食品药品监管部门、公安机关、人民检察院、人民法院可以根据本办法制定本行政区域的实施细则。

第三十九条　本办法自发布之日起施行。

《食品药品行政执法与刑事司法衔接工作办法》理解与适用

韩晓峰　傅　铎　李薇薇*

2015 年年底，国家食品药品监督管理总局（以下简称食药监总局）、公安部、最高人民法院、最高人民检察院、国务院食品安全办联合发布了《食品药品行政执法与刑事司法衔接工作办法》（以下简称《办法》）。《办法》明确了危害食品药品涉嫌犯罪案件的移送程序、移送条件、法律监督、涉案物品检验与认定等问题，从顶层设计的高度完善了食品药品监管领域"两法衔接"长效机制，对全面推动行政执法与刑事司法衔接机制的建立与完善将起到"破冰"的作用，具有标志性意义。检察机关在"两法衔接"工作中如何履行法律监督职能，《办法》就相关问题进行了规范。为便于检察人员准确理解和适用《办法》，更好地发挥检察职能作用，促进"两法衔接"机制特别是在食品药品监管领域的无缝对接，现就《办法》规定的相关问题作简要解读。

一、起草背景和过程

近年来，危害食品药品安全的违法犯罪行为时有发生，诸如"三聚氰胺"乳制品、福喜公司使用过期劣质肉事件，尤其近期山东发生的非法经营疫苗系列案件、上海发生的假奶粉事件等，不仅危害人民群众的生命安全和身体健康，而且在某种程度上造成了社会恐慌，严重损害了政府公信力。为维护人民群众的切身利益，保证"舌尖上的安全"与用药安全，近年来，食品药品监督管理部门（以下简称食药监部门）、公安机关、检察机关发挥各自的职能优势，针对不同重点，开展了各种形式的打击危害食品药品安全违法犯罪专项活动。实践中，一些问题也逐渐暴露出来，比如行政执法中获取的证据不能顺利转化为刑事证据，行政执法机关移送涉嫌犯罪案件少，行政处罚和刑事处罚衔接不畅，涉案物品检验检测难、鉴定认定难，刑事诉讼中因认识分歧致使惩治不力，等等。

为解决执法司法实践中遇到的突出问题，进一步增强依法打击危害食品药品安全犯罪的合力，食药监总局和公安部按照中央改革任务以及分工要求，已在较早时间前牵头启动了食品药品行政执法与刑事司法衔接机制规范性文件的

---

* 作者单位：最高人民检察院侦查监督厅。

起草工作。2015 年 11 月，形成了《办法》初稿，征求最高检意见。最高检经认真研究，认为有三个方面的问题需要在《办法》中予以明确规定：一是如何发挥检察机关在"两法衔接"中的法律监督作用；二是完善检察机关对涉嫌食品药品犯罪案件建议移送、监督立案等重要程序；三是建立"两法衔接"信息共享机制。最高检侦查监督厅就上述问题提出了明确意见，增加在《办法》初稿中，并先后征求了最高检公诉厅、法律政策研究室及 15 个省级检察院侦查监督部门的意见，三次听取会签单位相关同志的意见。会签单位的同志本着认真负责、求同存异、切实管用的原则对文稿进行逐条研究修改，并很快达成了一致意见，于 2015 年 12 月 22 日联合将《办法》下发执行。

二、起草中总体把握的几个问题

《办法》在起草过程中，坚持问题导向和底线思维，从解决工作困难和问题出发，从抓住关键环节入手，着力构建"两法衔接"长效机制，努力为完善食品药品监管体系、为依法惩治危害食品药品安全违法犯罪提供执法依据和制度支撑。

（一）落实好习近平总书记对食品药品安全工作"四个最严"指示的要求。2013 年 12 月召开的中央农村工作会议上，习近平总书记指出，能不能在食品安全上给老百姓一个满意的交代，是对我们执政能力的重大考验，要用最严谨的标准、最严格的监管、最严厉的处罚、最严肃的问责，确保广大人民群众"舌尖上的安全"。时隔一年半，中共中央政治局于 2015 年 5 月 29 日就健全公共安全体系进行第二十三次集体学习时，习近平总书记再次强调，用"四个最严"要求，切实加强食品药品安全监管。《办法》作为科学完善的食品药品安全治理体系的有机组成部分，坚决落实"四个最严"要求，加大各个环节执法力度，至少在机制上落实"最严厉的处罚"的要求。

（二）为整个行政执法领域"两法衔接"长效机制的建立与完善起到示范作用。十八届四中全会提出"健全行政执法和刑事司法衔接机制，完善案件移送标准和程序，建立行政执法机关、公安机关、检察机关、审判机关信息共享、案情通报、案件移送制度，坚决克服有案不移、有案难移、以罚代刑现象，实现行政处罚和刑事处罚无缝对接"的明确要求。《办法》作为四中全会后"两法衔接"首个机制建设成果，充分发挥检察机关的法律监督职能，从食品药品监管领域开启破冰之旅，探索建立完善整个行政执法领域"两法衔接"长效机制的经验，对解决长期以来存在的"发现线索难、立案监督难、监督处理难"问题，具有推动和示范作用。

（三）通过严格规范办案，实现执法司法无缝衔接。2011 年 2 月通过的《刑法修正案（八）》，对涉及食品药品犯罪的有关条文予以修订，修改完善了生产销售假药罪、生产销售不符合食品安全标准的食品罪、生产销售有毒有害食品罪3个罪名，新增食品安全监管失职罪，加强了对食品药品安全的刑法保护。最高人民法院、最高人民检察院共同研究制定司法解释，于2013年5月发布《关于办理危害食品安全刑事案件适用法律若干问题的解释》，2014年11月发布《关于办理危害药品安全刑事案件适用法律若干问题的解释》，指导司法实务部门准确适用法律。2015年4月新修订的《食品安全法》和《药品管理法》公布，进一步完善了食品药品执法依据。《办法》作为指导执法办案的制度规范，充分考虑了相关法律、司法解释的重要意义，力促行政执法活动要敏锐发现可能存在涉嫌犯罪问题，及时移送案件，及时立案侦查，提高案件质量，保证打击效果。

三、《办法》主要内容及说明

《办法》共39条，分为总则、案件移送与法律监督、涉案物品检验与认定、协作配合、信息共享、附则六章，体现和吸收了《行政执法机关移送涉嫌犯罪案件的规定》（国务院第310号令）、《中共中央办公厅国务院办公厅转发国务院法制办等部门〈关于加强行政执法与刑事司法衔接工作的意见〉的通知》（中办发〔2011〕8号）的精神和内容，对基层执法办案过程中遇到的普遍性问题进行规范，起到统一标准、统一认识、统一操作的作用。与检察工作密切相关的主要有以下几个方面。

（一）关于总则的规定

1. 明确了适用主体和案件范围。《办法》第二条规定，《办法》适用于各级食药监部门、公安机关、检察院、法院，上述主体在办理涉及食品（含食品添加剂）、药品、医疗器械、化妆品行政执法和刑事犯罪案件时，应当遵从和执行本《办法》。也就是说，相应各个环节的执法司法活动，《办法》对其均有约束力，意在消除衔接过程中的阻滞。

2. 提出了"两法衔接"机制建立的基本要求。《办法》第三条对各级食药监部门、公安机关、检察机关、法院完善"两法衔接"机制作出具体规定，即建立健全线索通报、案件移送、信息共享、信息发布等工作机制，由此实现行政处罚和刑事处罚的无缝对接。

3. 界定了检察机关法律监督的范围和对象。《办法》第四条规定，检察机关对食药监部门移送涉嫌犯罪案件活动和公安机关对移送案件的立案活动，依法实施法律监督。这部分内容规定在总则中，确立了相关涉嫌犯罪案件的移送、立案活动接受检察监督的原则，突出了检察机关在食品药品"两法衔接"机制中的重要作用，也准确地将这种监督职能定位于对行政执法权和侦查权运行的保障和补充，体现了检察监督突出重点、有节制、讲方式、重成效的监督原则。

（二）关于案件移送与法律监督的规定

1. 明确了公安机关对食药监部门移送案件的立案期限，解决了检察机关对公安机关长期不作出立案决定导致难以启动立案监督的实践难题。《办法》第九条规定，公安机关对于食药监部门移送的一般和重大涉嫌犯罪案件，分别应当在 10 日内和 30 日内作出是否立案的决定，特殊情况下报经上一级公安机关批准，可再延长 30 日，并在第十条中规定了逾期未作出是否立案决定的救济途径。目前，《刑事诉讼法》对立案前的审查期限没有作出规定，公安部出台的《公安机关办理刑事案件程序规定》对行政执法机关移送的案件，规定公安机关应当自接受案件之日起 3 日以内进行审查，但未规定作出是否立案决定的期限。于是，实践中出现公安机关接受移送后长期不作出是否立案决定的情形，对此应不应该进行立案监督，各地做法不一，比较混乱。制定《办法》时，参照《公安机关办理经济犯罪案件的若干规定》（公通字〔2005〕101 号）有关立案审查时限的内容，经多次磋商形成了现行条文。

2. 明确了食药监部门、公安机关向检察机关抄送有关材料的要求。《办法》第七条、第九条中均作出相应规定，即食药监部门移送涉嫌犯罪案件，公安机关对移送的案件作出立案、不予立案、撤销案件决定的，要抄送检察机关，以保证检察机关及时掌握情况，实时启动监督程序。

3. 规定了检察机关监督食药监部门移送涉嫌犯罪案件的程序和效力。《办法》第八条规定，检察机关发现食药监部门不依法移送涉嫌犯罪案件线索的，可以派员调阅、查询有关案卷材料；认为涉嫌犯罪的，应当提出建议移送的检察意见。食药监部门要在 3 日内将案件移送公安机关，并将执行情况通知检察机关。对具体调查方式、检察意见的效力予以规定，有利于取得食药监部门的配合，减小了检察机关的调查难度，增加监督的刚性。

4. 细化了食药监部门建议检察机关立案监督的范围和应提供的材料，规范了食药监部门移送案件与检察机关法律监督之间的衔接问题。《办法》第十条规定，对于公安机关逾期未作出是否立案决定，以及对不予立案决定、复议决定、案后撤销案件决定有异议的，食药监部门可以建议检察机关予以立案监督。第十一条列举了食药监部门建议立案监督时应当提供的文书和材料，以便于检察机关全面审查、客观判断。

5. 强化了刑事处罚和行政处罚的双向衔接。第十四条规定，检察机关对作出不起诉决定的案件、法院对作出无罪判决或者免予刑事处罚的案件，需要依法给予行政处罚的，应当及时移交给食药监部门，同时可以提出检察意见或者司法建议。这体现了食品药品犯罪案件刑事处罚和行政处罚双重适用的原则，增强了打击违法犯罪的彻底性。

6. 明确了特殊类型案件的管辖。《办法》第十六条规定，最高人民法院、最高人民检察院、公安部等部门联合印发的《关于办理流动性、团伙性、跨区域性犯罪案件有关问题的意见》（公通字〔2011〕14号）有关管辖的规定，适用于危害食品药品安全犯罪案件。实践中，大量案件存在生产、储藏、运输、销售、结算行为分布在不同地域的情形，办案部门因管辖问题的认识分歧导致部分案件未能及时有效查处。《办法》对此类案件的管辖原则予以规定，检察机关在开展批捕、起诉、监督工作时就有了明确依据。

7. 强调了惩治、预防职务犯罪的要求。《办法》第二十九条规定，食药监部门和公安机关办案中发现涉嫌职务犯罪的线索，应当及时向检察机关移送。此规定不光是为了体现检察机关查办职务犯罪的职能，更重要的是发挥警示作用，提醒行政执法人员在履行职责时切记不可失职渎职。

（三）关于证据资格和涉案物品检验检测与认定的规定

1. 确立了行政执法获取的部分非言词证据在刑事诉讼中的证据资格。针对实践中危害食品药品安全犯罪案件的特殊性，根据最高人民法院的意见，《办法》第十八条规定，除了物证、书证、视听资料、电子数据外，检验报告、鉴定意见、勘验笔录、检查笔录等证据材料，经公安机关、检察机关审查，法院庭审质证确认，可以作为证据使用。这一规定，解决了重复检验鉴定、勘验检查浪费司法资源，降低诉讼效率，或者因失去重新取证条件导致的案件难以处理等问题。而且通过强调这类证据必须经过司法审查才能取得证据资格，既可防止因证据把关不严造成案件质量不高的问题，又提高了打击犯罪的效率。

2. 明确了食药监部门协助开展检验检测的责任和义务。《办法》第十九条、第二十条规定，食药监部门应当向公安机关、检察院、法院及时通报食品药品检验检测机构名单、检验检测资质及项目，按照刑事案件办理的时限要求提供检验结论、认定意见，意在解决检不了、检得慢、鉴定机构不足、鉴定意见与证据规格、证据效力不匹配等问题。规定由食药监部门承担相关费用，从经费保障方面减轻了公安机关办案时的负担，顺应了基层的强烈呼声。

3. 明确了抽样检验检测的条件和效力。《办法》第二十一条规定，同一批次或同一类型的涉案食品药品，因数量较大等原因无法进行全部检验检测时，根据办案需要，食药监部门可以依法进行抽样检验检测，其结果可以作为该批次或该类型全部涉案产品的检验检测结果，公安机关、检察院、法院在刑事诉讼中予以认可。为保证结果的客观性、公正性、科学性，同时规定抽样检验检测必须符合行政执法规范要求。

4. 列举了可以直接出具认定意见的情形。《办法》第二十二条规定，涉案食品属于病死、死因不明或者检验检疫不合格的畜、禽、兽、水产动物及其肉类、肉类制品和属于国家为防控疾病等特殊需要明令禁止生产、销售的食品，食药监部门可以直接出具"足以造成严重食物中毒事故或者其他严重食源性疾病"的认定意见并说明理由。《办法》第二十三条规定，涉案药品属于国务院药品监督管理部门规定禁止使用的，属于依照药品管理法必须批准而未经批准生产、进口，或者依法必须检验而未经检验即销售的，属于使用依照药品管理法必须取得批准文号而未取得批准文号的原料药生产的，属于所标明的适应症或者功能主治超出规定范围的几种情形，地市级以上食药监部门可以直接出具"按假药论处"的认定意见并说明理由，确有必要的还应当载明检测结果。上述规定，是在遵从立法原旨的基础上，按照逻辑推定有效提高了诉讼效率，纠正了实践中部分人员机械执法、片面依赖检验鉴定办案的认识误区，并通过设定说明理由和必要时载明检测结果的义务对认定意见予以规范。

5. 确定了未建立食品安全标准检验方法时的检验认定原则。检验检测涉及的项目和方法，一般情况下应当按照国家认可的标准进行，但对尚未建立标准检验方法的，可以比照最相类似的标准检验，仍无法得出明确结论的，采用专家意见。《办法》第二十四条规定，相关检验检测机构可以采用非食品安全标准等规定的检验项目和检验方法对涉案食品进行检验，其结果在定罪量刑时予以参考。通过检验仍不能得出明确结论的，由食药监部门组织专家对涉案食品进行评估认定，专家意见可作为定罪量刑的参考。通过上述步骤和方法，可以有效解决无据可依、打击不力的问题。

6. 明确要求食药监部门应当按照法律法规规定的格式出具认定意见。《办法》第二十五条规定，食药监部门对于假药案件，劣药案件，生产、销售不符合安全标准的食品案件，生产、销售不符合标准的医用器材案件，必须写明认定涉嫌犯罪应当具备的结论性意见。之前，因为食药监部门出具的认定意见没有统一格式要求，最后的结论性意见不明确，造成在刑事诉讼中既不能认定构成犯罪也不能排除构成犯罪的可能性，影响到对违法犯罪者的处罚。经过统一认识，《办法》作出了现行规定，尽力消除司法实践中的障碍。

（四）关于协作配合的规定

1. 制定专业咨询和信息发布制度。《办法》第三十条和第三十二条规定，食药监部门、公安机关、检察院、法院要加强协作配合，相互之间应当及时全面地回复专业咨询，并建立案件信息发布的沟通协作机制，防止单方面行动出现偏差，给其他机关的工作造成被动，或是给案件查办造成不利影响。

2. 建立联合督办与联席会议工作机制。《办法》第三十一条规定，对在全国范围内有重大影响的案件等 4 类重大案件，由国家食药监总局、公安部、最高人民检察院联合督办，其他重大案件，由负有对下指导职责的食药监部门、公安机关和检察机关联合督办。并且，联合督办的重要案件信息应当联合发布。第三十三条规定了各级食药监部门、公安机关、检察院定期召开联席会议，通报案件办理工作情况，研究解决重大问题的机制。需要注意，法院因为处在刑事诉讼的最终环节，其本身是裁判者，不宜参加联合督办、联席会议。

（五）关于信息共享的规定

明确了信息共享的内容和要求，重在解决实践中检察机关监督线索发现难、监督渠道偏窄的问题。《办法》专设"信息共享"一章，专章规定各级食药监部门、公安机关、检察院建设、运用、管理"两法衔接"信息共享平台的责任，提出了"逐步实现涉嫌犯罪案件的网上移送、网上受理和网上监督"的目标。为增强可操作性，《办法》第三十六条和第三十七条，明确规定了信息录入期限、录入内容和分析通报事项，要求已经接入信息平台的食药监部门、公安机关、检察院，应当在 7 日内分别录入有关信息，并且定期汇总分析，为决策部署工作提供依据；未建成信息平台的，应当及时相互通报信息。

人民检察院制作使用电子卷宗工作规定（试行）

（2015 年 12 月 16 日最高人民检察院第十二届检察委员会
第四十五次会议通过　2016 年 1 月 1 日施行）

第一章　总　　则

第一条　为了规范人民检察院制作、使用电子卷宗工作，有效利用电子卷宗提高办案效率，加强办案监督管理，保障律师依法执业，依照法律和其他相关规定，制定本规定。

第二条　本规定所称电子卷宗，是指在案件受理前或者案件受理过程中，将装订成卷的纸质案卷材料，依托数字影像技术、文字识别技术、数据库技术等媒介技术制作而成的具有特定格式的电子文档和相关电子数据。

案件办理过程中产生的材料所形成的诉讼档案，需要进行电子化处理的，依照档案管理的有关规定办理。

第三条　人民检察院应当使用统一业务应用系统电子卷宗管理子系统制作、存储、交换、使用电子卷宗。

人民检察院应当创造条件，积极推动统一业务应用系统与诉讼档案管理系统对接工作，有效发挥统一业务应用系统中的电子卷宗、文书在生成诉讼档案电子版中的作用。

第四条　人民检察院制作、使用电子卷宗，应当坚持以下原则：

（一）客观真实。制作、提供使用的电子卷宗，应当与纸质卷宗的内容、形式、顺序等保持一致。

（二）规范高效。相关人员应当依照规定及时制作、规范使用电子卷宗，确保各环节顺畅衔接、高效运行。

（三）安全保密。相关人员应当严格遵守保密规定，做好电子卷宗的安全保密工作，严防失密、泄密事件发生。

第五条　人民检察院办案部门负责监督、管理、指导本部门工作人员和下级人民检察院对口部门依照规定开展电子卷宗相关工作；案件管理部门负责将统一受理的案件材料制作成电子卷宗并上传到统一业务应用系统，接收、上传随案同步移送的电子卷宗，并对电子卷宗应用情况进行监督、管理；技术信息部门负责技术保障；保密部门负责保密检查管理。相关部门应当分工负责，相互配合。

第二章 电子卷宗的制作

第六条 下列案件应当制作电子卷宗：

（一）侦查机关移送的审查起诉、申请强制医疗、申请没收违法所得案件；

（二）人民检察院侦查部门移送审查起诉、不起诉的案件；

（三）报请上级人民检察院决定逮捕的案件；

（四）提请上级人民检察院批准延长羁押期限的案件；

（五）提请上级人民检察院提出抗诉的案件；

（六）报请最高人民检察院核准追诉的案件。

审查起诉案件退查后补充形成的卷宗材料，应当扫描、摄制并上传到相应案件电子卷宗区。

人民检察院根据工作需要和实际条件，经检察长批准，可以扩大本院或者下级人民检察院制作电子卷宗的案件范围。

人民检察院收到人民法院送达的判决书、裁定书以及侦查机关送达的执行回执等材料后，应当参照电子卷宗的制作要求，扫描、摄制并上传到相应案件文书卷宗区。

第七条 在统一业务应用系统以外流转的绝密级案件，不得制作电子卷宗。

第八条 电子卷宗应当通过以下方式生成：

（一）对纸质原始卷宗进行扫描、摄制；

（二）上传侦查机关、审判机关移送的符合要求的电子文档；

（三）其他可以生成符合要求的电子卷宗的方式。

第九条 案件管理部门应当在决定受理后的一个工作日内完成电子卷宗的制作、上传；案件材料特别多的，应当在两个工作日内完成电子卷宗的制作、上传。在规定时间内不能完成制作、上传的，应当将案件先移送办案部门，并在不影响办案的情况下继续完成电子卷宗的制作、上传。

第十条 制作电子卷宗应当由专门人员承担，并在安装有监控设施的场所进行。

制作电子卷宗的具体标准和程序，依照《人民检察院电子卷宗制作规程》执行。

第三章　电子卷宗的使用

第十一条　办案人员和检察长、副检察长、检察委员会委员以及从事案件监督管理工作的其他人员，在履行案件办理、审核、审批、监督、管理等职责时，可以依照权限设置，在统一业务应用系统查阅、使用电子卷宗。

电子卷宗的查阅、使用权限设置，依照《全国检察机关统一业务应用系统使用管理办法（试行）》关于查阅、使用个案内容的有关规定执行。

第十二条　办案人员在办理案件时，可以在统一业务应用系统上复制、摘录或者以其他方式使用电子卷宗。

因出庭支持公诉等工作需要，办案人员可以将本人承办案件的电子卷宗从统一业务应用系统中导入到符合保密要求的设备中使用，并记录存档，使用后应当删除导入设备中的电子卷宗。

因开展其他工作，需要从统一业务应用系统中导出电子卷宗的，应当经办案部门审核同意，报分管院领导批准后，由案件管理部门将电子卷宗从统一业务应用系统中导入到符合保密要求的设备中使用，并记录存档，使用后应当删除导入设备中的电子卷宗。

第十三条　律师和经过许可的其他辩护人、诉讼代理人申请查阅电子卷宗的，案件管理部门应当在审核认证后，将电子卷宗从统一业务应用系统中导入到独立的阅卷终端，供其查阅。

案件管理部门依照法律规定向律师和经过许可的其他辩护人、诉讼代理人提供电子卷宗的，应当使用光盘方式复制，并加载防护措施。

第十四条　人民法院、侦查机关以及不具有隶属关系的人民检察院因办案需要使用人民检察院制作的电子卷宗的，应当经办案部门审核同意，报分管院领导批准后，由办案部门使用光盘方式复制、提供，并记录存档。

人民检察院与人民法院、侦查机关、刑事执行机关之间拟建立协同办案平台共享电子卷宗的，应当将实施方案报省级人民检察院审核批准。

第四章　责任追究

第十五条　人民检察院应当对电子卷宗的制作、使用工作建立健全严格的安全保密机制，责任落实到具体部门和具体人员。发生失密、泄密情况的，应当立即采取补救措施并报告本院保密部门。保密部门应当及时处理，依照规定报告。

第十六条 在制作、使用电子卷宗过程中，具有下列情形之一的，应当依照有关规定，给予警示、通报；情节严重的，对单位给予通报批评，对负有直接责任的主管人员和其他直接责任人员给予纪律处分；构成犯罪的，依法追究刑事责任：

（一）不依照规定制作电子卷宗的；

（二）因故意或者重大过失造成卷宗损毁、灭失的；

（三）违反规定查阅、复制、导出、存储、使用电子卷宗的；

（四）将存储电子卷宗的系统、设备与互联网连接的；

（五）丢失电子卷宗设施、设备的；

（六）泄露在制作、使用过程中了解的电子卷宗信息的；

（七）其他违反本规定的行为。

第五章 附　　则

第十七条 地方各级人民检察院可以根据本规定，结合本地实际情况，制定具体实施细则。

第十八条 本规定由最高人民检察院负责解释。

第十九条 本规定自 2016 年 1 月 1 日起试行。

人民检察院办理羁押必要性审查案件规定（试行）

（2016 年 1 月 13 日最高人民检察院第十二届检察委员会
第四十七次会议通过　2016 年 1 月 22 日公布）

第一章　总　　则

第一条　为了加强和规范羁押必要性审查工作，维护被逮捕的犯罪嫌疑人、被告人合法权益，保障刑事诉讼活动顺利进行，根据《中华人民共和国刑事诉讼法》《人民检察院刑事诉讼规则（试行）》等有关规定，结合检察工作实际，制定本规定。

第二条　羁押必要性审查，是指人民检察院依据《中华人民共和国刑事诉讼法》第九十三条规定，对被逮捕的犯罪嫌疑人、被告人有无继续羁押的必要性进行审查，对不需要继续羁押的，建议办案机关予以释放或者变更强制措施的监督活动。

第三条　羁押必要性审查案件由办案机关对应的同级人民检察院刑事执行检察部门统一办理，侦查监督、公诉、侦查、案件管理、检察技术等部门予以配合。

第四条　羁押必要性审查案件的受理、立案、结案、释放或者变更强制措施建议书等应当依照有关规定在检察机关统一业务应用系统登记、流转和办理，案件管理部门在案件立案后对办案期限、办案程序、办案质量等进行管理、监督、预警。

第五条　办理羁押必要性审查案件过程中，涉及国家秘密、商业秘密、个人隐私的，应当保密。

第六条　人民检察院进行羁押必要性审查，不得滥用建议权影响刑事诉讼依法进行。

第二章　立　　案

第七条　犯罪嫌疑人、被告人及其法定代理人、近亲属、辩护人申请进行羁押必要性审查的，应当说明不需要继续羁押的理由。有相关证明材料的，应当一并提供。

第八条　羁押必要性审查的申请由办案机关对应的同级人民检察院刑事执行检察部门统一受理。办案机关对应的同级人民检察院控告检察、案件管理等部门收到羁押必要性审查申请后，应当在一个工作日以内移送本院刑事执行检察部门。

其他人民检察院收到羁押必要性审查申请的，应当告知申请人向办案机关对应的同级人民检察院提出申请，或者在两个工作日以内将申请材料移送办案机关对应的同级人民检察院，并告知申请人。

第九条　刑事执行检察部门收到申请材料后，应当进行初审，并在三个工作日以内提出是否立案审查的意见。

第十条　刑事执行检察部门应当通过检察机关统一业务应用系统等途径及时查询本院批准或者决定、变更、撤销逮捕措施的情况。

第十一条　刑事执行检察部门对本院批准逮捕和同级人民法院决定逮捕的犯罪嫌疑人、被告人，应当依职权对羁押必要性进行初审。

第十二条　经初审，对于犯罪嫌疑人、被告人可能具有本规定第十七条、第十八条情形之一的，检察官应当制作立案报告书，经检察长或者分管副检察长批准后予以立案。对于无理由或者理由明显不成立的申请，或者经人民检察院审查后未提供新的证明材料或者没有新的理由而再次申请的，由检察官决定不予立案，并书面告知申请人。

第三章　审　　查

第十三条　人民检察院进行羁押必要性审查，可以采取以下方式：（一）审查犯罪嫌疑人、被告人不需要继续羁押的理由和证明材料；（二）听取犯罪嫌疑人、被告人及其法定代理人、辩护人的意见；（三）听取被害人及其法定代理人、诉讼代理人的意见，了解是否达成和解协议；（四）听取现阶段办案机关的意见；（五）听取侦查监督部门或者公诉部门的意见；（六）调查核实犯罪嫌疑人、被告人的身体状况；（七）其他方式。

第十四条　人民检察院可以对羁押必要性审查案件进行公开审查。但是，涉及国家秘密、商业秘密、个人隐私的案件除外。公开审查可以邀请与案件没有利害关系的人大代表、政协委员、人民监督员、特约检察员参加。

第十五条　人民检察院应当根据犯罪嫌疑人、被告人涉嫌犯罪事实、主观恶性、悔罪表现、身体状况、案件进展情况、可能判处的刑罚和有无再危害社会的危险等因素，综合评估有无必要继续羁押犯罪嫌疑人、被告人。

第十六条　评估犯罪嫌疑人、被告人有无继续羁押必要性可以采取量化方式，设置加分项目、减分项目、否决项目等具体标准。犯罪嫌疑人、被告人的得分情况可以作为综合评估的参考。

第十七条　经羁押必要性审查，发现犯罪嫌疑人、被告人具有下列情形之一的，应当向办案机关提出释放或者变更强制措施的建议：（一）案件证据发生重大变化，没有证据证明有犯罪事实或者犯罪行为系犯罪嫌疑人、被告人所为的；（二）案件事实或者情节发生变化，犯罪嫌疑人、被告人可能被判处拘役、管制、独立适用附加刑、免予刑事处罚或者判决无罪的；（三）继续羁押犯罪嫌疑人、被告人，羁押期限将超过依法可能判处的刑期的；（四）案件事实基本查清，证据已经收集固定，符合取保候审或者监视居住条件的。

第十八条　经羁押必要性审查，发现犯罪嫌疑人、被告人具有下列情形之一，且具有悔罪表现，不予羁押不致发生社会危险性的，可以向办案机关提出释放或者变更强制措施的建议：（一）预备犯或者中止犯；（二）共同犯罪中的从犯或者胁从犯；（三）过失犯罪的；（四）防卫过当或者避险过当的；（五）主观恶性较小的初犯；（六）系未成年人或者年满七十五周岁的人；（七）与被害方依法自愿达成和解协议，且已经履行或者提供担保的；（八）患有严重疾病、生活不能自理的；（九）系怀孕或者正在哺乳自己婴儿的妇女；（十）系生活不能自理的人的唯一扶养人；（十一）可能被判处一年以下有期徒刑或者宣告缓刑的；（十二）其他不需要继续羁押犯罪嫌疑人、被告人的情形。

第十九条　办理羁押必要性审查案件应当制作羁押必要性审查报告，报告中应当写明：犯罪嫌疑人或者被告人基本情况、原案简要情况和诉讼阶段、立案审查理由和证据、办理情况、审查意见等。

第四章　结　案

第二十条　办理羁押必要性审查案件，应当在立案后十个工作日以内决定是否提出释放或者变更强制措施的建议。案件复杂的，可以延长五个工作日。

第二十一条　经审查认为无继续羁押必要的，检察官应当报经检察长或者分管副检察长批准，以本院名义向办案机关发出释放或者变更强制措施建议书，并要求办案机关在十日以内回复处理情况。释放或者变更强制措施建议书应当说明不需要继续羁押犯罪嫌疑人、被告人的理由和法律依据。

第二十二条　人民检察院应当跟踪办案机关对释放或者变更强制措施建议的处理情况。办案机关未在十日以内回复处理情况的，可以报经检察长或者分管副检察长批准，以本院名义向其发出纠正违法通知书，要求其及时回复。

　　第二十三条　经审查认为有继续羁押必要的，由检察官决定结案，并通知办案机关。

　　第二十四条　对于依申请立案审查的案件，人民检察院办结后，应当将提出建议和办案机关处理情况，或者有继续羁押必要的审查意见和理由及时书面告知申请人。

　　第二十五条　刑事执行检察部门应当通过检察机关统一业务应用系统等途径将审查情况、提出建议和办案机关处理情况及时通知本院侦查监督、公诉、侦查等部门。

第五章　附　　则

　　第二十六条　对于检察机关正在侦查或者审查起诉的案件，刑事执行检察部门进行羁押必要性审查的，参照本规定办理。

　　第二十七条　人民检察院依看守所建议进行羁押必要性审查的，参照依申请进行羁押必要性审查的程序办理。

　　第二十八条　检察人员办理羁押必要性审查案件应当纳入检察机关司法办案监督体系，有受贿、玩忽职守、滥用职权、徇私枉法、泄露国家秘密等违纪违法行为的，依纪依法严肃处理；构成犯罪的，依法追究刑事责任。

　　第二十九条　本规定自发布之日起试行。

《人民检察院办理羁押必要性审查案件规定（试行）》解读

袁其国 *

为深入贯彻修改后《刑事诉讼法》赋予检察机关法律监督新的职责和要求，2016 年 1 月 22 日，最高人民检察院印发了《人民检察院办理羁押必要性审查案件规定（试行）》（以下简称《规定》）。《规定》根据有关法律规定，结合司法实践，全面规范人民检察院办理羁押必要性审查案件工作，是各级检察机关依法办理羁押必要性审查案件的重要指导性文件，对于进一步加强羁押必要性审查、保障被羁押人合法权利具有重要意义。为便于深入理解和掌握《规定》的基本精神和主要内容，现就有关问题解读如下：

一、起草背景及过程

修改后《刑事诉讼法》确立了羁押必要性审查制度，《人民检察院刑事诉讼规则（试行）》（以下简称《规则》）第六百一十七条将该职责赋予侦查监督、公诉、刑事执行检察 3 个部门。2013 年 1 月以来，各级检察机关依法履行羁押必要性审查职责，一批不需要继续羁押的犯罪嫌疑人、被告人在检察机关建议下被办案机关释放或者变更强制措施，取得了较好的法律效果和社会效果。但实践中，由于法律法规和司法解释对羁押必要性审查的规定较为原则，操作性不强，影响了羁押必要性审查制度的全面开展。

（一）开展羁押必要性审查是降低看守所高羁押率、保障人权的现实需求

目前，我国看守所人满为患，羁押率居高不下。不当、不必要的羁押既侵犯了犯罪嫌疑人、被告人的人身自由权利，也浪费国家的司法成本和诉讼资源，也不符合保释为主、羁押为辅的审前羁押国际惯例和有关国际法文件规定。修改后《刑事诉讼法》第九十三条正式确立了羁押必要性审查制度。这是一项全新的制度，也是检察机关新增的一项重要职能，具有重要的价值和意义。一是羁押必要性审查制度有利于充分保障犯罪嫌疑人、被告人的合法权益。主要是保护其不被不必要和不正当羁押的权利。羁押必要性审查制度是"国家尊重和保障人权"的宪法原则和刑事诉讼法原则规定的重要体现之一。通过羁押必要性审查，可以减少很多不必要或不正当的羁押，预防和减少超期羁押，防止刑罚提前透支，最大限度地减轻对犯罪嫌疑人、被告人人身自由的

＊ 作者单位：最高人民检察院刑事执行检察厅。

侵害。同时，减少看守所羁押人数，会相对改善看守所的生活、卫生等条件，如可逐步、尽早实现在押人员"床位制"，以维护在押人员最基本的人格尊严和合法权益。二是羁押必要性审查制度有利于改变我国看守所羁押率居高不下的局面，节约国家的司法成本和资源。羁押犯罪嫌疑人、被告人需要国家支付较高的司法成本，包括在押人员的生活卫生费、看守所的硬件设施投入以及增加监管人员的编制、工资支出等。通过羁押必要性审查，减少羁押人数，必然会节约国家的司法成本。三是羁押必要性审查制度是贯彻宽严相济刑事政策的必然要求和体现。宽严相济刑事政策落实到司法实践中，就是可捕可不捕的不捕，可羁押可不羁押的不羁押，可诉可不诉的不诉，可判可不判的不判。因此，对于逮捕后没有继续羁押必要性的犯罪嫌疑人、被告人，予以释放或者变更强制措施，就是宽严相济刑事司法政策的体现。四是羁押必要性审查制度有利于维护社会和谐稳定，体现司法文明。通过羁押必要性审查工作，会产生很多积极效果：其一，有利于感化人。对于被释放或者变更强制措施的犯罪嫌疑人、被告人来说，他们及其亲属会感激政府和司法机关，减少公民与国家之间的对抗情绪，促进社会和谐。其二，可以减少在押犯罪嫌疑人、被告人在看守所的交叉感染，减少其重新违法犯罪率，维护社会稳定。其三，能在一定程度上改变"一捕了之""一押到底"的状况，体现司法的理性、平和和文明。

（二）各地开展羁押必要性审查探索出一些好的做法

2013 年以来，各地检察机关刑事执行检察部门在履行羁押必要性审查职责工作中深入探索，创新和总结了很多好的经验做法。例如，山东省东营市河口区检察院给取保候审人员佩戴智能监控手表；江苏省苏州市检察机关研发了羁押必要性审查评估软件，都是很好的创新做法。在完善羁押必要性审查工作机制方面也取得了一些成绩，比如科学的羁押必要性评估机制，实现对羁押必要性的量化审查，提高效率；羁押必要性审查内部协作配合机制，对检察机关内部如何协调配合，形成工作合力等进行探索；羁押必要性审查外部协调配合机制，对公检法机关在羁押必要性审查工作中如何协调配合进行探索；羁押必要性审查后续监管配套机制，解决如何防止变更强制措施后影响刑事诉讼顺利进行的问题；羁押必要性审查考评奖惩机制，解决羁押必要性审查工作量持续增长问题。对于这些经验、机制，我们要进一步加以总结和提炼，然后在全国检察机关进行推广，以便推动其他地方羁押必要性审查工作的开展。

（三）羁押必要性审查实践中暴露出来的问题亟待解决

羁押必要性审查工作取得了很大的进展，同时，也存在许多问题，这主要体现为：一是羁押必要性审查制度和工作机制还不完善。二是各地羁押必要性审查工作发展不平衡。如有的省份刑事执行检察部门办理羁押必要性审查案件年均超过千人，而有的大省办理羁押必要性审查案件年均只有一二百人，有的省份甚至年均不到百人。三是成功办理的羁押必要性审查案件数量整体偏少，2013 年以来，全国检察机关刑事执行检察部门办理羁押必要性审查案件数量占当年逮捕数量的比例均为 2.4% 左右，整体比例偏低。

为加强制度指导，全面深入推进羁押必要性审查工作，最高人民检察院刑事执行检察厅先后印发了《关于人民检察院监所检察部门开展羁押必要性审查工作有关问题的通知》和《关于人民检察院监所检察部门开展羁押必要性审查工作的参考意见》，对刑事执行检察部门开展羁押必要性审查工作提出了明确要求，提供了指导性的参考意见，以促进这项新增职责的履行。

根据最高人民检察院《关于深化检察改革的意见（2013－2017 年工作规划）》（2015 年修订版）及工作方案，最高人民检察院刑事执行检察厅牵头负责研究"健全和落实羁押必要性审查制度"，侦查监督厅、公诉厅、案件管理办公室为协办部门。2015 年 1 月，最高人民检察院刑事执行检察厅对全国检察机关刑事执行检察部门开展羁押必要性审查工作情况进行了专题书面调研，详细掌握了各地的主要做法、取得的主要成效、存在的主要问题，并提出了下一步意见和建议。2015 年 2 月 9 日，最高人民检察院党组听取了最高人民检察院刑事执行检察厅就全国刑事执行检察部门开展羁押必要性审查工作情况的汇报，研究规定将羁押必要性审查职责统一归口刑事执行检察部门负责。5 月 28 日，曹建明检察长在全国检察机关刑事执行检察工作会议上指出："考虑到刑事执行检察部门的职能特点和优势，最高人民检察院规定这项工作由刑事执行检察部门负责，侦查监督、公诉等部门予以配合。"因此，《规定》是按照由刑事执行检察部门统一负责羁押必要性审查工作的模式研究起草的。

最高人民检察院刑事执行检察厅研究起草了《规定》初稿后，先后在河南郑州、安徽芜湖召开了由 6 个省的省级院、市级院、基层院和派驻看守所检察室参加的座谈会；赴辽宁、陕西两地实地了解情况、听取意见；先后两次分别征求了各省级人民检察院刑事执行检察部门以及各省级人民检察院其他业务部门的意见；征求了最高人民检察院其他厅局的意见；分送全国人大常委会法工委、国家安全部、中央政法委、最高人民法院、公安部有关部门征求意见；提交全国检察机关刑事执行检察工作会议进行了讨论；召开了专家学者座谈会，听取了法律专家的意见。根据各地、各单位以及专家学者的反馈意见，逐条进行研究，认真修改完善。2016 年 1 月 13 日，最高人民检察院第十二届检察委员会第四十七次会议通过了《规定》，于 2016 年 1 月 22 日正式印发。

二、主要内容及说明

《规定》共计 29 条，分为总则、立案、审查、结案、附则五章，对羁押必要性审查的全过程进行了规范。

（一）明确羁押必要性审查的概念范畴

《刑事诉讼法》第九十三条规定："犯罪嫌疑人、被告人被逮捕后，人民检察院仍应当对羁押的必要性进行审查。对不需要继续羁押的，应当建议予以释放或者变更强制措施。有关机关应当在十日以内将处理情况通知人民检察院。"根据这一规定，羁押必要性审查的主体是人民检察院，时间为犯罪嫌疑人、被告人被逮捕后，人民检察院履行职责的方式是向办案机关提出释放或者变更强制措施的建议，而不是直接决定释放或者变更强制措施，因此，羁押必要性审查属于检察机关的诉讼监督职能，而非诉讼职能。

司法实践中，很容易混淆《刑事诉讼法》第九十三条和《刑事诉讼法》第九十四条、第九十五条的规定，诉讼职能和诉讼监督职能不分。例如，有的检察院公诉部门将审查起诉阶段决定变更强制措施作为羁押必要性审查，有的侦查监督部门将不批准延长侦查羁押期限也作为羁押必要性审查。这种认识就是混淆了诉讼职能和诉讼监督职能的区分，没有理解羁押必要性审查的真正含义，真正意义上的羁押必要性审查就是指《刑事诉讼法》第九十三条规定的羁押必要性审查。

为贯彻落实《刑事诉讼法》第九十三条的规定，《规则》第六百一十六条至第六百二十一条对羁押必要性审查工作作了较为详细的规定，这些条文均严格限定在《刑事诉讼法》第九十三条所规定的羁押必要性审查概念范畴内，不包括《刑事诉讼法》第九十四条、第九十五条。《刑事诉讼法》第九十四条、第九十五条规定的是公检法办案机关依职权或者依犯罪嫌疑人、被告人一方的申请直接决定变更强制措施，办案机关在这两种情况下行使的均是决定权，属于诉讼职能，不属于诉讼监督职能，不属于羁押必要性审查。特别是公诉部门在审查起诉过程中，审查"对于已经逮捕的犯罪嫌疑人，有无继续羁押的必要"属于审查起诉的内容之一，审查的结果也是公诉部门以检察院的名义直接决定对犯罪嫌疑人变更强制措施或者释放。这是贯彻落实《刑事诉讼法》第九十四条、第九十五条的规定，不属于羁押必要性审查的范畴。而侦查监督部门对于侦查机关（部门）提请延长侦查羁押期限的案件，经过审查后认为不需要继续羁押的，直接以本院名义决定不批准延长侦查羁押期限的，行使的也是决定权而非建议权，属于诉讼职能而非诉讼监督职能，因此，不属于羁押必要性审查。为了厘清司法实践中的模糊认识甚至错误认识，《规定》中对羁押必要性审查的概念予以明确界定。

（二）羁押必要性审查案件的范围

征求意见时，有的观点认为，对涉嫌危害国家安全犯罪、恐怖活动犯罪、特别重大贿赂犯罪、黑社会性质的组织犯罪等案件，不应当作为羁押必要性审查的对象；有的观点认为，如果侦查活动还没有结束，将犯罪嫌疑人放出去就会有碍侦查，因此，对侦查阶段的案件不应当进行羁押必要性审查；也有的观点认为，羁押必要性审查应当仅适用于侦查和审查起诉阶段的案件，而不适用于审判阶段的案件。上述观点代表了司法实践中一些办案机关对羁押必要性审查可能影响办案的顾虑。

为了解决中国审前羁押率高的现状，缓解看守所的关押压力，保障犯罪嫌疑人、被告人的人权，修改后刑事诉讼法确立了羁押必要性审查制度，对逮捕后犯罪嫌疑人、被告人是否有继续羁押的必要性进行动态审查。该制度的确立，偏重于对犯罪嫌疑人、被告人人权的保护，并不必然会影响刑事诉讼的效率和结果。羁押必要性审查制度，是在保障诉讼顺利进行的基础上进行的必要性审查，近3年来，全国各级检察机关刑事执行检察部门针对羁押必要性审查制度开展的许多实践探索，对羁押必要性审查的后续保障机制都有严密的设计，而且，事实也证明，因羁押必要性审查而脱逃导致诉讼无法顺利进行的，至今尚未发生过。但是，"羁押办案"的习惯让办案机关习惯于该"万无一失"的方式，所以，对羁押必要性审查工作持怀疑态度。这是一些观点要求对羁押必要性审查的范围进行限制的主要原因。但是，羁押必要性审查制度的设立，并无对案件范围进行限制之意，根据《刑事诉讼法》第九十三条规定，"犯罪嫌疑人、被告人被逮捕后，人民检察院仍应当对羁押的必要性进行审查"。即根据刑事诉讼法的规定，羁押必要性审查的范围，应当包括所有被逮捕后的犯罪嫌疑人、被告人，而不应当有所例外，这是检察机关应当依法履行的职责。司法实践中，对于一些重大、敏感等特殊案件，可以通过初审予以排除，不再进行立案审查，但不宜在《规定》中明确将某些案件直接排除在羁押必要性审查的范围之外。否则，就是检察机关的失职。据统计，近3年来，一大批处于侦查阶段和审判阶段的犯罪嫌疑人、被告人，经检察机关羁押必要性审查后提出建议而得以释放或者变更强制措施，取得了较好的法律效果和社会效果。但是，为了避免刑事执行检察部门开展羁押必要性审查工作对办案机关的办案工作产生消极影响，《规定》单独规定第六条，强调羁押必要性审查不得滥用建议权影响刑事诉讼依法进行。

（三）羁押必要性审查的办案部门

根据《规定》第三条，羁押必要性审查案件由办案机关对应的同级人民检察院刑事执行检察部门统一办理，侦查监督、公诉、侦查、案件管理、检察技术等部门予以配合。

本条规定了检察机关有关部门在办理羁押必要性审查案件方面的职责分工和

协作配合。羁押必要性审查案件虽然统一归口刑事执行检察部门办理，但侦查部门、侦查监督部门、公诉部门等办案部门比刑事执行检察部门更加了解案件事实和证据情况。因此，如果案件处于侦查阶段，则刑事执行检察部门要听取侦查部门和侦查监督部门的意见，如是否存在延长羁押期限和申请变更强制措施的情况；如果案件处于审查起诉或者审判阶段，则刑事执行检察部门要听取公诉部门的意见，如是否存在向办案机关申请变更强制措施的情况。同时，案件管理部门在案件立案后要对办案期限、办案程序、办案质量等进行管理、监督、预警。技术部门要对犯罪嫌疑人、被告人的身体状况是否适宜继续羁押进行判断，因此，规定了侦监、公诉、侦查、案管、技术等部门予以配合的职责。

（四）羁押必要性公开审查制度

实践中，一些地方检察机关探索对羁押必要性审查案件进行公开审查，邀请有关人员参加发表意见，各地对这种形式，基本上采用"听证"的说法。比如，江苏省苏州市吴江区检察院建立了羁押必要性审查阳光听证审查机制。对依申请启动的羁押必要性审查，确立了以公开听证为原则的审查机制，由检察人员主持，由区政法委、区政府法制办、民主党派相关人士等专业人士作为听证员，邀请侦查机关、被害方、辩护人、在押人员亲属代表共同参加公开听证，由申请方提交证据，听证员听取各方的意见后进行评议，并当场宣布评议结果供检察机关参考。全国各级地方检察机关刑事执行检察部门对采取"听证"形式开展羁押必要性审查进行了广泛探索和大胆实践，采用"听证"形式进行羁押必要性审查，增强了羁押必要性审查案件的透明度，强化了群众参与和监督，多方同时参与增强了审查意见的全面性和客观性，因此，《规定》吸纳了该做法，作为一项制度规定下来。在名称的选择上，《规定》初稿也称为"听证"，征求意见时，专家学者提出，"听证"对于推进检务公开、树立检察机关良好形象具有积极作用，是一项值得采纳的制度，但是，"听证"从性质上讲是一种行政执法程序，为严谨用法，避免混淆，建议修改为"公开审查"，我们予以采纳，将该制度命名为"公开审查"。

关于公开审查的案件范围，考虑到刑事执行检察部门人力物力有限和实际工作需要，我们认为公开审查的案件不宜过多，应当突出审查重点，曾规定"对于有重大社会影响或者有争议的案件，人民检察院可以进行公开审查"。征求意见时，有的观点认为，对于有重大社会影响或者有争议的案件进行公开审查，社会效果不一定好。我们予以采纳，不再明确限制案件范围，实践中各地可以结合案件具体情况灵活掌握。第十四条第一款规定了人民检察院可以对羁押必要性审查案件进行公开审查。有关机关提出，有关国家秘密或者个人隐私的案件除外，予以采纳。第二款规定了与案件没有利害关系的人大代表、政协委员、人民监督员、特约检察员可以参加公开审查。邀请上述人员参加羁押必要性公开审查，有助于提高羁押必要性审查的公信力。

（五）应当和可以提出释放或者变更强制措施建议的情形

《规定》第十七条规定了应当提出建议的4种情形，即案件证据发生重大变化，没有证据证明有犯罪事实或者犯罪行为系犯罪嫌疑人、被告人所为的；案件事实或者情节发生变化，犯罪嫌疑人、被告人可能被判处拘役、管制、独立适用附加刑、免予刑事处罚或者判决无罪的；继续羁押犯罪嫌疑人、被告人，羁押期限将超过依法可能判处的刑期的；案件事实基本查清，证据已经收集固定，符合取保候审或者监视居住条件的。上述内容在《规则》第六百一十九条中也有规定。

《规定》第十八条规定了可以提出建议的12种情形，即预备犯或者中止犯；共同犯罪中的从犯或者胁从犯；过失犯罪的；防卫过当或者避险过当的；主观恶性较小的初犯；系未成年人或者已满75周岁的人；犯罪嫌疑人、被告人与被害方依法自愿达成和解协议，且已经履行或者提供担保的；患有严重疾病、生活不能自理的；系怀孕或者正在哺乳自己婴儿的妇女；系生活不能自理的人的唯一扶养人；可能被判处1年以下有期徒刑或者宣告缓刑的；其他不需要继续羁押的情形。规定依据是《规则》第一百四十四条不予逮捕的情形、《刑事诉讼法》第六十五条可以取保候审和第七十二条可以监视居住的情形。

需要说明的是，考虑到如果犯罪嫌疑人、被告人具有悔罪表现，不予羁押不致发生社会危险，并且可能被判处1年以下有期徒刑或者宣告缓刑的，则没有继续羁押的必要，可以向办案机关提出释放或者变更强制措施的建议，所以，在第（十一）项予以规定。征求意见时，有的学者认为，对于可能被判处3年以下有期徒刑的案件，均可以提出建议。据统计，每年被逮捕后的被告人被判处3年有期徒刑以下刑罚的约占60%，被宣告缓刑的约占10%。如果规定对于可能判处3年有期徒刑以下刑罚案件均可提出建议，则案件数量太多，所以，限定为可能判处1年以下有期徒刑或者宣告缓刑案件。

（六）《规定》定位为试行

《刑事诉讼法》对羁押必要性审查的规定仅有一个条文，《规则》对羁押必要性审查的规定也较为简单，实践中各地做法也不尽相同。《规定》是在调研基础上起草的，由于这是检察机关的一项新增业务，之前并没有现成的规范性文件可资借鉴，所以，将《规定》定位为试行，等试行一定时期后可以根据实践情况进行修改完善。

三、《规定》的学习和贯彻

《规定》是最高人民检察院加强和规范羁押必要性审查工作的重要指导性

文件，认真学习和贯彻《规定》，全面贯彻落实文件精神，是各级检察机关刑事执行检察部门的一项重大任务。各级检察机关刑事执行检察部门应当充分认识做好羁押必要性审查工作的重要意义，高度重视羁押必要性审查工作，准确把握《规定》的精神实质和具体要求，积极贯彻落实《规定》提出的任务和要求，以贯彻落实《规定》为契机，进一步加大羁押必要性审查工作力度，着力提高羁押必要性审查案件数量，不断提升羁押必要性审查案件质量，推动全国羁押必要性审查工作全面、深入、均衡发展。特别是，要注意把握好以下几点：

（一）进一步提高思想认识

羁押必要性审查是修改后《刑事诉讼法》赋予检察机关的重要职责，对于强化刑事强制措施执行监督、节约司法资源、保障在押人员合法权益、维护社会和谐稳定都具有重要意义。2015年年底最高人民检察院印发《关于全面加强和规范刑事执行检察工作的规定》，2016年年初出台了《规定》，规定羁押必要性审查由刑事执行检察部门归口办理。各级刑事执行检察部门要切实提高对羁押必要性审查工作重要性的认识，把这项工作作为刑事执行检察的一项主要业务，积极推进这项工作深入开展。

（二）探索建立业务考核机制

上级检察机关刑事执行检察部门要将羁押必要性审查工作情况作为对下级刑事执行检察部门业务考核的重要内容，重点考核各地办理羁押必要性审查案件人数和占执行逮捕人数比例。最高人民检察院刑事执行检察厅将每季度对办理羁押必要性审查案件情况进行通报，使各地了解这项工作的全国总体情况和形势，明确本地区工作的任务和要求。

（三）加强对下工作指导

各省级检察院刑事执行检察部门也要对本地区工作相对落后的地区，派员深入基层派驻看守所检察室进行督导。上下联动，努力推动全国羁押必要性审查工作的深入开展。

（四）充分发挥派驻检察室的作用

派驻看守所检察室处于刑事执行检察工作一线，直接承办羁押必要性审查案件，其工作情况反映了羁押必要性审查工作的基本状况。最高人民检察院刑事执行检察厅将引导派驻看守所检察室加强羁押必要性审查工作，将羁押必要性审查工作与派驻看守所检察室规范化等级评定相结合，提出一定的动态化业务考核目标，充分调动派驻看守所检察室的积极性。

关于充分发挥检察职能 依法保障
和促进非公有制经济健康发展的意见

（最高人民检察院 2016 年 2 月 19 日公布）

为深入贯彻党的十八大及十八届三中、四中、五中全会精神和习近平总书记系列重要讲话精神，认真落实中央经济工作会议和中央政法工作会议部署，坚持平等保护公有制经济与非公有制经济，依法履行检察职能，充分发挥保障和促进非公有制经济健康发展的积极作用，提出如下意见：

一、充分认识非公有制经济的重要地位，切实增强保障和促进非公有制经济健康发展的主动性和责任感

1. 依法保护非公有制企业产权和合法权益，是检察机关的重要责任。非公有制经济是社会主义市场经济的重要组成部分，也是推动我国经济转型升级的重要依托，对于支撑增长、促进创新、扩大就业、增加税收等发挥重要作用。检察机关要切实把思想和行动统一到中央决策部署和要求上来，围绕服务经济建设和发展大局，找准检察工作保障和促进非公有制经济健康发展和非公有制经济人士健康成长的切入点，积极履职尽责，为非公有制经济发展提供有力司法保障。

2. 牢固树立平等保护的理念，加强对非公有制经济的司法保护。对公有制经济和非公有制经济平等保护，是我国宪法规定的一项重要原则。要把平等保护各类市场主体合法权益作为检察工作服务改革发展稳定大局的重要着力点，坚持诉讼地位和诉讼权利平等、法律适用和法律责任平等、法律保护和法律服务平等，主动适应非公有制经济发展的司法需求，依法保护非公有制企业产权和合法权益，依法保护企业家和从业人员创新创业的积极性，增强发展预期和信心，激发活力，促进创新发展。

二、积极履行检察职能，依法保障非公有制企业产权和合法权益

3. 依法打击侵犯非公有制企业权益和非公有制经济人士人身、财产权利的刑事犯罪，营造平安稳定社会环境。依法履行批捕、起诉职能，突出工作重点，依法惩治侵犯非公有制经济投资者、管理者和从业人员人身安全、财产安全的犯罪活动。依法惩治黑社会性质犯罪组织和恶势力犯罪团伙以暴力、胁迫等方式向非公有制企业收取"保护费",欺行霸市、强买强卖的犯罪。依法惩治盗窃、抢夺、敲诈勒索、哄抢非公有制企业财物的犯罪。依法惩治利用职务便利侵占、挪用非公有制企业财产的犯罪。依法惩治由经济纠纷引发的暴力讨债、绑架、非法拘禁等犯罪。积极配合有关部门加强对非公有制企业周边治安乱点的专项整治,维护企业管理秩序,保障企业生产经营活动正常进行。

4. 依法惩治破坏市场秩序、侵犯非公有制企业产权和合法权益的经济犯罪,营造诚信有序的市场环境。依法惩治侵犯非公有制企业合法权益的金融诈骗、合同诈骗、商业贿赂等破坏市场经济秩序的犯罪。依法惩治强揽工程、串通投标、强迫交易、官商勾结垄断经营以及故意损害商业信誉等破坏公平竞争的犯罪。依法惩治侵犯商标专用权、专利权、著作权、商业秘密等破坏非公有制企业创新发展的侵犯知识产权犯罪。依法惩治集资诈骗、非法吸收公众存款等涉众型犯罪。依法惩治利用互联网金融平台、打着金融创新旗号从事非法活动等增加金融风险的犯罪。通过惩治各种经济犯罪,有力维护公平竞争、健康有序的市场秩序,提高非公有制企业投资信心,激发资本参与热情。

5. 依法打击侵犯非公有制企业合法权益的职务犯罪,推动构建新型政商关系。依法惩治国家工作人员利用市场准入、市场监管、招商引资、证照颁发审验、项目审批、土地征用、工商管理、税收征管、金融贷款以及国家财政补贴等职务之便,向非公有制企业通过明示、暗示等方式索贿、受贿的犯罪。依法惩治电力、电信、交通、石油、天然气、市政公用等领域非公有制企业资本参股、参与经营活动等公私合营过程中发生的贪污受贿、失职渎职等犯罪。

6. 强化对涉及非公有制企业和非公有制经济人士诉讼活动的法律监督,维护非公有制企业合法权益和司法公正。重点监督纠正涉及非公有制企业的案件该立不立、不该立乱立、违法使用刑事手段插手经济纠纷,以及适用强制措施、查封扣押冻结财物不当等问题。着力加强对涉及非公有制企业债务纠纷、股权分配、知识产权、职工工资、劳动争议、工伤赔偿等案件审判、执行活动的法律监督。切实加强对涉及市场准入、不正当竞争等问题的法律监督。坚持把加强对诉讼活动的法律监督与查处司法腐败结合起来,注重查办执法不严、司法不公背后的虚假诉讼、贪赃枉法等司法人员违法犯罪案件,加大对虚假诉讼、恶意诉讼的打击惩治力度,促进和优化非公有制经济发展环境,努力适应经济发展新常态。

三、准确把握法律政策界限,努力营造法治化营商环境

7. 准确把握法律政策界限,严格执行宽严相济刑事政策。坚持法治思维,充分考虑非公有制经济的特点,优先考虑企业生存发展,防止不讲罪与非罪界限、不讲法律政策界限、不讲方式方法,防止选择性司法,防止任意侵犯非公

有制企业合法权益问题的发生。注意严格区分经济纠纷与经济犯罪的界限，个人犯罪与企业违规的界限，企业正当融资与非法集资的界限，经济活动中的不正之风与违法犯罪的界限，执行和利用国家政策谋发展中的偏差与钻改革空子实施犯罪的界限，合法的经营收入与违法犯罪所得的界限，非公有制企业参与国企兼并重组中涉及的经济纠纷与恶意侵占国有资产的界限。对于法律政策界限不明，罪与非罪、罪与错不清的，要慎重妥善处理，加强研究分析，注意听取行业主管、监管部门意见，坚决防止把一般违法违纪、工作失误甚至改革创新视为犯罪，做到依法惩治犯罪者、支持创业者、挽救失足者、教育失误者，确保办案的质量和效果。

8. 注意研究新情况、新问题，鼓励和支持非公经济主体投入到创新发展中去。注重研究创新发展中出现的新兴产业、新兴业态、新型商业模式、新型投资模式和新型经营管理模式等新变化，慎重对待创新融资、成果资本化、转化收益等不断出现的新问题，坚持"法无明文规定不为罪"。对法律规定不明确、法律政策界限不清晰的，要及时向上级人民检察院请示报告。

四、改进办案方式和规范司法行为，确保办案"三个效果"有机统一

9. 更加注重改进办案方式方法。坚持既充分履行职能、严格依法办案，又注意改进办案方式方法，防止办案对非公有制企业正常生产经营活动造成负面影响。坚持深入查办案件与规范自身司法行为并重，采取强制措施、侦查措施与维护非公有制企业正常经营秩序、合法权益并重，打击经济犯罪、查办职务犯罪与依法帮助非公有制企业挽回和减少经济损失并重，严格公正廉洁司法与理性平和文明规范司法并重。慎重选择办案时机和方式，慎重使用搜查、扣押、冻结、拘留、逮捕等措施；不轻易查封企业账册，不轻易扣押企业财物。对于有自首、立功表现，认罪态度较好，社会危险性不高、积极配合的非公有制企业涉案人员，一般不采取拘留、逮捕措施。对于查办非公有制企业经营管理者和关键岗位工作人员的犯罪案件，主动加强与涉案企业或者当地政府有关部门、行业管理部门的沟通协调，合理掌控办案进度，严格慎用拘留、逮捕措施，帮助涉案非公有制企业做好生产经营衔接工作；确需查封扣押冻结的，预留必要的流动资金和往来账户，减少对正常生产经营活动的影响；对于涉案非公有制企业正在投入生产运营或者正在用于科技创新、产品研发的设备、资金和技术资料等，原则上不予查封、扣押、冻结，确需提取犯罪证据的，可以采取拍照、复制等方式提取。慎重发布涉及非公有制企业案件的新闻信息，对涉及知名的非公有制企业或者上市公司的案件一般不对外报道，在法律允许的范围内合理顾及非公有制企业关切，最大限度维护非公有制企业声誉、促进长远

发展。对于涉及非公有制企业和企业经营人员的举报，经查证失实的，应当按照检察机关举报工作规定，及时采取适当方式澄清事实，最大限度维护非公有制企业和企业经营人员的声誉，最大限度减少对非公有制企业正常生产经营活动的影响。

10. 严格规范司法行为。强化规范司法意识，明确司法行为不规范必然损害非公有制企业的合法权益。严禁越权办案、插手经济纠纷，严禁以服务为名到发案单位吃拿卡要报，严禁使用涉案单位的交通通讯工具和办公设备，严禁乱拉赞助和乱摊派，严禁干预发案单位的正常生产经营活动，严禁干预非公有制企业合法自主经济行为。对于知法犯法、违法办案的，发现一起、处理一起、通报一起，让司法不规范行为见人、见事、见案件，依法保护非公有制企业合法权益。

五、结合办案加强法制教育和犯罪预防，延伸职能为非公有制经济发展提供法律服务

11. 认真落实"谁执法谁普法"的普法责任制，积极开展法律普及教育。结合司法办案，加强法制宣传，采取普法讲座、以案释法等方式，帮助和促进非公有制企业、非公有制经济人士强化依法经营意识，明确法律红线和法律风险，促进非公有制企业及从业人员做到既依法办事、守法经营，又提高自我保护意识，有效防控重大法律风险，提高经营管理的法治化水平。

12. 积极拓展法律服务渠道，加强对非公有制企业合法权益的司法救济。及时办理非公有制企业的控告、申诉和举报，加强检察监督。充分发挥检察机关视频接访系统、12309 举报网络平台等诉求表达渠道的作用，为非公有制企业、非公有制经济人士寻求法律咨询、司法救济等提供更加便捷高效的服务。对涉及非公有制企业、非公有制经济人士维护自身合法权益的控告、申诉和举报，依法及时审查，严格按照法律的管辖规定、诉求性质和相应的法律程序办理。对于检察机关和检察人员提出的不合理、不合法要求，非公有制企业有权拒绝并及时向本级检察机关或上级检察机关反映。更加注重从非公有制经济界人士、工商联及商会工作人员中选聘特约检察员、人民监督员，认真听取非公有制企业的意见和建议，深入倾听非公有制经济界的声音，努力为非公有制经济健康发展服务。

13. 加强典型案例剖析和警示教育，紧紧围绕非公有制企业生产经营活动开展预防。结合查办侵害非公有制企业合法权益的犯罪案件以及非公有制企业在生产经营活动中发生的犯罪案件，深入剖析典型案件和发案规律，及时提出检察建议，帮助非公有制企业建章立制，堵塞漏洞，完善内部监督制约和管理机制，提高依法经营管理水平，增强非公有制企业在经济发展新常态下的竞争

力和发展后劲。通过开展预防咨询、预防宣传等工作，及时告知非公有制企业享有的合法权益，帮助非公有制企业依法维护自身合法权益。加大对促进经济增长、发展方式转变、科技创新、吸纳就业、居民增收等贡献大的非公有制企业的预防服务力度，增强预防工作的整体效果。

14. 创新预防方式和工作机制，增强预防实效。坚持从适应经济发展新常态的实际出发，立足办案积极创新预防工作的方式和机制，及时收集分析非公有制经济运行中的各种有效信息，对可能影响非公有制经济健康发展、存在犯罪风险隐患的苗头性、倾向性问题及时开展预防调查和预警预测，提出对策建议，不断增强预防工作的预见性和针对性。结合办案，对非公有制企业生产经营活动中存在的普遍性问题，探索组织区域性、系统性、规模性的专题预防活动，促进有效解决，最大限度地保障非公有制企业生产经营和资本运作的正常活动，以及生产要素和资本要素的有效配置、流动，努力服务、保障和促进非公有制经济健康发展。

六、加强组织领导和协作配合，确保对非公有制经济发展各项保障和促进措施落到实处

15. 加强对保障和促进非公有制经济发展的组织领导。坚持把充分发挥职能作用、积极服务非公有制经济发展作为当前检察机关的一项重要工作任务，切实加强领导，强化措施，狠抓落实，增强保障和促进非公有制经济发展的主动性、针对性和实效性。加强与行政执法机关的协作配合，进一步完善行政执法与刑事司法衔接机制，整合执法司法资源，充分发挥保护和促进非公有制经济发展的作用。上级人民检察院特别是省级人民检察院要深入研究分析保障和促进非公有制经济发展中遇到的新情况、新问题，加强对下业务指导和宏观指导，及时出台指导性意见，总结推广下级人民检察院的典型经验。下级人民检察院对于在办理非公有制企业或非公有制经济人士涉嫌犯罪案件过程中遇到的困难和问题，应当及时向上级人民检察院请示报告，必要时层报最高人民检察院。

16. 加强重大情况报告、通报和建议。结合司法办案，深入分析和把握影响非公有制经济发展的深层次问题，对于办案工作中发现的体制性、政策性、策略性、方向性等重大问题，要及时向党委报告，提出解决的建议。对于机制性、管理性以及政策执行中的问题，要及时向政府通报，积极协助政府完善制度、强化管理。对于影响非公有制经济运行、妨碍非公有制经济发展的立法不完善问题，要及时提出修改完善法律法规的建议，推动完善有利于非公有制经济发展的法律体系。

17. 加强工作宣传和舆情引导。增强主动宣传的意识、知识和能力，进一

步加强与主流媒体和新媒体的联系沟通，充分利用报刊、广播电视和门户网站、微信、微博等新闻宣传平台，加强宣传检察机关保障和促进非公有制经济发展的新思路、新举措和新成效，传播检察机关保障和促进非公有制经济发展的"好声音"和法治"正能量"，增强司法办案工作保障和促进非公有制经济发展的主动权、话语权。发布涉及非公有制企业和非公有制经济人士涉嫌违法犯罪的有关新闻，应严肃纪律，统一口径，把握好尺度，必要时请示汇报，避免影响非公有制企业的正常经营和发展。对于查办非公有制企业及从业人员案件引发的舆情，要树立积极回应理念，加强舆情收集、分析、研判，善于把握时、度、效，及时快速应对，正面引导疏解。

18. 加强与工商联的沟通协调，形成保障和促进非公有制经济发展的合力。主动加强与各级工商联的密切联系，建立健全联席会议、定期通报情况、共同开展调研等常态化机制，及时了解非公有制经济最新政策和发展情况，全面把握非公有制企业的司法需求，不断增强服务的针对性和有效性。对于工商联反映的突出问题，要高度关注、认真督办，建立处理结果反馈机制。对于办案中发现的非公有制企业经营管理存在的典型性、普遍性的问题，要及时向工商联通报。支持工商联依法开展法律维权工作，充分发挥工商联联系面广、信息来源多、整合各方面资源能力强的优势，共同研究解决经济发展新常态下非公有制经济转型升级和"走出去"遇到的法律风险及法律问题，积极采取保障和促进非公有制经济发展的有效措施，形成工作合力，增强整体效果。

关于对山东省人民检察院刑事执行检察处
《关于〈刑法修正案（九）〉实施前被法院
判处有期徒刑、拘役如何执行的请示》的答复

山东省人民检察院刑事执行检察处：

你处《关于〈刑法修正案（九）〉实施前被法院判处有期徒刑、拘役如何执行的请示》收悉。我厅经研究，答复如下：

根据刑法第十二条和第六十九条的规定，对于在 2015 年 11 月 1 日《中华人民共和国刑法修正案（九）》实施前，人民法院在判决中对被告人数罪并罚，决定执行的刑罚既有有期徒刑，也有拘役的，有期徒刑和拘役均应当执行。同时，人民检察院应当依法监督刑罚执行机关严格执行人民法院的生效判决。

此复。

最高人民检察院刑事执行检察厅

2016 年 3 月 4 日

人民检察院行政诉讼监督规则（试行）

（2016 年 3 月 22 日最高人民检察院第十二届检察委员会第四十九次会议
通过　高检发释字〔2016〕1 号）

第一章　总　　则

第一条　为了保障和规范人民检察院依法履行行政诉讼监督职责，根据
《中华人民共和国行政诉讼法》《中华人民共和国民事诉讼法》《中华人民共
和国人民检察院组织法》和其他有关规定，结合检察工作实际，制定本
规则。

第二条　人民检察院通过办理行政诉讼监督案件，监督人民法院依法审判
和执行，促进行政机关依法行使职权，维护司法公正和司法权威，维护国家利
益和社会公共利益，保护公民、法人和其他组织的合法权益，保障国家法律的
统一正确实施。

第三条　人民检察院通过抗诉、检察建议等方式，对行政诉讼实行法律
监督。

第四条　人民检察院对行政诉讼实行监督，应当以事实为根据，以法律为
准绳，坚持公开、公平、公正，坚持合法性审查，监督和支持人民法院、行政
机关依法行使职权。

第二章　受　　理

第五条　有下列情形之一的，当事人可以向人民检察院申请监督：

（一）人民法院对生效判决、裁定、调解书驳回再审申请或者逾期未对再
审申请作出裁定的；

（二）认为再审判决、裁定确有错误的；

（三）认为审判程序中审判人员存在违法行为的；

（四）认为人民法院执行活动存在违法情形的。

第六条　当事人依照本规则第五条第一项、第二项规定向人民检察院申请

监督，应当在人民法院作出驳回再审申请裁定之日或者再审判决、裁定发生法律效力之日起六个月内提出；对人民法院逾期未对再审申请作出裁定的，应当在再审申请审查期限届满之日起六个月内提出。

当事人以下列理由申请监督，应当在知道或者应当知道之日起六个月内提出：

（一）有新的证据，足以推翻再审判决、裁定的；

（二）再审判决、裁定认定事实的主要证据系伪造的；

（三）据以作出再审判决、裁定的法律文书被撤销或者变更的；

（四）审判人员在审理该案件时有贪污受贿、徇私舞弊、枉法裁判行为的。

当事人依照本规则第五条第三项、第四项向人民检察院申请监督，应当在知道或者应当知道审判人员违法行为或者执行活动违法情形发生之日起六个月内提出。

本条规定的期间为不变期间，不适用中止、中断、延长的规定。

第七条　当事人向人民检察院申请监督，有下列情形之一的，人民检察院不予受理：

（一）当事人对生效判决、裁定、调解书未向人民法院申请再审或者申请再审超过法律规定的期限的；

（二）人民法院正在对再审申请进行审查的，但无正当理由超过三个月未对再审申请作出裁定的除外；

（三）人民法院已经裁定再审且尚未审结的；

（四）人民检察院已经审查终结作出决定的；

（五）判决、裁定、调解书是人民法院根据人民检察院的抗诉或者再审检察建议再审后作出的；

（六）申请监督超过本规则第六条规定的期限的；

（七）当事人提出有关执行的异议、申请复议、申诉或者提起诉讼后，人民法院已经受理并正在审查处理的，但超过法定期间未作出处理的除外；

（八）其他不应当受理的情形。

第八条　当事人对已经发生法律效力的行政判决、裁定、调解书向人民检察院申请监督的，由作出生效判决、裁定、调解书的人民法院所在地同级人民检察院控告检察部门受理。

当事人认为审判程序中审判人员存在违法行为或者执行活动存在违法情形，向人民检察院申请监督的，由审理、执行案件的人民法院所在地同级人民检察院控告检察部门受理。

同级人民检察院不依法受理的，当事人可以向上一级人民检察院申请监督。

第九条 有下列情形之一的行政诉讼案件，人民检察院应当依职权进行监督：

（一）损害国家利益或者社会公共利益的；

（二）审判、执行人员有贪污受贿、徇私舞弊、枉法裁判等违法行为的；

（三）其他确有必要进行监督的。

第三章 审 查

第十条 人民检察院行政检察部门负责对受理后的行政诉讼监督案件进行审查。

第十一条 人民检察院对审查终结的案件，应当区分情况作出下列决定：

（一）再审检察建议；

（二）提请抗诉；

（三）抗诉；

（四）检察建议；

（五）不支持监督申请；

（六）终结审查。

第十二条 人民检察院受理当事人申请监督的案件，应当在三个月内审查终结并作出决定，但调卷、鉴定、评估、审计期间不计入审查期限。有特殊情况需要延长的，由本院检察长批准。

第十三条 人民检察院因履行法律监督职责提出检察建议或者抗诉的需要，有下列情形之一的，可以向当事人或者案外人调查核实有关情况：

（一）判决、裁定、调解书可能存在法律规定需要监督的情形，仅通过阅卷及审查现有材料难以认定的；

（二）审判人员可能存在违法行为的；

（三）人民法院执行活动可能存在违法情形的；

（四）其他需要调查核实的情形。

人民检察院不得为证明行政行为的合法性调取行政机关作出行政行为时未收集的证据。

人民检察院通过阅卷以及调查核实难以认定有关事实的，可以向相关审判、执行人员了解有关情况，听取意见。

第四章　对生效判决、裁定、调解书的监督

第一节　一般规定

第十四条　申请监督人提供的新的证据，能够证明原判决、裁定认定基本事实或者裁判结果错误的，应当认定为《中华人民共和国行政诉讼法》第九十一条第二项规定的情形，但原审被告无正当理由逾期提供证据的除外。

第十五条　有下列情形之一的，应当认定为《中华人民共和国行政诉讼法》第九十一条第三项规定的"认定事实的主要证据不足"：

（一）认定的事实没有证据支持，或者认定的事实所依据的证据虚假、缺乏证明力的；

（二）认定的事实所依据的证据不合法的；

（三）认定事实的主要证据不足的其他情形。

第十六条　有下列情形之一的，应当认定为《中华人民共和国行政诉讼法》第九十一条第四项规定的"适用法律、法规确有错误"：

（一）适用法律、法规与案件性质明显不符的；

（二）适用的法律、法规已经失效或者尚未施行的；

（三）违反法律适用规则的；

（四）违反法律溯及力规定的；

（五）适用法律、法规明显违背立法本意的；

（六）应当适用的法律、法规未适用的；

（七）适用法律、法规错误的其他情形。

第十七条　有下列情形之一的，应当认定为《中华人民共和国行政诉讼法》第九十一条第五项规定的"违反法律规定的诉讼程序，可能影响公正审判的"：

（一）审判组织的组成不合法的；

（二）依法应当回避的审判人员没有回避的；

（三）未经合法传唤缺席判决的；

（四）无诉讼行为能力人未经法定代理人代为诉讼的；

（五）遗漏应当参加诉讼的当事人的；

（六）违反法律规定，剥夺当事人辩论权、上诉权等重大诉讼权利的；

（七）其他严重违反法定程序的情形。

第二节　再审检察建议和提请抗诉、抗诉

第十八条　地方各级人民检察院发现同级人民法院已经发生法律效力的判

决、裁定有下列情形之一的，可以向同级人民法院提出再审检察建议：

（一）不予立案或者驳回起诉确有错误的；

（二）有新的证据，足以推翻原判决、裁定的；

（三）原判决、裁定认定事实的主要证据不足、未经质证或者系伪造的；

（四）违反法律规定的诉讼程序，可能影响公正审判的；

（五）原判决、裁定遗漏诉讼请求的；

（六）据以作出原判决、裁定的法律文书被撤销或者变更的。

第十九条 符合本规则第十八条规定的案件有下列情形之一的，地方各级人民检察院应当提请上一级人民检察院抗诉：

（一）判决、裁定是经同级人民法院再审后作出的；

（二）判决、裁定是经同级人民法院审判委员会讨论作出的；

（三）其他不适宜由同级人民法院再审纠正的。

第二十条 地方各级人民检察院发现同级人民法院已经发生法律效力的判决、裁定具有下列情形之一的，应当提请上一级人民检察院抗诉：

（一）原判决、裁定适用法律、法规确有错误的；

（二）审判人员在审理该案件时有贪污受贿、徇私舞弊、枉法裁判行为的。

第二十一条 地方各级人民检察院发现同级人民法院已经发生法律效力的调解书损害国家利益、社会公共利益的，可以向同级人民法院提出再审检察建议，也可以提请上一级人民检察院抗诉。

第二十二条 最高人民检察院对各级人民法院已经发生法律效力的判决、裁定、调解书，上级人民检察院对下级人民法院已经发生法律效力的判决、裁定、调解书，发现有《中华人民共和国行政诉讼法》第九十一条、第九十三条规定情形的，应当向同级人民法院提出抗诉。

第二十三条 人民检察院提出再审检察建议，应当制作《再审检察建议书》，在决定之日起十五日内将《再审检察建议书》连同案件卷宗移送同级人民法院，并制作决定提出再审检察建议的《通知书》，发送当事人。人民检察院提出再审检察建议，应当经检察委员会决定，并将《再审检察建议书》报上一级人民检察院备案。

人民检察院依照前款规定提出再审检察建议的，人民法院根据《最高人民法院、最高人民检察院关于对民事审判活动与行政诉讼实行法律监督的若干意见（试行）》等规定审查回复。

第二十四条 人民检察院提请抗诉，应当制作《提请抗诉报告书》，在决定之日起十五日内将《提请抗诉报告书》连同案件卷宗等材料报送上一级人民检察院，并制作决定提请抗诉的《通知书》，发送当事人。

第二十五条　人民检察院提出抗诉，应当制作《抗诉书》，在决定之日起十五日内将《抗诉书》连同案件卷宗移送同级人民法院，并制作决定抗诉的《通知书》，发送当事人。

第二十六条　人民检察院提出抗诉的案件，人民法院再审时，人民检察院应当派员出席法庭。

第二十七条　人民检察院认为当事人的监督申请不符合监督条件，应当制作《不支持监督申请决定书》，在决定之日起十五日内发送当事人。

下级人民检察院提请抗诉的案件，上级人民检察院可以委托提请抗诉的人民检察院将《不支持监督申请决定书》发送当事人。

第五章　对审判程序中审判人员违法行为的监督与对执行活动的监督

第二十八条　人民检察院发现人民法院审判活动有下列情形之一的，应当向同级人民法院提出检察建议：

（一）判决、裁定确有错误，但不适用再审程序纠正的；

（二）调解违反自愿原则或者调解协议内容违反法律的；

（三）当事人依照《中华人民共和国行政诉讼法》第五十二条规定向上一级人民法院起诉，上一级人民法院未按该规定处理的；

（四）审理案件适用审判程序错误的；

（五）保全、先予执行、停止执行或者不停止执行行政行为违反法律规定的；

（六）诉讼中止或者诉讼终结违反法律规定的；

（七）违反法定审理期限的；

（八）对当事人采取罚款、拘留等妨害行政诉讼的强制措施违反法律规定的；

（九）违反法律规定送达的；

（十）审判人员接受当事人及其委托代理人请客送礼或者违反规定会见当事人及其委托代理人的；

（十一）审判人员实施或者指使、支持、授意他人实施妨害行政诉讼行为，尚未构成犯罪的；

（十二）其他违反法律规定的情形。

第二十九条　人民检察院发现人民法院执行裁定、决定等有下列情形之一的，应当向同级人民法院提出检察建议：

（一）提级管辖、指定管辖或者对管辖异议的裁定违反法律规定的；

（二）裁定受理、不予受理、中止执行、终结执行、恢复执行、执行回转等违反法律规定的；

（三）变更、追加执行主体错误的；

（四）裁定采取财产调查、控制、处置等措施违反法律规定的；

（五）审查执行异议、复议以及案外人异议作出的裁定违反法律规定的；

（六）决定罚款、拘留、暂缓执行等事项违反法律规定的；

（七）执行裁定、决定等违反法定程序的；

（八）对行政机关申请强制执行的行政行为作出准予执行或者不准予执行的裁定违反法律规定的；

（九）执行裁定、决定等有其他违法情形的。

第三十条 人民检察院发现人民法院在执行活动中违反规定采取调查、查封、扣押、冻结、评估、拍卖、变卖、保管、发还财产等执行实施措施的，应当向同级人民法院提出检察建议。

第三十一条 人民检察院发现人民法院有下列不履行或者怠于履行执行职责情形之一的，应当向同级人民法院提出检察建议：

（一）对依法应当受理的执行申请不予受理又不依法作出不予受理裁定的；

（二）对已经受理的执行案件不依法作出执行裁定、无正当理由未在法定期限内采取执行措施或者执行结案的；

（三）违法不受理执行异议、复议或者受理后逾期未作出裁定、决定的；

（四）暂缓执行、停止执行、中止执行的原因消失后，不按规定恢复执行的；

（五）依法应当变更或者解除执行措施而不变更、解除的；

（六）有其他不履行或者怠于履行执行职责行为的。

第三十二条 人民检察院根据本规则第二十八条、第二十九条、第三十条、第三十一条提出检察建议，应当制作《检察建议书》，在决定之日起十五日内将《检察建议书》连同案件卷宗移送同级人民法院。当事人申请监督的案件，人民检察院应当制作决定提出检察建议的《通知书》，发送申请人。人民检察院对行政执行活动提出检察建议，应当经检察委员会决定。

人民检察院依照前款规定提出检察建议的，人民法院根据《最高人民法院、最高人民检察院关于对民事审判活动与行政诉讼实行法律监督的若干意见（试行）》等规定审查回复。

第六章   其他规定

第三十三条   人民法院对人民检察院监督行为提出书面建议的，人民检察院应当在一个月内将处理结果书面回复人民法院。人民法院对回复意见有异议，并通过上一级人民法院向上一级人民检察院提出，上一级人民检察院认为建议正确的，应当要求下级人民检察院及时纠正。

第三十四条   人民检察院办理行政诉讼监督案件，发现行政机关有违反法律规定、可能影响人民法院公正审理的行为，可以向行政机关提出检察建议，并将相关情况告知人民法院。

第三十五条   人民检察院行政检察部门在履行职责过程中，发现违法违纪或者涉嫌犯罪线索，应当及时将相关材料移送有关职能部门。

人民检察院相关职能部门在办案工作中发现人民法院行政审判人员、执行人员有贪污受贿、徇私舞弊、枉法裁判等违法行为，可能导致原判决、裁定错误的，应当及时将相关材料移送行政检察部门。

第七章   附   则

第三十六条   人民检察院办理行政诉讼监督案件，本规则没有规定的，适用《人民检察院民事诉讼监督规则（试行）》的相关规定。

第三十七条   本规则自发布之日起施行。本院之前公布的其他有关行政诉讼监督的规定与本规则内容不一致的，以本规则为准。

《人民检察院行政诉讼监督规则（试行）》解读

郑新俭 *

《行政诉讼法》第十一条规定："人民检察院有权对行政诉讼实行法律监督。"《中共中央关于全面推进依法治国若干重大问题的决定》（以下简称十八届四中全会《决定》）强调"完善检察机关行使监督权的法律制度，加强对刑事诉讼、民事诉讼、行政诉讼的法律监督"，同时要求"检察机关在履行职责中发现行政机关违法行使职权或者不行使职权的行为，应该督促其纠正"。为贯彻落实强化行政诉讼法律监督的系列政策精神和立法要求，保障和规范人民检察院依法履行行政诉讼监督职责，最高人民检察院根据《行政诉讼法》《民事诉讼法》等法律及其相关规定，结合检察工作实际，制定并发布了《人民检察院行政诉讼监督规则（试行）》（以下简称《规则》）。

一、《规则》制定背景与起草过程

2014 年修改的《行政诉讼法》围绕进一步落实宪法规定的法律监督职责，明确规定了人民检察院有权对行政诉讼实施法律监督，增加了关于人民检察院对行政案件受理、审理、裁判、执行的监督适用《民事诉讼法》的相关规定，也就因此确立了与民事诉讼监督相同的上级检察院抗诉制度和同级监督检察建议制度。《行政诉讼法》第一百零一条规定了直接适用《民事诉讼法》的情形，强化了检察机关对行政诉讼的监督职责，明确了监督机制，但是相关机制该如何具体操作还需要进一步细化明确。而且行政诉讼与民事诉讼的规律有所不同，法律基础和原理也存在差异，因此行政诉讼检察监督与民事诉讼检察监督的导向也会存在不同。如果对行政诉讼检察监督案件直接适用《人民检察院民事诉讼监督规则（试行）》（以下简称《民事诉讼监督规则》），会让一些行政案件的监督背离行政诉讼的宗旨和规律，部分行政诉讼监督问题无法寻找到依据。近年来，各级行政检察部门也反映行政诉讼检察实践中遇到的大量问题，亟须通过制定行政诉讼监督规则来予以规范。从客观背景和条件上看，经过长期实践积累，特别是在认真贯彻落实十八届四中全会《决定》和全国检察机关第二次民事行政检察工作会议精神之后，各级检察机关在监督范围、监督内容和监督方式等方面积极探索，逐步形成多元化的行政检察监督格局，也

---

* 作者单位：最高人民检察院民事行政检察厅。

为起草《规则》做好了前期准备。

2014 年《行政诉讼法》颁布后，按照最高人民检察院党组的要求，高检院民事行政检察厅牵头组成起草小组，正式启动《行政诉讼监督规则》起草工作。在广泛调研和征求意见的基础上，起草小组首先草拟了《规则》的初稿，以初稿为蓝本分别征求了院内有关部门和各省级检察院的意见；征集了各方面反馈意见之后，起草小组进一步完善《规则》修改稿；接着通过举行专题座谈会等形式与行政诉讼监督工作开展得比较好的地方检察机关深入研讨《规则》体例、条文规定和机制设置；在充分研讨、汇总各方意见的基础上，进一步修改形成了《规则》（征求意见稿），并向全国人大常委会法工委、最高人民法院、国务院法制办以及各省级检察院正式征求意见，在对相关各方修改意见逐一研究吸纳、最大限度形成共识的基础上，最终形成了《规则》审议稿；经最高人民检察院检察委员会两次审议，审议稿于 2016 年 3 月 22 日由最高人民检察院第十二届检察委员会第四十九次会议最终审议通过，并于2016 年 4 月 15 日公告实施。

二、《规则》制定过程中遵循的指导思想

《规则》制定过程中，始终坚持以下指导思想：

一是贯穿监督主线。《规则》严格贯彻《行政诉讼法》关于强化法律监督的各项规定，全面落实十八届四中全会《决定》关于强化诉讼监督和行政执法活动监督的具体要求，通篇贯穿了"强化监督"这一主线，在依申请监督与依职权监督的范围、诉讼监督程序与方式以及对行政行为进行法律监督的具体机制方面依法做出刚性、明确、具体的规定，突出强化对人民法院诉讼活动和依法行政的法律监督力度；并且严格规范检察建议决定程序等诉讼监督程序，明确检察机关对相关外部监督机制的及时反馈程序，强化上级检察机关对下级检察机关受理、审查等工作的全程监督机制，切切实实将检察机关的自我监督与检察机关履行法律监督职责放在同等重要的位置。

二是突出监督重点。《规则》立足于行政诉讼规律和行政诉讼检察监督工作实际，强调对诉讼活动实施法律监督应遵循"合法性"监督原则，并在具体监督范围、监督程序的条文设计上突出"合法性"这一监督重点。例如在对有关再审条件的具体解释上，严格遵循有关法律的强制性规定；在列举审判人员违法审判与违法执行情形时，突出了实践中具有典型性、多发性且群众反映强烈的违法行为；在对行政机关的法律监督规定中，将监督范围严格限定为行政机关违反法律规定、可能影响人民法院公正审理的行为。明确监督重点，有利于检察机关在重点环节、关键领域整合监督资源、集聚监督合力，避免实践中因规定过于抽象而陷入泛化的"一般监督"误区。

三是注重权利保障。《规则》从维护人民群众申请监督权利出发，在监督范围、受理和不予受理的条件与程序等具体规定上，始终坚持权利明确、入口畅通、门槛清晰，切实注重保障群众诉讼权利、畅通申请监督入口、保护合理合法诉求，努力让人民群众在行政诉讼监督的每个环节中都能感受公平正义。另外，《规则》强调对人民法院和行政机关要坚持"监督和支持"并举原则，既注重法律监督工作力度和效果，又强调对审判权、执行权、行政权的依法保障。

四是强调操作可行。《规则》的条文简单清晰、要求明确具体、务求操作可行，突出体现在对监督范围、申请监督条件、受理程序的规定，对部分再审条件的具体解释，对再审检察建议和抗诉适用范围的合理区分，对检察建议的具体程序等方面，紧密围绕立法精神，同时立足实践需求，作出了系列符合立法、贴近实际、操作可行的细化规定，目的在于依法提高行政诉讼检察监督工作的可操作性，确保监督明确、程序规范。同时《规则》还对自身未作具体规定的问题明确指出可以适用《民事诉讼监督规则》的相关规定。通过明确适用的其他依据，确保检察机关行政诉讼监督实践"有法可依"。

三、《规则》的主要内容

《规则》的具体条文共计 7 章 37 条。主要包括：第一章总则，规定制定目的与依据、监督任务、监督范围和方式、监督原则等；第二章受理，主要规定申请监督条件和期限、不予受理情形、检察机关依职权监督范围等；第三章审查，主要规定审查案件的基本程序；第四章对生效判决、裁定、调解书的监督，主要规定再审检察建议和提请抗诉的不同事由及程序等；第五章对审判程序中审判人员违法行为的监督与对执行活动的监督，主要规定开展两项监督工作的主要情形和具体程序等；第六章其他规定，主要规定了检察机关对法院书面建议的回复程序、对行政机关的监督方式，行政检察部门和有关职能部门案件线索双向移送等；第七章附则，主要规定行政诉讼监督案件适用《民事诉讼监督规则》的规定，《规则》的施行时间以及与其他规范性文件的关系。《规则》重点条文解读如下：

一是结合行政诉讼自身特点，强调行政诉讼监督"原则底线"。《规则》第 4 条在监督原则的规定上，体现了与民事诉讼监督的一些共性要求，包括"以事实为根据，以法律为准绳""公开、公平、公正"等原则；同时又反映了行政诉讼监督的特性特征，规定了"合法性审查"原则，强调检察机关在行政诉讼监督中应突出监督重点，主要针对诉讼活动以及行政行为的合法性问题开展监督；规定了"监督和支持人民法院、行政机关依法行使职权"原则，强调检察机关在行政诉讼监督实践中，对人民法院依法行使审判权、执行权，行政机关依法行使行政权，应当贯彻"监督与支持"并举、并重、并行的工作要求。

二是明确规定当事人申请监督具体情形和检察机关受理工作模式，保障申请监督"入口畅通"。《规则》第五条在《行政诉讼法》《民事诉讼法》的规定范围内，从有利于保障当事人申请监督权利出发，依法明确了当事人可以申请检察监督的具体情形。同时《规则》第六条明确了当事人申请监督时限要求，第七条明确了检察机关依法不予受理的具体情形，确保申请监督"门槛清晰"。在受理工作模式上，《规则》第八条规定检察机关对当事人申请监督一般是"同级受理"，即一般由作出生效判决、裁定、调解书的人民法院（针对生效裁判结果监督申请）或审理、执行案件的人民法院（针对审判违法或执行监督申请）所在地同级人民检察院控告检察部门受理，但同时也规定了补充性的"上级受理"模式，即"同级人民检察院不依法受理的，当事人可以向上一级人民检察院申请监督"。从民事行政诉讼监督实践来看，"同级受理"模式有利于优化各级检察院办案结构和监督效率，引导同级人民检察院对适合提出检察建议监督的案件运用检察建议方式进行监督，避免上下级检察机关同时开展监督的司法资源浪费现象；但实践中也存在少数同级检察机关不依法受理的个案情形，需要上级检察机关来保障当事人申请监督渠道，特别是行政诉讼监督往往面临较大的行政阻力，在一些具体案件中可能影响同级检察机关的依法受理工作，确有必要通过"上级受理"模式加以补充。因此《规则》明确了检察机关对监督申请"同级为主，上级补充"的受理模式，有利于充分保障当事人申请监督权利，较为符合行政诉讼监督工作实际。

三是适度扩大依职权监督范围，切实减少"监督死角"。《规则》第9条规定"有下列情形之一的行政诉讼案件，人民检察院应当依职权进行监督：（一）损害国家利益或者社会公共利益的；（二）审判、执行人员有贪污受贿、徇私舞弊、枉法裁判等违法行为的；（三）其他确有必要进行监督的"。这一规定相比《民事诉讼监督规则》而言，增加了"其他确有必要进行监督"的兜底条款，适度扩大了检察机关依职权监督范围，体现了行政诉讼监督的自身特色。考虑到行政诉讼司法实践中法院不依法受理、行政干预、执行阻力等问题多发的实际情况，确有必要扩大检察机关的依职权监督范围。制定这条兜底条款的另一个原因是为了改变《民事诉讼监督规则》因依职权监督范围限制的过窄而出现了检察机关应主动依职权监督却又缺乏监督依据而引发的"监督死角"问题。

针对检察机关能否对诉讼监督中发现的行政机关违法行为实施监督的问题，《规则》第三十四条明确规定"人民检察院办理行政诉讼监督案件，发现行政机关有违反法律规定、可能影响人民法院公正审理的行为，可以向行政机关提出检察建议，并将相关情况告知人民法院"。这一规定的直接依据是最高人民法院、最高人民检察院 2011 年联合印发的《关于对民事审判活动与行政诉讼实行法律监督的若干意见（试行）》（高检会〔2011〕1 号）第十一条规定。该规定也高度契合十八届四中全会《决定》中关于"检察机关在履行职责中发现行政机关违法行使职权或者不行使职权的行为，应该督促其纠正"的明确要求。因此，该条提出"检察机关应该督促行政机关纠正"就有了明确的制定依据和现实的需求。为避免外界形成这是检察机关在进行"一般监督"的误读，本条规定将对行政行为的检察监督范围严格限定为可能影响"人民法院公正审理"的行政违法行为，而非针对所有的行政违法行为。

四是完善检察机关调查工作机制，确保案件审查"全面客观"。检察机关开展民事行政诉讼监督过程中，为全面客观掌握案件实际情况，需要有针对性地开展一些调查核实工作，《民事诉讼法》第二百一十条也明确规定"人民检察院因履行法律监督职责提出检察建议或者抗诉的需要，可以向当事人或者案外人调查核实有关情况"。为进一步规范相关工作，《规则》第十三条第一款参照《民事诉讼监督规则》相关规定，结合行政检察工作实际，对行政诉讼监督中检察机关对当事人或者案外人开展调查核实的范围作出了具体规定；该条第 2 款根据《行政诉讼法》及其相关司法解释，作出了关于取证工作相关强制性要求的规定，强调人民检察院不得为证明行政行为的合法性，调取行政机关作出行政行为时未收集的证据，体现了行政诉讼监督的自身特点。该条第 3 款还同时设置了检察机关对法院工作人员的"了解情况"制度，明确规定"人民检察院通过阅卷以及调查核实难以认定有关事实的，可以向相关审判、执行人员了解有关情况，听取意见"。作出这一规定，是基于行政检察监督实践中，检察机关在不少情况下仅凭阅卷和向当事人、案外人调查核实，难以准确认定事实，确有必要向法院工作人员了解相关情况。在《规则》中作出上述规定，有利于检察机关全面掌握案件相关情况，也有利于规范检察机关开展相关工作。

五是细化解释有关再审事由，指导监督标准"步调一致"。《规则》第十四条至第十七条对《行政诉讼法》第九十一条规定的部分再审事由作出了解释，包括《行政诉讼法》第九十一条第（二）项规定的"新的证据"、第（三）项规定的"认定事实的主要证据不足"、第（四）项规定的"适用法律、法规确有错误"和第（五）项规定的"违反法律规定的诉讼程序，可能影响公正审判"的解释。作出这些规定，是因为《行政诉讼法》第九十一条既是人民法院的再审事由，也是检察机关的抗诉事由，是检察机关办案过程中需要重点掌握的条文，有必要予以细化规定。《规则》对再审事由的解释，参考了最高人民法院有关司法解释的相关规定，符合修改后《行政诉讼法》的立法精神，有利于指导全国检察机关正确适用法律、统一监督标准。将来最高人民法院相关司法解释修改后，可视情况对该内容作出修改完善。

六是合理区分再审检察建议和提请抗诉的适用范围，引导同级监督"双措并举"。根据《行政诉讼法》第九十三条第二款的规定，地方各级人民检察院对同级人民法院的生效判决、裁定开展同级监督时，可以采用提出再审检察建议、提请抗诉两种监督措施。为进一步规范、引导对两种同级监督措施的合理运用，《规则》第十八条至第二十条对再审检察建议和提请抗诉案件的适用范围进行了合理区分，其中第十八条根据案件是否适宜由原审人民法院纠正，对再审检察建议的适用范围进行了明确规定；第十九条、第二十条则对不适宜运用再审检察建议、应当提请上一级人民检察院抗诉的案件类型进行了明确规定。作出这一规定，目的在于通过合理确定再审检察建议的适用范围，引导检察机关在同级监督实践中充分运用再审检察建议这一方式，有效贯彻落实《行政诉讼法》第九十三条的立法目的，同时也有利于有效整合办案资源和监督力量、有效缓解上下级检察机关办案任务"失衡"现象。从实践来看，《民事诉讼监督规则》对再审检察建议和抗诉案件范围也进行了合理区分，在几年来的试行实践中也取得了一定效果，因此《规则》将其进行了吸收借鉴。

七是明确列举审判违法和执行违法具体情形，规范两项监督"有的放矢"。修改后《行政诉讼法》明确赋予检察机关对审判程序活动和执行活动实施监督的职责。为进一步规范检察机关开展两项监督工作，《规则》第二十八条明确规定了审判程序违法的具体情形和监督方式，第二十九条至第三十一条明确规定了执行违法违规或不作为的具体情形和监督方式。上述规定是根据《行政诉讼法》《民事诉讼法》以及最高人民法院有关司法解释、司法文件，在广泛征求意见的基础上，明确列举了属于司法实践中较为典型的审判违法、执行违法情形。这种做法符合《行政诉讼法》第九十三条第三款"各级人民检察院对审判监督程序以外的其他审判程序中审判人员的违法行为，有权向同级人民法院提出检察建议"，《民事诉讼法》第二百三十五条"人民检察院有权对民事执行活动实行法律监督"等有关立法精神，有利于引导基层检察机关明确监督范围、强化监督力度。

从《民事诉讼监督规则》试行的实际情况来看，由于执行监督的条文规定较为抽象，导致一些检察机关因具体操作依据不明确而不敢、不愿深入开展执行监督工作，一些地方甚至出现不规范监督情形；一些地方还认为检察机关只能依据2011年最高人民法院、最高人民检察院《关于在部分地方开展民事执行活动法律监督试点工作的通知》中规定的"五种情形"开展监督。因此《规则》明确规定对两项监督的具体监督情形，既符合有关立法精神，也符合目前的实践需求。

八是对检察建议等事项强化自身监督，对人民法院审查回复检察建议强调"依规办理"。修改后的《行政诉讼法》在进一步确认基层检察院提请抗诉权的同时，明确赋予检察机关提出再审检察建议和发现审判人员违法、执行违法情形时提出检察建议的权力。为严格规范检察建议的决定程序，有效保障建议质量和效果，《规则》第二十三条、第三十二条明确规定再审检察建议和执行监督检察建议应当经检察委员会决定。作出这一规定，有利于提高检察建议的严谨性和严肃性，有效避免实践中可能出现的滥发检察建议、检察建议缺乏实质性内容等负面现象，是检察机关强化自身监督的重要举措。同时《规则》第三十三条明确规定检察机关对法院就检察监督工作所提出有关书面建议的回复期限和上级监督程序，也是检察机关强化自身监督的具体体现。

针对民事诉讼监督实践中检察建议缺乏法律效力性规定的问题，《规则》第二十三条、第三十二条同时规定人民检察院提出检察建议的，人民法院根据最高人民法院、最高人民检察院《关于对民事审判活动与行政诉讼实行法律监督的若干意见（试行）》等规定审查回复。《关于对民事审判活动与行政诉讼实行法律监督的若干意见（试行）》是最高人民法院、最高人民检察院 2011 年联合印发的司改文件，其中第七条、第十条明确规定了人民法院对检察建议的审查和回复程序。《规则》就最高人民法院、最高人民检察院达成共识的问题又作出重申性规定，目的在于减少和避免实践中一些地方法院对检察建议不予接收、不予处理、缺乏反馈等消极现象，切实提高检察建议的监督效率和效果。

九是强化案件线索双向移送，推动形成诉讼监督"多方合力"。为有效整合监督资源、形成监督合力，根据最高人民检察院《关于完善抗诉工作与职务犯罪侦查工作内部监督制约机制的规定》等相关规定，《规则》第三十五条规定了行政检察部门和有关职能部门案件线索双向移送的内容，即行政检察部门在履行职责过程中，发现违法违纪或者涉嫌犯罪线索，应当及时将相关材料移送有关职能部门；检察机关内部的相关职能部门在办案工作中，发现人民法院行政审判人员、执行人员有贪污受贿、徇私舞弊、枉法裁判等违法行为，可能导致原判决、裁定错误的，应当及时将相关材料移送行政检察部门。

十是明确有关适用依据，确保程序依据"全程覆盖"。基于保持条文规定清晰简洁，避免与《民事诉讼监督规则》条文重度重合的情形，《规则》对一些具体程序问题未作出规定，而是由第三十六条规定"人民检察院办理行政诉讼监督案件，本规则没有规定的，适用《人民检察院民事诉讼监督规则（试行）》的相关规定"。该条参照了《行政诉讼法》第一百零一条人民法院审理行政案件，关于期间、送达、财产保全、开庭审理、调解、中止诉讼、终结诉讼、简易程序、执行等，以及人民检察院对行政案件受理、审理、裁判、执行的监督，本法没有规定的，适用《民事诉讼法》的相关规定的条文设计，强调对于《规则》中未予明确但《民事诉讼监督规则》作出了具体规定的程序制度，只要符合行政诉讼检察监督性质，都可以适用于行政诉讼检察监督。

关于印发《关于保护、奖励职务犯罪举报人的若干规定》的通知

（最高人民检察院、公安部、财政部 2016 年 3 月 30 日公布）

各省、自治区、直辖市人民检察院、公安厅（局）、财政厅（局），解放军军事检察院、中央军委政法委保卫局、中央军委后勤保障部财务局，新疆生产建设兵团人民检察院、公安局、财政局：

为维护举报人合法权益，鼓励个人和单位依法举报职务犯罪，经中央全面深化改革领导小组审议，并经中央领导同志批准，最高人民检察院、公安部、财政部现联合印发《关于保护、奖励职务犯罪举报人的若干规定》（以下简称《规定》），请结合实际认真贯彻执行。

一、切实按照中央要求，统一思想，提高认识

举报工作是依靠群众查办职务犯罪的重要环节，也是反腐败斗争的重要组成部分。建立和完善保护、奖励职务犯罪举报人制度，是贯彻落实党的十八大，十八届三中、四中、五中全会精神，建立健全惩治和预防腐败体系的重要内容，有利于更好地调动和保护人民群众的举报积极性，直接关系到在全社会进一步弘扬正气，直接关系到反腐败斗争的深入推进，直接关系到法律尊严以及党和国家的形象。各相关单位要充分认识建立这一制度的重要意义，切实把认识和行动统一到中央的部署要求上来，积极配合、形成合力。检察机关要在纪检、公安、财政等单位的配合下，不断创新思路，改进方法，完善机制，延伸职能，进一步做好职务犯罪举报人保护和奖励工作；公安机关要协助检察机关做好举报人保护工作，切实保障举报人及其近亲属的人身、财产安全；财政部门要加强对举报人奖励工作的经费保障和支持。

二、坚决抓好《规定》的贯彻落实，严格执行举报人保护、奖励各项制度

《规定》对"打击报复"的具体情形、举报人保护工作的分工、保密措施、保护措施等作出了详细的规定，明确了举报奖励的范围、奖励金额及其保障、加强对奖励工作的监督等，各相关单位要认真学习领会，准确把握《规定》的各项具体要求。要切实做好对职务犯罪举报人信息的保密工作，细化

对举报人及其近亲属的保护措施。举报人及其近亲属人身、财产安全受到威胁的，应当采取禁止特定人员接触举报人及其近亲属，对举报人及其近亲属人身、财产和住宅采取专门性保护措施等。要严格责任追究，对相关人员违反保密规定和对举报人保护不力的，依纪依法追究责任。要落实和完善举报奖励制度，充分调动人民群众的举报积极性。同时，要加强对举报奖励工作的监督，对截留、侵占、私分、挪用举报奖励资金，或者违反规定发放举报奖励资金的单位和个人，依法追究责任。

三、积极预防和严肃处理对举报人的打击报复行为

一是要注重对举报人的事前保护。对有证据表明举报人及其近亲属可能会遭受单位负责人利用职权或者影响打击报复的，人民检察院应当要求相关单位或者个人作出解释或说明。应当给予组织处理或者纪律处分的，人民检察院可以将相关证据等材料移送组织部门和纪检监察机关，由组织部门和纪检监察机关依照有关规定处理。二是要严肃处理对举报人的打击报复行为。对打击报复或者指使他人打击报复举报人及其近亲属的行为，依纪依法给予处分；构成违反治安管理行为的，依法给予治安管理处罚；构成犯罪的，依法追究刑事责任。举报人及其近亲属因受打击报复，造成人身伤害、名誉损害或者财产损失的，应当支持其依法提出赔偿请求。

各相关单位在贯彻落实《规定》中遇到的情况和问题，及时对口报告。

最高人民检察院　公安部　财政部

2016 年 3 月 30 日

关于保护、奖励职务犯罪举报人的若干规定

（最高人民检察院、公安部、财政部 2016 年 3 月 30 日公布并施行）

第一条 为维护举报人合法权益，鼓励个人和单位依法举报职务犯罪，根据《中华人民共和国宪法》《中华人民共和国刑事诉讼法》有关规定，结合司法实际，制定本规定。

第二条 鼓励个人和单位依法实名举报职务犯罪。

使用真实姓名或者单位名称举报，有具体联系方式并认可举报行为的，属于实名举报。

第三条 人民检察院、公安机关、财政部门应当密切配合，共同做好举报人保护和奖励工作。

第四条 任何个人和单位依法向人民检察院举报职务犯罪的，其合法权益受法律保护。人民检察院对于举报内容和举报人信息，必须严格保密。

第五条 人民检察院对职务犯罪举报应当采取下列保密措施：

（一）受理举报应当由专人负责，在专门场所或者通过专门网站、电话进行，无关人员不得在场。

（二）举报线索应当由专人录入专用计算机，加密码严格管理。专用计算机应当与互联网实行物理隔离。未经检察长批准，其他工作人员不得查看。

（三）举报材料应当存放于符合保密规定的场所，无关人员不得进入。

（四）向检察长报送举报线索时，应当将相关材料用机要袋密封，并填写机要编号，由检察长亲自拆封。

（五）严禁泄露举报内容以及举报人姓名、住址、电话等个人信息，严禁将举报材料转给被举报人或者被举报单位。

（六）调查核实情况时，严禁出示举报材料原件或者复印件；除因侦查工作需要并经检察长批准外，严禁对匿名举报材料进行笔迹鉴定。

（七）通过专门的举报网站联系、答复举报人时，应当核对举报人在举报时获得的查询密码，答复时不得涉及举报具体内容。

（八）其他应当采取的保密措施。

第六条 人民检察院受理实名举报后，应当按照相关规定，对可能发生的风险及其性质、程度和影响等进行综合评估，拟定风险等级，并根据确定的风

险等级制定举报人保护预案。

在办案过程中，人民检察院应当根据实际情况的变化，及时调整风险等级。

第七条　有下列情形之一的，属于对举报人实施打击报复行为：

（一）以暴力、威胁或者非法限制人身自由等方法侵犯举报人及其近亲属的人身安全的；

（二）非法占有或者损毁举报人及其近亲属财产的；

（三）栽赃陷害举报人及其近亲属的；

（四）侮辱、诽谤举报人及其近亲属的；

（五）违反规定解聘、辞退或者开除举报人及其近亲属的；

（六）克扣或者变相克扣举报人及其近亲属的工资、奖金或者其他福利待遇的；

（七）对举报人及其近亲属无故给予党纪、政纪处分或者故意违反规定加重处分的；

（八）在职务晋升、岗位安排、评级考核等方面对举报人及其近亲属进行刁难、压制的；

（九）对举报人及其近亲属提出的合理申请应当批准而不予批准或者拖延的；

（十）其他侵害举报人及其近亲属合法权益的行为。

第八条　举报人向人民检察院实名举报后，其本人及其近亲属遭受或者可能遭受打击报复，向人民检察院请求保护的，人民检察院应当迅速进行核实，分别不同情况采取下列措施：

（一）举报人及其近亲属人身、财产安全受到威胁的，应当依照本规定第九条的规定采取必要的保护措施；

（二）举报人及其近亲属因遭受打击报复受到错误处理的，应当建议有关部门予以纠正；

（三）举报人及其近亲属因遭受打击报复受到严重人身伤害或者重大财产损失的，应当协调有关部门依照规定予以救助。

有证据表明举报人及其近亲属可能会遭受单位负责人利用职权或者影响打击报复的，人民检察院应当要求相关单位或者个人作出解释或说明。应当给予组织处理或者纪律处分的，人民检察院可以将相关证据等材料移送组织部门和纪检监察机关，由组织部门和纪检监察机关依照有关规定处理。

第九条　举报人及其近亲属人身、财产安全受到威胁的，人民检察院应当采取以下一项或者多项保护措施：

（一）禁止特定的人员接触举报人及其近亲属；

（二）对举报人及其近亲属人身、财产和住宅采取专门性保护措施；

（三）其他必要的保护措施。

人民检察院在开展保护举报人工作中，需要公安机关提供协助的，应当商请公安机关办理，公安机关应当在职责范围内予以协助。

举报人直接向公安机关请求保护而又必须采取紧急措施的，公安机关应当先采取紧急措施，并及时通知受理举报的人民检察院。

第十条 举报人及其近亲属因受打击报复，造成人身伤害、名誉损害或者财产损失的，人民检察院应当支持其依法提出赔偿请求。

第十一条 举报人确有必要在诉讼中作证，其本人及其近亲属因作证面临遭受打击报复危险的，人民检察院应当采取不公开真实姓名、住址和工作单位等个人信息的保护措施，可以在起诉书、询问笔录等法律文书、证据材料中使用化名代替举报人的个人信息，但是应当书面说明使用化名的情况并标明密级，单独成卷。

人民法院通知作为证人的举报人出庭作证，举报人及其近亲属因作证面临遭受打击报复危险的，人民检察院应当建议人民法院采取不暴露举报人外貌、真实声音等出庭作证措施。

第十二条 打击报复或者指使他人打击报复举报人及其近亲属的，依纪依法给予处分；构成违反治安管理行为的，依法给予治安管理处罚；构成犯罪的，依法追究刑事责任。

被取保候审、监视居住的犯罪嫌疑人打击报复或者指使他人打击报复举报人及其近亲属的，人民检察院应当对犯罪嫌疑人依法予以逮捕。决定逮捕前，可以先行拘留。

第十三条 人民检察院对举报人的保护工作由举报中心负责协调实施，侦查部门、公诉部门、司法警察部门应当加强配合协作，共同做好保护工作。

第十四条 举报线索经查证属实，被举报人构成犯罪的，应当对积极提供举报线索、协助侦破案件有功的实名举报人，按照国家有关规定给予一定的精神及物质奖励。

单位举报有功的，可以按照国家有关规定给予奖励。但是举报单位为案发单位的，应当综合考虑该单位的实际情况和在案件侦破中的作用等因素，确定是否给予奖励。

第十五条 对举报有功人员根据国家有关规定给予奖励。个人奖励方式为荣誉奖励和奖金奖励。荣誉奖励包括颁发奖旗、奖状、奖章、证书等。

对举报有功单位的奖励，一般采取荣誉奖励方式。

第十六条　对职务犯罪举报人的奖励由人民检察院决定。

给予奖金奖励的，人民检察院应当根据所举报犯罪的性质、情节和举报线索的价值等因素确定奖励金额。每案奖金数额一般不超过二十万元。举报人有重大贡献的，经省级人民检察院批准，可以在二十万元以上给予奖励，最高不超过五十万元。有特别重大贡献的，经最高人民检察院批准，不受上述数额的限制。

第十七条　对多人联名举报同一案件的，实行一案一奖，对各举报有功人员的奖励金额总和不得超过本规定第十六条规定的每案奖励金额上限。

对多人先后举报同一案件的，原则上奖励最先举报或者对侦破案件起主要作用的举报人。其他举报人提供的举报材料对侦破案件起到直接作用的，可以酌情给予奖励。

第十八条　奖励举报人，一般应当在有关判决或者裁定生效后进行。

人民检察院按照《中华人民共和国刑事诉讼法》第一百七十三条第二款对被举报人作出不起诉决定的，可以根据案件的具体情况，决定是否给予举报人奖励。

第十九条　奖励可以由举报人向人民检察院举报中心提出申请，也可以由人民检察院依职权决定。

第二十条　拟予奖励的人员名单、奖励方式和金额由人民检察院举报中心提出意见，报检察长决定。

第二十一条　举报奖金的发放由人民检察院举报中心负责。举报中心可以通过适当方式，通知受奖人员到人民检察院或者其认为适宜的地方领取。发放时，应当有两名以上检察人员在场。

第二十二条　人民检察院适时向社会公布举报奖励工作的情况。涉及披露举报人信息的，应当征得举报人同意。

第二十三条　符合奖励条件的举报人在获得奖励之前死亡、被宣告死亡或者丧失行为能力的，人民检察院应当将奖金发放给其继承人或者监护人。

第二十四条　举报奖励资金由财政部门列入预算，统筹安排。

第二十五条　人民检察院应当加强对举报奖励工作的监督。举报中心、侦查部门、公诉部门、计划财务装备部门发现举报奖励工作中存在弄虚作假等违反规定行为的，应当报告检察长予以纠正。上级人民检察院发现下级人民检察院在举报奖励工作中有违反规定情形的，应当予以纠正。

第二十六条　具有下列情形之一，对直接负责的主管人员和其他直接责任人员，依纪依法给予处分；构成犯罪的，由司法机关依法追究刑事责任：

（一）故意或者过失泄露举报人姓名、地址、电话、举报内容等，或者将举报材料转给被举报人的；

（二）应当制作举报人保护预案、采取保护措施而未制定或采取，导致举报人及其近亲属受到严重人身伤害或者重大财产损失的；

（三）截留、侵占、私分、挪用举报奖励资金，或者违反规定发放举报奖励资金的。

第二十七条 本规定所称职务犯罪，是指国家工作人员实施的刑法分则第八章规定的贪污贿赂犯罪及其他章中明确规定依照第八章相关条文定罪处罚的犯罪，刑法分则第九章规定的渎职犯罪，国家机关工作人员利用职权实施的非法拘禁、刑讯逼供、报复陷害、非法搜查的侵犯公民人身权利的犯罪以及侵犯公民民主权利的犯罪。

第二十八条 个人和单位向纪检监察机关举报违纪行为，相关案件因涉嫌职务犯罪移送人民检察院立案侦查后，对举报人的保护适用本规定。

第二十九条 本规定自发布之日起施行。

《关于保护、奖励职务犯罪举报人的若干规定》解读

万　春　吴孟栓　李昊昕 *

2016 年 3 月 30 日，最高人民检察院、公安部、财政部联合印发了《关于保护、奖励职务犯罪举报人的若干规定》（以下简称《规定》）。《规定》是检察机关、公安机关、财政部门等相关单位第一次以联合发文的形式对保护、奖励职务犯罪举报人工作作出规范，对于保护举报人合法权益，调动举报人积极性，推动反腐败斗争深入开展具有重要意义。

一、《规定》出台的背景和意义

党的十八大以来，中央以"零容忍"态度惩治腐败，坚持有案必查、有腐必惩，坚持"老虎""苍蝇"一起打，反腐败斗争压倒性态势正在形成。在十八届中央纪委六次全会上，习近平总书记指出："党中央坚定不移反对腐败的决心没有变，坚决遏制腐败现象蔓延势头的目标没有变。"检察机关贯彻落实党中央决策部署和习近平总书记系列重要讲话精神，深入推进反腐倡廉建设，离不开广大人民群众的参与。实践中，检察机关在相关单位的协助下，积极开展职务犯罪举报人保护、奖励工作，取得了良好的效果，但也存在一些不足之处亟待完善。

在保护举报人方面存在以下问题：一是保护工作的分工不够明确。检察机关无疑应当负起保护举报人的第一责任，但从实际情况来看，检察机关在人力物力以及经验方面都还存在一定的不足。实践中，检察机关往往需要公安机关提供协助，但因缺乏法律依据，各地执行情况参差不齐。二是缺乏具体、有效的保护措施。对于如何保护举报人，相关法律法规没有规定，过去往往是凭着经验，或者参照其他规定执行，缺乏规范性和统一性。三是侧重事后救济，举报人遭受威胁时往往求助无门。对打击报复举报人的行为给予行政或者刑事处罚都属于事后救济措施，当威胁转化为现实行为时再启动救助程序，往往为时已晚。四是隐性报复难以查处。实践中，以直接的人身财产攻击方式进行的显性报复较少，而以降级、开除、撤职、转岗等方式进行的隐性报复较多，此类报复往往披着合乎人事或者管理规定的外衣，给相关部门的查处工作带来困难。五是举报人身份在办案环节保密困难。由于举报线索的受理、转办环节较

---

* 作者单位：最高人民检察院法律政策研究室。

多，客观上造成举报人身份泄密、举报内容泄密的可能性加大。另外，在部分职务犯罪案件中，举报人与证人身份重合，如何在出庭作证的同时对举报人身份予以保密，也存在一定的困难。

而在奖励举报人方面也存在一些问题：一是奖励对象认定范围不明。实践中，通常认定的受奖励对象仅限于最初举报人即检举揭发人，不包括其他举报人。同时，对于实践中的集体举报，如"某村全体村民"或"某厂全体员工"并附有众多群众签名，如何确定奖励举报人的范围存在争议。二是奖励金额偏低。以前相关规范性文件关于奖励标准规定得较低，执行情况也不够理想。在有些案件中，举报人获得的奖励与举报风险和付出相比不对称。三是奖励资金经费保障水平不一。实践中，有些地方经济水平较好，政府每年拨付的奖励经费充足；但在一些经济欠发达地区，举报奖励心有余而力不足。

为了破解职务犯罪举报人不敢举报、不愿举报等难点问题，更好地发挥职务犯罪举报在反腐败工作中的重要作用，中央将"完善国家保护、奖励职务犯罪举报人制度"作为一项重要的改革任务。最高检作为此项改革任务的牵头单位，在认真调研的基础上，多次征求地方检察机关和相关单位的意见。经中央全面深化改革领导小组审议通过，并经中央领导同志批准，由最高人民检察院、公安部、财政部联合印发实施《规定》。

二、《规定》的主要内容

第一，在保护、奖励举报人的各个环节都规定了严格的保密措施。包括以下几个方面：一是在受理、存放、录入、报送举报线索和调查核实、答复举报人等环节集中规定了八条保密措施，包括受理举报应当由专人负责，在专门场所或者通过专门网站、电话进行；举报线索应当由专人录入专用计算机，加密码严格管理；举报材料应当存放于符合保密规定的场所；严禁泄露举报内容以及举报人姓名、住址、电话等个人信息，严禁将举报材料转给被举报人或者被举报单位；等等。二是规定了举报人转为证人时对举报人个人信息的保密措施。三是规定检察院在向社会公布举报奖励工作的情况时，涉及披露举报人信息的，应当征得举报人同意。

第二，明确了"打击报复"的具体情形。对举报人的打击报复可以分为两类：一类是显性报复，即针对举报人人身、财产进行的直接的、显而易见的报复，如暴力伤害举报人、损毁举报人财产，或者侮辱、诽谤举报人，等等；另一类是隐性报复，即被举报人利用职权或采取其他方法对举报人进行的变相报复，如借优化组合、聘用合同期满、提级晋升工资、发放奖金等机会将举报人转岗、下岗、解聘，或不予晋升、停发奖金等，也就是我们通常说的"穿小鞋"。实践中，打击报复更多的是以隐性报复的方式进行。由于与企业或者机关正常的制度规范和内部管理权限相关，隐性报复往往披着合法的外衣，查实认定难度较大，使得举报人常常是"有苦说不出"。《规定》针对这一问题，对打击报复的情形作了列举性规定。在列举的十种情形中，有五项属于隐性报复，包括：违反规定解聘、辞退或者开除举报人及其近亲属的；克扣或者变相克扣举报人及其近亲属的工资、奖金或者其他福利待遇的；对举报人及其近亲属无故给予党纪、政纪处分或者故意违反规定加重处分的；在职务晋升、岗位安排、评级考核等方面对举报人及其近亲属进行刁难、压制的；对举报人及其近亲属提出的合理申请应当批准而不予批准或者拖延的。

第三，明确了举报人保护工作的分工。《规定》首先明确检察院是保护举报人及其近亲属的第一责任单位，举报人向检察院实名举报后，其本人及其近亲属遭受或者可能遭受打击报复，向检察院请求保护的，检察院应当迅速进行核实，分别不同情况采取措施。《规定》还明确了检察机关内部的责任分工，检察院对举报人的保护工作由举报中心负责协调实施，侦查部门、公诉部门、司法警察部门应当加强配合协作，共同做好保护工作。同时，《规定》也明确，公安机关应当协助检察机关做好举报人保护工作。在有些情况下，检察机关因为人力、物力的限制，难以充分保障举报人的人身、财产安全，检察机关可以商请公安机关提供协助，公安机关接到检察机关的请求后，应当在职责范围内予以协助。另外，如果举报人及其家属面临危急情况，也可以直接向公安机关请求保护，公安机关经审查认为必须采取紧急措施的，应当先采取措施保障举报人及其家属的人身、财产安全，并及时通知受理举报的检察院。

第四，细化了保护措施。《规定》规定了不同情形下的三类保护措施：一是举报人及其近亲属人身、财产安全受到威胁的，应当采取措施禁止特定的人员接触举报人及其近亲属，对举报人及其近亲属人身、财产和住宅采取专门性保护措施等；二是举报人及其近亲属因遭受打击报复受到错误处理的，建议有关部门予以纠正；三是举报人及其近亲属因遭受打击报复受到严重人身伤害或者重大财产损失的，协调有关部门依照规定予以救助。同时，为了加强对举报人的事前保护，《规定》还规定，有证据表明举报人及其近亲属可能会遭受单位负责人利用职权或者影响打击报复的，检察院应当要求相关单位或者个人作出解释或说明。应当给予组织处理或者纪律处分的，检察院可以将相关证据等材料移送组织部门和纪检监察机关，由组织部门和纪检监察机关依照有关规定处理。

第五，对举报人转为证人时的保护措施作了专门规定。首先要强调，为了保障举报人的身份不被泄露，除确有必要外，检察机关一般不会让举报人以证人的身份出现。但有时候因为办理案件的需要，比如举报人了解的案件情况对于证明犯罪事实是必不可少的，也会要求举报人在诉讼中作证。如果举报人及其近亲属因为作证面临遭受打击报复危险，检察机关就应当采取有效措施对举报人的个人信息予以保密。在这种情况下，《规定》规定了两种保护措施：一种是在起诉书、询问笔录等法律文书、证据材料中使用化名代替举报人的个人信息。为了便于法院了解情况，检察机关应当书面说明使用化名的情况，但是，这种书面说明必须标明密级，单独成卷。另一种是在举报人要出庭作证的时候，检察院应当建议法院采取不暴露举报人外貌、真实声音等出庭作证措施。

第六，明确了举报奖励的范围。一是明确了奖励的条件：首先，应当是举报线索经查证属实，被举报人构成犯罪的；其次，应当是实名举报人；最后，应当是积极提供举报线索、协助侦破案件有功的实名举报人。二是明确了对举报单位的奖励原则：单位举报有功的，可以给予奖励；但是举报单位为案发单位的，应当综合考虑该单位的实际情况和在案件侦破中的作用等因素，确定是否给予奖励。三是明确了对多人举报的奖励原则：对多人联名举报同一案件的，实行一案一奖，对各举报有功人员的奖励金额总和不得超过每案奖励金额上限。对多人先后举报同一案件的，原则上奖励最先举报或者对侦破案件起主要作用的举报人，其他举报人提供的举报材料对侦破案件起到直接作用的，可以酌情给予奖励。

第七，明确了奖励金额及其保障。适当的奖励对于调动人民群众的举报积极性具有重要作用。随着我国经济社会的发展和反腐败斗争的深入开展，需要更好地调动人民群众举报职务犯罪的积极性，提高奖励标准正是鼓励群众举报的一个具体措施。因此，《规定》在充分调研的基础上，适当提高了举报奖励金额，规定：每案奖金数额一般不超过20万元；举报人有重大贡献的，经省级检察院批准，可以在20万元以上给予奖励，最高不超过50万元；有特别重大贡献的，经最高人民检察院批准，不受上述数额的限制。同时规定，举报奖励资金由财政部门列入预算，统筹安排。

第八，明确了在保护、奖励举报人工作中失职、渎职的法律责任。《规定》规定，有下列情形之一，对直接负责的主管人员和其他直接责任人员，依纪依法给予处分；构成犯罪的，由司法机关依法追究刑事责任：一是故意或者过失泄露举报人姓名、地址、电话、举报内容等，或者将举报材料转给被举报人的；二是应当制作举报人保护预案、采取保护措施而未制定或采取，导致举报人及其近亲属受到严重人身伤害或者重大财产损失的；三是截留、侵占、私分、挪用举报奖励资金，或者违反规定发放举报奖励资金的。

三、《规定》落实中应注意的几个问题

一是相关单位要明确分工，加强协作。检察机关、公安机关和财政部门要在明确分工的基础上，加强配合，形成合力，共同做好举报人保护和奖励工作。检察机关要在纪检监察机关、公安机关、财政部门等单位的配合下，不断创新思路，改进方法，完善机制，延伸职能，进一步做好职务犯罪举报人保护和奖励工作；公安机关要协助检察机关做好举报人保护工作，切实保障举报人及其近亲属的人身、财产安全；财政部门要加强对举报人奖励工作的经费保障和支持。相关单位应当通力合作，将《规定》中的各项措施真正落到实处。

二是检察机关内部要强化监督制约。坚持对举报人的保护工作由举报中心协调实施，侦查部门、公诉部门、司法警察部门协作配合的原则，各部门各司其职，互相配合，共同推进保护和奖励职务犯罪举报人工作。相关部门发现举报奖励工作中存在弄虚作假等违反规定行为的，报告检察长予以纠正。上级检察院发现下级检察院举报奖励工作有违反规定情形的，也应当予以纠正。

三是在保护、奖励职务犯罪举报人的同时，也要做好对举报失实的澄清、正名工作。举报失实的，会对被举报人造成一定影响，有的甚至是造成严重影响。因此，对经查证举报不实，给被举报人造成严重影响的，检察机关应当按照实事求是、依法稳妥的原则，开展举报失实澄清工作，消除不良影响。举报失实澄清可以采取向被举报人所在单位、上级主管部门通报，在一定范围内召开澄清通报会，或者以被举报人接受的其他方式进行。

关于办理贪污贿赂刑事案件
适用法律若干问题的解释

（2016 年 3 月 28 日由最高人民法院审判委员会第 1680 次会议、
2016 年 3 月 25 日由最高人民检察院第十二届检察委员会
第五十次会议通过　2016 年 4 月 18 日起公布并施行　法释〔2016〕9 号）

为依法惩治贪污贿赂犯罪活动，根据刑法有关规定，现就办理贪污贿赂刑事案件适用法律的若干问题解释如下：

第一条　贪污或者受贿数额在三万元以上不满二十万元的，应当认定为刑法第三百八十三条第一款规定的"数额较大"，依法判处三年以下有期徒刑或者拘役，并处罚金。

贪污数额在一万元以上不满三万元，具有下列情形之一的，应当认定为刑法第三百八十三条第一款规定的"其他较重情节"，依法判处三年以下有期徒刑或者拘役，并处罚金：

（一）贪污救灾、抢险、防汛、优抚、扶贫、移民、救济、防疫、社会捐助等特定款物的；

（二）曾因贪污、受贿、挪用公款受过党纪、行政处分的；

（三）曾因故意犯罪受过刑事追究的；

（四）赃款赃物用于非法活动的；

（五）拒不交待赃款赃物去向或者拒不配合追缴工作，致使无法追缴的；

（六）造成恶劣影响或者其他严重后果的。

受贿数额在一万元以上不满三万元，具有前款第二项至第六项规定的情形之一，或者具有下列情形之一的，应当认定为刑法第三百八十三条第一款规定的"其他较重情节"，依法判处三年以下有期徒刑或者拘役，并处罚金：

（一）多次索贿的；

（二）为他人谋取不正当利益，致使公共财产、国家和人民利益遭受损失的；

（三）为他人谋取职务提拔、调整的。

第二条　贪污或者受贿数额在二十万元以上不满三百万元的，应当认定为刑法第三百八十三条第一款规定的"数额巨大"，依法判处三年以上十年以下有期徒刑，并处罚金或者没收财产。

贪污数额在十万元以上不满二十万元，具有本解释第一条第二款规定的情形之一的，应当认定为刑法第三百八十三条第一款规定的"其他严重情节"，依法判处三年以上十年以下有期徒刑，并处罚金或者没收财产。

受贿数额在十万元以上不满二十万元，具有本解释第一条第三款规定的情形之一的，应当认定为刑法第三百八十三条第一款规定的"其他严重情节"，依法判处三年以上十年以下有期徒刑，并处罚金或者没收财产。

第三条 贪污或者受贿数额在三百万元以上的，应当认定为刑法第三百八十三条第一款规定的"数额特别巨大"，依法判处十年以上有期徒刑、无期徒刑或者死刑，并处罚金或者没收财产。

贪污数额在一百五十万元以上不满三百万元，具有本解释第一条第二款规定的情形之一的，应当认定为刑法第三百八十三条第一款规定的"其他特别严重情节"，依法判处十年以上有期徒刑、无期徒刑或者死刑，并处罚金或者没收财产。

受贿数额在一百五十万元以上不满三百万元，具有本解释第一条第三款规定的情形之一的，应当认定为刑法第三百八十三条第一款规定的"其他特别严重情节"，依法判处十年以上有期徒刑、无期徒刑或者死刑，并处罚金或者没收财产。

第四条 贪污、受贿数额特别巨大，犯罪情节特别严重、社会影响特别恶劣、给国家和人民利益造成特别重大损失的，可以判处死刑。

符合前款规定的情形，但具有自首、立功，如实供述自己罪行、真诚悔罪、积极退赃，或者避免、减少损害结果的发生等情节，不是必须立即执行的，可以判处死刑缓期二年执行。

符合第一款规定情形的，根据犯罪情节等情况可以判处死刑缓期二年执行，同时裁判决定在其死刑缓期执行二年期满依法减为无期徒刑后，终身监禁，不得减刑、假释。

第五条 挪用公款归个人使用，进行非法活动，数额在三万元以上的，应当依照刑法第三百八十四条的规定以挪用公款罪追究刑事责任；数额在三百万元以上的，应当认定为刑法第三百八十四条第一款规定的"数额巨大"。具有下列情形之一的，应当认定为刑法第三百八十四条第一款规定的"情节严重"：

（一）挪用公款数额在一百万元以上的；

（二）挪用救灾、抢险、防汛、优抚、扶贫、移民、救济特定款物，数额在五十万元以上不满一百万元的；

（三）挪用公款不退还，数额在五十万元以上不满一百万元的；

（四）其他严重的情节。

第六条 挪用公款归个人使用，进行营利活动或者超过三个月未还，数额在五万元以上的，应当认定为刑法第三百八十四条第一款规定的"数额较大"；数额在五百万元以上的，应当认定为刑法第三百八十四条第一款规定的"数额巨大"。具有下列情形之一的，应当认定为刑法第三百八十四条第一款规定的"情节严重"：

（一）挪用公款数额在二百万元以上的；

（二）挪用救灾、抢险、防汛、优抚、扶贫、移民、救济特定款物，数额在一百万元以上不满二百万元的；

（三）挪用公款不退还，数额在一百万元以上不满二百万元的；

（四）其他严重的情节。

第七条 为谋取不正当利益，向国家工作人员行贿，数额在三万元以上的，应当依照刑法第三百九十条的规定以行贿罪追究刑事责任。

行贿数额在一万元以上不满三万元，具有下列情形之一的，应当依照刑法第三百九十条的规定以行贿罪追究刑事责任：

（一）向三人以上行贿的；

（二）将违法所得用于行贿的；

（三）通过行贿谋取职务提拔、调整的；

（四）向负有食品、药品、安全生产、环境保护等监督管理职责的国家工作人员行贿，实施非法活动的；

（五）向司法工作人员行贿，影响司法公正的；

（六）造成经济损失数额在五十万元以上不满一百万元的。

第八条 犯行贿罪，具有下列情形之一的，应当认定为刑法第三百九十条第一款规定的"情节严重"：

（一）行贿数额在一百万元以上不满五百万元的；

（二）行贿数额在五十万元以上不满一百万元，并具有本解释第七条第二款第一项至第五项规定的情形之一的；

（三）其他严重的情节。

为谋取不正当利益，向国家工作人员行贿，造成经济损失数额在一百万元以上不满五百万元的，应当认定为刑法第三百九十条第一款规定的"使国家利益遭受重大损失"。

第九条 犯行贿罪，具有下列情形之一的，应当认定为刑法第三百九十条第一款规定的"情节特别严重"：

（一）行贿数额在五百万元以上的；

（二）行贿数额在二百五十万元以上不满五百万元，并具有本解释第七条第二款第一项至第五项规定的情形之一的；

（三）其他特别严重的情节。

为谋取不正当利益，向国家工作人员行贿，造成经济损失数额在五百万元以上的，应当认定为刑法第三百九十条第一款规定的"使国家利益遭受特别重大损失"。

第十条　刑法第三百八十八条之一规定的利用影响力受贿罪的定罪量刑适用标准，参照本解释关于受贿罪的规定执行。

刑法第三百九十条之一规定的对有影响力的人行贿罪的定罪量刑适用标准，参照本解释关于行贿罪的规定执行。

单位对有影响力的人行贿数额在二十万元以上的，应当依照刑法第三百九十条之一的规定以对有影响力的人行贿罪追究刑事责任。

第十一条　刑法第一百六十三条规定的非国家工作人员受贿罪、第二百七十一条规定的职务侵占罪中的"数额较大""数额巨大"的数额起点，按照本解释关于受贿罪、贪污罪相对应的数额标准规定的二倍、五倍执行。

刑法第二百七十二条规定的挪用资金罪中的"数额较大""数额巨大"以及"进行非法活动"情形的数额起点，按照本解释关于挪用公款罪"数额较大""情节严重"以及"进行非法活动"的数额标准规定的二倍执行。

刑法第一百六十四条第一款规定的对非国家工作人员行贿罪中的"数额较大""数额巨大"的数额起点，按照本解释第七条、第八条第一款关于行贿罪的数额标准规定的二倍执行。

第十二条　贿赂犯罪中的"财物"，包括货币、物品和财产性利益。财产性利益包括可以折算为货币的物质利益如房屋装修、债务免除等，以及需要支付货币的其他利益如会员服务、旅游等。后者的犯罪数额，以实际支付或者应当支付的数额计算。

第十三条　具有下列情形之一的，应当认定为"为他人谋取利益"，构成犯罪的，应当依照刑法关于受贿犯罪的规定定罪处罚：

（一）实际或者承诺为他人谋取利益的；

（二）明知他人有具体请托事项的；

（三）履职时未被请托，但事后基于该履职事由收受他人财物的。

国家工作人员索取、收受具有上下级关系的下属或者具有行政管理关系的被管理人员的财物价值三万元以上，可能影响职权行使的，视为承诺为他人谋取利益。

第十四条　根据行贿犯罪的事实、情节，可能被判处三年有期徒刑以下刑罚的，可以认定为刑法第三百九十条第二款规定的"犯罪较轻"。

根据犯罪的事实、情节，已经或者可能被判处十年有期徒刑以上刑罚的，或者案件在本省、自治区、直辖市或者全国范围内有较大影响的，可以认定为刑法第三百九十条第二款规定的"重大案件"。

具有下列情形之一的，可以认定为刑法第三百九十条第二款规定的"对侦破重大案件起关键作用"：

（一）主动交代办案机关未掌握的重大案件线索的；

（二）主动交代的犯罪线索不属于重大案件的线索，但该线索对于重大案件侦破有重要作用的；

（三）主动交代行贿事实，对于重大案件的证据收集有重要作用的；

（四）主动交代行贿事实，对于重大案件的追逃、追赃有重要作用的。

第十五条　对多次受贿未经处理的，累计计算受贿数额。

国家工作人员利用职务上的便利为请托人谋取利益前后多次收受请托人财物，受请托之前收受的财物数额在一万元以上的，应当一并计入受贿数额。

第十六条　国家工作人员出于贪污、受贿的故意，非法占有公共财物、收受他人财物之后，将赃款赃物用于单位公务支出或者社会捐赠的，不影响贪污罪、受贿罪的认定，但量刑时可以酌情考虑。

特定关系人索取、收受他人财物，国家工作人员知道后未退还或者上交的，应当认定国家工作人员具有受贿故意。

第十七条　国家工作人员利用职务上的便利，收受他人财物，为他人谋取利益，同时构成受贿罪和刑法分则第三章第三节、第九章规定的渎职犯罪的，除刑法另有规定外，以受贿罪和渎职犯罪数罪并罚。

第十八条　贪污贿赂犯罪分子违法所得的一切财物，应当依照刑法第六十四条的规定予以追缴或者责令退赔，对被害人的合法财产应当及时返还。对尚未追缴到案或者尚未足额退赔的违法所得，应当继续追缴或者责令退赔。

第十九条　对贪污罪、受贿罪判处三年以下有期徒刑或者拘役的，应当并处十万元以上五十万元以下的罚金；判处三年以上十年以下有期徒刑的，应当并处二十万元以上犯罪数额二倍以下的罚金或者没收财产；判处十年以上有期徒刑或者无期徒刑的，应当并处五十万元以上犯罪数额二倍以下的罚金或者没收财产。

对刑法规定并处罚金的其他贪污贿赂犯罪，应当在十万元以上犯罪数额二倍以下判处罚金。

第二十条　本解释自 2016 年 4 月 18 日起施行。最高人民法院、最高人民检察院此前发布的司法解释与本解释不一致的，以本解释为准。

《关于办理贪污贿赂刑事案件适用法律若干问题的解释》的理解和适用

万　春　缐　杰　卢宇蓉　杨建军*

2016 年 4 月 18 日，最高人民法院、最高人民检察院联合发布了《关于办理贪污贿赂刑事案件适用法律若干问题的解释》（以下简称《解释》）。为便于正确理解《解释》基本精神和准确适用，现对《解释》主要内容说明如下：

一、《解释》的制定背景

贪污贿赂犯罪滋生各种腐化现象，败坏社会风气，扰乱国家机关正常活动和社会主义市场经济秩序，严重破坏国家廉政建设，严重影响党和政府的形象，动摇我国执政根基，社会危害性极大，成为影响社会经济健康发展和社会稳定的突出问题。党的十八届三中全会明确提出加强反腐败工作，加大惩处腐败犯罪的力度，坚持有腐必反、有贪必肃，坚持反腐败无禁区，"老虎""苍蝇"一起打。近些年特别是党的十八大以来，虽然我国党风廉政建设取得了较大成效，但反腐败斗争的形势依然严峻。实践中，存在许多法律适用问题亟待司法解释予以明确。

一是《刑法修正案（九）》对贪污贿赂犯罪有关定罪量刑规定的修改亟须明确适用标准。《刑法修正案（九）》有关修改主要包括：取消贪污罪、受贿罪定罪和量刑的具体数额标准，突出数额之外其他情节在定罪量刑中的作用；对贪污罪、受贿罪增设死刑缓期 2 年执行减为无期徒刑后终身监禁；对贪污罪和贿赂犯罪增设罚金刑；增设对有影响力的人行贿罪；对行贿罪从宽处罚规定更为严格的适用条件。《刑法修正案（九）》已于 2015 年 11 月 1 日生效施行，这些新规定在司法实践中应该如何理解、把握和具体适用，亟须制定司法解释予以明确。

二是贪污贿赂犯罪出现的新情况、新问题亟须明确处理意见。随着经济社会发展变化，贪污贿赂犯罪呈现出一些新情况和特点，给司法实践带来了新的法律适用问题。比如，过去贿赂犯罪的对象主要是金钱和物品，现在出现了各种形式的财产性利益输送，对于给予、收受这些利益的行为能否以贿赂犯罪处理？又如，受贿犯罪，过去主要表现为国家工作人员直接索取或者收受贿赂，

---

* 作者单位：最高人民检察院法律政策研究室。

现在一些案件中国家工作人员本人没有收受贿赂，收受贿赂的是国家工作人员的近亲属或者与其关系密切的人员，这种情况能否以受贿罪追究该国家工作人员的刑事责任？这些新情况、新问题给刑事法网的严密性和刑罚惩治的针对性提出了更高的要求，亟须制定司法解释予以明确。

三是司法实践当中长期存在的一些争议问题亟须统一意见。贪污贿赂犯罪具有其特殊复杂性，理论上和实践中对于一些法律适用问题长期存在意见分歧。比如，作为受贿犯罪的法定要件，"为他人谋取利益"究竟应如何理解，"正常履职后收受感谢费""感情投资"等能否认定为"为他人谋取利益"？又如，实践中经常遇见犯罪嫌疑人、被告人辩称自己没有非法占有财物，不构成贪污受贿，因为有关涉案款物均是用于公务支出、社会捐赠等，那么这些情形对于定罪量刑究竟有没有影响？这些问题既关系到法律的统一适用，也关系到依法惩治腐败的实际效果，亟须制定司法解释予以明确和解决。

鉴于上述情况，最高人民法院、最高人民检察院在深入细致的调研基础上，对当前办理贪污贿赂犯罪案件较为突出的法律适用问题进行了梳理和筛选研究，广泛征求了立法机关、各级司法机关、专家学者等方面意见，研究制定了《解释》。该解释于2016年3月28日最高人民法院审判委员会第1680次会议；2016年3月25日由最高人民检察院第十二届检察委员会第五十次会议通过，2016年4月18日对外公布，并自同日起施行。

二、主要内容及逐条说明

《解释》共20条，主要规定了以下几个问题：（1）贪污罪、受贿罪的定罪量刑标准（第一条至第三条）；（2）贪污罪、受贿罪的死刑适用标准及终身监禁的适用原则（第四条）；（3）挪用公款罪、行贿罪、利用影响力受贿罪等罪的定罪量刑标准（第五条至第十一条）；（4）作为贿赂犯罪对象的"财物"的范围及"财产性利益"的理解和认定（第十二条）；（5）受贿犯罪中"为他人谋取利益"的理解和认定（第十三条）；（6）行贿罪法定从宽处罚情节适用条件的理解（第十四条）；（7）受贿犯罪数额的计算（第十五条）；（8）贪污罪、受贿罪主观故意的认定（第十六条）；（9）受贿犯罪同时构成渎职犯罪的处断原则（第十七条）；（10）违法所得的追缴、退赔（第十八条）；（11）罚金刑的适用（第十九条）。

（一）贪污罪、受贿罪的定罪量刑标准（第一、二、三条）

《解释》第一条至第三条分别规定了贪污罪、受贿罪的三档法定刑的具体适用标准。

根据这3条规定，贪污罪、受贿罪"数额较大""数额巨大""数额特别巨大"的具体数额标准分别是3万元以上、20万元以上、300万元以上。由于

《刑法修正案（九）》对贪污受贿犯罪除规定了数额标准外，还规定了情节标准。因此，《解释》对贪污罪、受贿罪"较重情节""严重情节""特别严重情节"的认定采取了"数额标准＋从重情形"的模式，即贪污受贿犯罪数额在"1万元以上不满3万元""10万元以上不满20万元""150万元以上不满300万元"，同时具有第一条第二款、第三款规定从重处罚情形之一的，应当认定为具有"较重情节""严重情节""特别严重情节"。

根据司法实践经验并综合征求意见情况，《解释》一是对贪污罪规定了6种从重处罚情形：（一）贪污救灾、抢险、防汛、优抚、扶贫、移民、救济、防疫、社会捐助等特定款物。这是基于犯罪行为特定危害性而提出的，贪污特定款物较一般款物具有更为严重的危害性，一直也是刑事打击的重点。（二）曾因贪污、受贿、挪用公款受过党纪、行政处分的。（三）曾因故意犯罪受过刑事追究的。这是基于人身危险性考虑，行为人受过处分或者被刑事追究仍不思悔改，说明行为人主观恶性大，需要从严惩治以起到刑罚特殊预防的效果。（四）赃款赃物用于非法活动的。行为人犯罪后将赃款赃物用于非法活动，具有更大的社会危害性。（五）拒不交代赃款赃物去向或者拒不配合追缴工作，致使无法追缴的。拒不交代赃款赃物去向、不配合追缴，说明无悔罪表现，造成的经济损失往往难以挽回。（六）造成恶劣影响或者其他严重后果的。本项是兜底条款。二是关于受贿罪从重处罚情形，除贪污罪规定从重处罚情形的第（二）至（六）项以外，还增加规定了3项，即（一）多次索贿的。"多次"一般是指3次以上，既包括对同一请托人索贿三次以上，也包括对不同请托人，累计3次以上。（二）为他人谋取不正当利益，致使公共财产、国家和人民利益遭受损失的。受贿者与请托人进行权钱交易，致使公共财产、国家和人民利益遭受损失，具有更为严重的危害性，理应从严惩处。（三）为他人谋取职务提拔、调整的。《解释》对吏治腐败给予高度关注，因此将违规使用干部作为受贿罪加重处罚的一个情节。

关于贪污罪、受贿罪的定罪量刑标准，还需要说明以下几点：

一是《解释》是根据立法授权作出本条规定。《刑法修正案（九）》取消了贪污罪、受贿罪原定罪量刑的具体数额标准，代之以"数额较大""数额巨大""数额特别巨大"，以及"较重情节""严重情节""特别严重情节"。因此，《解释》根据立法授权，在经过了广泛调研、征求意见和论证，并征得立法机关同意的基础上，对贪污罪、受贿罪的定罪量刑标准予以明确规定。

二是《解释》是根据经济社会发展变化对有关数额标准作出调整。以起刑点为例，1980年以来，我国贪污受贿犯罪起刑点数额标准曾调整过3次。1986年最高人民检察院制定的贪污罪、受贿罪立案追究刑事责任的标准是

1000 元；当时我国城镇居民人均可支配收入为 828 元。1988 年全国人大常委会《关于惩治贪污罪贿赂罪的补充规定》对贪污罪、受贿罪规定的起刑点数额标准是 2000 元；与之对应当时我国城镇居民人均可支配收入为 1181 元。1997 年《刑法》对贪污罪、受贿罪规定的起刑点数额为 5000 元，当时城镇居民人均可支配收入为 5160 元。2015 年我国城镇居民人均可支配收入为 31195 元，因此对照以往规定，贪污受贿犯罪的起刑点调整为 3 万元较符合现实情况。

三是《解释》规定各地对贪污受贿犯罪案件执行统一的数额标准。近年来，实践中由于受地域差距等因素的影响，各地对贪污受贿移送追究刑事责任和定罪量刑的标准不尽统一，需要统一规范，一体遵循。《解释》从司法公正出发，对贪污受贿犯罪执行统一的数额标准，既不规定起点刑幅度，也不搞地区差别。

四是《解释》体现了"把党纪挺在前面"的精神。惩治腐败在刑罚之前还有党纪、政纪处分，两者之间必须做到相互衔接、相互协调，为党纪、政纪发挥作用留有空间，体现"把党纪挺在前面"的精神。因此，《解释》对贪污罪、受贿罪的定罪量刑标准作出规定，包括将两罪"数额较大"的一般标准由 1997 年《刑法》确定的 5000 元调整至 3 万元，同时对其他档次的量刑标准也作相应调整。

五是实践中应当避免唯数额论和重数额轻情节的错误倾向。《解释》虽然提高了贪污、受贿犯罪的起刑点，但并非对 3 万元以下的案件一律不追究刑事责任。根据《解释》第一条第二、三款，第二条第二、三款和第三条第二、三款，对于虽未达到相应法定刑数额标准（3 万元、20 万元、300 万元），但具有本解释规定从重情节之一的，应当认为构成犯罪或者提档升格量刑。如对于贪污、受贿数额在 1 万元以上不满 3 万元，同时具有《解释》规定情形之一的，应当认定为《刑法》第三百八十三条第一款规定的"其他较重情节"，依法判处 3 年以下有期徒刑或者拘役，并处罚金。实践中，应当注意处理好贪污受贿犯罪数额和情节的关系。各地不得擅自提高定罪标准，有案不立；也不得擅自降低标准，不应当立案而立案。对于未达到《解释》规定数额标准的举报线索，也应当依法受理，只要经初查有证据证明达到了标准的，就应当立案。

（二）关于死刑、死缓及终身监禁的适用（第四条）

《刑法修正案（九）》对贪污罪、受贿罪的死刑适用主要作了两处调整：一是修改了死刑适用条件，将"情节特别严重的，处死刑"修改为"数额特别巨大，并使国家和人民利益遭受特别重大损失的，处无期徒刑或者死刑"；

二是增加了终身监禁的规定。《解释》第四条根据《刑法修正案（九）》规定和我国保留死刑，严格控制死刑和慎重适用死刑的死刑政策，分 3 款规定了贪污罪、受贿罪判处死刑立即执行、一般死缓和终身监禁的具体适用。

第四条第一款明确规定死刑立即执行。即死刑立即执行只适用于犯罪数额特别巨大，犯罪情节特别严重、社会影响特别恶劣、给国家和人民利益造成特别重大损失的贪污、受贿犯罪分子。换言之，对于极少数罪行特别严重、依法应当适用死刑立即执行的犯罪分子，应当坚决判处死刑立即执行。

第四条第二款规定一般死缓。即对于虽然符合第一款判处死刑适用条件，但具有自首，立功，如实供述自己罪行、真诚悔罪、积极退赃，或者避免、减少损害结果的发生等情节，不是必须立即执行的，可以判处死刑缓期 2 年执行。换言之，《解释》规定对于符合死刑立即执行条件但同时具有法定从宽等处罚情节，不是必须立即执行的，可以判处死刑缓期 2 年执行。

第四条第三款规定终身监禁的适用。终身监禁，是介于死刑立即执行与一般死缓之间的一种新的死刑执行措施，而不是一个新的刑种。从执行效果来说，它比一般死缓更为严厉。《解释》对终身监禁具体适用从实体和程序两个方面予以了明确：一是明确终身监禁适用的情形，即主要针对那些判处死刑立即执行过重，判处一般死缓又偏轻的重大贪污受贿罪犯，可以决定终身监禁；二是明确凡决定终身监禁的，在一、二审作出死缓裁判的同时就应当一并作出终身监禁的决定，而不能等到死缓执行期间届满再视情而定，强调终身监禁决定后，就必须将"牢底坐穿"，不受执行期间服刑表现的影响。

（三）关于挪用公款罪定罪量刑标准的调整（第五、六条）

《解释》第五、第六条规定了挪用公款罪的定罪量刑标准。1998 年最高人民法院《关于审理挪用公款案件具体应用法律若干问题的解释》（以下简称《挪用公款解释》）已颁行 18 年，有关数额标准的规定明显滞后，有必要调整。由于挪用公款罪的社会危害性相对要轻于贪污罪，为防止刑罚"轻重倒挂"，《解释》参照贪污罪有关规定，对挪用公款罪的定罪量刑标准作出相应修改。

修改之处主要有 3 点：一是将各地可以根据本地情况制定具体执行的数额幅度标准修改为全国统一的数额标准，同时适当提高了具体数额标准。如《挪用公款解释》规定挪用公款归个人使用，进行非法活动的，以挪用 5000元至 1 万元为追究刑事责任的数额起点；挪用公款归个人使用，数额较大、进行营利活动的，或者数额较大、超过 3 个月未还的，以挪用公款 1 万元至 3 万元为数额较大的起点。《解释》调高了上述标准，挪用公款进行非法活动的，以 3 万元为追究刑事责任的数额起点；挪用公款归个人使用，进行营利活动，或者超过 3 个月未还的，以 5 万元为"数额较大"起点。二是增加规定了挪用公款进行非法活动"数额巨大"的标准。《挪用公款解释》第三条对挪用公款进行非法活动的，仅规定了追究刑事责任的数额起点和"情节严重"，而未对"数额巨大"的标准作出规定。实践中，对于挪用公款罪进行非法活动中"数额巨大"如何适用存在疑问。《解释》对此明确了"300 万元以上"的数额标准。三是对挪用公款"情节严重"作了进一步明确。《解释》对"情节严重"的认定采取"纯数额"和"数额 + 从重情形"的模式，从而使规定更为合理和科学。如《解释》规定挪用公款归个人使用，进行非法活动，具有以下情形之一的，应当认定"情节严重"：（一）挪用公款数额在 100 万元以上的；（二）挪用救灾、抢险、防汛、优抚、扶贫、移民、救济特定款物，数额在 50 万元以上不满 100 万元的；（三）挪用公款不退还，数额在 50 万元以上不满 100 万元的；（四）其他严重的情节。又如规定挪用公款归个人使用，进行营利活动或者超过 3 个月未还，具有下列情形之一的，应当认定为《刑法》第三百八十四条第一款规定的"情节严重"：（一）挪用公款数额在 200 万元以上的；（二）挪用救灾、抢险、防汛、优抚、扶贫、移民、救济特定款物，数额在 100 万元以上不满 200 万元的；（三）挪用公款不退还，数额在 100 万元以上不满 200 万元的；（四）其他严重的情节。

（四）关于行贿罪定罪量刑标准的规定（第七、八、九条）

《解释》第七、八、九条、根据行贿罪的三档法定刑，分别规定了入罪门槛、"情节严重"和"情节特别严重"的适用标准。由于《解释》对贪污罪、受贿罪的定罪量刑数额标准进行了调整，实践中，如果不对行贿罪的有关数额标准一并进行调整，仍执行 2012 年最高人民法院、最高人民检察院《关于办理行贿刑事案件具体应用法律若干问题的解释》（以下简称《行贿解释》）有关标准，那么，司法实践中行贿罪与受贿罪之间则可能出现量刑"轻重倒挂"现象。因此，《解释》修改了《行贿解释》有关规定。主要有两个方面：

一是提高了有关数额标准。将行贿罪起刑点由原先的 1 万元调整为 3 万元，同时按照 5 倍比例原则，上调了行贿罪"情节严重""情节特别严重"中的有关数额标准。例如，将原来规定的"20 万元以上不满 100 万元""100 万元以上"调整到"100 万元以上不满 500 万元""500 万元以上"。

二是对行贿罪的入罪门槛增设了"数额 + 情节"的追诉标准。即除规定行贿数额 3 万元以上的应当以行贿罪追究刑事责任之外，对于行贿 1 万元以上不满 3 万元，但具有《解释》规定下列从重情形之一的，也应当追究刑事责任：（一）向 3 人以上行贿的；（二）将违法所得用于行贿的；（三）通过行贿谋取职务提拔、调整的；（四）向负有食品、药品、安全生产、环境保护等监督管理职责的国家工作人员行贿，实施非法活动的；（五）向司法工作人员行贿，影响司法公正的；（六）造成经济损失数额在 50 万元以上不满 100 万元的。主要考虑是一些行贿行为虽然数额不大，但行贿范围广、向特定领域的国家工作人员行贿、造成损失大、影响坏，有必要对这些行为予以刑事制裁。这样规定，既与受贿罪的有关规定相一致，也较好解决了"重受贿，轻行贿导致对行贿惩处失之于宽、不利于切断受贿犯罪因果链等问题"。

（五）明确了利用影响力受贿罪、对有影响力的人行贿罪的定罪量刑标准（第十条）

《解释》第十条分三款规定了利用影响力受贿罪，对有影响力的人行贿罪及其单位犯罪的定罪量刑标准。为依法从严惩治国家工作人员"身边人"的贿赂犯罪，《解释》规定，利用影响力受贿罪、对有影响力的人行贿罪与受贿罪、行贿罪适用相同的定罪量刑标准。其中，第十条第一款规定，利用影响力受贿罪的定罪量刑适用标准，参照本解释关于受贿罪的规定执行。第十条第二款规定，对有影响力的人行贿罪的定罪量刑适用标准，参照本解释关于行贿罪的规定执行。第十条第三款规定，单位对有影响力的人行贿数额在 20 万元以上的，应当以对有影响力的人行贿罪追究刑事责任。

这里需注意的是，单位实施贿赂犯罪的定罪量刑标准问题。根据刑法分则第八章贪污贿赂犯罪规定，单位能够成为贿赂犯罪主体的罪名除了《刑法修正案（九）》增加的"对有影响力的人行贿罪"之外，还有《刑法》第三百八十七条单位受贿罪、第三百九十一条对单位行贿罪、第三百九十三条单位行贿罪、第三百九十六条规定的私分国有资产罪和私分罚没财物罪。

关于单位犯罪，《解释》之所以只规定了《刑法修正案（九）》增加的"对有影响力的人行贿罪"，主要出于以下考虑：一是已有司法解释规定了立案标准。由于《刑法》第八章贪污贿赂犯罪中大多数单位犯罪只有一档法定刑，且 1999 年最高人民检察院制发的《关于人民检察院直接受理立案侦查案件立案标准的规定（试行）》（以下简称《立案标准》）已对单位受贿罪、对单位行贿罪、单位行贿罪规定了立案标准。《立案标准》对这些单位犯罪区别于自然人犯罪，规定了较高的标准，目前这些标准仍然有效，应当继续适用。如第三百九十一条对单位行贿罪，《立案标准》第六条规定，对单位行贿涉嫌下列情形之一的，应予立案：（1）个人行贿数额在 10 万元以上、单位行贿数额在 20 万元以上的；（2）个人行贿数额不满 10 万元、单位行贿数额在 10 万元以上不满 20 万元，但具有下列情形之一的。①为谋取非法利益而行贿的；②向 3 个以上单位行贿的；③向党政机关、司法机关、行政执法机关行贿的；④致使国家或社会利益遭受重大损失的。二是案件较少，《解释》作出规定的条件不成熟。刑法分则第八章规定单位实施有关贿赂犯罪中，规定两档法定刑的只有私分国有资产罪和私分罚没财物罪。《立案标准》规定涉嫌私分国有资产、私分罚没财物，累计数额在 10 万元以上的，应予立案。

（六）明确了非国家工作人员受贿罪、职务侵占罪、挪用资金罪、对非国家工作人员行贿罪的定罪量刑标准（第十一条）

《解释》第十一条分三款规定了非国家工作人员受贿罪、职务侵占罪，挪用资金罪和对非国家工作人员行贿罪四个罪名的定罪量刑的适用标准。以往司法解释文件中，只有 2010 年最高人民检察院、公安部《关于公安机关管辖的刑事案件立案追诉标准的规定（二）》（以下简称《追诉标准（二）》）规定了上述 4 个罪名的立案追诉标准，没有司法解释对这些罪名的具体量刑，特别是第二档法定刑的适用作出规定。实践中，各地掌握的标准不一，对于能否参照对应的国家工作人员职务犯罪有关标准定罪量刑，以及如何参照适用均不明确。因此，《解释》明确这 4 个罪名定罪量刑标准按照对应国家工作人员职务犯罪有关定罪量刑数额标准的一定倍数执行。这里掌握的倍数比例关系，一般是 2 倍关系，个别情况下是 5 倍关系。这是因为非国家工作人员受贿罪、职务侵占罪都只有两档法定刑（该两罪法定刑相同），第一档法定刑为 5 年以下有期徒刑或者拘役，第二档法定刑为 5 年以上有期徒刑，均重于受贿罪、贪污罪的第一档、第二档法定刑（3 年以下有期徒刑或者拘役、3 年以上 10 年以下有期徒刑）。因此，从量刑均衡考虑，对非国家工作人员受贿罪、职务侵占罪"数额巨大"的数额起点，按照受贿罪、贪污罪对应数额标准的 5 倍执行，其他数额标准均按照对应国家工作人员犯罪有关数额标准的 2 倍执行。

（七）进一步明确了贿赂犯罪对象范围（第十二条）

《解释》第十二条对贿赂的范围作了明确规定。贿赂犯罪的本质在于：权钱交易。根据我国《刑法》的规定，行贿是指为谋取不正当利益，给予国家工作人员以财物；受贿是指国家工作人员利用职务上便利，向他人索取或者收受他人财物，为他人谋取利益。可见，根据刑法规定，贿赂犯罪的对象是"财物"。因此，如何界定贿赂犯罪中的"贿赂"，关键在于对刑法中规定的"财物"应当如何理解和进行解释。这些年随着我国社会经济的发展，贿赂犯罪手段越来越隐蔽。比如，有的行为人通过低买高卖交易的形式收受请托人的好处，有的行为人通过收受干股、合作投资、委托理财、赌博等方式，变相收受请托人的财物。这类贿赂犯罪隐蔽性强，社会危害性大，有必要依法予以惩处。因此，《解释》第十二条对什么是"贿赂"，作出了专门的规定。

根据《解释》规定，贿赂犯罪中的财物，包括货币、物品和财产性利益。财产性利益包括可以折算为货币的物质利益如房屋装修、债务免除等，以及需要支付货币的其他利益如会员服务、旅游等。后者的犯罪数额，以实际支付或者应当支付的数额计算。《解释》第十二条对贿赂的规定，参考了 2008 年 11 月最高人民法院、最高人民检察院《关于办理商业贿赂刑事案件适用法律若干问题的意见》的有关规定，对什么是"财产性利益"作了进一步明确。这条规定既是对以往司法解释文件和司法经验的梳理和总结，也充分体现了党的十八届四中全会《关于全面推进依法治国若干重大问题的决定》关于"完善惩治贪污贿赂犯罪法律制度"的精神和要求，回应了广大人民群众从严打击贿赂犯罪的呼声。

（八）进一步明确"为他人谋取利益"的认定（第十三条）

《解释》第十三条分两款规定了受贿犯罪构成要件中"为他人谋取利益"的理解和认定问题。

第十三条第一款列举了 3 种应当认定为"为他人谋取利益"的情形，解决了长期困扰司法实践的难题。即具有下列情形之一的，应当认定为"为他人谋取利益"，构成犯罪的，应当依照《刑法》关于受贿犯罪的规定定罪处罚：（一）实际或者承诺为他人谋取利益的；（二）明知他人有具体请托事项的；（三）履职时未被请托，但事后基于该履职事由收受他人财物的。该款规定系根据 2003 年《全国法院审理经济犯罪案件工作座谈会纪要》（以下简称《纪要》）和实践经验作出。其中，第（一）、（二）项源于《纪要》。根据《纪要》规定，"为他人谋取利益"包括"承诺、实施和实现三个阶段的行为"，只要实施其一即可认定。第（一）项核心内容是承诺为他人谋取利益即可认定"为他人谋取利益"，至于是否着手为他人谋取利益以及为他人谋利事项是否已完成均在所不问。第（二）项核心内容是明确收受财物与职务相关的具体请托事项有关联的，即应当以受贿处理。第（三）项的核心内容是，明确事后受贿可以构成受贿罪。基于惩治贪腐犯罪的现实需要考虑，事前受贿和事后受贿没有实质不同，均是钱权交易，侵害了公职行为的廉洁性和国家廉政建设制度。根据本款规定，承诺为他人谋取利益，明知他人有具体请托事项，以及履职时未被请托但事后基于该履职事由收受他人财物等情形，都属于"为他人谋取利益"具体表现形式。不论是否实际为他人谋取了利益，不论事前收受还是事后收受，均不影响受贿犯罪的认定。

第十三条第二款对一些所谓的"感情投资"提出了明确意见。《解释》规定，国家工作人员索取、收受具有上下级关系的下属或者具有行政管理关系的被管理人员的财物价值 3 万元以上，可能影响职权行使的，视为承诺为他人谋取利益。实践中，由于此类情况较为复杂，不区别情况，可能会造成打击面过宽。因此，适用时注意两点：一是该款规定强调行为性质是权钱交易，即可能影响职权行使；二是强调财物价值在 3 万元以上。因此，本款规定体现了《刑法》从严惩治腐败，划清了贿赂犯罪与正常人情往来、收受礼金违反党纪、政纪行为的界限，为党纪、政纪处理和发挥作用留下了合理空间。

（九）明确了行贿罪从宽处罚条件（第十四条）

《解释》第十四条对行贿罪中可以减免处罚的法定情形如何适用作出具体规定。针对实践中存在的"重打击受贿轻打击行贿"这一突出问题，为加大对行贿罪的处罚力度，从源头上惩治和预防腐败犯罪，《刑法修正案（九）》对行贿罪从宽处罚的条件和幅度作了重要调整，对行贿罪减轻或者免除处罚设定了更为严格的适用条件，明确行贿人在被追诉前主动交待行贿行为，只有在"犯罪较轻的，对侦破重大案件起关键作用的，或者有重大立功表现的"三种情况下才可以减轻或者免除处罚。

为了便于司法机关正确掌握、严格适用，《解释》第十四条分三款对《刑法》第三百九十条第二款中的"犯罪较轻""重大案件""对侦破重大案件起关键作用"等规定的具体适用予以明确。第一款明确规定"犯罪较轻"应当理解为"可能判处三年有期徒刑以下刑罚"的犯罪。第二款明确规定"重大案件"应当理解为"根据犯罪的事实、情节，已经或者可能被判处十年以上有期徒刑刑罚的，或者在本省、自治区、直辖市或者全国范围内有较大影响的"案件。理由是：将"三年有期徒刑以下"和"十年以上有期徒刑"刑罚作为"犯罪较轻"和"重大案件"的认定标准，符合立法和司法的普遍认识。第三款根据以往司法实践经验并综合征求意见情况，从线索提供、证据收集、追逃追赃等方面列举了"对侦破重大案件起关键作用"的 4 种具体情形。即（一）主动交待办案机关未掌握的重大案件线索的；（二）主动交待的犯罪线索不属于重大案件的线索，但该线索对于重大案件侦破有重要作用的；（三）主动交待行贿事实，对于重大案件的证据收集有重要作用的；（四）主动交待行贿事实，对于重大案件的追逃、追赃有重要作用的。

（十）明确多次受贿数额计算方法（第十五条）

《解释》第十五条规定了受贿犯罪数额的计算问题。《解释》从两方面对受贿犯罪数额的计算作出了规定。一是针对小额贿赂的问题，本条第一款明确规定，对多次受贿未经处理的，累计计算受贿数额。这里的"处理"，包括刑事处罚和党纪、政纪处分。据此，受贿人多次收受小额贿赂，虽每次均未达到《解释》规定的定罪标准，但多次累计后达到定罪标准的，应当依法追究刑事责任。二是针对收受财物与谋利事项不对应的问题，本条第二款明确规定，国家工作人员利用职务上的便利为请托人谋取利益前后多次收受请托人财物，受请托之前收受的财物数额在 1 万元以上的，应当一并计入受贿数额。据此，对于那些小额不断、多次收受的财物，符合条件的也应当一并追究刑事责任。

（十一）贪污、受贿犯罪故意的认定（第十六条）

《解释》第十六条对实践中较为普遍的两种贪污、受贿情形的犯罪故意的认定问题作出了规定。一是赃款赃物去向与贪污、受贿故意的认定关系问题。根据第十六条第一款规定，国家工作人员出于贪污、受贿的故意，非法占有公共财物、收受他人财物之后，将赃款赃物用于单位公务支出或者社会捐赠的，不影响贪污罪、受贿罪的认定，但量刑时可以酌情考虑。因此，只要是非法获取财物的贪污、受贿行为，不管事后赃款赃物的去向如何，即便用于公务支出或者社会捐赠，也不影响贪污、受贿罪的认定，以此堵住贪污、受贿犯罪分子试图逃避刑事追究的后门。二是国家工作人员利用职务便利为他人牟利，"身边人"收钱行为的刑事责任问题。本着主客观相一致的定罪原则，该行为能否认定国家工作人员构成受贿犯罪，关键看其对收钱一事是否知情及知情后的态度。为此，《解释》第十六条第二款规定，特定关系人索取、收受他人财物，国家工作人员知道后未退还或者上交的，应当认定国家工作人员具有受贿故意。根据 2007 年最高人民法院、最高人民检察院《关于办理受贿刑事案件适用法律若干问题的意见》，这里所称"特定关系人"，是指与国家工作人员有近亲属、情妇（夫）以及其他共同利益关系的人。

（十二）受贿犯罪同时构成渎职犯罪的处断原则（第十七条）

受贿犯罪当中，受贿人往往在为请托人谋取利益时存在渎职行为。在受贿行为和渎职行为均构成犯罪的情况下，是择一重罪处罚还是实行数罪并罚，认识上长期存在分歧，实践中做法不一。为依法从严惩治此类犯罪行为，《解释》第十七条明确规定，国家工作人员利用职务上的便利，收受他人财物，为他人谋取利益，同时构成受贿罪和刑法分则第三章第三节、第九章规定的渎职犯罪的，除刑法另有规定外，以受贿罪和渎职犯罪数罪并罚。

（十三）关于涉案赃款赃物处理（第十八条）

《解释》第十八条规定了违法所得的追缴和退赔。本条规定基于三点现实考虑：一是贪污贿赂犯罪逃避经济处罚，隐匿、转移赃物的情况非常严重，影响到反腐败工作的实际效果。二是为落实中央要求，严格执法，加大追赃力度，"绝不能让腐败分子在经济上占便宜"。三是旨在指引各级司法机关摒弃"重办案轻追赃"错误观念，充分认识追赃对惩治腐败、实现公正司法的重要意义。

《解释》第十八条根据贪污贿赂犯罪特点，结合办案需要，明确了贪污贿赂案件赃款赃物的处理办法：一是对贪污贿赂犯罪分子违法所得的一切财物，应当依照《刑法》第六十四条的规定予以追缴或者责令退赔，对被害人的合法财产应当及时返还。二是对尚未追缴到案或者尚未足额退赔的违法所得，应当继续追缴或者责令退赔。对藏匿、转移赃款赃物的，要坚持一追到底的原则，避免出现以刑罚执行替代经济惩处的现象，防止"因罪致富"等不正常情况的出现。

（十四）规定罚金刑判处原则（第十九条）

《解释》第十九条规定了贪污贿赂犯罪的罚金刑适用。根据本条规定，对贪污罪、受贿罪判处 3 年以下有期徒刑或者拘役的，应当并处 10 万元以上 50 万元以下的罚金；判处 3 年以上 10 年以下有期徒刑的，应当并处 20 万元以上犯罪数额 2 倍以下的罚金或者没收财产；判处 10 年以上有期徒刑或者无期徒刑的，应当并处 50 万元以上犯罪数额 2 倍以下的罚金或者没收财产。对《刑法》规定并处罚金的其他贪污贿赂犯罪，应当在 10 万元以上犯罪数额 2 倍以下判处罚金。《解释》对罚金刑作出专门规定主要考虑有三点：一是体现罚金的惩罚性。贪污贿赂犯罪属于经济犯罪，对贪利型犯罪有效利用罚金刑的惩罚性可以起到比执行自由刑更好的行刑效果，不能让犯罪分子在经济上占便宜。二是确保罚金刑适用的统一性、规范性。由于刑法条文仅规定判处罚金，没有具体适用标准，实践中可能出现各地裁判不一，量刑差距过大。统一规定罚金刑的裁量标准，有利于合理控制自由裁量刑罚幅度，起到规范量刑的作用。三是避免空判，确保罚金刑适用的严肃性。实践中，有的案件忽视了执行的可行性，判决中出现"天价罚金"，但实际无法执行的现象。因此，《解释》综合考虑罪行轻重和可操作性，根据贪污罪、受贿罪法定刑设置，明确了相应罚金刑的适用标准，从而避免罚金刑虚置、空判或者执行不到位。

（十五）解释的效力问题（第二十条）

《解释》第二十条规定，最高人民法院、最高人民检察院此前发布的司法解释与本解释不一致的，以本解释为准。这是因为《解释》修改了此前《立案标准》《挪用公款解释》《行贿解释》等多个司法解释文件的有关规定，故特别予以说明。

《关于办理贪污贿赂刑事案件适用法律
若干问题的解释》具体问题解读

苗有水 *

2016 年 4 月 18 日颁布的最高人民法院、最高人民检察院《关于办理贪污贿赂刑事案件适用法律若干问题的解释》（以下简称《解释》）内容很重要，部分条款关系到党和国家反腐败大局，关系到如何顺应人民群众对于从严惩治贪污贿赂犯罪的呼声，也直接关系到一大批具体案件的处理结果，因而需要顶层设计。我主要是谈谈该《解释》适用中遇到的一些具体问题，包含 8 个大问题，20 余个小问题。

其中多数问题是地方法院刑事法官在《解释》发布之后通过电话、微信等方式提出来的。

一、关于《解释》的主要内容

概括起来，《解释》包括 4 个主要方面：

（一）贪污贿赂犯罪及其他职务犯罪的定罪量刑标准

这里首先需要说明的是《解释》所使用的"贪污贿赂犯罪"概念的范围。所谓的"贪污贿赂犯罪"是指哪些犯罪？是指刑法分则第八章规定的贪污贿赂罪，是刑法上的一类犯罪。但是，《解释》实际上诠释的不仅仅是刑法分则第八章的犯罪，还规定了其他章节的犯罪。比如《解释》第十一条规定了职务侵占罪、非国家工作人员受贿罪、对非国家工作人员的行贿罪、挪用资金罪的定罪量刑标准，这些罪名并不包括在贪污贿赂犯罪中，而是刑法分则第三章第三节（妨害对公司、企业的管理秩序罪）和第五章（侵犯财产罪）规定的犯罪。最高人民法院审判委员会讨论该《解释》时注意到了这个问题。有委员提出建议：《解释》的题目是不是可以在"贪污贿赂"之后加个"等"字？经过讨论，最后决定不加这个"等"字，理由是：尽管《解释》主旨逻辑本意上兼涉其他犯罪，但在题目中加个"等"字可能降低文字的通顺程度。原则上讲，《解释》的名称和条文中使用的"贪污贿赂犯罪"是指刑法分则第八章规定的贪污贿赂罪，但同时规定了其他犯罪的定罪量刑标准，而职务侵占等其他犯罪不属于"贪污贿赂犯罪"的范畴，理论上可以统称为"其他职务犯罪"。

---

* 作者单位：最高人民法院刑二庭。

《解释》共 20 条，规定了 10 种犯罪。第一条至第三条规定的是贪污罪和贿赂罪的定罪量刑标准，第五条、第六条是关于挪用公款罪的定罪量刑标准，第七条至第九条规定的是行贿罪的定罪量刑标准，第十条规定的是利用影响力受贿罪和对有影响力的人行贿罪的定罪量刑标准，第十一条规定了非国家工作人员受贿罪、职务侵占罪、挪用资金罪、对非国家工作人员行贿罪的定罪量刑标准。第 11 条规定的 4 个罪名，严格来说不属于贪污贿赂犯罪。

（二）关于对贪污罪、受贿罪适用死刑立即执行、死刑缓期 2 年执行及终身监禁的适用原则

《刑法修正案（九）》颁布以来，实务部门不少同志搞不清楚终身监禁是一种什么样的刑罚处罚措施。终身监禁是不是真的将犯罪分子终身关押在监狱中？把一个人关进监狱中，不给他任何重新回归社会的希望，这个人是不是会绝望呢？一种令人绝望的刑罚处罚措施有没有教育改造的效果呢？当然，有的问题是《解释》无法回答的。不过现在看来，《刑法修正案（九）》新设的终身监禁就是真正终身的关押。为了明确终身监禁的法律性质，规范终身监禁的适用，《解释》第四条规定了终身监禁的适用原则。

（三）贪污贿赂犯罪认定的相关法律政策界限

《解释》对司法实践中长期以来有争议的关于贪污贿赂犯罪认定的一些政策、法律界限作了明确。这样的政策、法律界限有 6 个：第一，《解释》第十二条进一步细化了贿赂犯罪的对象，即"财物"的范围。第二，《解释》第十三条规定了受贿犯罪的构成要件"为他人谋取利益"的认定原则。这里特别值得一提的是，《解释》第十三条第二款的规定非常重要，它规定了在国家工作人员收受具有上下级关系的下属或者具有行政管理关系的被管理人员的财物的情况下，如何推定"为他人谋取利益"要件的成立。这一款是一个全新的规定，对于以往不追究刑事责任的"感情投资"行为将起到犯罪化的作用。同时，这一规定对于严厉打击"跑官要官"、有效遏制核心腐败——干部人事腐败，必将发挥积极作用。第三，《解释》第十四条厘清了与行贿罪相关的一些法律概念，如什么是"情节较轻"、什么是"重大案件"、什么是"对侦破案件起到了关键作用"等。第四，《解释》第十五条规定的是受贿犯罪数额的计算方法。《刑法》第三百八十三条第二款专门规定了贪污犯罪的数额可以累计计算，即"对多次贪污未经处理的，按照累计贪污数额处罚"。但是对于受贿罪，刑法没有直接规定数额计算方法。《解释》明确规定，对于受贿犯罪也是累计计算数额。值得关注的是《解释》第十五条第二款设定了一个原则，即国家工作人员利用职务上的便利为请托人谋取利益之前收受的累计数额如果超过 1 万元的，也应该作为受贿数额计算。如果国家工作人员没有为他人谋取

利益的故意和行为，双方之间关系一直不错，相互之间过年过节送个小额红包的，可以认为是一种人情往来，不能作为贿赂犯罪来处理。第五，《解释》第十六条规定了受贿犯罪故意认定原则，尤其是在特定关系人收受贿赂的情形下如何认定国家工作人员具有受贿故意的问题。第六，《解释》第十七条规定了受贿罪和渎职犯罪并罚的原则。

（四）赃款赃物的追缴和财产刑的适用

这是《解释》第十八条和第十九条的规定。《解释》第十八条规定了赃款赃物的追缴原则。《解释》第十九条规定的是财产刑的适用，明确罚金最低为10万元。这一规定，体现了《刑法修正案（九）》关于注重从经济上制裁贪污贿赂犯罪、不让犯罪分子在经济上占便宜的立法精神。

二、关于贪污贿赂犯罪的定罪量刑标准

（一）关于"数额加情节"

"数额加情节"是《刑法修正案（九）》的设计。"数额加情节"就是不仅是要讲数额标准，还要讲情节标准，并且使两者有机统一。比如，受贿1万元以上不满3万元的，本来是不构成犯罪的，但是如果有其他严重情节，如把赃款用于非法活动，就构成犯罪了。这就是"数额加情节"。

"数额加情节"主要表现在两个方面：一是入罪时的"数额加情节"，指认定犯罪是否成立时不仅要考虑数额因素，而且要考虑相关情节。这种情况下，单纯考虑数额不能满足定罪的条件，必须兼顾相关从严处罚情节才能入罪。此种情况，理论上可以称为"特别入罪"。二是选择量刑档次时不仅要考虑数额因素，还要考虑相关情节，即属于升档量刑时的"数额加情节"，理论上可以称之为"特别升档量刑。"

（二）关于贪污贿赂犯罪定罪量刑数额的提高

《解释》颁布后，一些经济相对落后地区的同行朋友打来电话说，这个司法解释规定的起刑点太高了——贪污受贿3万元以上的才追诉，意味着有很多贪污受贿行为因为数额较小而无法打击。我向他们说明：《解释》第一条至第三条规定贪污罪、受贿罪的起刑点一般是3万元，但在特殊情况下1万元也是可以追诉的。

1997年《刑法》规定贪污罪、贿赂罪的起刑点一般情况下是5000元。《解释》把起刑点提高了6倍多。现在面临的问题是：《解释》提高贪污贿赂犯罪定罪量刑数额标准的做法，是否符合党和国家关于从严惩治腐败的精神？比如，某国家工作人员受贿15万元的案件，原来可能判10年以上的，依照《解释》可能判处3年以下；受贿50万元的，以前是判10年以上的，现在则在3年到10年之间量刑；再比如，贪污、受贿300万元的也才判10年。有些

人质疑说，这些规定都是放纵腐败犯罪的。最高人民法院、最高人民检察院于 2016 年 4 月 18 日召开的新闻发布会重点回答了这个问题。道理很简单：今天的人民币 3 万元的购买力比不上 1997 年的 5000 元！根据有关部门的统计，我国人均 GDP 自 1997 年至 2014 年增长了约 6.25 倍。GDP 是国家公布的，我们制定司法解释时，应当参考相关部门的统计数据来判断我们国家的经济发展状况，以便进一步判断一定数额的贪污贿赂犯罪行为的社会危害性大小。1997 年时，你如果拥有 3 万元，可以考虑在北京某个地段购买一套也许面积不大的二手房。但在 2016 年，你想花 3 万元在那里买 1 平方米都不可能。所以有位学者写了一篇文章提出："与其说贪官的命更值钱了，还不如说是钱不值钱了。"提高贪污贿赂犯罪定罪量刑的数额标准，是与我国社会发展的实际相适应的。我们不能认为提高数额标准就背离了党和国家关于从严惩治腐败的精神。

（三）《解释》为什么不采取"幅度数额"的规定方式

在《解释》的起草过程中，有专家建议：对贪污贿赂犯罪，也可以像以往司法解释对于盗窃罪的规定一样，实行"幅度数额"。比如说，可以设置 1 万元到 5 万元之间的数额幅度，让地方高级人民法院在此幅度内选择适合于本地的标准报最高人民法院备案。经过论证，我们认为这样做是不合适的。一是惩治贪污贿赂犯罪属于反腐败工作，反腐败又属于吏治范畴，应当规定一个统一的适用于全国的标准。吏治如果不统一，就会乱套，因为"中管干部"是全国统一调配的。这与打击小偷小摸是不一样的。二是如果我们制定"幅度数额"标准，就会给我们的职务犯罪审判工作带来极大的麻烦。因为贪污贿赂犯罪异地指定管辖的很多，北京的贪官指定到山东受审、山西的贪官指定到浙江受审、浙江的贪官指定到江苏受审经常发生。一旦各地的数额标准规定得不一样，那么贪官们纷纷提出申请希望指定到广东去审，这样岂不是非常麻烦?! 专家们还建议说，可以按照犯罪地的数额标准来量刑，而不管在什么地方审判。其实这样想下去问题就更复杂了，因为贪污贿赂犯罪案件的犯罪地很多，有些省部级贪官的受贿犯罪事实达 100 多项，他们在全国不同地方任过职，所以他们收受贿赂的地点分散在全国各地，那按照哪个犯罪地的数额标准来量刑呢？所以不能搞不同地区不同的标准。

（四）《解释》提高了对贪污贿赂犯罪及职务侵占等其他职务犯罪的定罪量刑数额标准，相比之下，盗窃、诈骗等侵犯财产犯罪的起刑点是不是偏低了

贪污贿赂犯罪及职务侵占等其他职务犯罪的定罪量刑标准的确是提高了。贪污罪和受贿罪的起刑点从 5000 元提高到了 3 万元；这两种犯罪判 10 年以上

有期徒刑的数额起点从过去的 10 万元提高到了 300 万元。如果仅从货币的数量来看，数额标准的确是大大提高了。按照《解释》第十一条的规定，非国家工作人员受贿罪和职务侵占罪的定罪量刑数额标准按照贪污罪、受贿罪的 2 倍执行。也就是说，职务侵占的起刑点是 6 万元，非国家工作人员受贿罪也是 6 万元。这样就引出一个问题：贪污罪、受贿罪、非国家工作人员受贿罪、职务侵占罪与盗窃罪、诈骗罪等其他犯罪相比，是不是定罪量刑标准不平衡了？我个人认为，确实存在不平衡的问题。刚才说到，贪官手里的货币不值钱了，因而职务犯罪的定罪量刑数额标准需要提高。那么，难道盗窃诈骗分子手里的货币这些年来没有贬值吗？同样在贬值。从这个意义上说，盗窃罪、诈骗罪的定罪量刑数额标准也应当适当提高。

不平衡的问题怎么解决呢？是不是要把盗窃罪、诈骗罪的定罪数额标准提高到与贪污罪、受贿罪、职务侵占罪一样高？我觉得这是不可能也是没有必要的，因为这是两类不同性质的犯罪。职务犯罪与财产犯罪的社会危害性不同。

（五）最高司法机关有无对财产犯罪的定罪标准作出相应调整的计划

关于《解释》规定的职务犯罪数额标准与盗窃罪、诈骗罪等财产犯罪的数额标准的不平衡问题，在最高人民法院审判委员会会议上，有领导提出要求，对盗窃等其他犯罪的数额标准应当进行通盘研究，并借鉴境外的立法实践，必要时进行适当调整。2016 年 4 月 18 日上午，最高人民法院常务副院长沈德咏在电视电话会议上指出，要深入研究对类似犯罪定罪量刑标准及刑罚体系调整完善问题，加强调查研究，积极提出立法、修法建议。

三、关于定罪量刑情节的理解

（一）在"数额加情节"的立法背景下，如果只有部分贪污受贿数额所对应的行为符合"其他较重情节""其他严重情节"或者"其他特别严重情节"的情形，能否按照相关严重情节入罪或者升档量刑

例如，某被告人受贿 240 万元，但是其中一笔 100 万元是因为帮助行贿人职务提拔而收受的，这种情况是否可以认定为《解释》第三条第三款规定的"其他特别严重情节"？问题的关键是 240 万元中只有 100 万元与从严处罚情节相挂钩，是否可以判处 10 年以上有期徒刑呢？

对于上述问题，需要明确的处理原则有：一是贪污受贿数额所对应的行为符合"其他较重情节""其他严重情节"或者"其他特别严重情节"情形的部分，不要求达到总额的百分之五十，即可以考虑特别入罪或者升档量刑。二是与从严处罚情节相对应的数额必须达到一定的量（比例不能过低），才可以考虑特别入罪或者升档量刑。在办理具体案件时，应当综合全案具体情况，权

衡各种情节，进而决定是否特别入罪或者升档量刑。

对于部分数额具备提档情节的案件，有的同志提出，只要这部分数额不到《解释》规定的标准，如第三条第三款规定的150万元，就不能适用上一个量刑档次。我觉得这种理解不甚妥当。对于只有部分数额相对应的事实符合升档情节的案件，不要求该部分数额必须达到相应数额幅度的低限，比如前面所举总额240万元的例子中，不应要求这部分数额达到150万元，即可按照上一量刑档次处罚。但是，为了兼顾合理化，对于这部分数额比例过低的案件，可以不认定具有升档的量刑情节。至于多少比例才能算比例够高，交由司法工作人员针对个案具体裁量。上述案例中，有100万元属于从严处罚情节，可以考虑升档量刑。假定240万元中只有10万元即二十四分之一涉及从严情节，那么该案判10年以上就不大合适。

（二）关于"救灾、抢险、防汛、优抚、扶贫、移民、救济、防疫、社会捐助等特定款物"中"等"的理解

这里的"等"表示等外的意思，即除了救灾、抢险、防汛、优抚、扶贫、移民、救济、防疫、社会捐助以外的其他特定款物。关于其他特定款物的认定，应当注意：一是考虑某种未予明确的款物是否可以认定为特定款物时，必须注重研究相关行政法规和规章的规定，以便确认该款项与救灾、抢险、防汛、优抚、扶贫、移民、救济、防疫、社会捐助款项是否具有相同的性质。二是退耕还林补偿款、拆迁补偿款等是否可以认定为特定款项，应当具体分析，不能一概而论。三是对于性质存在争议的款物，认定为特定款物时，应当特别慎重。

（三）关于"曾因贪污、受贿、挪用公款受过党纪、政纪处分"的理解

有的同志提出，本次贪污、受贿行为实施以前已经受过党纪、政纪处分的行为，是否应当累计计算数额？我认为不应当累计，理由是以前的行为已经受过党纪、政纪处分，而不是"未经处理"。如果以前的处分决定是错误的（例如，因为徇私舞弊而将犯罪行为作为违纪行为来处理），被相关部门撤销了，则可以重新纳入刑事打击的范围。还有同志提出，对于同一次贪污、受贿行为，可否先进行党纪、政纪处分，然后再追究刑事责任？我认为此种做法不妥。

（四）关于"曾因故意犯罪受过刑事追究"的理解

《解释》第一条第二款第（三）项规定"曾因故意犯罪受过刑事追究的"，系一种从严情节。有人写文章指出，这一规定令人费解，理由是：根据我国的《公务员法》第二十四条关于"曾因犯罪受过刑事处罚的""曾被开除公职的不得录用为公务员"的规定和党纪严于国法的政策，难以想象，"曾因

故意犯罪受过刑事追究"即使因撤案、不起诉而未受过刑事处罚，一般也会被党纪政纪处理乃至开除公职，虽然可能存在少数"曾因故意犯罪受过刑事追究"仍保留国家工作人员身份的，但在实践中确实罕见。因此，《解释》将"曾因故意犯罪受过刑事追究"作为一种从严情节可能在实践中难有适用机会。

我觉得，上述论者只知其一。《解释》第一条第二款第（三）项的规定是特别有所指的。据相关部门提供的资料，全国有大量因故意犯罪被判缓刑、免刑的人并未被清除出国家工作人员队伍。这还不包括国有公司、企业、事业单位中曾经被判处刑罚的人。从刑法关于犯罪主体的规定看，国有公司、企业、事业单位中以及非国有公司、企业、事业单位中，曾经有故意犯罪前科的人，仍然有许多实施贪污、受贿犯罪的机会——这些人出现在具体案件中可能是"受委派从事公务的人"。另外，由于管理跟不上，目前尚有大批服刑人员未被开除党籍。发现这些现象后，有关部门曾要求司法机关加强执法力度，予以妥善解决。

这里需要指出，"刑事追究"不同于"刑事处罚"。前者包括免予刑事处罚，后者不包括。此外，"刑事追究"还包括检察机关依据《刑事诉讼法》第一百七十三条第二款对于"犯罪情节轻微"案件所作的不起诉，但不包括"绝对不起诉"和"事实不清不起诉"。

（五）关于"赃款赃物用于非法活动"的理解

"赃款赃物用于非法活动"的认定，不要求赃款赃物大部分用于非法活动，即不要求用于非法活动的比例达到百分之五十。但是，用于非法活动的比例过低的，可以不认定具备该种从严处罚情节。

（六）关于"多次索贿"的理解

多次索贿是否包括未遂？回答是肯定的。比如，国家工作人员向3个人索贿，其中一人给了他2万元，另外两个人没有向他行贿，那也应当认定该国家工作人员的行为符合"多次索贿"的情形。多次是指3次，属于通说。如果其中两次索贿未得逞，是不是计入索贿次数呢？倾向性意见认为是应当计入，即多次索贿未遂的部分也应当计入索贿次数。

至于多次索贿的对象，是一个人还是包括多人？这个问题比较复杂。我觉得，如果一次索贿对象是一个人，那当然就是一次。如果是多人，那就得看具体情况：如果在一个场合，因为同一个事由，同时向多个人发出索贿的信息，且被索贿的多人相互知悉，那可以认定为一个整体的被索取对象，可以认定为一次索贿；如果是因为不同的事由在同一场所分别向不同的人索贿，那么认定为一次索贿恐怕就不合理。当然这是特例，实践中不大可能发生。其实，这里讨论的是关于什么是"一次索贿"的问题，应当具体问题具体分析，这就像过去我们办理抢劫案件如何认定"多次抢劫"一样。

（七）关于"为他人谋取职务提拔、调整"的理解

"为他人谋取职务提拔、调整"属于"为他人谋取利益"的一种表现形式。问题是："为他人谋取职务提拔、调整"是否包括"承诺、实施、实现"3个阶段中任何一个阶段的行为？我认为答案是肯定的。这里值得一提的是2003年11月13日最高人民法院发布的《全国法院审理经济犯罪案件工作座谈会纪要》，其中，把受贿罪的构成要件"为他人谋取利益"解释为包括承诺、实施、实现3个阶段的行为，只要是符合其中任何一个阶段的行为，就认为是具备这个构成要件了。也就是说，明知他人有具体的请托事项而收受他人财物的，就应当认为具有为他人谋取利益的故意，即构成受贿犯罪。这实际上是把为他人谋取利益这么一个不大合理的要件"主观化"了。那么，"为他人谋取职务提拔、调整"是不是也可以"主观化"地理解呢？答案也是肯定的，即也可以理解为一个主观要件。"主观化"的理解，实质是"虚化"。需要明确的是，《解释》第一条第三款第（三）项的设置是为了遏制"买官卖官"的。这是"为他人谋取利益"的一种表现，所以在认定这种行为是否构成"为他人谋取利益"时，适用的标准跟一般的"为他人谋取利益"应当是一样的。

四、关于终身监禁的适用

（一）如何把握终身监禁的法律性质

终身监禁不是一种独立的刑种，是死缓减为无期徒刑后的一种刑罚执行措施，为严格控制死刑立即执行的适用提供了重要的制度支持。

《解释》只是规定了终身监禁的适用原则，而没有规定具体的适用条件。终身监禁是《刑法修正案（九）》新设立的，而且它针对的就是两个罪——贪污罪、贿赂罪。终身监禁是介于死刑和死缓之间的一种中间措施。《刑法修正案（九）》生效后，死刑的执行方式由两种变成三种了。第一种是死刑立即执行；第二种是终身监禁，即决定死缓时宣告了终身监禁；第三种就是普通的死缓。那么目前存在争议的是，立法者究竟是想将过去那些被判死刑立即执行的人都决定终身监禁呢？还是把那些过去判处死缓但罪行比较重的人刑罚拔高，对其决定终身监禁呢？这是需要考虑的。实务部门的意见比较一致，认为过去被判死刑立即执行的人，现在可以适用终身监禁。可以预见，由于终身监禁的适用，将来贪污贿赂犯罪可能判死刑立即执行的会越来越少了。

（二）被决定终身监禁的罪犯有重大立功的能否得到减刑

这里实际上要问的是：被决定终身监禁的罪犯，是不是真的终身被关押？

这个问题，沈德咏常务副院长在 2016 年 4 月 18 日电视电话会议上的讲话中明确指出，贪污受贿犯罪判处终身监禁的，不受总则条文的制约，就是说死缓期间即使有重大立功，也不能减为有期徒刑。由于《刑法修正案（九）》明确规定"终身监禁，不得减刑、假释"，因此即使在死缓 2 年期间有重大立功表现，也不得减为 25 年有期徒刑。最高人民法院刑 2 庭裴显鼎庭长在新闻发布会上说的"牢底坐穿"，我觉得是符合立法本意的。如果认为终身监禁决定后在死刑缓期 2 年执行期间有立功表现的就可以减为 25 年有期徒刑，不再执行终身监禁，那终身监禁制度就形同虚设了。那么，如果在死缓 2 年执行期间发生了故意犯罪呢？还要执行终身监禁吗？这的确是个问题，但这个问题与能否减刑的问题是不同的。这种情况不是《刑法修正案（九）》所规定的"不得减刑"的范围，而是属于"加刑"。所以如果发生故意犯罪，可以改为死刑立即执行，然后报请最高人民法院核准。当然，是否核准是另外一回事。

五、关于其他职务犯罪的定罪量刑标准

（一）实施职务侵占和非国家工作人员受贿行为的，是否存在数额减半入罪的情形

这个问题的答案是否定的。理由是，职务侵占和非国家工作人员受贿这两个罪名不是刑法分则第八章规定的罪名，而是第五章、第三章里的，《刑法》没有对这些罪名规定"数额加情节"。《解释》第 11 条第 1 款规定，职务侵占的"数额较大"按照贪污罪"数额较大"的 2 倍执行，即以 6 万元为起刑点。例如，某公司职员实施职务侵占，数额是 4 万元，但他有从重情节，即把赃款用于非法活动，那么该行为是不是构成职务侵占呢？回答是不构成。为什么呢？因为《刑法》规定职务侵占的条款没有得到修正，立法机关未将它设计为"数额加情节"。

（二）关于挪用资金罪的定罪量刑标准的把握

《解释》第十一条第二款规定了挪用资金罪的定罪量刑标准。由于条文表述过于简略，可能导致误解。需要注意以下要点：

（1）挪用资金"数额较大"是 10 万元，挪用资金进行非法活动的起刑点是 6 万元。

（2）挪用资金的"数额巨大"不能与挪用公款的"数额巨大"相比较，而应当与挪用公款的"情节严重"相比较。挪用资金的"数额巨大"一般情况是 400 万元，进行非法活动的"数额巨大"是 200 万元。

（3）挪用资金"数额较大不退还"与挪用公款中的"情节严重不退还"相比较，一般以 200 万元为标准，进行非法活动的以 100 万元为标准。

（三）关于单位对非国家工作人员行贿行为的定罪量刑标准

《解释》未对单位对非国家工作人员行贿行为的认定数额标准作出规定。对此，可以参照最高人民检察院、公安部 2010 年颁布的《追诉标准（二）》第十一条执行，即单位对非国家工作人员行贿行为的起刑点为 20 万元。

（四）对于《解释》没有规定定罪量刑具体数额标准的其他职务犯罪如何定罪处罚

《解释》共规定了 10 个罪名的定罪量刑标准，包括贪污罪、受贿罪、挪用公款罪、行贿罪、利用影响力受贿罪、对有影响力的人行贿罪、非国家工作人员受贿罪、职务侵占罪、挪用资金罪、对非国家工作人员行贿罪。除此之外，《刑法》上还有 10 个罪名属于职务犯罪的范畴，《解释》没有涉及，包括单位受贿罪、对单位行贿罪、介绍贿赂罪、单位行贿罪、巨额财产来源不明罪、隐瞒境外存款罪、私分国有资产罪、私分罚没款物罪、挪用特定款物罪以及对外国公职人员、国际公共组织官员行贿罪。我认为，《解释》未对单位行贿罪、对单位行贿罪、单位受贿罪、隐瞒境外存款罪的量刑幅度作出规定，主要是因为这几个罪名只有一个量刑幅度，且已有追诉标准，故无须另行规定。也有地方法院的同志问：单位受贿、对单位行贿、单位行贿、巨额财产来源不明、隐瞒境外存款、私分国有资产、私分罚没财物这几个罪名，虽然《解释》没涉及，但入罪数额是否也应相应提高？否则会出现一些量刑上的不均衡。这个问题有一定的复杂性，不能一概而论。应当根据不同的罪名，考察过去相关规定包括追诉标准规定的数额标准分别予以妥善处理——有的罪名可以适当调整，有的罪名按过去的追诉标准办理就可以。分述如下：一是单位行贿罪，过去有追诉标准规定，一般情节的从 20 万元开始追诉；具有特殊情节的，10 万元至 20 万元也可以追诉。我看这个标准其实就已经够高了，不应该再往上调整。也就是说，对于单位行贿罪，应当继续沿用原有的标准。二是单位受贿罪，追诉标准是 10 万元以上，我个人觉得也已经够高了。对于此罪，应当继续沿用原有的标准。三是对单位行贿罪，过去的追诉标准规定得非常详细。如个人对单位行贿的，追诉标准是 10 万元以上；单位对单位行贿的，追诉标准是 20 万元以上，这些现在都可以继续执行。四是还有其他罪名，比如介绍贿赂罪、挪用特定款物罪，过去的追诉标准似乎规定得有点低，可以在实践中结合目前司法解释的规定适当予以调整。这些案件不多，可以由地方法院自行把握。还有巨额财产来源不明罪，过去的追诉标准是以 30 万元为起刑点，其实没有意义。隐瞒境外存款不报罪、私分国有资产罪、私分罚没财物罪等，都可以具体案件具体分析。也有些罪名，据统计部门透露，好像迄今为止没有起诉过，比如对外国公职人员、国际公共组织官员行贿罪。这样的罪名，我就没有遇到过，所以大家不必担忧如何确定定罪量刑标准。从统计看来，贪污贿赂犯罪中发案率最高的是受贿罪、贪污罪、挪用公款罪、行贿罪，这 4 个罪的数量占了全部案件总数的 96% 以上。

六、贪污贿赂犯罪认定的相关法律政策界限

（一）如何理解"事后受贿"情形下的犯罪故意的形成

《解释》第十三条第一款第（三）项规定了"为他人谋取利益"的 3 种表现形式，其中第 3 种形式是："履职的时候没有被请托，但是事后基于该履职事由收受他人财物的，属于为他人谋取利益。"这可以叫作"事后受贿"。过去的司法解释都没有对"事后受贿"作出明确规定，但最高人民法院 2000 年 7 月 13 日下发的《关于国家工作人员利用职务上的便利为他人谋取利益离退休后收受财物行为如何处理问题的批复》（以下简称《批复》）规定了国家工作人员离职以后收受他人财物的是否构成受贿罪的问题。根据该批复，必须在离职前双方有约定才可以定罪。那么，如果是离职以后出现《解释》规定的"事后受贿"情形，是否适用 2000 年 7 月 13 日下发的批复？我认为应当适用。《解释》第十三条第一款第 3 项不是对上述批复的突破。事实上无法突破，因为职务丧失，构成受贿犯罪的条件就发生变化。上述问题，最高人民法院审判委员会在讨论《解释》时有过研究。有委员提出，《解释》规定的"事后受贿"，是否包括退休以后？事后到多少年才叫事后？20 年以后给钱的怎么办呢？我们向审委会委员们说明：20 年以后给付财物的案件可能无法认定因果关系，等到领导退休以后给领导送钱，如果没有约定，不宜按贿赂犯罪来认定。从办案实践看来，世界上没有无缘无故的爱，也没有无缘无故的恨，没有人向领导送钱是因为喜欢他，而是因为他手中有权，送他钱的都是要他办事，这是铁的规律。因此，《解释》关于事后受贿的规定并不是对 2000 年《批复》的否定，2000 年《批复》仍然有效。

（二）如何划分人情往来、感情投资与受贿的界限

通常认为，人情往来是指人们之间的感情联络。人情，就是人的感情，即所谓的"人之常情"。人情往来具有互动、双向的特征。在任何社会里，都不大可能将人情往来作为犯罪来处理。以人情往来为名、行贿赂之实的现象是很常见的，必须纳入刑罚打击的视野。司法实务中，对于超出人情往来的部分行为，符合贿赂犯罪的构成要件的，一般按犯罪处理。

感情投资是指以增进感情为目的而进行的物质投入。感情投资与人情往来不同，具有单向性。感情投资如果发生在具有上下级关系的国家工作人员之间，或者具有行政管理关系的双方之间，数额超过一定范围的，则可能具备贿赂的性质。当然，有的数额微小的感情投资，不应当是刑法关注的对象。《解

释》第十三条第二款规定这个问题的处理原则。我个人认为，就受贿犯罪构成要件的认定而言，《解释》中最重要的内容，就是第十三条第二款。该款规定："国家工作人员索取、收受具有上下级关系的下属或者具有行政管理关系的被管理人的财物，价值3万元以上的，应当认定为承诺为他人谋取利益。"

　　首先，这里的3万元是什么意思？是指单笔3万元还是累计3万元？这个问题在《解释》制定过程中就有过讨论，结论是可以累计。那么，累计是针对一个下属或者被管理人员，还是不同的下属或者被管理人员呢？我个人的观点是，原则上不能针对不同的人进行累计，如果针对不同下属或者被管理人员进行累计，结果分散到某个送礼人那里数额会很小，按受贿认定会显得很不合理，设定3万元这个数额界限也就没有意义了。3万元这个数额界限的意义在于，这是个"超出人情往来"的数额，应当认定为贿赂。因而从另一个角度说，那种针对不同相对人的累计极易混淆人情往来、感情投资与受贿之间的分界。比如说，国家工作人员的管理相对人有十几个，在该国家工作人员女儿出嫁时每个人给他送了3000元的红包，总额超过3万元，但是确实没有具体的请托事项，只是双方具有行政管理关系，这个例子如果按受贿处理一定是有问题的，混淆了人情往来与受贿的界限。这个问题，目前还有不同意见，讨论时有的同志不同意我的观点，认为不论是否收受不同对象的钱财都要累计。

　　有地方法院同志提供了一个案例，不知是不是真实的：国家工作人员C在担任某县国税局局长期间，其下属13个税务所所长分别在某一年的中秋节前、国庆节前和春节前各向其送"红包"，每次所送数额在500元至1000元不等。13个人所送次数不同，但每人累计不超过3000元。13个人累计已超过3万元。13个人送"红包"时均无具体请托事项，也不是一起送的。问：C的行为是否构成受贿罪？我觉得，这个案例中的C的行为，作为违纪处理比较妥当。下属在节日期间向C送红包，数额没有太大的，难以认定这些下属出于行贿的故意而腐蚀上司。不作为犯罪认定，能够体现"把党纪挺在前面"的精神。

　　现在还没有遇到具体有争议的真实案例，这个争议只好留给将来通过个案的判断来解决。所谓"原则上不应针对不同的相对人累计"只是一个大体的原则，如果遇到了一些特例，即便把3万元的数额分散到不同的相对人，也能排除人情往来的可能性，则不妨累计。因此，法有限，情无穷，具体认定可以留给个案去处理。

　　其次，这里附带讨论一下：《解释》第十五条第二款规定，"国家工作人员利用职务上的便利为请托人谋取利益前后多次收受请托人财物，受请托之前收受的财物数额在 1 万元以上的，应当一并计入受贿数额"。这里的 1 万元也不仅限于单笔数额，即可以累计。在这一款规定中，不存在需要针对不同行贿人所送财物进行累计数额的问题。

最后，如何理解"可能影响职权行使"这一用语？据我理解，"可能影响职权行使"的本意就是"超出人情往来的范围"，或者已经不是通常意义上的"感情投资"。当然，就我个人的认识而言，很难想象下属向上司送钱送物，或者行政管理相对人向国家工作人员送钱送物而不会影响到职权行使。

（三）如何认定"特定关系人"收受贿赂

"特定关系人"是 2007 年 7 月 8 日最高人民法院、最高人民检察院《关于办理受贿刑事案件适用法律若干问题的意见》创造性使用的一个概念。所谓"特定关系人"，是指国家工作人员的近亲属、情人以及其他有共同利益关系的人。《解释》第十六条第二款规定，"特定关系人索取、收受他人财物，国家工作人员知道后未退还或者上交的，应当认定国家工作人员具有受贿故意"。这个"知道"的时间点是否包含离职或退休后的情况？我认为，"知道"的时间不应该包括离职以后的时间，它限于在职时间。如果是离职以后，职务之便不存在了，那应受到原来的相关司法解释即 2000 年 7 月 13 日《批复》的约束。有同行提出质疑，认为《解释》第十六条第二款的规定违背《刑法》理论上的主客观相统一、罪责自负原则。他们认为：特定关系人收受财物，要求国家工作人员办事，后者办事时并不知前者收受财物，办完事后才知道，若对国家工作人员定受贿，对特定关系人是否定受贿共犯而不是利用影响力受贿罪了？对行贿人是不是也定行贿？我觉得这一规定不违背主客观相统一、罪责自负原则。相反，这是《解释》的亮点之一。这一规定突破了一直强调的事先通谋。以前很多重大案件都这样掌握了，如薄熙来案。薄熙来案的判决书已经在网络上公布了，其中有一段关于犯罪事实的叙述："2001 年 7 月 9 日，薄谷开来用其收受徐明给予的购房资金 2318604 欧元（折合人民币 16249709 元）购买了位于法国尼斯地区戛纳市松树大道 7 号的枫丹·圣乔治别墅。2002 年 8 月，薄谷开来在沈阳家中将徐明出资的在法国购买别墅事宜告知了被告人薄熙来。"这是薄熙来案中数额最大的一项犯罪事实，法院已经认定薄熙来的行为构成受贿罪。此外，如果对国家工作人员认定受贿罪，那特定关系人是不是要定共犯，利用影响力受贿罪就不能定了？对行贿人是定行贿罪还是定对有影响力的人行贿罪？这些问题要具体案件具体分析，要看相关行为人主观上是怎么认识的。

七、关于财产刑的适用

（一）如何对贪污罪、受贿罪适用罚金刑

对贪污罪、受贿罪适用罚金的判罚标准，是《解释》第十九条规定的。第十九条包括两款。第一款规定：对贪污罪、受贿罪判处 3 年以下有期徒刑或者拘役的，罚金就是 10 万元以上 50 万元以下；如果主刑是 3 年到 10 年的，就应该并处 20 万元以上犯罪数额 2 倍以下罚金；如果主刑在 10 年以上，就应当并处 50 万元以上犯罪数额 2 倍以下的罚金。第二款规定了其他犯罪贪污贿赂犯罪的罚金判罚标准，规定为 10 万元以上犯罪数额 2 倍以下。这一规定引出一些问题。

第一，《解释》规定罚金数额最低为 10 万元，那么，如有自首、立功等减轻处罚情节的，能否将罚金减至 10 万元以下？我认为，具体案件中无论有多少个减轻处罚情节，都不能把罚金减到不满 10 万元。从理论上说，主刑减轻处罚时，附加刑包括罚金也可以减轻处罚，但是无论一个案件有几个减轻处罚情节，主刑只能减到 3 年以下有期徒刑。这种情况下，罚金最低就是 10 万元。也就是说，3 年以下有期徒刑或者拘役的主刑，所对应的罚金数额就是 10 万元以上 50 万元以下。这是司法解释的硬性规定，不能违反。这样理解，是为了落实中央关于从严适用财产刑、不让犯罪分子从经济上占便宜的精神。

第二，共同贪污、共同受贿犯罪案件中，罚金数额是否可以低于 10 万元？意思是说，共同犯罪案件中，罚金的数额是不是几个共同犯罪人加起来达到 10 万元就可以？具体到共同贪污、共同受贿案件恐怕也不行，因为它是按照每个人判处的刑罚来的，每个人判 3 年以下那也得 10 万元以上了。

（二）二审加判罚金与上诉不加刑原则的适用

一审适用《刑法修正案（九）》之前的刑法对被告人判处有期徒刑但没有判处罚金的受贿案件，二审案适用修正后的《刑法》，如果判处罚金，是否违背上诉不加刑原则？经研究，倾向性意见认为，应当整体评价上诉不加刑原则的具体运用：如果自由刑维持不变——当然这样的案件一定少见——则不应加判罚金，这种情况是适用修正以前的刑法；如果二审对一审判处的主刑改轻，则可以加判罚金刑。这里关系到对上诉不加刑的理解问题，在适用上诉不加刑原则之前，二审法院首先要选择对上诉人的行为适用的法律。通常情况下，选择新法对上诉人有利。当然，选择了新法而新法规定并处罚金，二审法官选择不判罚金，是不是可以？我觉得，如果判了罚金就违反上诉不加刑原则，那二审法官可以不判罚金。这样就引出了对上诉不加刑原则中"加刑"的理解问题。经过研究，像我刚才举的那种主刑改轻的例子，多数人认为判处罚金不违反上诉不加刑原则。我也同意。是否加刑的问题要从总体上考虑，要从被告人

的整体利益来考虑，不能仅仅考虑主刑、附加刑其中一项刑罚。而且，《刑事诉讼法》及相关司法解释没有规定绝对禁止二审加判附加刑。这样做，不违背最高人民法院《关于适用〈中华人民共和国刑事诉讼法〉的解释》第三百二十五条第一款第七项以及 2008 年 6 月 12 日施行的最高人民法院《关于刑事第二审判决改变第一审判决认定的罪名后能否加重附加刑的批复》的精神。

八、相关法律适用问题

（一）如何处理司法解释颁布以后部分案件的追诉时效问题

《刑法》第八十七条、第八十八条、第八十九条明确规定了追诉时效期限的长短及其计算规则。根据《刑法》的规定，法定最高刑不满 5 年有期徒刑的，追诉时效期限为 5 年。"不满 5 年"其实指的是 3 年。根据《解释》规定，贪污罪、受贿罪的第一个量刑档次是有期徒刑 3 年以下或者拘役的，也就是犯罪数额 20 万元以下的这个档次，追诉时效就是 5 年。问题是，贪污贿赂犯罪的法定刑调整后，有的案件按照当时的量刑标准未过追诉时效，但是按照《解释》规定的标准，就过了追诉时效。那么这时的量刑幅度是以旧标准还是新标准为准呢？例如，被告人 2006 年贪污 15 万元，2014 年被移送司法机关立案侦查，那么 2006 年到 2014 年不满 10 年但超过了 5 年。如果按照旧标准，15 万元是要被判 10 年以上刑罚的，它的时效期限是 15 年，所以肯定没有超过的。但是若 2015 年被告人被提起公诉，一审法院 2015 年 11 月才开庭审理。根据《解释》规定，贪污 15 万元没有特别从严处罚情节的只能判处 3 年以下有期徒刑。这样，追诉时效期限就是 5 年了。此案在立案侦查时已经超过 5 年的期限，是否已经过了追诉时效期限呢？这里首先需要说明的是"追诉"。2013 年 1 月 1 日施行的最高人民法院、最高人民检察院《关于办理行贿刑事案件具体应用法律若干问题的解释》（以下简称《关于行贿因的司法解释》）之第十三条规定了什么是"被追诉前"。所谓"被追诉前"就是"刑事立案前"。从这个时候开始，审判人员思想就统一了，把"刑事立案"理解为"追诉"的时间节点。

刚才举的这个例子若适用新标准计算时效期限，则已过追诉时效。倾向性意见认为，上例的追诉时效已经过了，该案应当适用《刑事诉讼法》第十五条的规定终止审理。那么大家会问：凭什么认为过了追诉时效期限了呢？该贪污行为在 2014 年就已经被刑事立案了，而且在被刑事立案的时候根据当时的标准是没过追诉期限的。这个问题需要进一步解释。这里其实涉及对从旧兼从轻原则理解的问题。因为我们在计算追诉时效期限的时候需要考虑从旧兼从轻，即适用对被告人有利的量刑规则来计算追诉时效期限。那么有利于被告人的量刑规则是什么呢？是新的规则，就是今天有效的司法解释。如果在对该案定罪量刑的时候适用新的司法解释，而在计算追诉时效期限时援引以前的量刑标准，就会造成适用法律、司法解释不统一的局面，是不妥当的。当然，对于这个问题也有不同意见，少数同人认为该案的追诉时效期限未超过，这种观点认为，只要一经刑事立案且在刑事立案当时未超过追诉期限的，就再也不会超过了。

（二）关于重复评价问题

这里有三个关于重复评价的问题需要讲解。

第一，《解释》规定的相关入罪情节能不能同时作为量刑情节予以评价？比如，《解释》的第一条第二款第（三）项规定，"曾因故意犯罪受过刑事追究的"是一种特别入罪情节。举个例子，某人过去因为故意犯罪被追究过刑事责任，现在又贪污公款2万元；又假定他的前罪比较严重，构成累犯。那么在审判其新犯的贪污罪时，能不能对他评价成累犯？该被告人贪污数额只有2万元，"曾因故意犯罪受过刑事追究的"这个情节如果不作为一个特别入罪情节来评价，本案不构成贪污罪。如果把它作为一个特别入罪情节来评价，能不能还对他评价成累犯？这就是我们面临的重复评价问题。我认为，这个例子虽然存在重复评价，但这种重复评价是可以接受的。这个例子中的重复评价，一头是入罪情节，另一头是量刑情节，不属于严重的重复评价，因而在决定特别入罪的同时可以认定累犯。

第二，《解释》第十七条规定数罪并罚，但《解释》第一条第三款第（二）项也规定"为他人谋取不正当利益，致使公共财产、国家和人民利益遭受损失的"是一种提档量刑情节。那么，同时构成渎职罪的，能否进行数罪并罚？这个问题争议很大，迄今为止没有达成一致意见。我个人的观点认为在两头都涉及入罪的情况下，如果一头是特别入罪或者升档量刑的，要避免重复评价。尤其是，有些案件同一个评价了三次，我觉得很有问题。例如，在一个地方发生了一个数额不大的受贿案件，一般情况下因为数额没有达到定罪标准不应追究刑事责任，但是被告人为他人谋取的是不正当利益，造成了恶劣的社会影响，又被追究滥用职权的刑事责任。那么这一头追究受贿，那一头追究滥用职权，一个情节用了两次，而且这个滥用职权还不是一般的滥用职权，这个叫作徇私舞弊型滥用职权，因为被告人为他人谋取不正当利益被认定为徇私舞弊。这样一来，一个情节被重复评价三次，属于严重的重复评价。原则上，如果两头都是定罪情节的，应当择一重罪处罚，从而避免重复评价，这是我个人的想法。很遗憾，关于这个问题，同行中有不少人不支持我的观点。他们认为，根据《解释》第十七条的规定，这种情况都应实行数罪并罚，而不论有没有重复评价。依我看，禁止重复评价是刑法理论上大家普遍接受的原则，我们制定司法解释时不能随意违背。能避免的还是应当避免，实在不能避免的应当在量刑时进行合理考虑。原则性的问题还是不能突破，所以我的想法是，当发生《解释》第一条第三款第二项规定的情形而触犯渎职罪名时，由于关乎特别入罪的严格把控，可以不适用第十七条的数罪并罚原则，即只定一个罪，择一个重罪来定就行了。这是我个人观点，属于少数人的观点。

第三，如何理解贪污贿赂犯罪适用缓刑、免予刑事处罚的条件？这里讨论的其实也是关于重复评价的问题。举个例子：某国家工作人员受贿1万元以上不满3万元，具备《解释》所列八种"其他较重情节"之一，如果该情节与2012年下发的最高人民法院、最高人民检察院《关于办理职务犯罪案件严格适用缓刑、免予刑事处罚若干问题的意见》（以下简称《意见》）规定的不得适用缓刑的情节部分重合，能否适用缓刑？这种情况，如果以该情节为由不判处缓免刑，是不是属于重复评价？对此，有不同意见。一种意见认为，同一个情节作为入罪情节的同时，又作为不得判处缓刑或者免刑的条件的，不涉及重复评价，因为这是两个不同性质的评价。另一种意见认为，这里存在重复评价的问题，因为同一个情节既被用作入罪的情节，又被用作量刑情节，即评价为禁止判处缓刑或者免刑的情节。我个人倾向于后一种意见。这里需要说明的是，尽管对于是否系重复评价的问题存在争议，但不影响具体案件的处理。为什么这么说？因为2012年的《意见》只是规定"一般不得判处缓刑"，并不是一种硬性规定。

（三）《解释》颁布后如何理解从旧兼从轻原则

表面上看，这似乎也是个罚金刑怎么判处的问题，但实际上是个法律适用问题，即从旧兼从轻原则的适用问题。例如，某被告人在《刑法修正案（九）》实施之前犯行贿罪，行贿数额为200万元，按《关于行贿犯罪的司法解释》，应当认定"情节特别严重"，应该处以10年以上有期徒刑；而按照《解释》，应当认定"情节严重"，处刑5年至10年有期徒刑。现在假定这个案件在《解释》颁布前已经一审宣判了，判了10年有期徒刑，且没有罚金。那么到二审的时候，能否按照刚才的思路减轻上诉人的主刑，然后加判罚金？如果这么判，就判错了这个案件。这个道理很复杂：《刑法修正案（九）》对于受贿罪和行贿罪作了不同的修正，前者修改了整个定罪量刑标准，后者只是加上了罚金刑，对主刑并未改动，因而对于具体案件而言适用法律的思路是不同的。我认为此案应当适用《刑法修正案（九）》之前的《刑法》，同时适用新的司法解释，即认定"情节严重"，处刑5年至10年有期徒刑，同时不判处罚金。这是不矛盾的，因为《解释》不仅仅是对《刑法修正案（九）》的解释，也是对《刑法修正案（九）》没有进行修改的《刑法》条款的解释，而且是对《刑法修正案（九）》所没有触及的那些犯罪构成要件的重新解释，同时是对 2013 年生效的《关于行贿罪的司法解释》的修改。根据 2013 年的《关于行贿罪的司法解释》，该 100 万元属于"情节严重"；但现在根据《解释》，500 万元才算。不过，《刑法》上一直沿用"情节严重"一词，《刑法》本身并未修改。所以说，仔细想来，适用修正前的《刑法》和适用新的司法解释并不矛盾。

关于切实做好打击整治电信网络
诈骗犯罪有关工作的通知

（最高人民检察院侦查监督厅 2016 年 5 月 11 日公布并施行）

各省、自治区、直辖市人民检察院侦查监督部门，新疆生产建设兵团人民检察院侦查监督处：

去年 10 月，国务院成立打击治理电信网络新型违法犯罪工作部际联席会议，部署开展打击治理电信网络新型违法犯罪专项行动以来，各地成员单位高度重视，迅速行动，公安机关重拳出击，同步推进境内、境外打击电信网络诈骗行动，成效显著，社会各界高度关注。为做好检察机关打击电信网络诈骗犯罪专项工作，特提出以下要求：

一、高度重视检察环节电信网络诈骗案件办理工作。电信网络诈骗犯罪严重侵害人民群众财产安全和合法权益，严重影响人民群众安全感。当前，电信诈骗犯罪愈演愈烈，已成为影响社会稳定的突出犯罪问题。各级检察机关要从全面推进依法治国、巩固党的执政地位、维护国家长治久安的高度，深刻认识做好此类案件办理工作的重要意义，进一步增强责任感、紧迫感，依法稳妥办理电信网络诈骗犯罪案件，坚决遏制电信网络诈骗的高发蔓延势头。

二、充分发挥检察职能确保案件质量，加强对重点整治地区的业务指导。各级检察机关侦查监督部门对于重大疑难电信网络诈骗案件要适时介入侦查，引导公安机关依法全面客观收集固定证据，符合逮捕条件的要及时批准逮捕，确保打击质量和效果。加强对强制措施、强制性侦查措施的监督，及时提出纠正意见。对有案不立、以罚代刑等问题，依法监督纠正。全国首批重点整治地区广西壮族自治区宾阳县、广东省茂名市电白区、福建省龙岩市新罗区、海南省儋州市、江西省余干县、湖南省双峰县、河北省丰宁县检察机关侦查监督部门要集中力量依法严惩涉嫌电信网络诈骗及周边犯罪的重点人员，配合有关部门开展源头治理，铲除犯罪滋生土壤，扭转本地输出犯罪、危害全国的状况。各省级院侦查监督部门要加强对下指导、督办和协调，深入研究电信网络新型犯罪及非法产业链的定性、定罪标准、共同犯罪、证据收集、法律适用等重点难点问题，及时有针对性提出指导意见，确保案件依法规范办理。

　　三、加强与有关部门沟通协调配合，及时报送信息和重大案件。各级检察机关侦查监督部门要加强与当地公安机关、金融、电信主管部门的工作衔接，全面深入掌握电信网络诈骗手段、获赃渠道、案发等信息，协调完善案情通报、案件移送、侦查取证等机制，统一执法思想，统一证据标准，确保打击质量，共同研究解决办案中的问题，形成打击合力。对办案中发现的管理漏洞和存在问题，及时向有关部门提出完善制度的检察建议。省级检察院要迅速摸清底数，及时将打击电信网络诈骗犯罪情况汇总报告最高人民检察院侦查监督厅（每季度首月15日前报送上季度数据电子版，数据报送截止到今年年底），重大事项随时报告。

　　联系人：张雪珂，内网邮箱：zhangxueke@ gj. pro。

　　联系电话：010－65209261。

　　附件：《检察机关打击整治电信网络诈骗犯罪情况统计表》

最高人民检察院侦查监督厅

2016 年 5 月 11 日

检察机关打击整治电信网络诈骗犯罪情况统计表

填报单位（盖章）：　　部门负责人（签字）：　　联系电话：

检察机关负责人（签字）：　　填表人：

院名	提前介入侦查		受理		其中台湾籍	批准逮捕		其中台湾籍	所涉罪名							不批准逮捕（总数）		不构成犯罪	证据不足	排除非法证据	无社会危险性	其他	起诉		不起诉（总数）		法定不起诉	没有犯罪事实	犯罪情节轻微	证据不足	调查后排除非法证据	生效判决		涉案金额
									诈骗罪	非法经营罪	侵犯公民个人信息罪	非法利用信息网络罪	帮助信息网络犯罪活动罪	拒不履行信息网络安全管理义务罪	其他（需在备注中列出罪名）																			
	件	人	件	人	人	件	人	人	人	人	人	人	人	人	人	件	人	人	人	人	人	人	件	人	件	人	人	人	人	人	人	件	人	万元
省级院																																		
分市级院																																		
全省总计																																		

备注：

说明：首次填报数据来源的时间为2015年11月1日至2016年6月30日，报送时间为7月15日前；此后每季度上报一次。

人民检察院强制医疗执行检察办法（试行）

（2016 年 5 月 13 日最高人民检察院第十二届检察委员会第五十一次会议通过）

第一章　总　　则

第一条　为了加强和规范强制医疗执行检察工作，根据《中华人民共和国刑法》《中华人民共和国刑事诉讼法》等法律规定，结合检察工作实际，制定本办法。

第二条　人民检察院强制医疗执行检察的任务，是保证国家法律法规在强制医疗执行活动中正确实施，维护被强制医疗人的合法权利，保障强制医疗执行活动依法进行。

第三条　人民检察院强制医疗执行检察的职责是：

（一）对人民法院、公安机关的交付执行活动是否合法实行监督；

（二）对强制医疗机构的收治、医疗、监管等活动是否合法实行监督；

（三）对强制医疗执行活动中发生的职务犯罪案件进行侦查，开展职务犯罪预防工作；

（四）受理被强制医疗人及其法定代理人、近亲属的控告、举报和申诉；

（五）其他依法应当履行的监督职责。

第四条　对人民法院、公安机关交付执行活动的监督，由同级人民检察院负责。

对强制医疗执行活动的监督，由人民检察院刑事执行检察部门负责。

第五条　人民检察院案件管理部门收到人民法院的强制医疗决定书副本后，应当在一个工作日内移送本院刑事执行检察部门。刑事执行检察部门应当及时填写《强制医疗交付执行告知表》，连同强制医疗决定书复印件一并送达承担强制医疗机构检察任务的人民检察院刑事执行检察部门。

第六条　对强制医疗所的强制医疗执行活动，人民检察院可以实行派驻检察或者巡回检察。对受政府指定临时履行强制医疗职能的精神卫生医疗机构的强制医疗执行活动，人民检察院应当实行巡回检察。

检察强制医疗执行活动时，检察人员不得少于二人，其中至少一人应当为检察官。

第二章　交付执行检察

第七条　人民法院作出强制医疗决定后，人民检察院应当对下列强制医疗交付执行活动实行监督：

（一）人民法院的交付执行活动是否符合有关法律规定；

（二）公安机关是否依法将被决定强制医疗的人送交强制医疗机构执行；

（三）强制医疗机构是否依法收治被决定强制医疗的人；

（四）其他应当检察的内容。

第八条　交付执行检察的方法：

（一）赴现场进行实地检察；

（二）审查强制医疗决定书、强制医疗执行通知书、证明被强制医疗人无刑事责任能力的鉴定意见书等相关法律文书；

（三）与有关人员谈话；

（四）其他方法。

第九条　人民法院、公安机关、强制医疗机构在交付执行活动中有下列情形之一的，人民检察院应当依法及时提出纠正意见：

（一）人民法院在作出强制医疗决定后五日以内未向公安机关送达强制医疗决定书和强制医疗执行通知书的；

（二）公安机关没有依法将被决定强制医疗的人送交强制医疗机构执行的；

（三）交付执行的相关法律文书及其他手续不完备的；

（四）强制医疗机构对被决定强制医疗的人拒绝收治的；

（五）强制医疗机构收治未被人民法院决定强制医疗的人的；

（六）其他违法情形。

第三章　医疗、监管活动检察

第十条　医疗、监管活动检察的内容：

（一）强制医疗机构的医疗、监管活动是否符合有关规定；

（二）强制医疗机构是否依法开展诊断评估等相关工作；

（三）被强制医疗人的合法权利是否得到保障；

（四）其他应当检察的内容。

第十一条 医疗、监管活动检察的方法：

（一）查阅被强制医疗人名册、有关法律文书、被强制医疗人的病历、诊断评估意见、会见、通信登记等材料；

（二）赴被强制医疗人的医疗、生活现场进行实地检察；

（三）与强制医疗机构工作人员谈话，了解情况，听取意见；

（四）与被强制医疗人或者其法定代理人、近亲属谈话，了解有关情况；

（五）其他方法。

第十二条 人民检察院发现强制医疗机构有下列情形之一的，应当依法及时提出纠正意见：

（一）强制医疗工作人员的配备以及医疗、监管安全设施、设备不符合有关规定的；

（二）没有依照法律法规对被强制医疗人实施必要的医疗的；

（三）没有依照规定保障被强制医疗人生活标准的；

（四）没有依照规定安排被强制医疗人与其法定代理人、近亲属会见、通信的；

（五）殴打、体罚、虐待或者变相体罚、虐待被强制医疗人，违反规定对被强制医疗人使用约束措施，或者有其他侵犯被强制医疗人合法权利行为的；

（六）没有依照规定定期对被强制医疗人进行诊断评估的；

（七）对被强制医疗人及其法定代理人、近亲属提出的解除强制医疗的申请，没有及时审查处理，或者没有及时转送作出强制医疗决定的人民法院的；

（八）其他违法情形。

第四章　解除强制医疗活动检察

第十三条 解除强制医疗活动检察的内容：

（一）对于已不具有人身危险性，不需要继续强制医疗的被强制医疗人，强制医疗机构是否依法及时提出解除意见，报送作出强制医疗决定的人民法院；

（二）强制医疗机构对被强制医疗人解除强制医疗的活动是否符合有关法律规定；

（三）被解除强制医疗的人离开强制医疗机构有无相关凭证；

（四）其他应当检察的内容。

第十四条 解除强制医疗活动检察的方法：

（一）查阅强制医疗机构解除强制医疗的法律文书和登记；

（二）与被解除强制医疗的人进行个别谈话，了解情况；

（三）其他方法。

第十五条 人民检察院发现强制医疗机构有下列情形之一的，应当依法及时提出纠正意见：

（一）对于不需要继续强制医疗的被强制医疗人，没有及时向作出强制医疗决定的人民法院提出解除意见，或者对需要继续强制医疗的被强制医疗人，不应当提出解除意见而向人民法院提出解除意见的；

（二）收到人民法院作出的解除强制医疗决定书后，不立即解除强制医疗的；

（三）被解除强制医疗的人没有相关凭证或者凭证不全的；

（四）被解除强制医疗的人与相关凭证不符的；

（五）其他违法情形。

第五章 事故、死亡检察

第十六条 强制医疗事故检察的内容：

（一）被强制医疗人脱逃的；

（二）被强制医疗人发生群体性病疫的；

（三）被强制医疗人非正常死亡的；

（四）被强制医疗人伤残的；

（五）其他事故。

第十七条 强制医疗事故检察的方法：

（一）检察人员接到事故报告后，应当立即赶赴现场了解情况，并及时报告检察长和上一级人民检察院；

（二）深入现场，调查取证；

（三）与强制医疗机构共同分析事故原因，研究对策，完善医疗、监管措施。

第十八条 被强制医疗人在强制医疗期间死亡的，依照最高人民检察院关于监管场所被监管人死亡检察程序的规定进行检察。

第六章 受理控告、举报和申诉

第十九条 人民检察院应当依法受理被强制医疗人及其法定代理人、近亲属的控告、举报和申诉，并及时审查处理。人民检察院刑事执行检察部门应当自受理之日起十五个工作日以内将处理情况书面反馈控告人、举报人、申诉人。

人民检察院刑事执行检察部门对不服强制医疗决定的申诉，应当移送作出强制医疗决定的人民法院的同级人民检察院公诉部门办理，并跟踪督促办理情况和办理结果，及时将办理情况书面反馈控告人、举报人、申诉人。

第二十条 人民检察院应当在强制医疗机构设立检察官信箱，接收控告、举报、申诉等有关信件。检察人员应当定期开启检察官信箱。

检察人员应当及时与要求约见的被强制医疗人或者其法定代理人、近亲属等谈话，听取情况反映，受理控告、举报、申诉。

第二十一条 人民检察院收到被强制医疗人或者其法定代理人、近亲属提出的解除强制医疗的申请后，应当在三个工作日以内转交强制医疗机构审查，并监督强制医疗机构是否及时审查申请、诊断评估、提出解除意见等活动是否合法。

第二十二条 人民检察院在强制医疗执行监督中发现被强制医疗人不符合强制医疗条件，人民法院作出的强制医疗决定可能错误的，应当在五个工作日以内报经检察长批准，将有关材料转交作出强制医疗决定的人民法院的同级人民检察院。收到材料的人民检察院公诉部门应当在二十个工作日以内进行审查，并将审查情况和处理意见书面反馈负责强制医疗执行监督的人民检察院。

第七章　纠正违法和检察建议

第二十三条 人民检察院在强制医疗执行检察中，发现违法情形的，应当按照下列程序处理：

（一）检察人员发现轻微违法情况且被监督单位可以现场纠正的，可以当场提出口头纠正意见，并及时向刑事执行检察部门负责人或者检察长报告，填写《检察纠正违法情况登记表》；

（二）发现严重违法情况，或者在提出口头纠正意见后被监督单位在七日以内未予纠正且不说明理由的，应当报经检察长批准，及时发出纠正违法通知书，并将纠正违法通知书副本抄送被监督单位的上一级机关；

（三）人民检察院发出纠正违法通知书后十五日以内，被监督单位仍未纠正或者回复意见的，应当及时向上一级人民检察院报告，上一级人民检察院应当监督纠正。

对严重违法情况，刑事执行检察部门应当填写《严重违法情况登记表》，向上一级人民检察院刑事执行检察部门报告。

第二十四条　被监督单位对人民检察院的纠正违法意见书面提出异议的，人民检察院应当及时复议，并将复议决定通知被监督单位。

被监督单位对于复议结论仍然有异议的，可以向上一级人民检察院申请复核。上一级人民检察院应当及时作出复核决定，并通知被监督单位和下一级人民检察院。

人民检察院刑事执行检察部门具体承办复议、复核工作。

第二十五条　人民检察院发现强制医疗执行活动中存在执法不规范、安全隐患等问题的，应当报经检察长批准，向有关单位提出检察建议。

第二十六条　人民检察院发现公安机关、人民法院、强制医疗机构的工作人员在强制医疗活动中有违纪违法行为的，应当报请检察长决定后及时移送有关部门处理；构成犯罪的，应当依法追究刑事责任。

第八章　附　则

第二十七条　被强制医疗人是指被人民法院依照刑事诉讼法的规定决定强制医疗并送强制医疗机构执行的精神病人。

第二十八条　对 2012 年 12 月 31 日以前公安机关依据《中华人民共和国刑法》第十八条的规定决定强制医疗且 2013 年 1 月 1 日以后仍在强制医疗机构被执行强制医疗的精神病人，人民检察院应当对其被执行强制医疗的活动实行监督。

第二十九条　公安机关在强制医疗机构内对涉案精神病人采取临时保护性约束措施的，人民检察院参照本办法对临时保护性约束措施的执行活动实行监督，发现违法情形的，应当提出纠正意见。

第三十条　检察人员在强制医疗执行检察工作中有违纪违法行为的，应当按照有关规定追究违纪违法责任；构成犯罪的，应当依法追究刑事责任。

第三十一条　本办法自发布之日起试行。

附件：1.《强制医疗交付执行告知表》的样式与制作说明

2.《检察纠正违法情况登记表》的样式与制作说明

3.《严重违法情况登记表》的样式与制作说明

附件 1

强制医疗交付执行告知表

××检执检强疗告〔20××〕×号

被告知单位					
送交执行单位					
被决定强制医疗的人的基本情况	姓名		性别	身份证号	
	家庭地址			监护人姓名	
	涉案性质				
	精神病鉴定情况				
决定强制医疗与交付执行情况	决定强制医疗的人民法院				
	人民法院交付执行的时间				
	公安机关送交执行的时间				
告知内容					
告知单位					
填　表　人			填表日期	年　月　日	

《强制医疗交付执行告知表》 制作说明

一、《强制医疗交付执行告知表》由决定强制医疗的人民法院的同级人民检察院刑事执行检察部门填写。

二、本表右上角的编号由制作本表的人民检察院的简称、性质（执检强疗告）、年度、表格序号组成，其中年度须用四位数字表述，编号写在该行的最右端。

三、"被告知单位"填写接收本表的承担强制医疗机构检察任务的人民检察院刑事执行检察部门或者刑事执行检察院名称。

四、"送交执行单位"填写将被人民法院决定强制医疗的精神病人送交强制医疗机构执行强制医疗的公安机关名称。

五、"涉案性质"填写被决定强制医疗的精神病人实施的危害社会暴力行为的性质，如放火、爆炸、故意杀人、故意伤害、强奸、寻衅滋事等。

六、"告知内容"填写简要的交付执行情况、填表单位的交付执行检察情况、建议被告知单位应当注意检察监督的事项等。

附件2

检察纠正违法情况登记表

发生违法的单位				
违法情况				
提出纠正违法的时间				
检察纠正情况				
被监督单位反馈意见				
备　注				
登　记				
登记人		登记日期	年　月　日	

《检察纠正违法情况登记表》制作说明

一、《检察纠正违法情况登记表》由发现轻微违法情况并向被监督单位提出口头纠正意见的检察人员填写。

二、"违法情况"填写检察机关检察发现的被监督单位轻微违法行为的简要事实情况和证明该违法行为的有关证据。

三、"提出纠正违法的时间"填写检察人员向被监督单位有关工作人员口头提出纠正违法意见的时间，具体到某年某月某日某时许。

四、"检察纠正情况"填写检察人员口头提出纠正违法意见的时间、地点、听取纠正意见的被监督单位有关工作人员的姓名及职务（工作人员二人以上的要分别写明姓名及职务）、口头纠正意见的具体内容与要求等。

五、"被监督单位反馈意见"填写被监督单位是否采纳口头纠正意见，如采纳纠正意见的，填写被监督单位纠正违法及反馈意见的简要情况；如不采纳纠正意见的，填写被监督单位向检察机关书面或者口头说明理由的情况；或者填写被监督单位既不纠正也不说明理由和反馈意见。

附件 3

严重违法情况登记表

发生严重违法的单位		
严重违法情况		
提出纠正严重违法的时间		
检察纠正情况		
被监督单位反馈意见		
备　注		
填报单位		
填报人		填报日期　　　　年　月　日

《严重违法情况登记表》制作说明

一、《严重违法情况登记表》由发现严重违法情况后向被监督单位发出纠正违法通知书的人民检察院填写，并向上一级人民检察院报送和续报监督纠正情况。

二、"严重违法情况"填写检察机关检察发现的被监督单位严重违法行为的简要事实与证明该违法行为的有关证据。

三、"提出纠正严重违法的时间"填写填报单位向被监督单位发出《纠正违法通知书》的时间。

四、"检察纠正情况"填写检察机关发出纠正违法通知书的时间、纠正意见的具体内容与要求以及督促被监督单位纠正的工作情况等。

五、"被监督单位反馈意见"填写被监督单位是否采纳书面纠正意见，如采纳纠正意见的，填写被监督单位纠正违法及反馈意见的简要情况；如不采纳纠正意见的，填写被监督单位是否向检察机关书面说明理由；或者填写被监督单位既不纠正也不书面说明理由和反馈意见。

《人民检察院强制医疗执行检察办法（试行）》的理解与适用

袁其国*

申国君最高人民检察院刑事执行检察厅副厅长。尚爱国最高人民检察院刑事执行检察厅综合业务指导处处长。

2016 年 6 月，最高人民检察院正式印发《人民检察院强制医疗执行检察办法（试行）》（以下简称《办法》）。刑罚执行监督、刑事强制措施执行监督、强制医疗执行监督构成刑事执行监督的三大组成部分。刑罚执行监督工作的主要规范性文件是《人民检察院监狱检察办法》和《人民检察院监外执行检察办法》，刑事强制措施执行监督工作的主要规范性文件是《人民检察院看守所检察办法》。《人民检察院强制医疗执行检察办法（试行）》的出台，使得刑事执行检察三大监督职责都实现了有章可循。为了便于正确理解和适用《办法》，现将《办法》的起草背景与过程、有关问题和主要内容说明如下：

一、关于《办法》的制定背景与过程

2012 年修改后的刑事诉讼法赋予检察机关对强制医疗的执行实行监督的职能，修改后的《人民检察院刑事诉讼规则（试行）》（以下简称《刑事诉讼规则》）规定强制医疗执行监督职能由刑事执行检察部门承担。实践中，精神病人肇事肇祸多发，有的甚至多次肇事肇祸，严重危害社会公共安全，特别是严重危害人民群众生命财产安全，而目前对于这类特殊人群的管理却相对薄弱。实践中，有的肇事肇祸精神病人没有被依法决定强制医疗，有的精神病人虽然被法院依法决定强制医疗，但是因为该地区没有专门的强制医疗机构或者法院、公安机关交付执行不到位，导致有的被决定强制医疗的人没有被送到强制医疗机构执行强制医疗，成为社会治安的重大隐患。鉴于此，检察机关应当加强对强制医疗执行活动的监督，保证国家法律在强制医疗执行活动中正确实施，维护被强制医疗人的合法权利，保障强制医疗执行活动依法进行。因此，最高人民检察院制定出台关于强制医疗执行检察的规范性文件十分必要。

目前，全国共有 26 个收治被法院决定强制医疗的精神病人的强制医疗所（安康医院），其中，检察机关对北京市等 6 个强制医疗所实行了派驻检察，对辽宁省等 15 个省份的强制医疗所实行了巡回检察，对天津市、吉林省等省

---

* 作者单位：最高人民检察院刑事执行检察厅。

份的 5 个强制医疗所因为各种原因尚未开展检察监督。各地检察机关反映，在检察监督工作中，由于法律法规不够完善，对强制医疗执行监督的规定还比较原则、抽象，影响和制约了强制医疗执行检察监督工作的有效开展，他们呼吁最高人民检察院尽快制定相关规范性文件，进一步加强和规范强制医疗执行检察工作。根据最高人民检察院《关于深化检察改革的意见（2013—2017 年工作规划）》及工作方案，最高人民检察院将"完善对强制医疗执行的监督机制"作为检察改革任务，确定由刑事执行检察厅作为牵头部门。2014 年年初，刑事执行检察厅在深入调研的基础上，根据《刑事诉讼法》和《刑事诉讼规则》等有关规定，起草了《人民检察院强制医疗执行检察办法（试行）》初稿。随后，刑事执行检察厅就《办法》初稿分别征求了全国 32 个省级人民检察院刑事执行检察部门的意见，再次修改后又两次征求了最高人民法院研究室、公安部法制局以及高检院有关内设机构的意见，并经三次厅务会研究讨论，反复修改完善，形成了《办法》审议稿。2016 年 5 月 13 日，最高人民检察院第十二届检察委员会第五十一次会议审议通过了《人民检察院强制医疗执行检察办法（试行）》，并于 6 月正式印发。

二、关于《办法》中需要说明的几个问题

（一）关于强制医疗执行检察监督的对象和监督方式

目前，法律法规还没有对强制医疗机构的名称、设置和管理体制作出明确规定。2013 年，公安部发文要求各地将原来收治被强制医疗精神病人的"安康医院"统一更名为"强制医疗所"。2013 年 7 月，国务院办公厅转发了中央综治办、公安部、卫生计生委等 11 个部门《关于加强肇事肇祸等严重精神障碍患者救治救助工作的意见》（国办〔2013〕68 号），要求被人民法院决定强制医疗的精神病人应在公安机关强制医疗所或指定的精神卫生医疗机构执行强制医疗，尚未建立强制医疗所的省（区、市）地方政府要抓紧指定至少一所精神卫生医疗机构来履行强制医疗职能，并要求地方政府加强强制医疗所建设。但是，各地强制医疗所的设立也需要较长时间。目前，全国仅有 19 个省（区、市）和新疆生产建设兵团设有属于公安机关管辖的 26 家强制医疗所（或者安康医院），其中部分还是地市级政府设置的，其他 12 个省（区、市）均没有专门的强制医疗机构。有的地方因为没有专门的强制医疗机构，导致法院作出强制医疗决定后交付执行难，收治执行难。公安机关无法交付执行，或者只好由政府指定普通的精神卫生医疗机构执行。同时，这也导致检察机关强制医疗执行监督的对象不明确，难以开展监督工作。鉴于此，《办法》第六条对强制医疗执行的监督对象和监督方式作了相对灵活的规定，明确将强制医疗所和受政府指定临时履行强制医疗职能的精神卫生医疗机构纳入监督范围，因

此，《办法》中的"强制医疗机构"包括强制医疗所和受政府指定临时履行强制医疗职能的精神卫生医疗机构。同时，考虑到不同地区强制医疗机构收治被强制医疗人的人数、设施条件和检察人员力量不一的实际情况，《办法》第六条规定，对强制医疗所可以实行派驻检察或者巡回检察，对受政府指定临时履行强制医疗职能的精神卫生医疗机构应当实行巡回检察。

（二）关于如何防止和纠正"被精神病"和"假精神病"的问题

根据《刑事诉讼法》第二百八十五条的规定，强制医疗一般由公安机关提出意见，检察机关向法院提出强制医疗的申请，人民法院经审理作出是否强制医疗的决定。但在实践中，会出现"被精神病"和"假精神病"的问题：一是对于没有精神病的正常公民，有关机关以其有精神病为名，通过非法程序或者"法定"的强制医疗程序，将其送到强制医疗机构进行强制医疗；二是对于实施暴力行为危害公共安全或者严重危害公民人身安全构成犯罪，且具有刑事责任能力或者限制刑事责任能力的人，其亲友通过非法途径或者司法工作人员徇私枉法，将其鉴定为不具有刑事责任能力的精神病人，然后被法院决定强制医疗。为了保护公民的合法权益，维护司法公正，检察机关对这两种问题都应当进行监督。因此，为了防止和纠正正常公民"被精神病"和依法应当被追究刑事责任的人成为"假精神病"的问题，《办法》第九条规定，检察院发现强制医疗机构收治未被法院决定强制医疗的人的，应当依法及时提出纠正意见；《办法》第二十二条规定，检察院发现被强制医疗人不符合强制医疗条件，法院作出的强制医疗决定可能错误的，应当在5个工作日以内报经检察长批准，将有关材料转交作出强制医疗决定法院的同级检察院，收到材料的检察院公诉部门应当在20个工作日以内进行审查，并将审查情况和处理意见书面反馈负责强制医疗执行监督的检察院。

（三）关于对强制医疗机构对被强制医疗人使用约束措施的监督问题

关于对被强制医疗人使用约束措施的监督问题，《办法》第十二条第（五）项规定了强制医疗机构"违反规定对被强制医疗人使用约束措施"是检察院应当提出纠正意见的违法情形之一。在《办法》稿征求意见过程中，有的部门提出，目前法律法规对强制医疗执行尚无具体规定，医疗过程中难免会采取保护性约束措施，如何界定是否符合规定难以操作，建议删除"违反规定对被强制医疗人使用约束措施"的表述。但是，我们认为，《精神卫生法》第四十条规定"精神障碍患者在医疗机构内发生或者将要发生伤害自身、危害他人安全、扰乱医疗秩序的行为，医疗机构及其医务人员在没有其他可替代措施的情况下，可以实施约束、隔离等保护性医疗措施。实施保护性医疗措施应当遵循诊断标准和治疗规范，并在实施后告知患者的监护人。禁止利用约束、隔离等保护性医疗措施惩罚精神障碍患者"。根据上述规定，对被强制医疗人使用约束措施是有明确法律规定的，因此，《办法》保留了关于约束措施监督的规定。

（四）关于检察人员应否与被强制医疗人谈话的问题

考虑到实践中有的被强制医疗人无民事行为能力，其谈话没有法律效力，但有的被强制医疗人经过一段时间治疗后能够恢复部分民事行为能力或者完全民事行为能力，从强制医疗执行检察工作的实际出发，检察人员与被强制医疗人谈话，可以了解强制医疗机构及其工作人员是否有违法情形，可以受理其控告、举报和申诉等。因此，《办法》第八条、第十一条等将检察人员与被强制医疗人谈话作为强制医疗交付执行、医疗、监管活动检察的方法之一。此外，对于被强制医疗人主动约见检察官或者向检察人员提出控告、举报、申诉的，《办法》第二十条规定，检察人员应当及时与要求约见的被强制医疗人谈话，听取情况反映，受理控告、举报、申诉。

（五）关于对2012年年底前强制医疗决定执行的监督问题

2012年年底以前被公安机关依据《刑法》第十八条第一款的规定决定强制医疗的精神病人，目前还有很多精神病人在强制医疗机构继续被执行强制医疗。检察机关对这一部分人被执行强制医疗的活动是否要监督，存在两种不同意见。第一种意见认为，强制医疗是1997年《刑法》规定的一种刑事处遇措施，公安机关2012年年底以前作出的强制医疗决定如果2013年以后仍在继续执行，则仍然属于强制医疗执行活动，根据2013年施行的修改后的《刑事诉讼法》规定，检察机关有权对强制医疗执行活动实行监督，根据刑法和刑事诉讼法的立法规定精神，检察机关应当对其被执行强制医疗的活动实行监督。第二种意见认为，强制医疗执行监督是修改后刑事诉讼法赋予检察机关的职责，对于2012年年底以前强制医疗决定的执行，检察机关实行监督缺乏法律依据，因此不应当实行监督。《办法》采纳了第一种意见，在第二十八条规定，对2012年12月31日以前公安机关依据《刑法》第十八条的规定决定强制医疗且2013年1月1日以后仍在强制医疗机构被执行强制医疗的精神病人，检察院应当对其被执行强制医疗的活动实行监督。

（六）关于对公安机关临时保护性约束措施执行活动进行监督的问题

《人民检察院刑事诉讼规则（试行）》（以下简称《刑事诉讼规则》）第五百四十七条规定了人民检察院对公安机关临时保护性约束措施进行监督，并规定该项工作由刑事执行检察部门负责。因此，《办法》根据《刑事诉讼规则》第五百四十七条的规定，在附则第二十九条规定：公安机关在强制医疗机构内对涉案精神病人采取临时保护性约束措施的，人民检察院参照本办法对临时保护性约束措施的执行活动实行监督，发现违法情形的，应当提出纠正意见。

三、《办法》的主要内容

《办法》共31条，分为八章，包括：总则，交付执行检察，医疗、监管活动检察，解除强制医疗活动检察，事故、死亡检察，受理控告、举报和申诉，纠正违法和检察建议，附则。各章的主要内容是：

第一章为"总则"。主要规定了《办法》的制定目的与依据，强制医疗执行检察的任务、职责，强制医疗执行检察的监督主体与职责分工，检察机关内部各部门间信息通报、协调配合机制以及检察方式等。《办法》第三条规定强制医疗执行检察的职责包括：对人民法院、公安机关的交付执行活动以及强制医疗机构的收治、医疗、监管等活动是否合法实行监督，对强制医疗执行活动中发生的职务犯罪案件进行侦查，受理被强制医疗人及其法定代理人、近亲属的控告、举报和申诉等。强制医疗机构的工作人员行使法定的刑事执行职权，属于国家工作人员，在强制医疗实践中发生虐待被监管人（即被强制医疗人）、玩忽职守、滥用职权以及贪污贿赂等职务犯罪，检察机关刑事执行检察部门应当对这些职务犯罪进行立案侦查，追究其刑事责任。《办法》第四条规定，对强制医疗执行活动的监督职责由检察院刑事执行检察部门负责，同时明确了对人民法院和公安机关强制医疗交付执行活动的监督由同级人民检察院负责，以体现同级对等监督原则，交付执行监督职责具体也是由刑事执行检察部门承担。《办法》第五条规定了强制医疗执行监督的信息来源，强制医疗决定地与执行地的检察机关执检部门之间的信息通报机制，以便加强检察机关系统内部的协作配合。即检察院案件管理部门收到法院的强制医疗决定书副本后，应当在1个工作日以内移送本院刑事执行检察部门。刑事执行检察部门应当及时填写《强制医疗交付执行告知表》，连同强制医疗决定书复印件一并送达承担强制医疗机构检察任务的检察院刑事执行检察部门。

第二章为"交付执行检察"。强制医疗交付执行活动分为"交、送、收"3个环节，即交付法律文书、送交执行和收治活动，分别由人民法院、公安机关和强制医疗机构负责。法院作出强制医疗决定后应将有关法律文书交付公安机关，公安机关应将被法院决定强制医疗的人送交强制医疗机构执行，强制医疗机构应依法收治被决定强制医疗的人。因此，本章规定了检察机关对强制医疗交付执行、送交执行和收治活动检察的内容、方法和应当纠正的违法情形。检察机关在交付执行检察活动中，应重点监督法院是否依法及时送交法律文书、公安机关是否依法及时将被决定强制医疗的人送交强制医疗机构执行、强制医疗机构是否依法及时收治被决定强制医疗的人等，发现有违法情形的，应当依法及时提出纠正意见。《办法》第八条规定了交付执行检察的方法，包括：检察人员赴交付执行现场进行实地检察，审查强制医疗决定书、强制医疗执行通知书、证明被强制医疗人无刑事责任能力的鉴定意见书等相关法律文书，与有关人员（包括交付执行工作人员、被决定强制医疗的人等）谈话了解情况等。

第三章为"医疗、监管活动检察"。本章规定了检察机关对强制医疗机构的医疗、监管活动检察的内容、方法和应当纠正的违法情形。强制医疗主要包括两个方面内容：一是对被强制医疗人进行医疗，二是对被强制医疗人进行监管，防止其再次发生危害社会、他人的行为。因此，对被强制医疗人进行医疗和监管就是强制医疗执行的内容，也是强制医疗执行监督的主要内容。为依法保障被强制医疗人的合法权益，维护强制医疗机构的监管安全，《办法》第十二条规定，检察院发现强制医疗机构有殴打、体罚、虐待或者变相体罚、虐待被强制医疗人，违反规定对被强制医疗人使用约束措施，没有依照规定保障被强制医疗人的生活标准，没有依照规定安排被强制医疗人与其法定代理人、近亲属会见、通信，没有定期对被强制医疗人进行诊断评估，强制医疗工作人员的配备以及医疗、监管安全设施、设备不符合有关规定等违法情形的，应当依法及时提出纠正意见。《办法》第十一条规定了医疗、监管活动检察的方法，包括：查阅被强制医疗人名册、有关法律文书、被强制医疗人的病历、诊断评估意见、伙食账簿、会见、通信登记等材料；对被强制医疗人的医疗、生活现场进行实地检察；与强制医疗机构工作人员、被强制医疗人或者其法定代理人、近亲属谈话，了解有关情况等。

第四章为"解除强制医疗活动检察"。根据强制医疗执行的工作流程，强制医疗执行分为交付执行、执行（即医疗与监管被强制医疗人）和解除执行3个环节。本章主要规定了对强制医疗机构解除执行强制医疗活动进行检察的内容、方法以及解除环节容易出现的应当提出纠正意见的违法情形，包括：强制医疗机构对不需要继续强制医疗的被强制医疗人没有及时向决定强制医疗的法院提出解除意见或者对需要继续强制医疗的被强制医疗人不应当提出解除意见而向法院提出解除意见，收到法院作出的解除强制医疗决定书后不立即解除强制医疗，被解除强制医疗的人没有相关凭证或者凭证不齐全以及人证不符等。需要特别说明的是，检察院对于法院解除强制医疗的活动应当进行监督，但是考虑到法院审理解除强制医疗案件的活动属于审判活动，不属于强制医疗执行活动，因此本《办法》没有规定对法院解除强制医疗活动进行监督的内容，有关内容会规定在修改后的《刑事诉讼规则》中。

第五章为"事故、死亡检察"。本章参照《人民检察院监狱检察办法》《人民检察院看守所检察办法》，规定了检察机关对强制医疗机构中被强制医疗人脱逃、群体性病疫、伤残、非正常死亡等事故检察的内容和检察方法。考虑到强制医疗所是一种特殊的监管场所，被强制医疗人也是一种特殊的被监管人，因此，《办法》第十八条明确规定"被强制医疗人在强制医疗期间死亡的，依照最高人民检察院关于监管场所被监管人死亡检察程序的规定进行检察"。

第六章为"受理控告、举报和申诉"。本章主要规定了检察机关如何办理被强制医疗人及其法定代理人、近亲属向检察机关提出的控告、举报和申诉，以及对强制医疗决定可能错误的处理程序。在强制医疗执行监督工作中，会出现刑事执行检察部门发现法院的强制医疗决定可能错误或者收到被强制医疗人及其法定代理人、近亲属不服强制医疗决定的申诉的情形，这两种情形不属于强制医疗执行监督的内容，而是属于检察院公诉部门负责的强制医疗决定监督的内容。为了体现检察机关内部各业务部门之间的协调配合，《办法》第十九条和第二十二条规定，刑事执行检察部门应当将不服强制医疗决定的申诉和强制医疗决定可能错误的有关材料转交作出强制医疗决定的人民法院的同级人民检察院公诉部门审查处理，负责执行监督的刑事执行检察部门应当跟踪办案情况和办理结果，并及时将办理情况反馈申诉人。《办法》第二十条规定了检察官信箱与谈话制度，以拓展监督信息来源，方便当事人控告、举报和申诉。即人民检察院应当在强制医疗机构设立检察官信箱，接收控告、举报、申诉等有关信件，检察人员应当定期开启检察官信箱，应当及时与要求约见的被强制医疗人及其法定代理人、近亲属等谈话，听取情况反映，受理控告、举报、申诉。《办法》第二十一条规定了人民检察院如何处理被强制医疗人及其法定代理人、近亲属提出的解除强制医疗申请的程序。对于被强制医疗人及其法定代理人、近亲属提出的解除强制医疗申请，检察机关虽无实体处理权，但是应当在 3 个工作日内转交强制医疗机构审查处理。强制医疗机构收到该解除强制医疗的申请后是否及时审查、是否对被强制医疗人进行诊断评估、是否提出解除意见，属于强制医疗执行活动的内容，检察机关应进行监督。

第七章为"纠正违法和检察建议"。本章规定了检察机关发现强制医疗机构、公安机关、法院等被监督单位在强制医疗活动中的违法情形后提出纠正意见的程序制度，被监督单位对纠正违法意见书面异议的复议和复核制度，检察机关发现强制医疗执行活动中执法不规范、安全隐患等问题的检察建议制度，以及在强制医疗执行监督中发现在强制医疗活动中公安机关、法院、强制医疗机构工作人员违法违纪行为的处理程序。根据《办法》第二十三条的规定，人民检察院在强制医疗执行检察中，向被监督单位发出纠正违法通知书的，还应当将纠正违法通知书副本抄送被监督单位的上一级机关，这便于上一级机关督促被监督单位纠正违法，实现监督目的。为了体现监督制约关系，解决监督争议，《办法》第二十四条规定，被监督单位对人民检察院的纠正违法意见书面提出异议的，人民检察院应当及时复议并将复议决定通知被监督单位。被监督单位对于复议结论仍有异议的，可以向上一级人民检察院申请复核。上一级人民检察院应当及时作出复核决定，并通知被监督单位和下一级人民检察院。

第八章为"附则"。本章主要规定了强制医疗执行检察有关工作制度和其他不便于放入其他章的内容，包括：规定了被强制医疗人的定义，明确了被强制医疗人的范围；对2012年年底前强制医疗决定执行的监督；对公安机关临时保护性约束措施的监督；检察人员违纪违法的责任追究制度等。《办法》第三十条规定：检察人员在强制医疗执行检察工作中有违纪违法行为的，应当按照有关规定追究违纪违法责任；构成犯罪的，应当依法追究刑事责任。建立强制医疗执行监督责任制，有利于规范检察人员的监督行为，防止检察人员不履行或者不认真履行监督职责等问题的发生。

关于推进以审判为中心的刑事诉讼制度改革的意见

（最高人民法院、最高人民检察院、公安部、国家安全部、司法部
2016 年 6 月 27 日联合印发　法发〔2016〕18 号）

为贯彻落实《中共中央关于全面推进依法治国若干重大问题的决定》的有关要求，推进以审判为中心的刑事诉讼制度改革，依据宪法法律规定，结合司法工作实际，制定本意见。

一、未经人民法院依法判决，对任何人都不得确定有罪。人民法院、人民检察院和公安机关办理刑事案件，应当分工负责，互相配合，互相制约，保证准确、及时地查明犯罪事实，正确应用法律，惩罚犯罪分子，保障无罪的人不受刑事追究。

二、严格按照法律规定的证据裁判要求，没有证据不得认定犯罪事实。侦查机关侦查终结，人民检察院提起公诉，人民法院作出有罪判决，都应当做到犯罪事实清楚，证据确实、充分。

侦查机关、人民检察院应当按照裁判的要求和标准收集、固定、审查、运用证据，人民法院应当按照法定程序认定证据，依法作出裁判。

人民法院作出有罪判决，对于证明犯罪构成要件的事实，应当综合全案证据排除合理怀疑，对于量刑证据存疑的，应当作出有利于被告人的认定。

三、建立健全符合裁判要求、适应各类案件特点的证据收集指引。探索建立命案等重大案件检查、搜查、辨认、指认等过程录音录像制度。完善技术侦查证据的移送、审查、法庭调查和使用规则以及庭外核实程序。统一司法鉴定标准和程序。完善见证人制度。

四、侦查机关应当全面、客观、及时收集与案件有关的证据。侦查机关应当依法收集证据。对采取刑讯逼供、暴力、威胁等非法方法收集的言词证据，应当依法予以排除。侦查机关收集物证、书证不符合法定程序，可能严重影响司法公正，不能补正或者作出合理解释的，应当依法予以排除。

对物证、书证等实物证据，一般应当提取原物、原件，确保证据的真实性。需要鉴定的，应当及时送检。证据之间有矛盾的，应当及时查证。所有证据应当妥善保管，随案移送。

五、完善讯问制度，防止刑讯逼供，不得强迫任何人证实自己有罪。严格

按照有关规定要求，在规范的讯问场所讯问犯罪嫌疑人。严格依照法律规定对讯问过程全程同步录音录像，逐步实行对所有案件的讯问过程全程同步录音录像。

探索建立重大案件侦查终结前对讯问合法性进行核查制度。对公安机关、国家安全机关和人民检察院侦查的重大案件，由人民检察院驻看守所检察人员询问犯罪嫌疑人，核查是否存在刑讯逼供、非法取证情形，并同步录音录像。经核查，确有刑讯逼供、非法取证情形的，侦查机关应当及时排除非法证据，不得作为提请批准逮捕、移送审查起诉的根据。

六、在案件侦查终结前，犯罪嫌疑人提出无罪或者罪轻的辩解，辩护律师提出犯罪嫌疑人无罪或者依法不应追究刑事责任的意见，侦查机关应当依法予以核实。

七、完善补充侦查制度。进一步明确退回补充侦查的条件，建立人民检察院退回补充侦查引导和说理机制，明确补充侦查方向、标准和要求。规范补充侦查行为，对于确实无法查明的事项，公安机关、国家安全机关应当书面向人民检察院说明理由。对于二次退回补充侦查后，仍然证据不足、不符合起诉条件的，依法作出不起诉决定。

八、进一步完善公诉机制，被告人有罪的举证责任，由人民检察院承担。对被告人不认罪的，人民检察院应当强化庭前准备和当庭讯问、举证、质证。

九、完善不起诉制度，对未达到法定证明标准的案件，人民检察院应当依法作出不起诉决定，防止事实不清、证据不足的案件进入审判程序。完善撤回起诉制度，规范撤回起诉的条件和程序。

十、完善庭前会议程序，对适用普通程序审理的案件，健全庭前证据展示制度，听取出庭证人名单、非法证据排除等方面的意见。

十一、规范法庭调查程序，确保诉讼证据出示在法庭、案件事实查明在法庭。证明被告人有罪或者无罪、罪轻或者罪重的证据，都应当在法庭上出示，依法保障控辩双方的质证权利。对定罪量刑的证据，控辩双方存在争议的，应当单独质证；对庭前会议中控辩双方没有异议的证据，可以简化举证、质证。

十二、完善对证人、鉴定人的法庭质证规则。落实证人、鉴定人、侦查人员出庭作证制度，提高出庭作证率。公诉人、当事人或者辩护人、诉讼代理人对证人证言有异议，人民法院认为该证人证言对案件定罪量刑有重大影响的，证人应当出庭作证。

健全证人保护工作机制，对因作证面临人身安全等危险的人员依法采取保护措施。建立证人、鉴定人等作证补助专项经费划拨机制。完善强制证人到庭制度。

十三、完善法庭辩论规则，确保控辩意见发表在法庭。法庭辩论应当围绕定罪、量刑分别进行，对被告人认罪的案件，主要围绕量刑进行。法庭应当充分听取控辩双方意见，依法保障被告人及其辩护人的辩论辩护权。

十四、完善当庭宣判制度，确保裁判结果形成在法庭。适用速裁程序审理的案件，除附带民事诉讼的案件以外，一律当庭宣判；适用简易程序审理的案件一般应当当庭宣判；适用普通程序审理的案件逐步提高当庭宣判率。规范定期宣判制度。

十五、严格依法裁判。人民法院经审理，对案件事实清楚，证据确实、充分，依据法律认定被告人有罪的，应当作出有罪判决。依据法律规定认定被告人无罪的，应当作出无罪判决。证据不足，不能认定被告人有罪的，应当按照疑罪从无原则，依法作出无罪判决。

十六、完善人民检察院对侦查活动和刑事审判活动的监督机制。建立健全对强制措施的监督机制。加强人民检察院对逮捕后羁押必要性的审查，规范非羁押性强制措施的适用。进一步规范和加强人民检察院对人民法院确有错误的刑事判决和裁定的抗诉工作，保证刑事抗诉的及时性、准确性和全面性。

十七、健全当事人、辩护人和其他诉讼参与人的权利保障制度。

依法保障当事人和其他诉讼参与人的知情权、陈述权、辩论辩护权、申请权、申诉权。犯罪嫌疑人、被告人有权获得辩护，人民法院、人民检察院、公安机关、国家安全机关有义务保证犯罪嫌疑人、被告人获得辩护。

依法保障辩护人会见、阅卷、收集证据和发问、质证、辩论辩护等权利，完善便利辩护人参与诉讼的工作机制。

十八、辩护人或者其他任何人，不得帮助犯罪嫌疑人、被告人隐匿、毁灭、伪造证据或者串供，不得威胁、引诱证人作伪证以及进行其他干扰司法机关诉讼活动的行为。对于实施上述行为的，应当依法追究法律责任。

十九、当事人、诉讼参与人和旁听人员在庭审活动中应当服从审判长或独任审判员的指挥，遵守法庭纪律。对扰乱法庭秩序、危及法庭安全等违法行为，应当依法处理；构成犯罪的，依法追究刑事责任。

二十、建立法律援助值班律师制度，法律援助机构在看守所、人民法院派驻值班律师，为犯罪嫌疑人、被告人提供法律帮助。

完善法律援助制度，健全依申请法律援助工作机制和办案机关通知辩护工作机制。对未履行通知或者指派辩护职责的办案人员，严格实行责任追究。

二十一、推进案件繁简分流，优化司法资源配置。完善刑事案件速裁程序和认罪认罚从宽制度，对案件事实清楚、证据充分的轻微刑事案件，或者犯罪嫌疑人、被告人自愿认罪认罚的，可以适用速裁程序、简易程序或者普通程序简化审理。

办理毒品犯罪案件毒品提取、扣押、称量、取样和送检程序若干问题的规定

（最高人民法院、最高人民检察院、公安部 2016 年 5 月 24 日联合公布
2016 年 7 月 1 日施行　公禁毒〔2016〕511 号）

第一章　总　　则

第一条　为规范毒品的提取、扣押、称量、取样和送检程序，提高办理毒品犯罪案件的质量和效率，根据《中华人民共和国刑事诉讼法》《最高人民法院关于适用〈中华人民共和国刑事诉讼法〉的解释》《人民检察院刑事诉讼规则（试行）》《公安机关办理刑事案件程序规定》等有关规定，结合办案工作实际，制定本规定。

第二条　公安机关对于毒品的提取、扣押、称量、取样和送检工作，应当遵循依法、客观、准确、公正、科学和安全的原则，确保毒品实物证据的收集、固定和保管工作严格依法进行。

第三条　人民检察院、人民法院办理毒品犯罪案件，应当审查公安机关对毒品的提取、扣押、称量、取样、送检程序以及相关证据的合法性。

毒品的提取、扣押、称量、取样、送检程序存在瑕疵，可能严重影响司法公正的，人民检察院、人民法院应当要求公安机关予以补正或者作出合理解释。经公安机关补正或者作出合理解释的，可以采用相关证据；不能补正或者作出合理解释的，对相关证据应当依法予以排除，不得作为批准逮捕、提起公诉或者判决的依据。

第二章　提取、扣押

第四条　侦查人员应当对毒品犯罪案件有关的场所、物品、人身进行勘验、检查或者搜查，及时准确地发现、固定、提取、采集毒品及内外包装物上的痕迹、生物样本等物证，依法予以扣押。必要时，可以指派或者聘请具有专

门知识的人，在侦查人员的主持下进行勘验、检查。

侦查人员对制造毒品、非法生产制毒物品犯罪案件的现场进行勘验、检查或者搜查时，应当提取并当场扣押制造毒品、非法生产制毒物品的原料、配剂、成品、半成品和工具、容器、包装物以及上述物品附着的痕迹、生物样本等物证。

提取、扣押时，不得将不同包装物内的毒品混合。

现场勘验、检查或者搜查时，应当对查获毒品的原始状态拍照或者录像，采取措施防止犯罪嫌疑人及其他无关人员接触毒品及包装物。

第五条　毒品的扣押应当在有犯罪嫌疑人在场并有见证人的情况下，由两名以上侦查人员执行。

毒品的提取、扣押情况应当制作笔录，并当场开具扣押清单。

笔录和扣押清单应当由侦查人员、犯罪嫌疑人和见证人签名。犯罪嫌疑人拒绝签名的，应当在笔录和扣押清单中注明。

第六条　对同一案件在不同位置查获的两个以上包装的毒品，应当根据不同的查获位置进行分组。

对同一位置查获的两个以上包装的毒品，应当按照以下方法进行分组：

（一）毒品或者包装物的外观特征不一致的，根据毒品及包装物的外观特征进行分组；

（二）毒品及包装物的外观特征一致，但犯罪嫌疑人供述非同一批次毒品的，根据犯罪嫌疑人供述的不同批次进行分组；

（三）毒品及包装物的外观特征一致，但犯罪嫌疑人辩称其中部分不是毒品或者不知是否为毒品的，对犯罪嫌疑人辩解的部分疑似毒品单独分组。

第七条　对查获的毒品应当按其独立最小包装逐一编号或者命名，并将毒品的编号、名称、数量、查获位置以及包装、颜色、形态等外观特征记录在笔录或者扣押清单中。

在毒品的称量、取样、送检等环节，毒品的编号、名称以及对毒品外观特征的描述应当与笔录和扣押清单保持一致；不一致的，应当作出书面说明。

第八条　对体内藏毒的案件，公安机关应当监控犯罪嫌疑人排出体内的毒品，及时提取、扣押并制作笔录。笔录应当由侦查人员和犯罪嫌疑人签名；犯罪嫌疑人拒绝签名的，应当在笔录中注明。在保障犯罪嫌疑人隐私权和人格尊严的情况下，可以对排毒的主要过程进行拍照或者录像。

必要时，可以在排毒前对犯罪嫌疑人体内藏毒情况进行透视检验并以透视影像的形式固定证据。

体内藏毒的犯罪嫌疑人为女性的，应当由女性工作人员或者医师检查其身体，并由女性工作人员监控其排毒。

第九条　现场提取、扣押等工作完成后，一般应当由两名以上侦查人员对提取、扣押的毒品及包装物进行现场封装，并记录在笔录中。

封装应当在有犯罪嫌疑人在场并有见证人的情况下进行；应当使用封装袋封装毒品并加密封口，或者使用封条贴封包装，作好标记和编号，由侦查人员、犯罪嫌疑人和见证人在封口处、贴封处或者指定位置签名并签署封装日期。犯罪嫌疑人拒绝签名的，侦查人员应当注明。

确因情况紧急、现场环境复杂等客观原因无法在现场实施封装的，经公安机关办案部门负责人批准，可以及时将毒品带至公安机关办案场所或者其他适当的场所进行封装，并对毒品移动前后的状态进行拍照固定，作出书面说明。

封装时，不得将不同包装内的毒品混合。对不同组的毒品，应当分别独立封装，封装后可以统一签名。

第十条　必要时，侦查人员应当对提取、扣押和封装的主要过程进行拍照或者录像。

照片和录像资料应当反映提取、扣押和封装活动的主要过程以及毒品的原始位置、存放状态和变动情况。照片应当附有相应的文字说明，文字说明应当与照片反映的情况相对应。

第十一条　公安机关应当设置专门的毒品保管场所或者涉案财物管理场所，指定专人保管封装后的毒品及包装物，并采取措施防止毒品发生变质、泄漏、遗失、损毁或者受到污染等。

对易燃、易爆、具有毒害性以及对保管条件、保管场所有特殊要求的毒品，在处理前应当存放在符合条件的专门场所。公安机关没有具备保管条件的场所的，可以借用其他单位符合条件的场所进行保管。

第三章　称　　量

第十二条　毒品的称量一般应当由两名以上侦查人员在查获毒品的现场完成。

不具备现场称量条件的，应当按照本规定第九条的规定对毒品及包装物封装后，带至公安机关办案场所或者其他适当的场所进行称量。

第十三条　称量应当在有犯罪嫌疑人在场并有见证人的情况下进行，并制作称量笔录。

对已经封装的毒品进行称量前，应当在有犯罪嫌疑人在场并有见证人的情况下拆封，并记录在称量笔录中。

称量笔录应当由称量人、犯罪嫌疑人和见证人签名。犯罪嫌疑人拒绝签名的，应当在称量笔录中注明。

第十四条　称量应当使用适当精度和称量范围的衡器。称量的毒品质量不足一百克的，衡器的分度值应当达到零点零一克；一百克以上且不足一千克的，分度值应当达到零点一克；一千克以上且不足十千克的，分度值应当达到一克；十千克以上且不足一百千克的，分度值应当达到十克；一百千克以上且不足一吨的，分度值应当达到一百克；一吨以上的，分度值应当达到一千克。

称量前，称量人应当将衡器示数归零，并确保其处于正常的工作状态。

称量所使用的衡器应当经过法定计量检定机构检定并在有效期内，一般不得随意搬动。

法定计量检定机构出具的计量检定证书复印件应当归入证据材料卷，并随案移送。

第十五条　对两个以上包装的毒品，应当分别称量，并统一制作称量笔录，不得混合后称量。

对同一组内的多个包装的毒品，可以采取全部毒品及包装物总质量减去包装物质量的方式确定毒品的净质量；称量时，不同包装物内的毒品不得混合。

第十六条　多个包装的毒品系包装完好、标识清晰完整的麻醉药品、精神药品制剂的，可以按照其包装、标识或者说明书上标注的麻醉药品、精神药品成分的含量计算全部毒品的质量，或者从相同批号的药品制剂中随机抽取三个包装进行称量后，根据麻醉药品、精神药品成分的含量计算全部毒品的质量。

第十七条　对体内藏毒的案件，应当将犯罪嫌疑人排出体外的毒品逐一称量，统一制作称量笔录。

犯罪嫌疑人供述所排出的毒品系同一批次或者毒品及包装物的外观特征相似的，可以按照本规定第十五条第二款规定的方法进行称量。

第十八条　对同一容器内的液态毒品或者固液混合状态毒品，应当采用拍照或者录像等方式对其原始状态进行固定，再统一称量。必要时，可以对其原始状态固定后，再进行固液分离并分别称量。

第十九条　现场称量后将毒品带回公安机关办案场所或者送至鉴定机构取样的，应当按照本规定第九条的规定对毒品及包装物进行封装。

第二十条　侦查人员应当对称量的主要过程进行拍照或者录像。

　　照片和录像资料应当清晰显示毒品的外观特征、衡器示数和犯罪嫌疑人对称量结果的指认情况。

第四章　取　　样

　　第二十一条　毒品的取样一般应当在称量工作完成后，由两名以上侦查人员在查获毒品的现场或者公安机关办案场所完成。必要时，可以指派或者聘请具有专门知识的人进行取样。

　　在现场或者公安机关办案场所不具备取样条件的，应当按照本规定第九条的规定对毒品及包装物进行封装后，将其送至鉴定机构并委托鉴定机构进行取样。

　　第二十二条　在查获毒品的现场或者公安机关办案场所取样的，应当在有犯罪嫌疑人在场并有见证人的情况下进行，并制作取样笔录。

　　对已经封装的毒品进行取样前，应当在有犯罪嫌疑人在场并有见证人的情况下拆封，并记录在取样笔录中。

　　取样笔录应当由取样人、犯罪嫌疑人和见证人签名。犯罪嫌疑人拒绝签名的，应当在取样笔录中注明。

　　必要时，侦查人员应当对拆封和取样的主要过程进行拍照或者录像。

　　第二十三条　委托鉴定机构进行取样的，对毒品的取样方法、过程、结果等情况应当制作取样笔录，但鉴定意见包含取样方法的除外。

　　取样笔录应当由侦查人员和取样人签名，并随案移送。

　　第二十四条　对单个包装的毒品，应当按照下列方法选取或者随机抽取检材：

　　（一）粉状。将毒品混合均匀，并随机抽取约一克作为检材；不足一克的全部取作检材。

　　（二）颗粒状、块状。随机选择三个以上不同的部位，各抽取一部分混合作为检材，混合后的检材质量不少于一克；不足一克的全部取作检材。

　　（三）膏状、胶状。随机选择三个以上不同的部位，各抽取一部分混合作为检材，混合后的检材质量不少于三克；不足三克的全部取作检材。

　　（四）胶囊状、片剂状。先根据形状、颜色、大小、标识等外观特征进行分组；对于外观特征相似的一组，从中随机抽取三粒作为检材，不足三粒的全部取作检材。

　　（五）液态。将毒品混合均匀，并随机抽取约二十毫升作为检材；不足二十毫升的全部取作检材。

（六）固液混合状态。按照本款以上各项规定的方法，分别对固态毒品和液态毒品取样；能够混合均匀成溶液的，可以将其混合均匀后按照本款第五项规定的方法取样。

对其他形态毒品的取样，参照前款规定的取样方法进行。

第二十五条 对同一组内两个以上包装的毒品，应当按照下列标准确定选取或者随机抽取独立最小包装的数量，再根据本规定第二十四条规定的取样方法从单个包装中选取或者随机抽取检材：

（一）少于十个包装的，应当选取所有的包装；

（二）十个以上包装且少于一百个包装的，应当随机抽取其中的十个包装；

（三）一百个以上包装的，应当随机抽取与包装总数的平方根数值最接近的整数个包装。

对选取或者随机抽取的多份检材，应当逐一编号或者命名，且检材的编号、名称应当与其他笔录和扣押清单保持一致。

第二十六条 多个包装的毒品系包装完好、标识清晰完整的麻醉药品、精神药品制剂的，可以从相同批号的药品制剂中随机抽取三个包装，再根据本规定第二十四条规定的取样方法从单个包装中选取或者随机抽取检材。

第二十七条 在查获毒品的现场或者公安机关办案场所取样的，应当使用封装袋封装检材并加密封口，作好标记和编号，由取样人、犯罪嫌疑人和见证人在封口处或者指定位置签名并签署封装日期。犯罪嫌疑人拒绝签名的，侦查人员应当注明。

从不同包装中选取或者随机抽取的检材应当分别独立封装，不得混合。

对取样后剩余的毒品及包装物，应当按照本规定第九条的规定进行封装。选取或者随机抽取的检材应当由专人负责保管。在检材保管和送检过程中，应当采取妥善措施防止其发生变质、泄漏、遗失、损毁或者受到污染等。

第二十八条 委托鉴定机构进行取样的，应当使用封装袋封装取样后剩余的毒品及包装物并加密封口，作好标记和编号，由侦查人员和取样人在封口处签名并签署封装日期。

第二十九条 对取样后剩余的毒品及包装物，应当及时送至公安机关毒品保管场所或者涉案财物管理场所进行妥善保管。

对需要作为证据使用的毒品，不起诉决定或者判决、裁定（含死刑复核判决、裁定）发生法律效力后方可处理。

第五章 送 检

第三十条 对查获的全部毒品或者从查获的毒品中选取或者随机抽取的检材，应当由两名以上侦查人员自毒品被查获之日起三日以内，送至鉴定机构进行鉴定。

具有案情复杂、查获毒品数量较多、异地办案、在交通不便地区办案等情形的，送检时限可以延长至七日。

公安机关应当向鉴定机构提供真实、完整、充分的鉴定材料，并对鉴定材料的真实性、合法性负责。

第三十一条 侦查人员送检时，应当持本人工作证件、鉴定聘请书等材料，并提供鉴定事项相关的鉴定资料；需要复核、补充或者重新鉴定的，还应当持原鉴定意见复印件。

第三十二条 送检的侦查人员应当配合鉴定机构核对鉴定材料的完整性、有效性，并检查鉴定材料是否满足鉴定需要。

公安机关鉴定机构应当在收到鉴定材料的当日作出是否受理的决定，决定受理的，应当与公安机关办案部门签订鉴定委托书；不予受理的，应当退还鉴定材料并说明理由。

第三十三条 具有下列情形之一的，公安机关应当委托鉴定机构对查获的毒品进行含量鉴定：

（一）犯罪嫌疑人、被告人可能被判处死刑的；

（二）查获的毒品系液态、固液混合物或者系毒品半成品的；

（三）查获的毒品可能大量掺假的；

（四）查获的毒品系成分复杂的新类型毒品，且犯罪嫌疑人、被告人可能被判处七年以上有期徒刑的；

（五）人民检察院、人民法院认为含量鉴定对定罪量刑有重大影响而书面要求进行含量鉴定的。

进行含量鉴定的检材应当与进行成分鉴定的检材来源一致，且一一对应。

第三十四条 对毒品原植物及其种子、幼苗，应当委托具备相应资质的鉴定机构进行鉴定。当地没有具备相应资质的鉴定机构的，可以委托侦办案件的公安机关所在地的县级以上农牧、林业行政主管部门，或者设立农林相关专业的普通高等学校、科研院所出具检验报告。

第六章　附　　则

第三十五条　本规定所称的毒品，包括毒品的成品、半成品、疑似物以及含有毒品成分的物质。

毒品犯罪案件中查获的其他物品，如制毒物品及其半成品、含有制毒物品成分的物质、毒品原植物及其种子和幼苗的提取、扣押、称量、取样和送检程序，参照本规定执行。

第三十六条　本规定所称的"以上""以内"包括本数，"日"是指工作日。

第三十七条　扣押、封装、称量或者在公安机关办案场所取样时，无法确定犯罪嫌疑人、犯罪嫌疑人在逃或者犯罪嫌疑人在异地被抓获且无法及时到场的，应当在有见证人的情况下进行，并在相关笔录、扣押清单中注明。

犯罪嫌疑人到案后，公安机关应当以告知书的形式告知其扣押、称量、取样的过程、结果。犯罪嫌疑人拒绝在告知书上签名的，应当将告知情况形成笔录，一并附卷；犯罪嫌疑人对称量结果有异议，有条件重新称量的，可以重新称量，并制作称量笔录。

第三十八条　毒品的提取、扣押、封装、称量、取样活动有见证人的，笔录材料中应当写明见证人的姓名、身份证件种类及号码和联系方式，并附其常住人口信息登记表等材料。

下列人员不得担任见证人：

（一）生理上、精神上有缺陷或者年幼，不具有相应辨别能力或者不能正确表达的人；

（二）犯罪嫌疑人的近亲属，被引诱、教唆、欺骗、强迫吸毒的被害人及其近亲属，以及其他与案件有利害关系并可能影响案件公正处理的人；

（三）办理该毒品犯罪案件的公安机关、人民检察院、人民法院的工作人员、实习人员或者其聘用的协勤、文职、清洁、保安等人员。

由于客观原因无法由符合条件的人员担任见证人或者见证人不愿签名的，应当在笔录材料中注明情况，并对相关活动进行拍照并录像。

第三十九条　本规定自 2016 年 7 月 1 日起施行。

《办理毒品犯罪案件毒品提取、扣押、称量、取样和送检程序若干问题的规定》理解与适用

吴孟栓　高翼飞*

2016 年 5 月 24 日，最高人民法院、最高人民检察院、公安部联合制定下发了《办理毒品犯罪案件毒品提取、扣押、称量、取样和送检程序若干问题的规定》（以下简称《规定》），《规定》自 2016 年 7 月 1 日起施行。《规定》的出台，规范了毒品的提取、扣押、称量、取样和送检程序，统一了毒品犯罪案件执法标准，遵循依法、客观、准确、公正、科学和安全的原则，确保毒品实物证据的收集、固定和保管等工作严格依法进行，对于提高案件办理质量和效率，保障人权，维护司法公正，依法打击毒品犯罪活动具有重要的意义。为便于准确理解和掌握《规定》的基本精神和主要内容，现就《规定》的有关问题作出解读。

一、制定《规定》的背景和过程

毒品犯罪案件中查获的毒品最重要的证据之一，毒品的种类和数量是毒品犯罪案件定罪量刑的重要情节。因此，对查获毒品的提取、扣押、称量、取样、送检等工作的规范化程度成为影响毒品犯罪案件办案质量的关键因素。目前，在毒品犯罪案件的侦查、起诉和审判实践中，由于毒品的提取、扣押、称量、取样和送检等工作缺乏统一、规范的执行标准，公安机关、人民检察院、人民法院就有关问题的认识存在较大分歧，例如，在提取、扣押环节，一些侦查人员对毒品及相关证据的固定、提取、采集工作不规范，导致庭审阶段被告人或其辩护人对毒品的真实性和称量、鉴定结果提出质疑。在称量环节，关于称量主体是侦查人员、鉴定人员还是计量部门，称量地点是案发现场、办案单位还是鉴定机构，多个包装的毒品是否需要逐包称量等问题，长期困扰基层办案单位。在取样环节，对于多个包装的毒品，应当全部取样还是从中随机抽取部分检材，各地执行的标准五花八门，有的地方要求对几百份毒品全部逐一取样鉴定，严重影响办案效率，导致一些犯罪嫌疑人被降格处理。在送检环节，案件满足何种条件或达到何种标准才需要对毒品进行含量鉴定，也是需要予以统一和规范的实际问题。另外，根据《刑事诉讼法》第五十四条的规定，收

---

* 作者单位：最高人民检察院法律政策研究室。

集物证不符合法定程序，可能严重影响司法公正的，应当予以补正或者作出合理解释；不能补正或者作出合理解释的，对该证据应当予以排除。但是，由于毒品的提取、扣押、称量、取样和送检没有较为细致的程序规定，侦查机关在相关工作中虽然存在一定瑕疵，但在哪些情况下应当排除相关证据，仍没有明确的规范依据可供参照。

党的十八届四中全会通过的《中共中央关于全面推进依法治国若干重大问题的决定》强调，"全面贯彻证据裁判规则，严格依法收集、固定、保存、审查、运用证据"。依法治国方略的深入推进对司法机关依法严厉打击毒品违法犯罪活动提出新的更高的要求。因此，为提高毒品犯罪案件的办案质量和效率，保障案件刑事诉讼的顺利进行，维护当事人的诉讼权利，亟须对相关程序予以规范。《中共中央国务院关于加强禁毒工作的意见》（中发〔2014〕6 号）明确提出，"及时出台司法解释或指导意见，加大依法惩治毒品违法犯罪力度，规范和统一法律适用"。为深入贯彻落实中央文件精神，按照国家禁毒委员会的部署要求，最高人民法院刑事审判五庭、最高人民检察院法律政策研究室、公安部禁毒局共同研究起草了《规定》。在起草过程中，借鉴联合国等国际组织的技术规范和其他国家的执法实践经验，参考了联合国毒品与犯罪问题办公室制定的《毒品的代表性取样指南》《检测鸦片、吗啡和海洛因的推荐方法》，欧洲法庭科学研究机构联合会《法庭科学中最优取样方法指南》《毒品定量分析取样指南》，美国毒品科学工作小组《用于定性分析的缴获毒品的取样标准》等文献资料，借鉴了地方公检法机关成熟的经验做法，并通过走访调研和召开座谈会广泛征求意见，反复修改完善。

《规定》坚持问题导向，着力解决司法机关在办理毒品犯罪案件工作中遇到的困难和问题，对基层反映比较集中的称量和取样主体、多包装毒品称量、取样方法等问题作出了具体、详细的规定；《规定》坚持立足司法办案实际，在参考国际权威组织的技术规范和域外执法经验的同时，充分考虑了我国经济社会发展现状、各地毒品犯罪现实情况以及司法机关办理毒品犯罪案件工作实践，以满足基层执法办案单位的迫切需求为出发点和落脚点，广泛征求了各地、各级公安机关、人民检察院和人民法院的意见和建议，保证各项规定的可操作性。《规定》坚持促进执法规范化建设。为毒品的提取、扣押、称量、取样和送检等环节的工作统一了操作标准，提高了执法规范化水平，确保刑事诉讼质量；重视将查获毒品作为毒品犯罪案件重要证据，规范证据的收集、固定、保存和运用，体现了坚持以审判为中心，全面贯彻证据裁判规则的精神，为今后进一步完善毒品犯罪案件相关证据规则，特别是物证、鉴定意见的瑕疵证据、非法证据排除规则奠定了良好的基础，有利于确保办案质量，依法保障犯罪嫌疑人和当事人的合法权益。《规定》坚持同上位法和有关司法解释、规范性文件保持一致。确保相关程序与《刑事诉讼法》、最高人民法院《关于适用〈中华人民共和国刑事诉讼法〉的解释》（以下简称《刑诉法解释》）、《人民检察院刑事诉讼规则（试行）》《公安机关办理刑事案件程序规定》等有关规定协调统一，有序衔接。

二、《规定》的主要内容及说明

（一）关于毒品提取、扣押的程序

1. 毒品提取、扣押的一般性要求。《规定》明确，毒品的扣押应当在有犯罪嫌疑人在场并有见证人的情况下，由两名以上侦查人员执行。毒品的提取、扣押情况应当制作笔录，并当场开具扣押清单。笔录和扣押清单应当由侦查人员、犯罪嫌疑人和见证人签名。犯罪嫌疑人拒绝签名的，应当在笔录和扣押清单中注明。

根据《刑诉法解释》第七十二条的规定，对与案件事实有可能有关联的血迹、体液、毛发、人体组织、指纹、足迹、字迹等生物样本、痕迹和物品，应当提取而没有提取，应当检验而没有检验，导致案件事实存疑的，人民法院应当向人民检察院说明情况，由人民检察院依法补充收集、调取证据或者作出合理说明。具体到毒品犯罪案件中，指纹等关联痕迹物证的收集，对于排除合理怀疑具有十分重要的作用。特别是在零口供案件中，犯罪嫌疑人、被告人大多会辩称涉案毒品不是其携带、持有的，那么，如果侦查人员没有提取毒品及其外包装上的指纹等生物样本，则很难认定侦查机关扣押的毒品与行为人持有毒品具有同一性。《关于办理死刑案件审查断证据若干问题的规定》第六条第（四）项规定，对现场遗留的与犯罪有关的具备检验条件的血迹、指纹、毛发等，要通过 DNA 鉴定、指纹鉴定等与被告人的生物特征、物品等作同一认定。有鉴于此，《规定》要求，侦查人员应当对毒品犯罪案件有关的场所、物品、人身进行勘验、检查或者搜查，及时准确地发现、固定、提取、采集毒品及内外包装物上的痕迹、生物样本等物证，依法予以扣押。必要时，可以指派或者聘请具有专门知识的人，在侦查人员的主持下进行勘验、检查。侦查人员对制造毒品、非法生产制毒物品犯罪案件的现场进行勘验、检查或者搜查时，应当提取并当场扣押制造毒品、非法生产制毒物品的原料、配剂、成品、半成品和工具、容器、包装物以及上述物品附着的痕迹、生物样本等物证。提取、扣押时，不得将不同包装物内的毒品混合。现场勘验、检查或者搜查时，应当对查获毒品的原始状态拍照或者录像，采取措施防止犯罪嫌疑人及其他无关人员接触毒品及包装物。

2. 对两个以上包装的毒品的分组。对于查获的两个以上包装的毒品进行分组是做好称量、取样工作的必要准备。为确保多包毒品称量、取样的科学性、精确性和规范化，《规定》首次明确，侦查人员应当分别根据查获毒品的位置、毒品及其包装物的外观特征、犯罪嫌疑人的供述和辩解等具体情形对毒品进行分组。首先，对同一案件在不同位置查获的两个以上包装的毒品，应当根据不同的查获位置进行分组。其次，对同一位置查获的两个以上包装的毒品，应当按照以下方法进行分组：（1）毒品或者包装物的外观特征不一致的，根据毒品及包装物的外观特征进行分组；（2）毒品及包装物的外观特征一致，但犯罪嫌疑人供述非同一批次毒品的，根据犯罪嫌疑人供述的不同批次进行分组；（3）毒品及包装物的外观特征一致，但犯罪嫌疑人辩称其中部分不是毒品或者不知是否为毒品的，对犯罪嫌疑人辩解的部分疑似毒品单独分组。这里的"在不同位置查获"，是指查获的毒品放置或者藏匿在相对分离的物理空间，包括同一地点的不同场所、同一场所的不同方位和身体上的不同部位。例如，在犯罪嫌疑人住所的卧室和卫生间分别发现疑似毒品，在犯罪嫌疑人身上和体内均发现疑似毒品，都应当分别进行分组。

3. 对毒品进行编号。《规定》要求，对查获的毒品应当按其独立最小包装逐一编号或者命名，并将毒品的编号、名称、数量、查获位置以及包装、颜色、形态等外观特征记录在笔录或者扣押清单中。在毒品的称量、取样、送检等环节，毒品的编号、名称以及对毒品外观特征的描述应当与笔录和扣押清单保持一致；不一致的，应当作出书面说明。

4. 对体内排出毒品的提取和扣押。《规定》要求，对体内藏毒的案件，公安机关应当监控犯罪嫌疑人排出体内的毒品，及时提取、扣押并制作笔录。笔录应当由侦查人员和犯罪嫌疑人签名；犯罪嫌疑人拒绝签名的，应当在笔录中注明。在保障犯罪嫌疑人隐私权和人格尊严的情况下，可以对排毒的主要过程进行拍照或者录像。必要时，可以在排毒前对犯罪嫌疑人体内藏毒情况进行透视检验并以透视影像的形式固定证据。体内藏毒的犯罪嫌疑人为女性的，应当由女性工作人员或者医师检查其身体，并由女性工作人员监控其排毒。在有效固定证据的同时，充分保证犯罪嫌疑人的隐私权和人格尊严不受侵犯。

5. 提取、扣押毒品的封装。《规定》要求，现场提取、扣押等工作完成后，一般应当由两名以上侦查人员对提取、扣押的毒品及包装物进行现场封装，并记录在笔录中。封装应当在有犯罪嫌疑人在场并有见证人的情况下进行；应当使用封装袋封装毒品并加密封口，或者使用封条贴封包装，作好标记和编号，由侦查人员、犯罪嫌疑人和见证人在封口处、贴封处或者指定位置签名并签署封装日期。犯罪嫌疑人拒绝签名的，侦查人员应当注明。确因情况紧急、现场环境复杂等客观原因无法在现场实施封装的，经公安机关办案部门负责人批准，可以及时将毒品带至公安机关办案场所或者其他适当的场所进行封装，并对毒品移动前后的状态进行拍照固定，做出书面说明。封装时，不得将不同包装内的毒品混合。对不同组的毒品，应当分别独立封装，封装后可以统一签名。

6. 毒品的保管要求。《规定》要求，公安机关应当设置专门的毒品保管场所或者涉案财物管理场所，指定专人保管封装后的毒品及包装物，并采取措施防止毒品发生变质、泄漏、遗失、损毁或者受到污染等。对易燃、易爆、具有毒害性以及对保管条件、保管场所有特殊要求的毒品，在处理前应当存放在符合条件的专门场所。公安机关没有具备保管条件的场所的，可以借用其他单位符合条件的场所进行保管。借用其他单位的场所进行保管，主要依据的是《人民警察法》第十三条第二款的有关规定，即"公安机关因侦查犯罪的需要，必要时，按照国家有关规定，可以优先使用机关、团体、企业事业组织和个人的交通工具、通信工具、场地和建筑物，用后应当及时归还，并支付适当费用；造成损失的，应当赔偿"。实践中，公安机关不具备保管条件的，既可以借用其他具备保管条件的公安机关的专门场所进行保管，也可以租用或者借用其他具有相关资质、条件和管理能力的单位的场所进行保管。另外，根据《公安机关缴获毒品管理规定》（公禁毒〔2016〕486 号）第十条第二款的规定，对借用其他单位的场所保管的毒品，公安机关应当派专人看守或者进行定期检查。

7. 拍照、录像的要求。拍照和录像是记录提取、扣押过程的客观资料，是证明侦查行为合法性最有效的手段，有利于保护证据链条的完整性。《规定》提出，必要时，侦查人员应当对提取、扣押和封装的主要过程进行拍照或者录像。照片和录像资料应当反映提取、扣押和封装活动的主要过程以及毒品的原始位置、存放状态和变动情况。照片应当附有相应的文字说明，文字说明应当与照片反映的情况相对应。实践中，侦查机关提取、扣押、封装毒品时一般应当尽可能地对有关工作过程完整地进行拍照和录像。

（二）关于毒品称量的程序

1. 毒品称量的一般性要求。称量操作较为简单，不需要专门知识和专业人员，也无须对称量人员提出资质要求，《规定》要求，毒品的称量一般应当由两名以上侦查人员完成。为保证称量结果的准确性和有效性，《规定》提出应当使用经过法定计量检定机构检定并在有效期限内的衡器进行称量，并且对衡器的精确度提出了具体要求，规定称量应当使用适当精度和称量范围的衡器。称量的毒品质量不足 100 克的，衡器的分度值应当达到 0.01 克；一百克以上且不足 1000 克的，分度值应当达到 0.1 克；1000 克以上且不足 10 千克的，分度值应当达到1克；10千克以上且不足100千克的，分度值应当达到10克；100千克以上且不足1吨的，分度值应当达到100克；1吨以上的，分度值应当达到1000克。称量前，称量人应当将衡器示数归零，并确保其处于正常的工作状态。同时，《规定》还要求，法定计量检定机构出具的计量检定证书复印件应当归入证据材料卷，并随案移送。毒品的称量一般应当在查获毒品的现场完成，但由于实践中毒品犯罪案件现场的环境比较复杂，存在确实不宜在现场完成称量的情形，《规定》明确不具备现场称量条件的可以带至公安机关办案场所或者其他适当的场所进行称量，但是一般应当在现场进行封装。鉴于称量结果对于定罪量刑的重要性，《规定》还要求称量一般应当在有犯罪嫌疑人在场并有见证人的情况下进行，并制作称量笔录。对已经封装的毒品进行称量前，应当在有犯罪嫌疑人在场并有见证人的情况下拆封，并记录在称量笔录中。称量笔录应当由称量人、犯罪嫌疑人和见证人签名。犯罪嫌疑人拒绝签名的，应当在称量笔录中注明。侦查人员应当对称量的主要过程进行拍照或者录像。照片和录像资料应当清晰显示毒品的外观特征、衡器示数和犯罪嫌疑人对称量结果的指认情况。

2. 对多包毒品的称量要求。《规定》明确，对同一组内的两个以上包装的毒品，应当分别称量，并统一制作称量笔录，不得混合后称量。对同一组内的多个包装的毒品，可以采取全部毒品及包装物总质量减去包装物质量的方式确定毒品的净质量；称量时，不同包装物内的毒品不得混合。多个包装的毒品系包装完好、标识清晰完整的麻醉药品、精神药品制剂的，可以按照其包装、标识或者说明书上标注的麻醉药品、精神药品成分的含量计算全部毒品的质量，或者从相同批号的药品制剂中随机抽取3个包装进行称量后，根据麻醉药品、精神药品成分的含量计算全部毒品的质量。

3. 对体内排出毒品的称量要求。《规定》明确，对体内藏毒的案件，应当将犯罪嫌疑人排出体外的毒品逐一称量，统一制作称量笔录。犯罪嫌疑人供述所排出的毒品系同一批次或者毒品及包装物的外观特征相似的，可以对多包毒品的称量方法进行称量。

4. 对液态毒品、固液混合状态毒品的称量要求。《规定》明确，对同一容器内的液态毒品或者固液混合状态毒品，应当采用拍照或者录像等方式对其原始状态进行固定，再统一称量。必要时，可以对其原始状态固定后，再进行固液分离并分别称量。

（三）关于毒品取样的程序

1. 毒品取样的一般性要求。对毒品的取样，是由有关人员按照既定的规范选取查获毒品的全部或者从中随机抽取一部分，经过物理均匀（手工或机械碾磨）后再随机抽取一部分毒品作为检材的过程，这项工作不需要专门性知识和技能，一般侦查人员即可胜任。因此，《规定》明确，毒品的取样一般应当在称量工作完成后由两名以上侦查人员完成；必要时，可以指派或者聘请具有专门知识的人进行取样。根据各地执法实际不同，《规定》提出，取样一般应当在查获毒品的现场或者公安机关办案场所完成，现场或者公安机关办案场所不具备取样条件的，应当按照规定对毒品及包装物进行封装后，将其送至鉴定机构并委托鉴定机构进行取样；同时，鉴于取样方法是确保鉴定意见准确性和有效性的重要前提，《规定》要求：（1）在查获毒品的现场或者公安机关办案场所取样的，应当在有犯罪嫌疑人在场并有见证人的情况下进行，并制作取样笔录。对已经封装的毒品进行取样前，应当在有犯罪嫌疑人在场并有见证人的情况下拆封，并记录在取样笔录中。取样笔录应当由取样人、犯罪嫌疑人和见证人签名。犯罪嫌疑人拒绝签名的，应当在取样笔录中注明。必要时，侦查人员应当对拆封和取样的主要过程进行拍照或者录像。（2）委托鉴定机构进行取样的，对毒品的取样方法、过程、结果等情况应当制作取样笔录，但鉴定意见包含取样方法的除外。取样笔录应当由侦查人员和取样人签名，并随案移送。

2. 对单包毒品的取样方法。《规定》对单个包装的毒品，根据毒品不同的物理性状，规定了不同的选取或者随机抽取检材的方法：（1）对粉状的毒品，将毒品混合均匀，并随机抽取约一克作为检材；不足 1 克的全部取作检材。（2）对颗粒状、块状的毒品，随机选择 3 个以上不同的部位，各抽取一部分混合作为检材，混合后的检材质量不少于 1 克；不足 1 克的全部取作检材。（3）对膏状、胶状的毒品，随机选择 3 个以上不同的部位，各抽取一部分混合作为检材，混合后的检材质量不少于 3 克；不足 3 克的全部取作检材。（4）对胶囊状、片剂状的毒品，先根据形状、颜色、大小、标识等外观特征进行分组；对于外观特征相似的一组，从中随机抽取 3 粒作为检材，不足 3 粒的全部取作检材。（5）对液态的毒品，将毒品混合均匀，并随机抽取约 20 毫升作为检材；不足 20 毫升的全部取作检材。（6）对固液混合状态的毒品。按照以上方法，分别对固态毒品和液态毒品取样；能够混合均匀成溶液的，可以将其混合均匀后按照液态毒品的取样方法进行取样。（7）对其他形态毒品的取样，参照上述取样方法进行。

3. 对多包毒品的取样方法。为提高办案效率，节省有限的鉴定资源，在确保取样代表性、有效性的基础上，减轻取样、鉴定的工作量，《规定》提出，对同一组内两个以上包装的毒品，应当按照下列标准确定选取或者随机抽取独立最小包装的数量：（1）少于 10 个包装的，应当选取所有的包装；（2）10

个以上包装且少于100个包装的，应当随机抽取其中的10个包装；（3）100个以上包装的，应当随机抽取与包装总数的平方根数值最接近的整数个包装。然后，再按照对单包毒品的取样方法从中选取或者随机抽取检材。对选取或者随机抽取的多份检材，应当逐一编号或者命名，且检材的编号、名称应当与其他笔录和扣押清单保持一致。鉴于麻醉药品、精神药品通常有统一规格的包装，对批号相同的药品制剂全部取样，工作量巨大且无必要。对此，《规定》明确，对于多个包装的毒品系包装完好、标识清晰完整的麻醉药品、精神药品制剂，可以从相同批号的药品制剂中随机抽取3个包装，再从单个包装中选取或者随机抽取检材。

4. 取样后对检材及剩余毒品的封装和保管。《规定》强调，在查获毒品的现场或者公安机关办案场所取样的，应当使用封装袋封装检材并加密封口，作好标记和编号，由取样人、犯罪嫌疑人和见证人在封口处或者指定位置签名并签署封装日期。犯罪嫌疑人拒绝签名的，侦查人员应当注明。从不同包装中选取或者随机抽取的检材应当分别独立封装，不得混合。选取或者随机抽取的检材应当由专人负责保管。在检材保管和送检过程中，应当采取妥善措施防止其发生变质、泄漏、遗失、损毁或者受到污染等。委托鉴定机构进行取样的，应当使用封装袋封装取样后剩余的毒品及包装物并加密封口，做好标记和编号，由侦查人员和取样人在封口处签名并签署封装日期。对取样后剩余的毒品及包装物，应当按照规定进行封装，及时送至公安机关毒品保管场所或者涉案财物管理场所进行妥善保管。

由于此前没有关于毒品处理的规定，实践中对毒品应当在何时作出处理没有明确的规范，有的公安机关办案部门在诉讼中将涉案毒品销毁，导致证据灭失，需要对毒品进行补充鉴定或者重新鉴定时已不具备条件，影响了诉讼的正常进行，为此，《规定》强调，对需要作为证据使用的毒品，不起诉决定或者判决、裁定（含死刑复核判决、裁定）发生法律效力后方可处理，明确了负责保管毒品的公安机关办案部门不得在不起诉决定或者判决、裁定发生法律效力前擅自对作为物证的毒品作出处置，以保证诉讼和审判活动的顺利进行。根据《刑事诉讼法》第一百七十五条的规定，对于公安机关移送起诉的案件，人民检察院决定不起诉的，应当将不起诉决定书送达公安机关。公安机关认为不起诉的决定有错误的时候，可以要求复议，如果意见不被接受，可以向上一级人民检察院提请复核。《刑事诉讼法》第一百七十六条规定，对于有被害人的案件，决定不起诉的，人民检察院应当将不起诉决定书送达被害人。被害人如果不服，可以自收到决定书后7日以内向上一级人民检察院申诉，请求提起公诉。人民检察院应当将复查决定告知被害人。《刑事诉讼法》第一百七十七条规定，对于人民检察院依照本法第一百七十三条第二款规定作出的不起诉决定，被不起诉人如果不服，可以自收到决定书后7日以内向人民检察院申诉。人民检察院应当作出复查决定，通知被不起诉的人，同时抄送公安机关。《刑事诉讼法》第二百四十八条第二款规定："下列判决和裁定是发生法律效力的判决和裁定：（一）已过法定期限没有上诉、抗诉的判决和裁定；（二）终审的判决和裁定；（三）最高人民法院核准的死刑的判决和高级人民法院核准的死刑缓期二年执行的判决。"根据上述规定，在公安机关对人民检察院不起诉决定申请复议、复核期间，被害人和被不起诉人申诉期间以及人民法院作出的相关判决、裁定发生效力之前，负责保管毒品的公安机关办案部门均不得将作为证据使用的毒品销毁或者作其他可能导致毒品灭失的处理。

（四）关于毒品送检的程序

根据《刑诉法解释》第八十五条的规定，送检材料、样本来源不明，或者因污染不具备鉴定条件的；鉴定对象与送检材料、样本不一致的，不得作为定案的根据。因此，送检对于鉴定的真实性、可靠性至关重要。《规定》要求公安机关应当向鉴定机构提供真实、完整、充分的鉴定材料，并对鉴定材料的真实性、合法性负责，对送检程序作了以下规定：

1. 关于送检的时间。为了防止检材因取样时间过长而发生变质，影响鉴定的准确性，保证送检的及时性，确保提取的检材符合鉴定条件，提高案件办理的质量和效率，《规定》明确，对查获的全部毒品或者从查获的毒品中选取或者随机抽取的检材，应当由两名以上侦查人员自毒品被查获之日起3日以内，送至鉴定机构进行鉴定。具有案情复杂、查获毒品数量较多、异地办案、在交通不便地区办案等情形的，送检时限可以延长至7日。

2. 鉴定材料。《规定》要求，侦查人员送检时，应当持本人工作证件、鉴定聘请书等材料，并提供鉴定事项相关的鉴定资料；需要复核、补充或者重新鉴定的，还应当持原鉴定意见复印件。送检的侦查人员应当配合鉴定机构核对鉴定材料的完整性、有效性，并检查鉴定材料是否满足鉴定需要。公安机关鉴定机构应当在收到鉴定材料的当日作出是否受理的决定，决定受理的，应当与公安机关办案部门签订鉴定委托书；不予受理的，应当退还鉴定材料并说明理由。

3. 毒品含量鉴定。我国《刑法》第三百五十七条第二款明确规定，"毒品的数量计算，不以纯度折算"。在基层司法实践中，侦查机关、检察机关和审判机关对于在什么情况下需要对查获毒品进行含量鉴定往往存在认识上的分歧。关于毒品的含量鉴定，最高人民法院、最高人民检察院、公安部关于印发《办理毒品犯罪案件适用法律若干问题的意见》（公通字〔2007〕84号）仅规定："可能判处死刑的毒品犯罪案件，应有含量的鉴定。"

《全国部分法院审理毒品犯罪案件工作座谈会纪要》（法〔2008〕324 号）认为，对涉案毒品可能大量掺假或者系成分复杂的新类型毒品的，也应当作毒品含量的鉴定。参考上述规定，并结合司法实践，《规定》列举了需要对毒品进行含量鉴定的五种情形：（1）犯罪嫌疑人、被告人可能被判处死刑的；（2）查获的毒品系液态、固液混合物或者系毒品半成品的；（3）查获的毒品可能大量掺假的；（4）查获的毒品系成分复杂的新类型毒品，且犯罪嫌疑人、被告人可能被判处 7 年以上有期徒刑的；（5）人民检察院、人民法院认为含量鉴定对定罪量刑有重大影响而书面要求进行含量鉴定的。进一步拓展了毒品含量鉴定的适用范围，有利于保证办案质量，公正定罪量刑，维护犯罪嫌疑人、被告人的合法权益。同时，《规定》明确要求进行含量鉴定的检材应当与进行成分鉴定的检材来源一致，且一一对应。

4. 关于对毒品原植物及其幼苗、种子的鉴定和检验问题。针对各地普遍反映的毒品原植物及其幼苗、种子鉴定难问题，《规定》参考《刑诉法解释》第 87 条关于"对案件中的专门性问题需要鉴定，但没有法定司法鉴定机构，或者法律、司法解释规定可以进行检验的，可以指派、聘请有专门知识的人进行检验，检验报告可以作为定罪量刑的参考"的规定作了变通，明确了对毒品原植物及其种子、幼苗，应当委托具备相应资质的鉴定机构进行鉴定。当地没有具备相应资质的鉴定机构，可以委托侦办案件的公安机关所在地的县级以上农牧、林业行政主管部门，或者设立农林相关专业的普通高等学校、科研院所出具检验报告。鉴定与检验"两条腿走路"的规定，符合司法实践的需要。

（五）其他需要明确的问题

1. 关于犯罪嫌疑人不在场的问题。由于毒品犯罪一般会被科以较重的刑罚，犯罪嫌疑人、被告人经常拒不承认查获毒品为其所有或者在庭审阶段对查获的毒品及其称量结果提出异议，为了保证相关工作的公平、公正，防止被告人在法庭上翻供，《规定》要求，对毒品进行扣押、封装、称量以及查获毒品的现场或者公安机关办案场所取样时，应当有犯罪嫌疑人在场。对于上述过程中无法确定犯罪嫌疑人、犯罪嫌疑人在逃或者犯罪嫌疑人在异地被抓获且无法及时到场的，《规定》也明确，应当在有见证人的情况下进行，并在相关笔录、扣押清单中注明，并且要求在犯罪嫌疑人到案后，公安机关应当以告知书的形式告知其扣押、称量、取样的过程、结果。犯罪嫌疑人拒绝在告知书上签名的，应当将告知情况形成笔录，一并附卷；犯罪嫌疑人对称量结果有异议，有条件重新称量的，可以重新称量，并制作称量笔录。

2. 关于见证人身份材料的收集、见证人资格以及无合适见证人在场的相关程序要求的问题。很多毒品犯罪案件现场发生在凌晨或者偏僻处，或者抓获嫌疑人和查获毒品存在不确定性，难以找到合适的见证人。另外，毒品犯罪案件具有其特殊性，很多与案件无关的在场人员不愿意作见证人。实践中，有的侦查机关安排协警、临时工、实习人员等临时充当见证人，这些人员与侦查机关存在一定联系，不符合见证人的中立性要求，属于不适格的见证人。另外，除了由见证人在笔录中签名外，是否应当一并提取见证人身份材料，各地的做法不统一。见证人的身份材料是确定见证人是否符合法律规定的重要材料。有鉴于此，《规定》对见证人身份资料的收集、不得担任见证人的情形以及由于客观原因没有符合条件的见证人在场时的相关工作程序要求等作出了明确规定。一是明确规定有见证人在场见证毒品的提取、扣押、封装、称量、取样活动的，应当在笔录材料中写明见证人的姓名、身份证件种类及号码和联系方式，并附其常住人口信息登记表等材料。二是明确规定三类人员不得担任见证人：（1）生理上、精神上有缺陷或者年幼，不具有相应辨别能力或者不能正确表达的人；（2）犯罪嫌疑人的近亲属，被引诱、教唆、欺骗、强迫吸毒的被害人及其近亲属，以及其他与案件有利害关系并可能影响案件公正处理的人；（3）办理该毒品犯罪案件的公安机关、人民检察院、人民法院的工作人员、实习人员或者其聘用的协勤、文职、清洁、保安等人员。三是明确规定由于客观原因无法由符合条件的人员担任见证人或者见证人不愿签名的，应当在笔录材料中注明情况，并对相关活动进行拍照并录像。

人民检察院办理延长侦查羁押期限案件的规定

（2016 年 7 月 1 日最高人民检察院第十二届检察委员会第五十二次
会议通过　2016 年 7 月 12 日公布　高检发侦监字〔2016〕9 号）

　　第一条　为了规范人民检察院办理延长侦查羁押期限案件，保障刑事诉讼活动依法进行，维护犯罪嫌疑人的合法权益，根据《中华人民共和国刑事诉讼法》《人民检察院刑事诉讼规则（试行）》等规定，结合工作实际，制定本规定。

　　第二条　人民检察院办理延长侦查羁押期限案件，应当坚持惩罚犯罪与保障人权并重、监督制约与支持配合并重、程序审查与实体审查并重的原则。

　　第三条　侦查机关依照《中华人民共和国刑事诉讼法》第一百五十四条规定提请延长犯罪嫌疑人侦查羁押期限的案件，由同级人民检察院受理审查并提出意见后，报上一级人民检察院审查决定。

　　人民检察院直接受理立案侦查的案件，依照《中华人民共和国刑事诉讼法》第一百五十四条规定提请延长犯罪嫌疑人侦查羁押期限的，由本院审查提出意见后，报上一级人民检察院审查决定。

　　第四条　侦查机关需要延长侦查羁押期限的，应当在侦查羁押期限届满七日前，向同级人民检察院移送以下材料：

　　（一）提请批准延长侦查羁押期限意见书和延长侦查羁押期限案情报告；

　　（二）立案决定书、逮捕证以及重新计算侦查羁押期限决定书等相关法律文书复印件；

　　（三）罢免、辞去县级以上人大代表或者报请许可对其采取强制措施手续等文书；

　　（四）案件的其他情况说明。

　　人民检察院直接受理立案侦查的案件，需要延长侦查羁押期限的，侦查部门应当依照本条第一款的规定向本院侦查监督部门移送延长侦查羁押期限意见书和前款规定的有关材料。

　　第五条　侦查机关应当在延长侦查羁押期限案情报告中详细写明犯罪嫌疑人基本情况、采取强制措施的具体情况、主要案情和捕后侦查工作进展情况、下一步侦查工作计划、延长侦查羁押期限的具体理由和法律依据、继续羁押的必要以及提请批准延长侦查羁押期限的起止日期。

人民检察院直接受理立案侦查的案件，侦查部门应当在延长侦查羁押期限意见书中详细写明前款规定的内容。

第六条 受理案件的人民检察院侦查监督部门应当制作提请批准延长侦查羁押期限报告书和提请延长侦查羁押期限案件审查报告，连同审查逮捕意见书以及侦查机关（部门）移送的材料，经本院案件管理部门报上一级人民检察院审查。

第七条 上一级人民检察院案件管理部门收到案件材料后，应当及时审核，符合报送材料要求的，移交本院侦查监督部门办理。发现材料不全的，应当要求在规定的时间内予以补充。

对于未及时补充或者未按规定时间移送材料的，应当及时告知侦查监督部门，由侦查监督部门决定是否予以受理。

对于侦查机关（部门）超过法定羁押期限仍提请延长侦查羁押期限的，上一级人民检察院不予受理。

第八条 人民检察院侦查监督部门应当在提请延长侦查羁押期限案件审查报告中详细写明受案和审查过程、犯罪嫌疑人基本情况、采取强制措施的情况和羁押地点、主要案情、延长侦查羁押期限的理由和法律依据、继续羁押的必要、提请批准延长侦查羁押期限的起止日期以及审查意见。

第九条 人民检察院侦查监督部门办理延长侦查羁押期限案件，应当审查以下内容：

（一）本院或者下级人民检察院的逮捕决定是否符合法律规定；

（二）犯罪嫌疑人逮捕后侦查工作进展情况；

（三）下一步侦查计划是否具体明确；

（四）延长侦查羁押期限的理由、日期是否符合法律规定；

（五）犯罪嫌疑人有无继续羁押的必要；

（六）有无超期羁押等违法情况；

（七）其他需要审查的内容。

第十条 人民检察院侦查监督部门办理延长侦查羁押期限案件，应当由承办检察官提出审查意见，报检察长决定。

第十一条 人民检察院侦查监督部门审查延长侦查羁押期限案件，对于案件是否符合延长侦查羁押期限条件有疑问或者侦查活动可能存在重大违法等情形的，可以讯问犯罪嫌疑人，听取律师意见、侦查机关（部门）意见，调取案卷及相关材料。

第十二条 经审查，同时具备下列条件的案件，人民检察院应当作出批准延长侦查羁押期限一个月的决定：

（一）符合《中华人民共和国刑事诉讼法》第一百五十四条的规定；

（二）符合逮捕条件；

（三）犯罪嫌疑人有继续羁押的必要。

第十三条　经审查，对于不符合《中华人民共和国刑事诉讼法》第一百五十四条规定、犯罪嫌疑人不符合逮捕条件或者犯罪嫌疑人没有继续羁押必要的，人民检察院应当作出不批准延长侦查羁押期限决定。

对于犯罪嫌疑人虽然符合逮捕条件，但经审查，侦查机关（部门）在犯罪嫌疑人逮捕后二个月以内未有效开展侦查工作或者侦查取证工作没有实质进展的，人民检察院可以作出不批准延长侦查羁押期限的决定。

对于犯罪嫌疑人不符合逮捕条件，需要撤销下级人民检察院逮捕决定的，上一级人民检察院作出不批准延长侦查羁押期限决定后，应当作出撤销逮捕决定，或者通知下级人民检察院撤销逮捕决定。

第十四条　《中华人民共和国刑事诉讼法》第一百五十四条规定的"案情复杂、期限届满不能终结的案件"，包括以下情形之一：

（一）影响定罪量刑的重要证据无法在侦查羁押期限内调取到的；

（二）共同犯罪案件，犯罪事实需要进一步查清的；

（三）犯罪嫌疑人涉嫌多起犯罪或者多个罪名，犯罪事实需要进一步查清的；

（四）涉外案件，需要境外取证的；

（五）与其他重大案件有关联，重大案件尚未侦查终结，影响本案或者其他重大案件处理的。

第十五条　有决定权的人民检察院在侦查羁押期限届满前作出是否批准延长侦查羁押期限的决定后，交由受理案件的人民检察院侦查监督部门送达侦查机关（部门）。

受理案件的人民检察院侦查监督部门在收到批准延长侦查羁押期限决定书或者不批准延长侦查羁押期限决定书的同时，应当书面告知本院刑事执行检察部门。

第十六条　逮捕后侦查羁押期限日期的计算，应当自对犯罪嫌疑人执行逮捕的第二日起，至二个月后对应日期的前一日止，无对应日期的，以该月的最后一日为截止日。

延长侦查羁押期限的起始日应当与延长前侦查羁押期限的截止日连续计算。

第十七条　人民检察院侦查监督部门在审查延长侦查羁押期限案件中发现侦查机关（部门）的侦查活动存在违法情形的，应当向侦查机关（部门）提出纠正违法意见。

第十八条 依照《中华人民共和国刑事诉讼法》第一百五十六条、第一百五十七条规定提请批准延长侦查羁押期限的案件，参照本规定办理。

第十九条 本规定由最高人民检察院负责解释。

第二十条 本规定自印发之日起施行。最高人民检察院以前发布的有关规定与本规定不一致的，以本规定为准。

关于《人民检察院办理延长侦查羁押期限案件的规定》的理解与适用

张晓津　刘福谦 *

2016 年 7 月 1 日最高人民检察院第十二届检察委员会第五十二次会议审议通过了《人民检察院办理延长侦查羁押期限案件的规定》（以下简称《延押规定》）。《延押规定》的颁布实施，使进一步规范办理提请批准延长侦查羁押期限案件工作有了基本的遵循，并在加强侦查监督工作制度化建设、依法保障人权方面，具有重要意义。为了更好地理解和适用《延押规定》，现将有关情况说明如下。

一、起草背景和主要过程

办理延长侦查羁押期限案件是检察机关侦查监督部门依法惩治犯罪、防止"以押代侦"和"怠于侦查"，依法保障人权的一项重要工作。全国检察机关年均审查办理 3 万至 4 万件延长侦查羁押期限案件（以下简称办理延押案件），2015 年共批准或者决定逮捕犯罪嫌疑人 892884 人，捕后共对 36943 名犯罪嫌疑人批准延押，占逮捕总人数的 4.14%。其中，检察机关自侦案件 8493 人，占 23%；公安机关普通刑事案件 28450 人，占 77%。从总体上看，延长侦查羁押期限的案件质量把控不错。但调研中我们也发现，由于刑事诉讼法和《人民检察院刑事诉讼规则（试行）》（以下简称《刑事诉讼规则》）对办理延押案件规定的较为原则，操作性不强，有不少地方存在办理批延案件流于形式、审查把关不严、办案不规范等各种问题，主要有：（1）办理延押案件审查内容的范围需要进一步明确。有审批权的检察机关审查办理延押案件，是仅进行程序审查，还是同时要对案件事实证据及原逮捕决定是否正确等实体内容进行审查需要明确。（2）缺乏明确的批准延押（以下简称批延）、不批准延押（以下简称不批延）的条件规定。实践中各地不好把握，缺乏统一的司法标准。（3）提请延长羁押期限程序尚不规范，提请延押较为随意。提请延押报告内容不全、材料不完整、延押理由不具体的问题较为突出。（4）审查流于形式的问题突出。实践中，侦查监督部门审查办理延押案件往往不重视实体审查，案件审批流于形式，不批延比率普遍较低。2015 年全国检察机关办

---

* 作者单位：最高人民检察院侦查监督厅。

理的延押案件，不批延的人数仅占受理提请延押人数的 2.3%，由此可以看出只要侦查机关或侦查部门提请延押，就基本能够获得批准。"走程序办手续""重配合轻监督"，办理延押案件过程简单、粗糙，甚至不视为一项办案工作，成为各级检察机关的常态，对延长羁押期限的监督徒具形式，这显然违背了立法设置批延制度的初衷。

为了解决上述问题，近年来，全国各级检察机关侦查监督部门也陆续制定了一些规范性文件，譬如最高人民检察院侦查监督厅（以下简称侦监厅）就下发了办理延押案件的两个通知（高检侦监发〔2001〕第 123 号和高检侦监发〔2001〕第 141 号），对各省院提请延押案件进行了规范；安徽、湖南、重庆等省（市）检察院也制定了关于办理延长侦查羁押期限案件工作的规定，对提请延押、办理延押案件工作进行了必要的规范。侦监厅近来在办理延押案件中也强化了案件的程序审查和实体审查，延押工作进一步规范。但是，要从根本上解决上述问题，提高延押工作的规范化、精细化水平，最高人民检察院有必要在认真总结各地的经验、做法，借鉴吸纳有关规定的基础上，制定一个权威、有效的办理延押案件的规范性文件。

在调研的基础上，侦监厅起草了《延押规定（征求意见稿）》，并于 2015 年 12 月下发通知征求了全国 32 个省级院侦查监督部门的意见，同时征求了最高人民检察院部分内设机构的意见。根据回复意见，侦监厅对该规定进行了修改，并于 2016 年 3 月先后召开 3 次厅检察员会议进行专题讨论，逐条分析研究，认真修改完善。此后，5 月再次征求了最高人民检察院部分内设机构的意见，并于 5 月 17 日召开专家论证会征求意见，专家对该规定（稿）提出了很好的意见。在充分吸收院内有关部门和有关专家意见的基础上，侦监厅又对征求意见稿进行了修改完善。

二、制定《延押规定》的指导思想和原则

（一）坚持以问题为导向，以提高办理延押案件的规范化、精细化水平为目标

制定《延押规定》重在解决办理延押案件司法实践中遇到的突出问题。如前所述，目前各地在办理延押案件中存在提请延押案件材料不规范、审查不严格、批延与不批延条件不明确等问题，这些问题的背后既反映了司法理念存在偏差、人权的司法保障落实不到位的问题，也反映了延押审批制度不健全、有关规定不明确的问题。在起草、制定《延押规定》的过程中，我们对上述问题进行了认真研究，并作为主要内容予以明确规定，如《延押规定》第二条规定了办理延押案件应当坚持的原则，突出强调了保障人权，第四条、第五

条、第六条、第八条规定了提请延押应当报送的材料范围与内容要求，第九条规定了办理延押案件应当审查的内容，第十二条和第十三条分别规定了批延和不批延的条件。这些重要规定不仅统一了司法思想，而且明确了办理延押案件的具体标准，规定内容具有较强的可操作性，使报延、批延都有了严格的规定，认真执行这一规定，能够实现办理延押案件规范化、精细化的目标要求。

（二）明确办理延押案件应当坚持的基本原则

原则对办案活动具有重要的指导意义，体现了司法办案的基本要求。办理延长侦查羁押期限案件，是对逮捕后的犯罪嫌疑人继续羁押的合法性审批，是刑事诉讼法赋予检察机关对侦查活动进行监督的一项重要职权。要履行好这项职责，必须树立正确的司法理念，坚持正确的办案原则。经过认真研究，我们认为人民检察院侦查监督部门办理延长羁押期限案件应当坚持以下 3 个基本原则：

一是要坚持惩罚犯罪与保障人权并重。在侦查工作中对有社会危险性的犯罪嫌疑人依法予以逮捕、羁押，是依法惩治犯罪、保障刑事诉讼活动顺利进行的需要，具有一定的必要性。同时，在刑事诉讼活动中依法保障犯罪嫌疑人的合法权益，注重对犯罪嫌疑人人权的保障，又是现代司法文明的基本要求。修改后的《刑事诉讼法》第二条也明确规定了"尊重和保障人权"是我国刑事诉讼法的基本任务。这就要求我们在贯彻执行刑事诉讼法过程中，既要依法惩治犯罪，又要依法保障人权，不能顾此失彼。具体到办理延押案件中，就要求在延押的审批上，必须严格把握法定条件，兼顾惩治犯罪与保障人权的需要，依法审慎作出决定。

二是监督制约与支持配合并重。检察机关是国家的法律监督机关，侦查监督部门承担着对侦查机关（部门）的侦查活动进行监督的职责，这就要求侦查监督部门在办理延押案件中要把对侦查活动的监督制约与对侦查活动的支持配合有机结合起来，既不能无原则地支持配合，对不该批准延押的案件仍予批延，又不能只顾监督制约，对该批延的案件不予批延，影响侦查工作的顺利进行，必须做到相互兼顾、两者并重。

三是实体审查与程序审查并重。对提请批准延押的案件，有审批权的检察机关需不需要对案件实体（案件的事实、证据及法律适用问题，主要是犯罪嫌疑人是否符合逮捕条件）进行审查，由于《刑事诉讼法》及《刑事诉讼规则》对此并无明确规定，因此在司法实践中一直存有争议。有人认为，对于提请批延的案件，有审批权的检察机关不应再对案件实体内容，如犯罪嫌疑人是否构成犯罪、是否符合逮捕条件等进行审查，只应对案件进行程序审查，主要是审查办案程序是否合法，案件是否符合《刑事诉讼法》第一百五十四条、

第一百五十六条、第一百五十七条规定的批延条件，对于符合提请延押程序规定和上述诸条规定情形的，就应当批准延押。有人则认为，对提请延押的案件不能仅对案件进行程序性审查，必须要同时审查实体问题，如果依据现有的事实、证据，犯罪嫌疑人本身就不构成犯罪或者不符合逮捕条件，那么就不能批准延押，否则就是严重侵犯了犯罪嫌疑人的人权，批延的案件就应当属于错案。经过认真研究，我们认为，审查批准延长羁押期限案件，不能仅做程序审查，必须要审查案件的实体问题，对犯罪嫌疑人是否构成犯罪、是否需要逮捕、有无继续羁押必要等进行认真审查，这里必然要审查案件的事实证据问题，如果不审查实体问题，就可能造成原本不该逮捕的犯罪嫌疑人或者由于捕后事实证据及法律的变化导致犯罪嫌疑人不构成犯罪或者不适合继续羁押的犯罪嫌疑人被错误批延，犯罪嫌疑人被不当继续羁押。对于这种情况，无论是从监督制约的角度，还是从尊重和保障人权的角度，或是从尽早纠正错案的角度都是不被允许的。因此，我们在《延押规定》中旗帜鲜明地提出了办理延押案件应当坚持实体审查与程序审查并重的原则，对案件的实体问题、程序问题都应当进行全面审查，坚决纠正办理延押案件中的"审查流于形式""批延就是走程序、办手续"的问题。

三、主要条文的解释和说明

《延押规定》共 20 条，分别从制定依据、基本原则、审批权限、提请延押需要报送的材料、审查程序、审查方式以及通过实体审查依法作出批延或不批延决定等方面作出了规定。现就《延押规定》的主要条文说明如下：

（一）第一条是目的、依据

本条规定了制定本规定的目的和法律依据。目的就是规范办理延长侦查羁押期限案件工作，保障刑事诉讼活动依法进行，维护犯罪嫌疑人的合法权益。法律依据就是根据刑事诉讼法和《刑事诉讼规则》的有关规定，本规定中的不少条文直接来源于刑事诉讼法或者《刑事诉讼规则》以及《公安机关办理刑事案件程序的规定》，或者在此基础上做了细化规定。

（二）第二条是基本原则

本条规定："人民检察院办理延长羁押期限案件，应当坚持惩罚犯罪与保障人权并重、监督制约与支持配合并重、程序审查与实体审查并重的原则。"这里突出强调了检察机关侦查监督部门办理延押案件要依法进行监督，强化实体审查，切实防止随意延押情况的发生，并在后面的条款规定中贯彻了这一原则。

（三）第三条是审批权限

本条是对《刑事诉讼规则》第二百七十八条和第二百七十九条规定的整

合。本条突出强调了同级人民检察院对提请延押的案件应当进行审查并提出意见，然后再报上一级人民检察院审查决定。实践中有同级检察院的侦查监督部门未提出审查意见，而是做"二传手"，直接将侦查机关（部门）的材料报上级院的情况，这条规定既是为了更好地落实同级检察院侦查监督部门的审查权，也是对同级侦查机关或者本院侦查部门履行侦查监督职责的内在要求。

（四）第四条是报送材料要求

本条主要对侦查机关（部门）需要向同级检察机关侦查监督部门报送的延押案件的材料范围作出了规定。报送翔实的案情报告和必要的法律文书是侦查监督部门全面了解案件情况的基础和客观条件，目的是加大对侦查机关或侦查部门提交文书和证据材料的审查力度，强化侦查监督，并有助于依法准确作出批准延押和不批准延押的决定。需要说明的是，本条第二款规定，"人民检察院直接受理立案侦查的案件，需要延长侦查羁押期限的，侦查部门应当依照本条第一款的规定向本院侦查监督部门移送延长侦查羁押期限意见书和前款规定的有关材料"。这里的"前款规定的有关材料"是指本条第一款第（二）项至第（四）项规定的材料，可以说对人民检察院直接受理立案侦查的案件，在延押案件报送材料的范围上与侦查机关的要求是一致的。

（五）第五条是延押报告内容要求

本条参照《刑事诉讼规则》及《公安部办理刑事案件程序规定》，对侦查机关（部门）应当在提请延押报告中写明的内容提出了要求，除要求写明延长羁押期限的理由和法律依据外，还必须说明继续羁押必要性和捕后侦查工作进展情况，目的是使侦查监督部门能够了解批捕后侦查进度情况，防止"捕后怠侦"。同时要求写明下一步侦查工作计划的有关内容，以便于侦查监督部门能够审查案情是否复杂、侦查取证工作是否复杂，并在此基础上判断有无继续羁押必要，提高延押案件的审批质量。

（六）第六条、第八条是对人民检察院侦查监督部门报送延押案件材料的程序和内容要求

第六条规定："受理案件的人民检察院侦查监督部门应当制作提请批准延长侦查羁押期限报告书和提请延长侦查羁押期限案件审查报告，连同审查逮捕意见书以及侦查机关（部门）移送的材料，经本院案件管理部门报上一级人民检察院审查。"需要注意的是，本条规定的提请批准延长侦查羁押期限报告书是制式法律文书，提请延长侦查羁押期限案件审查报告是工作文书，但应当以下级院名义向上一级人民检察院报送。报送的材料范围中专门提到了审查逮捕意见书，目的是便于上级院对延押案件的事实证据进行全面审查，并对案件的逮捕决定进行审查，落实实体审查的原则。

第八条规定了提请延长侦查羁押期限案件审查报告应当写明的内容，受理案件的同级人民检察院侦查监督部门应当在对侦查机关（部门）报送的延押案件的材料进行认真审查的基础上，提出是否同意延长侦查羁押期限的具体意见，并按照本条规定的内容要求撰写报告。受理案件的同级人民检察院侦查监督部门对提请延押的案件要切实做到审查把关作用，不能做不负责任的"二传手"。

（七）第七条是案管部门的职责

本条规定了人民检察院案管部门对受理提请延押案件材料的形式审查职责。目前延押案件的报送，除绝密案件外，其他案件都是通过统一业务应用系统报送，所以在受理提请延押案件时，案管部门应当首先进行审查，对报送文书材料不齐全的和对不按规定期限提请延押的案件应当严格把关，及时通知提请部门予以补充，或者通知提请部门予以纠正，促使侦查机关（部门）提请延押时材料更加统一，程序更加规范。根据最高人民检察院检察委员会审议时有关委员的意见，专门在本条增加1款作为第三款，明确规定对于侦查机关（部门）超过法定羁押期限仍提请延长侦查羁押期限的，上一级检察院不予受理，充分体现了提请延押工作的严肃性。

（八）第九条是审查内容，是本规定的重点内容之一

本条明确规定了人民检察院侦查监督部门办理延长羁押期限案件应当审查的内容，审查的内容包括逮捕决定是否符合法律规定、捕后侦查工作进展情况以及下一步侦查计划是否具体明确、延长侦查羁押期限的理由和日期是否符合法律规定、犯罪嫌疑人有无继续羁押的必要、有无超期羁押等违法情况。这里的审查主体"人民检察院侦查监督部门"既包括最初受理延押案件的人民检察院的侦查监督部门，也包括对延押案件有审批权的人民检察院的侦查监督部门，尤其是后者，法律责任更大，必须按照上述要求严格审查把关。

在专家论证会上，有的专家提出逮捕后的延长侦查羁押期限应该有更严格的理由，仅仅对原来的逮捕条件进行审查是不够的，应该重视逮捕后是否还有继续羁押的必要性。同时，延长侦查羁押期限的必要性应当和羁押必要性审查联系起来，如果侦查监督部门已经决定延长犯罪嫌疑人羁押期限，但是执检部门又进行羁押必要性审查，这是相互矛盾的，因此在审查内容中专门规定了羁押必要性审查。从本条规定的审查内容看，侦查监督部门办理延押案件，一定要做到程序审查与实体审查相结合，进行全面审查，这对于防止审查流于形式、疏于监督，提高办案质量具有重要意义。

（九）第十一条是办案方式

目前各级侦查监督部门办理延押案件绝大多数是以书面审查案件材料的方

式，这种方式存在一定的弊端，不利于做到客观全面，不利于保障犯罪嫌疑人的合法权益。在侦查阶段延长对犯罪嫌疑人的羁押期限，涉及对犯罪嫌疑人人身自由的一种严重剥夺，理应采取一种诉讼式的司法审查方式，办理延押案件的检察官应当充分听取控辩双方的意见（这里的控方是指侦查机关，辩方是指犯罪嫌疑人及其辩护人一方），做到居中裁断，这样才能更有利于保障犯罪嫌疑人的人权，作出的司法决定才能更加客观公正。但采取这种方式，一方面在我国尚缺乏法律依据；另一方面有的地方案多人少的矛盾还非常突出，因此存在一定的困难。兼顾法理上的应然性与现实中的可行性、合理性，经过认真研究，本条在《刑事诉讼规则》第二百八十五条规定的基础上，作了一些修改，明确规定："人民检察院侦查监督部门审查延长侦查羁押期限案件，对于案件是否符合延长侦查羁押期限条件有疑问或者侦查活动可能存在重大违法等情形的，可以讯问犯罪嫌疑人，听取律师意见、侦查机关（部门）意见，调取案卷及相关材料。"本条既规定了听取律师意见，又规定了听取侦查机关的意见，既能"兼听则明"，又加强了与侦查机关（部门）的沟通协调，便于侦查机关（部门）对于拟不批延的案件提前作出安排。按照本条规定要求，各级人民检察院侦查监督部门在办理延长羁押期限案件时，对于案件是否符合延长侦查羁押期限条件有疑问或者侦查活动可能存在重大违法等情形的，原则上都应当讯问犯罪嫌疑人，听取律师意见、侦查机关（部门）意见，必要时，可以向侦查机关（部门）调取案卷及相关材料，以便准确作出批延与不批延的决定。

（十）第十二条是批延条件，是本规定的重点内容之一

本条规定，经审查同时具备下列条件的案件，检察院应当作出批准延长侦查羁押期限一个月的决定：（1）符合《刑事诉讼法》第一百五十四条规定的；（2）符合逮捕条件的；（3）犯罪嫌疑人有继续羁押必要的。

在最高人民检察院检察委员会审议时，有个别意见认为，《刑事诉讼法》第一百五十四条规定的延长侦查羁押期限的条件是"案情复杂，期限届满不能侦查终结"，而《延押规定》第十二条却规定了"符合逮捕条件""犯罪嫌疑人有继续羁押必要""符合刑事诉讼法第一百五十四条规定"3个条件，前两个条件似乎超越了法律规定。侦监厅经研究认为，犯罪嫌疑人符合逮捕条件、有继续羁押必要无疑是延长侦查羁押期限的两个内在的前置条件，如果犯罪嫌疑人本身不符合逮捕条件或者没有继续羁押必要，那么即便案情复杂，也不能批准延长侦查羁押期限。本规定在征求意见过程中，各省级院侦查监督部门、高检院有关内设部门以及公安部法制局均未提出不同意见，可见各个方面都认为批准延押的案件应当同时具备这3个条件，这也是防止办理延押案件审

查流于形式，强化实体审查的内在要求。《刑事诉讼法》第一百五十四条虽然没有明确规定需要同时符合逮捕条件、有继续羁押必要其他两个条件，但应是不言而喻的我们在本条规定中明确规定，类似于《刑法》条文中的"注意规定"①，写不写明这两个前提条件均应当以此办理。因此在本条中首先把符合《刑事诉讼法》第一百五十四条规定作为批延的第一个条件，并同时写明了其他两个条件，目的是防止有些办案人员有错误认识，认为只要符合《刑事诉讼法》第一百五十四条规定的"案情复杂，期限届满不能终结"（或者认为只要符合《刑事诉讼法》第一百五十六条、第一百五十七条规定的案件情形）即可，而忽视了其他两个重要的基础条件。

（十一）第十三条是不批延的规定，是本规定的重要内容之一

第十三条第一款规定："经审查，对于不符合《中华人民共和国刑事诉讼法》第一百五十四条规定、犯罪嫌疑人不符合逮捕条件或者犯罪嫌疑人没有继续羁押必要的，人民检察院应当作出不批准延长侦查羁押期限决定。"与第十二条批延的条件相对应，这里明确规定凡是不符合上述3个条件之一的，均应当作出不批延决定。应当注意的是，本款中的"不符合逮捕条件"既包括审查逮捕时犯罪嫌疑人不符合逮捕条件，也包括审查逮捕时犯罪嫌疑人虽然符合逮捕条件，但捕后由于案件事实、证据的变化或者犯罪嫌疑人不再具有社会危险性，进而导致不符合逮捕条件的情况，在这两种情况下均不应当批准对犯罪嫌疑人延长侦查羁押期限。

第十三条第二款对可以不批延的情形作了规定。考虑到实践中，有的案件犯罪嫌疑人虽然符合逮捕条件，但侦查机关或者侦查部门在捕后两个月的侦查期间不积极开展侦查取证工作，致使侦查工作没有明显进展，最后又拟通过延押换取办案时间，本条第二款明确规定："对于犯罪嫌疑人虽然符合逮捕条件，但经审查，侦查机关（部门）在犯罪嫌疑人逮捕后二个月以内未有效开展侦查工作或者侦查取证工作没有实质进展的，人民检察院可以作出不批准延长侦查羁押期限的决定。"这对于有效防止"以押代侦"，督促侦查机关或者侦查部门提高侦查效率、缩短审前羁押期限，依法保障人权，会起到积极作用。实际上，许多国家司法部门在审查延押时，也对侦查机关的侦查效率给予

---

① 有关学者对"注意规定"的解释是："注意规定是在《刑法》已作基本规定的前提下，提示司法工作人员注意，以免司法工作人员忽略的规定。"参见张明楷：《刑法分则的解释原理》（第二版下），中国人民大学出版社2011年版，第622页。

了关注，防止低效率的侦查并长时间羁押犯罪嫌疑人。① 在征求意见过程中，公安部法制局对本条第 2 款规定原则同意，只是建议改为"对于犯罪嫌疑人虽然符合逮捕条件，但经审查，侦查机关（部门）在逮捕后二个月以内未开展侦查工作的，人民检察院可以作出不批准延长侦查羁押期限的决定"。理由主要是本条中"未有效开展侦查工作"的表述较为含糊，且缺少量化标准，建议删去其中的"有效"。经侦监厅研究认为，"未有效开展侦查工作"当然包括"未开展侦查工作"，如果只限于"未开展侦查工作"，恐怕未必合理，譬如捕后两个月羁押期限内侦查机关（部门）仅取了一个证据，严格来说也不算"未开展侦查工作"，但明显属于"怠于侦查""以押代侦"，应当不予批延。因此，我们认为公安部法制局的意见不宜采纳，本条文的现有表述还是较妥的，也给予了承办人一定的裁量权，高检院检委会委员审议时也同意了侦监厅的意见，对本款未作修改。

第十三条第三款对办理延押案件中发现延押案件对犯罪嫌疑人的逮捕决定有错误的如何处理作了规定。本款规定："对于犯罪嫌疑人不符合逮捕条件，需要撤销下级人民检察院逮捕决定的，上一级人民检察院作出不批准延长侦查羁押期限决定后，应当作出撤销逮捕决定，或者通知下级人民检察院撤销逮捕决定。"本款规定是根据最高人民检察院检察委员会委员的审议意见所加。有委员提出既然在办理延押案件中发现犯罪嫌疑人本不应当逮捕，上级院不仅应当不批延，而且还应当对原错捕决定予以撤销，于是本款作了上述规定。

（十二）第十四条是对《刑事诉讼法》第一百五十四条的解释

本条对司法实践中常见的"案情复杂"的情形做了列举，便于办案人员掌握。"案情复杂"首先是指影响定罪量刑的重要证据无法在侦查羁押期限内调取到的案件情形，这也是司法实践中经常遇到的情况，也是需要延押的重要因素。除此之外，本条还规定了其他几种情形，包括共同犯罪案件、一人多罪的案件、涉外案件、与其他重大案件有关联等，这些都属于案情复杂。对该条款的解释需要把握的是"案情复杂，期限届满不能终结"是具有递进关系的情形，"案情复杂"是因，"期限届满不能终结"是果。正是因为案件具有共同犯罪、一人涉嫌多起犯罪事实或者多个罪名或者是涉外案件需要境外取证等复杂情况，致使案件侦查取证工作量大、犯罪事实需要进一步查清、证据需要进一步收集，侦查取证困难，在捕后羁押两个月期限届满前不能侦查终结，需

---

① 如根据英国法律规定，检控方向法庭申请延长羁押期限时，通常符合两个条件：一是有较好和充分的延长理由；二是检控方的活动是有效率的。参见陈瑞华：《问题与主义之间——刑事诉讼法基本问题研究》，中国人民大学出版社 2003 年版，第 180 页。

要提请延押。各地在执行本规定时，一定要准确理解《刑事诉讼法》第一百五十四条规定的精神，严格把握本条规定的案件情形范围，对于不符合上述情形的案件应当不予批延。

（十三）第十七条是发现违法情形的处理

本条明确规定检察院侦查监督部门在办理延长侦查羁押期限案件中发现侦查机关（部门）侦查活动存在违法情形的，应当向侦查机关（部门）提出纠正违法意见。这既是侦查监督部门的职权，又是其履责的基本要求，应当作出规定。

（十四）第十八条是参照办理规定

本条规定："依照《中华人民共和国刑事诉讼法》第一百五十六条、第一百五十七条规定提请批准延长侦查羁押期限的案件，参照本规定办理。"所谓的参照办理，主要是指侦查机关（部门）要按照本规定规定的报送材料范围、内容、时限要求报送延押案件材料，检察院的侦查监督部门应当按照本规定的有关要求对案件进行审查，按照本规定的批延条件、不批延条件作出批延或者不批延。考虑到适用《刑事诉讼法》第一百五十六条、第一百五十七条是二次延押、三次延押，在审查批延时省级院侦查监督部门一定要更加严格把握条件，并加强对一延后侦查取证工作的审查，切实防止滥用延押规定，损害犯罪嫌疑人的合法权益。

（十五）第二十条是规定的实施时间及效力问题

本条规定："本规定自印发之日起施行。最高人民检察院以前发布的有关规定与本规定不一致的，以本规定为准。"这里特别需要指出的是，由于侦监厅2001年9月5日印发的《关于各省级人民检察院侦查监督部门规范办理提请批准延长侦查羁押期限案件的通知》和2001年11月18日印发的《关于进一步规范各级人民检察院侦查监督部门办理批准延长侦查羁押期限案件的通知》的内容已被本规定吸收或者有的内容与本规定相冲突，这两个规定不再适用，应予废止。

四、其他需要说明的问题

（一）关于《延押规定》的规范范围问题

在征求意见过程中，有意见认为，目前《延押规定》主要规范了适用《刑事诉讼法》第一百五十四条报上一级人民检察院延押的情况，另外对适用《刑事诉讼法》第一百五十六条、第一百五十七条以及第一百五十八条应该也予以规范，要重视重新计算侦查羁押期限和犯罪嫌疑人姓名、住址、身份不明不计算羁押期限问题，防止因身份不明而滥用侦查羁押期限。经研究，我们认为，《刑事诉讼法》第一百五十六条规定的是适用二延的条件，《刑事诉讼法》

第一百五十七条规定的是适用三延的条件，对于这两条法律规定的延押条件也比较明确 ①，也无进一步解释必要，只是在程序上需报省级人民检察院批准，其他在延押材料的报送、审查内容上与适用第一百五十四条报请延押并无大的区别，因此我们认为目前《延押规定》第十八条规定"按照《中华人民共和国刑事诉讼法》第一百五十六条、第一百五十七条规定提请批准延长侦查羁押期限的案件，参照上述程序办理"是可以的，也有利于减少不必要的条文重复，因此对专家的本条意见未予采纳。

（二）关于办理延押案件的审查方式问题

在征求意见过程中，在专家论证会上有专家提出延押程序应当体现司法化，办理延押案件应当讯问犯罪嫌疑人。有的专家建议对一些特殊案件，引入听证会制度，设定若干前置条件，如犯罪嫌疑人律师对原逮捕决定、羁押理由提出异议的，上一级院和下一级院对延长侦查羁押期限有分歧的，上一级院不批延，但是侦查机关提出异议的，可以建立听证会制度，增强抗辩性，防止走形式。还有的专家提出对延押案件引入法律援助制度。我们认为上述建议很好，应当成为未来完善我国延押制度的方向，可以在司法实践中不断进行探索。关于讯问犯罪嫌疑人问题，《延押规定》第十一条作了规定，在执行本规定中，各地检察机关侦监部门对于案件是否符合延长侦查羁押期限条件有疑问或者侦查活动可能存在重大违法等情形的，原则上应当讯问犯罪嫌疑人。但专家的其他建议目前尚无法律规定，如果在本规定中草率予以规定，实践中又难以落实反倒有损规范性文件的权威性，因此对专家的这些意见未予吸收。经最高人民检察院检察委员会审议采纳了我们的意见。我们希望各地在有利于体现司法公正、保障犯罪嫌疑人人权、不违背法律的前提下，积极探索、量力而行，不断提高办理延押案件的质量和水平，在实现侦查监督工作的法治化、现代化方面不断取得新的进步。

---

① 《刑事诉讼法》第一百五十六条规定："下列案件在本法第一百五十四条规定的期限届满不能侦查终结的，经省、自治区、直辖市人民检察院批准或者决定，可以延长二个月：（一）交通十分不便的边远地区的重大复杂案件；（二）重大的犯罪集团案件；（三）流窜作案的重大复杂案件；（四）犯罪涉及面广，取证困难的重大复杂案件。"《刑事诉讼法》第一百五十七条规定："对犯罪嫌疑人可能判处十年有期徒刑以上刑罚，依照本法第一百五十六条规定延长期限届满，仍不能侦查终结的，经省、自治区、直辖市人民检察院批准或者决定，可以再延长二个月。"从上述规定看，适用《刑事诉讼法》第一百五十六条、第一百五十七条延押规定，在案件范围上法律规定得非常明确。

人民检察院案件流程监控工作规定（试行）

（2016 年 7 月 14 日最高人民检察院第十二届检察委员会第五十三次会议通过）

第一条 为加强对人民检察院司法办案工作的监督管理，进一步规范司法办案行为，促进公正、高效司法，根据有关法律规定，结合检察工作实际，制定本规定。

第二条 本规定所称案件流程监控，是指对人民检察院正在受理或者办理的案件（包括对控告、举报、申诉、国家赔偿申请材料的处理活动），依照法律规定和相关司法解释、规范性文件等，对办理程序是否合法、规范、及时、完备，进行实时、动态的监督、提示、防控。

第三条 案件流程监控工作应当坚持加强监督管理与服务司法办案相结合、全程管理与重点监控相结合、人工管理与依托信息技术相结合的原则。

第四条 案件管理部门负责案件流程监控工作的组织协调和具体实施。

办案部门应当协助、配合案件管理部门开展案件流程监控工作，及时核实情况、反馈意见、纠正问题、加强管理。

履行诉讼监督职责的部门和纪检监察机构应当加强与案件管理部门的协作配合，及时查处案件流程监控中发现的违纪违法问题。

技术信息部门应当根据案件流程监控工作需要提供技术保障。

第五条 对正在受理的案件，案件管理部门应当重点审查下列内容：

（一）是否属于本院管辖；

（二）案卷材料是否齐备、规范；

（三）移送的款项或者物品与移送清单是否相符；

（四）是否存在其他不符合受理要求的情形。

第六条 在强制措施方面，应当重点监督、审查下列内容：

（一）适用、变更、解除强制措施是否依法办理审批手续、法律文书是否齐全；

（二）是否依法及时通知被监视居住人、被拘留人、被逮捕人的家属；

（三）强制措施期满是否依法及时变更或者解除；

（四）审查起诉依法应当重新办理监视居住、取保候审的，是否依法办理；

（五）是否存在其他违反法律和有关规定的情形。

第七条　对涉案财物查封、扣押、冻结、保管、处理等工作，应当重点监督、审查下列内容：

（一）是否未立案即采取查封、扣押、冻结措施；

（二）是否未开具法律文书即采取查封、扣押、冻结措施；

（三）查封、扣押、冻结的涉案财物与清单是否一致；

（四）查封、扣押、冻结涉案财物时，是否依照有关规定进行密封、签名或者盖章；

（五）查封、扣押、冻结涉案财物后，是否及时存入合规账户、办理入库保管手续，是否及时向案件管理部门登记；

（六）是否在诉讼程序依法终结之前将涉案财物上缴国库或者作其他处理；

（七）是否在诉讼程序依法终结之后依法及时处理涉案财物；

（八）是否存在因不负责任造成查封、扣押、冻结的涉案财物丢失、损毁，贪污、挪用、截留、私分、调换、违反规定使用查封、扣押、冻结涉案财物的情形；

（九）是否存在其他违反法律和有关规定的情形。

第八条　在文书制作、使用方面，应当重点监督、审查下列内容：

（一）文书名称、类型、文号、格式、文字、数字等是否规范；

（二）应当制作的文书是否制作；

（三）是否违反规定开具、使用、处理空白文书；

（四）是否依照规定程序审批；

（五）是否违反规定在统一业务应用系统外制作文书；

（六）对文书样式中的提示性语言是否删除、修改；

（七）在统一业务应用系统中制作的文书是否依照规定使用印章、打印、送达；

（八）是否存在其他不规范制作、使用文书的情形。

第九条　在办案期限方面，应当重点监督、审查下列内容：

（一）是否超过法定办案期限仍未办结案件；

（二）中止、延长、重新计算办案期限是否依照规定办理审批手续；

（三）是否依法就变更办案期限告知相关诉讼参与人；

（四）是否存在其他违反办案期限规定的情形。

第十条　在诉讼权利保障方面，应当重点监督、审查下列内容：

（一）是否依法告知当事人相关诉讼权利义务；

（二）是否依法答复当事人、辩护人、诉讼代理人；

（三）是否依法听取辩护人、被害人及其诉讼代理人意见；

（四）是否依法向诉讼参与人送达法律文书；

（五）是否依法、及时告知辩护人、诉讼代理人重大程序性决定；

（六）是否依照规定保障律师行使知情权、会见权、阅卷权、申请收集调取证据权等执业权利；

（七）是否依法保证当事人获得法律援助；

（八）对未成年人刑事案件是否依法落实特殊程序规定；

（九）是否依照规定办理其他诉讼权利保障事项。

《人民检察院案件流程监控工作规定（试行）》解读

许山松*

2016 年 7 月 27 日，最高人民检察院印发《人民检察院案件流程监控工作规定（试行）》（以下简称《规定》），自发布之日起施行。《规定》作为案件管理制度体系的重要组成部分，进一步明确和完善了相关工作机制以及操作规程，对促进检察机关规范司法、公正司法、严格司法，具有十分重要的意义。为便于理解和适用，现对《规定》的制定背景、起草思路、主要内容等作如下说明。

一、起草背景和过程

检察机关案件管理部门承担着对检察机关办理的案件实行统一受理、流程监控、涉案财物管理、案件质量评查、检察业务考评、统计分析研判、辩护人与诉讼代理人统一接待、案件信息公开等职能。流程监控是案件管理部门的重要职能，是一项综合性、基础性和经常性的工作，主要对检察机关办案活动开展程序性内部监督，对于强化内部监督制约，有针对性地防范和纠正司法办案中存在的突出问题，具有重要作用。

近年来，各级检察机关案件管理部门围绕促进规范司法这一目标，依据《人民检察院刑事诉讼规则（试行）》和《检察机关执法工作基本规范》中关于流程监控的原则性要求，紧密结合本地实际，认真开展流程监控工作，在实践基础上不断建立健全工作机制，积累了较为丰富的实践经验。随着司法改革和检察改革的深入推进，案件管理职能的全面履行，统一业务应用系统的日益完善，以及各地实践经验的不断丰富，制定全国检察机关统一的案件流程监控工作规定的时机日益成熟。最高人民检察院下发的《关于完善人民检察院司法责任制的若干意见》，对案件管理部门加强对司法办案活动的全程、同步、动态监督工作提出了明确要求。因此，制定《规定》既是建立健全案件管理机制制度、深化案件管理工作的客观需要，也是落实改革要求、强化对司法办案工作管理监督的重要措施。

2015 年年初，最高人民检察院正式启动案件流程监控工作规定的研究起草工作。除全面收集各地制定的流程监控工作规定和编发的案件监管报告、质

---

* 作者单位：最高人民检察院案件管理办公室。

量评查报告外，还重点研究了各业务条线查摆出的司法不规范问题、关于修改后《刑事诉讼法》贯彻实施情况、关于基层检察院抽样评估情况等调研报告，对流程监控需要解决的重点难点问题进行全面梳理。在深入调查研究的基础上，起草了征求意见稿，多次向最高人民检察院相关部门、各省级检察院、各基层院工作联系点征求意见。根据各方面意见进行修改后，形成了《规定》稿，经最高人民检察院检察委员会讨论通过并下发执行。

二、基本思路

制定《规定》必须遵循司法规律，立足实际，统筹兼顾，力求办案和管理工作规范、高效运行。

一是处理好加强监督管理与依法办案的关系。既要通过流程监控及时发现、纠正办案中存在的问题，促进规范司法，又要防止对正常的办案活动进行不当干预，保障办案部门、办案人员的主体地位。为此，《规定》将流程监控的对象确定为案件程序性内容，监督的问题属于该做不做、无相关手续、行为超期等明显违反法律和工作规定的情形，重点解决办案流程不规范、不完备、不及时等问题。对属于办案人员自由裁量范围内的事项，如涉及事实认定、证据采信、法律适用等，不作为案件管理部门的流程监控内容，主要通过办案部门、检察长的审核把关进行监督管理。案件管理部门发现此类问题时，应当提醒办案部门或报告检察长等进行监督纠正，另外还可以通过案件办结后的质量评查予以监督纠正。

二是处理好流程监控与其他监督的关系。流程监控与诉讼监督、纪检监察等部门都负有对司法办案活动的监督职责，但在性质、任务、时机、方式和效力上存在差异，工作中需要做好衔接协调、相互配合，强化监管合力。《规定》既注意发挥好流程监控对办案活动全过程跟踪、近距离接触、发现问题早等优势，积极作为，同时又注意厘清职责、严守边界，避免越位、错位、重叠交叉，特别是对应当由诉讼监督部门进行法律监督的，需要进行实质性审查判断的问题、线索，则移送诉讼监督部门处理，不纳入流程监控范围。另外，流程监控的内容，既有工作瑕疵问题，也有违法违纪问题，实践中需要区分情节准确把握处理方法。对于工作瑕疵，不需要追究纪律责任的，可通过口头提示、发送流程监控通知等方式解决，如果属于违纪违法，需要追究纪律责任的，应当及时移送纪检监察机构处理。

三是处理好《规定》与其他相关文件的关系。《规定》坚持以现行法律和规范性文件为依据，特别是对最高人民检察院近年来制定的案件管理暂行办法、《人民检察院刑事诉讼规则（试行）》《人民检察院民事诉讼监督规则（试行）》《人民检察院行政诉讼监督规则（试行）》《人民检察院刑事诉讼涉案财物管理规定》等直接包含有流程监控工作的文件，《规定》在相关内容上尽可能与其保持协调一致，同时也考虑到统一业务应用系统上线运行后流程监控方式发生的变化，对原来的一些内容做了相应修改、细化和完善。另外，最高人民检察院《关于对检察机关办案部门和办案人员违法行使职权行为纠正、记录、通报及责任追究的规定》等文件也与流程监控工作密切相关，《规定》注意贯彻落实相关精神和具体要求。

三、主要内容和措施

《规定》坚持以现行法律和规范性文件为依据，以存在的突出问题为导向，全面吸收借鉴各地经验，同时，也充分考虑到流程监控工作还处于探索发展阶段，需要在规定中留有一定的创新空间。因此，《规定》主要明确了流程监控的基本原则、主要内容、工作程序和措施，目的在于引导各地进一步突出监控重点、规范监控程序、强化监控措施，推动流程监控工作有序、健康发展。《规定》共23条，主要内容有：

（一）流程监控的概念

《规定》第二条对案件流程监控概念进行了界定。案件流程监控，是指对检察院正在受理或者办理的案件，依照法律规定和相关司法解释、规范性文件等，对办理程序是否合法、规范、及时、完备，进行实时、动态的监督、提示、防控。准确理解这一概念应当注意把握以下3点：一是流程监控的主要对象是检察院正在受理或办理的案件，还包括对控告、举报、申诉、国家赔偿申请材料的处理活动。这是由流程监控工作的内涵及其属性所决定的，对正在受理或办理的案件进行流程监控，才更能彰显监督纠正问题、强化自身监督的同步性、及时性和针对性。在案件集中管理的格局中，流程监控属于事前、事中监督的范畴，目的在于及时发现问题、纠正问题，规范司法办案行为。二是流程监控的侧重点是办案的程序性问题，即程序监督。案件管理的内容，包括程序性的流程管理和实体性的监督管理，但在具体工作中，不同的阶段应当有所侧重。在流程监控过程中，重点是对办案的程序性问题进行监督、管理，如果发现办案部门的实体处理有明显错误或者有可能引起严重后果的，可以通过提醒办案部门或报告检察长等途径进行监督纠正。三是流程监控范围包括了检察机关司法办案的各个环节、各个方面，贯穿了案件受理、办理、办结整个诉讼过程，包含了立案、侦查、审查逮捕、审查起诉等全部诉讼活动。尤其需要注意的是，《规定》将控告、举报、申诉材料的处理纳入监控的范围，有利于加强对司法办案行为的全覆盖监督，对于保障公民合法权益具有重要意义。

（二）流程监控的主要内容

《规定》第五条至第十五条明确了需要重点监控的主要环节和具体内容，包括案件受理、强制措施、涉案财物、办案期限、诉讼权利保障等方面，并对其中需要审核、监督的具体问题进行了列举。主要考虑：一是坚持取舍恰当。案件流程监控的内容较多，涉及司法办案的方方面面，考虑到监控的实效性，在确定流程监控的内容时，明确重点监督的是那些事关规范司法和权益保障、实践中容易发生问题的关键诉讼环节，且适宜案件管理部门通过案件统一进出口审核、查询信息系统等方式进行监控的问题。二是坚持问题导向。在列举内容时，不照搬法律条文，主要是从问题角度进行表述，以增强监控的针对性和可操作性。三是回应社会关切。结合检察工作实际，重点规定了强制措施、涉案财物管理、诉讼权利保障、案件信息公开等关键事项或环节的内容。比如，《规定》第十条把告知相关权利义务、申请事项的答复、送达法律文书、听取意见、保证辩护权、保障律师执业权利等作为诉讼权利保障方面的重点内容予以列举。

（三）流程监控的主要措施

《规定》第十六条至第二十条明确了流程监控中发现问题、解决问题的途径和方法。这些途径和方法既是案件管理实践经验的科学总结，也是流程监控取得实效的必要手段。主要考虑：一是注重过程留痕。检察机关所有案件都在统一业务应用系统中办理，对整个办案活动已经进行了全面留痕，流程监控必须依托统一业务应用系统开展工作。同时，为加强对流程监控工作的自身管理，《规定》要求案件管理部门应当建立流程监控日志和台账，记录每日发现的问题、处理纠正结果等，及时向办案部门反馈，定期汇总、分析、通报情况，提出改进工作意见。二是重视结果运用。为保障流程监控工作取得实效，《规定》将流程监控中发现、纠正的问题纳入检察官司法档案，作为检察官业绩评价的重要内容。三是建立异议处理机制。流程监控工作应该注意监督方法和把握情节轻重，既要敢于监督、善于监督，又要正确监督、规范监督。《规定》第十八条明确了办案部门收到流程监控通知书后提出异议的处理机制，使流程监控措施更具有规范性、科学性和可操作性。

《规定》是开展案件流程监控工作的制度依据和行为准则。各级检察机关案件管理部门要认真学习、准确理解、严格执行，确保制度落地见效，以此为契机推动建立健全规范司法行为长效机制。流程监控与案件管理其他职能是有机统一的，既要突出流程监控的事前、事中监督纠正作用，又要注意发挥质量评查的事后监督功能，统筹运用业务考评、统计分析等手段，全面履行案件管理职能，充分发挥案件管理部门在规范司法中的整体功能作用。信息化是流程监控工作的重要支撑，也是流程监控工作取得成效的重要保证。要通过完善统一业务应用系统，将《规定》的内容通过信息化手段实现，自动阻却、提示各种程序不规范、不及时、不完备等问题，对信息化手段暂时不能覆盖的监控内容，要制定监控清单，为开展流程监控工作提供指引，建立健全信息化与人工监督相结合的流程监控工作机制。

关于人民检察院派员出席民事行政抗诉案件
再审法庭工作的若干意见

（最高人民检察院民事行政检察厅 2016 年 8 月 9 日公布　高检民〔2016〕12 号）

为了规范人民检察院派员出席民事行政抗诉案件再审法庭工作，提高出席再审法庭工作质量，根据《中华人民共和国人民检察院组织法》《中华人民共和国民事诉讼法》《中华人民共和国行政诉讼法》等有关规定，结合工作实践，制定本意见。

一、人民法院开庭审理民事行政抗诉案件，人民检察院应当派员出席再审法庭，依法履行法律监督职责。

人民法院开庭审理民事行政抗诉案件，应当由审理案件人民法院的同级人民检察院派员出席再审法庭。受理抗诉的人民法院指令下级人民法院对抗诉案件进行再审的，提出抗诉的人民检察院可以指令再审人民法院的同级人民检察院派员出席再审法庭。

二、检察人员出席再审法庭的职责任务是：

（一）宣读抗诉书；

（二）对依职权调查的证据予以出示和说明；

（三）对再审庭审活动实行法律监督。

三、人民检察院应当指派不少于两名检察人员出席再审法庭。出庭检察人员中应当至少有一名具有本院检察官资格。

四、出庭检察人员应当在出庭前备齐所需的案件卷宗、证据和相关材料，全面熟悉案件事实和相关法律规定。

五、出庭检察人员应当遵守法庭纪律。对合议庭组成人员应当分别称"审判长""审判员"或者统称"合议庭"。

六、出庭检察人员不参加法庭辩论。法庭辩论结束后，可以根据庭审情况发表总结意见，但不得发表否定抗诉理由的意见。

七、出庭检察人员发现庭审活动违法的，应当在庭审结束后报经本院检察长同意，以人民检察院的名义，向人民法院提出书面纠正的意见。庭审活动违法不及时纠正可能会产生严重后果的，可以建议法庭休庭，在休庭后向合议庭提出意见，并在庭后及时报告本院检察长。

八、当事人或者其他参加庭审人员在庭审中对检察机关或者出庭检察人员具有侮辱、诽谤、威胁等不当言论或者行为的，出庭检察人员应当建议合议庭或者审判长即时予以制止；情节严重的，应当建议合议庭或者审判长依照法律和相关规定予以处理。

九、出庭检察人员应当参加全部庭审活动，依法履行法律监督职责。需要中途退庭的，可以在征得合议庭同意后退庭。

十、出庭检察人员应当全面记录庭审情况。

十一、出庭检察人员应当按照《人民检察院检察制服着装管理规定》穿着检察制服，佩戴检察徽章，并携带专用出庭文件夹（制作标准参照最高人民检察院计划财务装备局和公诉厅联合印发的《关于制作配备使用出庭专用公文包的通知》〔2004〕高检装发第41号）。出庭检察人员应当仪容整洁，举止得体。除依照法律规定使用当地民族通用的语言外，应当使用普通话。

十二、人民法院开庭审理民事行政再审检察建议案件，人民检察院派员出席再审法庭的，参照本意见执行。

十三、本意见自印发之日起施行。

人民检察院国家司法救助工作细则（试行）

（2016 年 7 月 14 日最高人民检察院第十二届检察委员会第五十三次
会议通过 2016 年 8 月 16 日公布）

第一章 总 则

第一条 为了进一步加强和规范人民检察院国家司法救助工作，根据
《关于建立完善国家司法救助制度的意见（试行)》，结合检察工作实际，制定
本细则。

第二条 人民检察院国家司法救助工作，是人民检察院在办理案件过程
中，对遭受犯罪侵害或者民事侵权，无法通过诉讼获得有效赔偿，生活面临急
迫困难的当事人采取的辅助性救济措施。

第三条 人民检察院开展国家司法救助工作，应当遵循以下原则：

（一）辅助性救助。对同一案件的同一当事人只救助一次，其他办案机关
已经予以救助的，人民检察院不再救助。对于通过诉讼能够获得赔偿、补偿
的，应当通过诉讼途径解决。

（二）公正救助。严格把握救助标准和条件，兼顾当事人实际情况和同类
案件救助数额，做到公平、公正、合理救助。

（三）及时救助。对符合救助条件的当事人，应当根据当事人申请或者依
据职权及时提供救助。

（四）属地救助。对符合救助条件的当事人，应当由办理案件的人民检察
院负责救助。

第四条 人民检察院办案部门承担下列国家司法救助工作职责：

（一）主动了解当事人受不法侵害造成损失的情况及生活困难情况，对符
合救助条件的当事人告知其可以提出救助申请；

（二）根据刑事申诉检察部门审查国家司法救助申请的需要，提供案件有
关情况及案件材料；

（三）将本院作出的国家司法救助决定书随案卷移送其他办案机关。

第五条 人民检察院刑事申诉检察部门承担下列国家司法救助工作职责：

（一）受理、审查国家司法救助申请；

（二）提出国家司法救助审查意见并报请审批；

（三）发放救助金；

（四）国家司法救助的其他相关工作。

第六条　人民检察院计划财务装备部门承担下列国家司法救助工作职责：

（一）编制和上报本院国家司法救助资金年度预算；

（二）向财政部门申请核拨国家司法救助金；

（三）监督国家司法救助资金的使用；

（四）协同刑事申诉检察部门发放救助金。

第二章　对象和范围

第七条　救助申请人符合下列情形之一的，人民检察院应当予以救助：

（一）刑事案件被害人受到犯罪侵害致重伤或者严重残疾，因加害人死亡或者没有赔偿能力，无法通过诉讼获得赔偿，造成生活困难的；

（二）刑事案件被害人受到犯罪侵害危及生命，急需救治，无力承担医疗救治费用的；

（三）刑事案件被害人受到犯罪侵害致死，依靠其收入为主要生活来源的近亲属或者其赡养、扶养、抚养的其他人，因加害人死亡或者没有赔偿能力，无法通过诉讼获得赔偿，造成生活困难的；

（四）刑事案件被害人受到犯罪侵害，致使财产遭受重大损失，因加害人死亡或者没有赔偿能力，无法通过诉讼获得赔偿，造成生活困难的；

（五）举报人、证人、鉴定人因向检察机关举报、作证或者接受检察机关委托进行司法鉴定而受到打击报复，致使人身受到伤害或者财产受到重大损失，无法通过诉讼获得赔偿，造成生活困难的；

（六）因道路交通事故等民事侵权行为造成人身伤害，无法通过诉讼获得赔偿，造成生活困难的；

（七）人民检察院根据实际情况，认为需要救助的其他情形。

第八条　救助申请人具有下列情形之一的，一般不予救助：

（一）对案件发生有重大过错的；

（二）无正当理由，拒绝配合查明案件事实的；

（三）故意作虚伪陈述或者伪造证据，妨害诉讼的；

（四）在诉讼中主动放弃民事赔偿请求或者拒绝加害责任人及其近亲属赔偿的；

（五）生活困难非案件原因所导致的；

（六）通过社会救助等措施已经得到合理补偿、救助的。

第三章　方式和标准

第九条　国家司法救助以支付救助金为主要方式，并与思想疏导、宣传教育相结合，与法律援助、诉讼救济相配套，与其他社会救助相衔接。

第十条　救助金以办理案件的人民检察院所在省、自治区、直辖市上一年度职工月平均工资为基准确定，一般不超过三十六个月的工资总额。损失特别重大、生活特别困难，需要适当突破救助限额的，应当严格审核控制，依照相关规定报批，总额不得超过人民法院依法应当判决的赔偿数额。

各省、自治区、直辖市上一年度职工月平均工资，根据已经公布的各省、自治区、直辖市上一年度职工年平均工资计算。上一年度职工年平均工资尚未公布的，以公布的最近年度职工年平均工资为准。

第十一条　确定救助金具体数额，应当综合考虑以下因素：

（一）救助申请人实际遭受的损失；

（二）救助申请人本人有无过错以及过错程度；

（三）救助申请人及其家庭的经济状况；

（四）救助申请人维持基本生活所必需的最低支出；

（五）赔偿义务人实际赔偿情况；

（六）其他应当考虑的因素。

第十二条　救助申请人接受国家司法救助后仍然生活困难的，人民检察院应当建议有关部门依法予以社会救助。

办理案件的人民检察院所在地与救助申请人户籍所在地不一致的，办理案件的人民检察院应当将有关案件情况、给予国家司法救助的情况、予以社会救助的建议等书面材料，移送救助申请人户籍所在地的人民检察院。申请人户籍所在地的人民检察院应当及时建议当地有关部门予以社会救助。

第四章　工作程序

第一节　救助申请的受理

第十三条　救助申请应当由救助申请人向办理案件的人民检察院提出。无行为能力或者限制行为能力的救助申请人，可以由其法定代理人代为申请。

第十四条　人民检察院办案部门在办理案件过程中，对于符合本细则第七条规定的人员，应当告知其可以向本院申请国家司法救助。

刑事案件被害人受到犯罪侵害危及生命，急需救治，无力承担医疗救治费用的，办案部门应当立即告知刑事申诉检察部门。刑事申诉检察部门应当立即审查并报经分管检察长批准，依据救助标准先行救助，救助后应当及时补办相关手续。

第十五条 救助申请一般应当以书面方式提出。救助申请人确有困难不能提供书面申请的，可以口头方式提出。口头申请的，检察人员应当制作笔录。

救助申请人系受犯罪侵害死亡的刑事被害人的近亲属或者其赡养、扶养、抚养的其他人，以及法定代理人代为提出申请的，需要提供与被害人的社会关系证明；委托代理人代为提出申请的，需要提供救助申请人的授权委托书。

第十六条 向人民检察院申请国家司法救助，应当提交下列材料：

（一）国家司法救助申请书；

（二）救助申请人的有效身份证明；

（三）实际损害结果证明，包括被害人伤情鉴定意见、医疗诊断结论及医疗费用单据或者死亡证明，受不法侵害所致财产损失情况；

（四）救助申请人及其家庭成员生活困难情况的证明；

（五）是否获得赔偿、救助等的情况说明或者证明材料；

（六）其他有关证明材料。

第十七条 救助申请人确因特殊困难不能取得相关证明的，可以申请人民检察院调取。

第十八条 救助申请人生活困难证明，应当由救助申请人户籍所在地或者经常居住地村（居）民委员会、所在单位，或者民政部门出具。生活困难证明应当写明有关救助申请人的家庭成员、劳动能力、就业状况、家庭收入等情况。

第十九条 救助申请人或者其代理人当面递交申请书和其他申请材料的，受理的检察人员应当当场出具收取申请材料清单，加盖本院专用印章并注明收讫日期。

检察人员认为救助申请人提交的申请材料不齐全或者不符合要求，需要补充或者补正的，应当当场或者在五个工作日内，告知救助申请人在三十日内提交补充、补正材料。期满未补充、补正的，视为放弃申请。

第二十条 救助申请人提交的国家司法救助申请书和相关材料齐备后，刑事申诉检察部门应当填写《受理国家司法救助申请登记表》。

第二节　救助申请的审查与决定

第二十一条 人民检察院受理救助申请后，刑事申诉检察部门应当立即指定检察人员办理。承办人员应当及时审查有关材料，必要时进行调查核实，并制作《国家司法救助申请审查报告》，全面反映审查情况，提出是否予以救助的意见及理由。

第二十二条　审查国家司法救助申请的人民检察院需要向外地调查、核实有关情况的，可以委托有关人民检察院代为进行，并将救助申请人情况、简要案情、需要调查核实的内容等材料，一并提供受委托的人民检察院。受委托的人民检察院应当及时办理并反馈情况。

第二十三条　刑事申诉检察部门经审查，认为救助申请符合救助条件的，应当提出给予救助和具体救助金额的审核意见，报分管检察长审批决定。认为不符合救助条件或者具有不予救助的情形的，应当将不予救助的决定告知救助申请人，并做好解释说明工作。

第二十四条　刑事申诉检察部门提出予以救助的审核意见，应当填写《国家司法救助审批表》，并附相关申请材料及调查、核实材料。

经审批同意救助的，应当制作《国家司法救助决定书》，及时送达救助申请人。

第二十五条　人民检察院应当自受理救助申请之日起十个工作日内作出是否予以救助和具体救助金额的决定。

人民检察院要求救助申请人补充、补正申请材料，或者根据救助申请人请求调取相关证明的，审查办理期限自申请材料齐备之日起开始计算。

委托其他人民检察院调查、核实的时间，不计入审批期限。

第三节　救助金的发放

第二十六条　人民检察院决定救助的，刑事申诉检察部门应当将《国家司法救助决定书》送本院计划财务装备部门。计划财务装备部门应当依照预算管理权限，及时向财政部门提出核拨救助金申请。

第二十七条　计划财务装备部门收到财政部门拨付的救助金后，应当及时通知刑事申诉检察部门。刑事申诉检察部门应当在二个工作日内通知救助申请人领取救助金。

第二十八条　救助申请人领取救助金时，刑事申诉检察部门应当填写《国家司法救助金发放登记表》，协助计划财务装备部门，按照有关规定办理领款手续。

第二十九条　救助金一般以银行转账方式发放，刑事申诉检察部门也可以与救助申请人商定发放方式。

第三十条　救助金应当一次性发放，情况特殊的，经分管检察长批准，可以分期发放。分期发放救助金，应当事先一次性确定批次、各批次时间、各批次金额以及承办人员等。

第三十一条　人民检察院办理的案件依照诉讼程序需要移送其他办案机关的，刑事申诉检察部门应当将国家司法救助的有关材料复印件移送本院办案部门，由办案部门随案卷一并移送。尚未完成的国家司法救助工作应当继续完成。

第五章　救助资金保障和管理

第三十二条　各级人民检察院应当积极协调政府财政部门将国家司法救助资金列入预算，并建立动态调整机制。

第三十三条　各级人民检察院计划财务装备部门应当建立国家司法救助资金财务管理制度，强化监督措施。

第三十四条　国家司法救助资金实行专款专用，不得挪作他用。

第三十五条　刑事申诉检察部门应当在年度届满后一个月内，将本院上一年度国家司法救助工作情况形成书面报告，并附救助资金发放情况明细表，按照规定报送有关部门和上一级人民检察院，接受监督。

第六章　责任追究

第三十六条　检察人员在国家司法救助工作中具有下列情形之一的，应当依法依纪追究责任，并追回已经发放或者非法占有的救助资金：

（一）截留、侵占、私分或者挪用国家司法救助资金的；

（二）利用职务或者工作便利收受他人财物的；

（三）违反规定发放救助资金造成重大损失的；

（四）弄虚作假为不符合救助条件的人员提供救助的。

第三十七条　救助申请人通过提供虚假材料、隐瞒真相等欺骗手段获得国家司法救助金的，应当追回救助金；涉嫌犯罪的，依法追究刑事责任。

第三十八条　救助申请人所在单位或者基层组织出具虚假证明，使不符合救助条件的救助申请人获得救助的，人民检察院应当建议相关单位或者主管机关依法依纪对相关责任人予以处理，并追回救助金。

第七章　附　　则

第三十九条　本细则由最高人民检察院负责解释。

第四十条　本细则自发布之日起试行。

《人民检察院国家司法救助工作细则（试行）》理解与适用

尹伊君　马　滔*

2016 年 7 月 14 日，最高人民检察院第十二届检察委员会第五十三次会议通过了《人民检察院国家司法救助工作细则（试行）》（以下简称《救助细则》），这是检察机关历经 10 年探索发展形成的第一部比较系统完备的司法救助工作操作规范，极大地提升了检察机关国家司法救助工作的规范化水平，标志着检察机关国家司法救助工作发展到了新阶段、新层次，开启了新征程、新起点。

一、《救助细则》的制定背景和主要框架

党的十八届三中全会通过的《中共中央关于全面深化改革若干重大问题的决定》要求完善人权司法保障制度，健全国家司法救助制度。为落实这一要求，中央政法委、财政部、最高人民法院、最高人民检察院、公安部、司法部于 2014 年 1 月联合印发了《关于建立完善国家司法救助制度的意见（试行）》（以下简称《六部委意见》）。《六部委意见》发布后，最高人民检察院及时发布实施意见，对检察机关深入贯彻落实《六部委意见》、开展国家司法救助工作进行部署，并采取一系列措施加强工作指导，在较短的时间内顺利实现了刑事被害人救助向国家司法救助的平稳过渡，实现了国家司法救助工作的经常化、常态化。

由于《六部委意见》是对政法各单位提出的总体要求，内容比较原则，很多方面须结合检察工作实际进行细化。此外，从近年来工作情况看，检察机关国家司法救助工作仍然存在一些突出问题，这些问题主要表现为：一是理念不正确。有的地方片面理解国家司法救助的功能和性质，试图花钱摆平矛盾，大闹大救助，不闹不救助，导致救助工作信访化。二是方法不恰当。有的地方对救助申请不作深入细致的审查，怕麻烦、图省事，对不同情况的救助申请掌握相同的救助金额，导致救助工作简单化。三是操作不具体。到目前为止，仅有少数省级院制定了本地的实施细则，基本照搬《六部委意见》的有关内容，操作性不强。四是发展不平衡。有的地方救助规模与实际发生的刑事案件数量不匹配，与当地经济发展水平不适应，一些地区连续几年没有实际办理救助案

---

* 作者单位：最高人民检察院刑事申诉检察厅。

件，常年空白点较多。研究制定规范性文件，必须通过发挥制度的规范作用等，实现理念引导、方法疏导、工作指导。

《救助细则》包括总则和附则在内共 7 章 40 条，除附则外，主体部分明确规定了检察机关进行国家司法救助的总体要求、对象范围、方式标准、工作程序、资金保障和管理，以及救助工作中违法责任追究等，涵盖了国家司法救助工作的主要方面。

二、制定《救助细则》的总体思路和指导原则

（一）总体思路

研究起草工作牢牢把握《六部委意见》精神，以实现检察机关国家司法救助工作制度化、规范化，促进国家司法救助工作公平公正为目标，立足检察工作实际，突出检察工作特色，以重大问题为导向，抓住关键问题深入研究，在强化指导性、可操作性和权威性上下功夫，实现检察机关国家司法救助工作制度化、规范化。

（二）指导原则

《救助细则》的研究起草主要遵循 5 项指导原则：

一是贯彻《六部委意见》精神，规范工作开展。《六部委意见》是检察机关开展国家司法救助工作的主要依据，研究起草工作严格贯彻《六部委意见》关于救助范围、救助原则、救助标准、救助时限等明确规定，结合检察工作实际进行机制创新、程序细化，增强可操作性，强化实用性。

二是立足检察职能，突出检察特色。检察机关是国家法律监督机关，兼具诉讼职能和监督职能，在诉讼中所处阶段和职能不同于公安机关、审判机关以及司法行政机关，参与多个诉讼环节，监督职能覆盖整个诉讼过程。妥善处理监督职能与司法救助的关系，必须准确回答在诉讼过程中、在监督过程中进行司法救助的特点和界限问题，防止因诉讼职能和监督职能不分，导致检察机关的救助范围不适当扩大，突破《六部委意见》对司法救助职能的部门分工。切实做到不缺位、不越位，公平救助、及时救助。

三是准确把握司法救助的性质和定位。国家司法救助是在司法过程中，办案机关结合司法办案活动采取的辅助性救济措施，体现了党和政府的民生关怀，是人权司法保障的重要方面。

四是推进司法化、程序化，防止诉讼化、信访化。检察机关在司法办案过程中开展国家司法救助，不同于社会救助，要体现司法的特点，完善工作程序，规范工作开展，实现工作规范化、程序化。同时，也要注意防止将司法救助诉讼化和信访化。司法救助不是诉讼活动，不能按照诉讼活动的要求来规范操作程序、设定申诉救济途径。

五是坚持问题导向。研究起草工作在全面总结近年来各级检察机关开展刑事被害人救助和国家司法救助工作经验的同时，对国家司法救助工作中存在的突出问题进行梳理，重点挖掘《六部委意见》贯彻实施中因规定不明确、不具体带来的操作性问题，研究提出从检察工作角度解决相关问题的意见和措施，以显著提升检察机关国家司法救助工作的规范化水平。

上述这几条原则，不仅对研究起草工作具有重要指导意义，对各级检察机关准确理解国家司法救助制度，正确适用《救助细则》，也具有重要指导作用。

三、重点内容解读

（一）救助工作性质

《救助细则》第二条规定，人民检察院国家司法救助工作，是人民检察院在办理案件过程中，对遭受犯罪侵害或者民事侵权，无法通过诉讼获得有效赔偿，生活面临急迫困难的当事人采取的辅助性救济措施。完整正确地把握本条，主要抓住4个关键，也是概念中的4个要素：在办理案件过程中、遭受犯罪侵害或者民事侵权、无法通过诉讼获得有效赔偿、生活面临急迫困难。

第一，如何理解把握"在办理案件过程中"？

《六部委意见》第四条规定，人民法院、人民检察院、公安机关、司法行政机关在办理案件、处理涉法涉诉信访问题过程中，对符合救助条件的当事人，应当告知其有权提出救助申请。《救助细则》特别强调国家司法救助是在检察机关办理案件过程中进行的救助，与《六部委意见》的表述有一定区别，但本质上都是强调办案机关是在办理案件过程中进行救助。

《救助细则》之所以强调在办理案件过程中进行救助，主要是基于以下几个方面的考虑：其一，司法救助是司法机关进行的救助，司法机关进行的救助也只能是在司法过程中进行。与司法办案活动相比，司法救助具有从属和附带的性质。脱离具体案件和办案过程，司法机关开展救助就没有依据和合理性。其二，司法救助本质上是国家社会保障体系的一部分，由于其因为犯罪侵害或者民事侵权而发生，具有不同于其他社会救助的特殊性，是社会保障体系在司法过程中的体现，强调救助与司法过程的关联性和救助的及时性。脱离司法过程和司法特点，司法救助完全可以纳入社会救助，不必专门进行。因此，《救助细则》规定检察机关开展国家司法救助是在办理案件过程中，就是为了凸显救助的司法属性。这就要求我们在办理案件过程中及时救助。

第二，如何理解把握"遭受犯罪侵害或者民事侵权"？

根据《六部委意见》和《救助细则》，国家司法救助的案件范围有两个层面的限制：一是案件性质限于刑事案件和民事案件，行政案件不在救助案件的范围内；二是只有部分刑事案件和民事案件属于救助范围。《六部委意见》第二条规定了 8 类国家司法救助的对象。其中前五项是刑事案件，第（六）、（七）两项是民事案件，第（八）项则属于兜底项，是对前 7 项范围之外的案件，授权根据实际情况自行决定是否予以救助。需要指出的是，虽然是授权决定，但也不得突破规定的刑事案件和民事案件两大领域，不应当突破规定的救助条件和救助标准。

第三，如何理解把握"无法通过诉讼获得有效赔偿"？

对于应当予以救助的前五种情形，《六部委意见》明确规定了"无法通过诉讼获得有效赔偿"为救助的前提条件。当事人因他人的犯罪侵害或者民事侵权造成人身伤害或者财产损失，应当由行为人承担赔偿损失的责任。只有加害责任人无法赔偿或者不能有效赔偿的，才考虑由国家予以救助。把握这一条件需要明确，国家司法救助不是国家赔偿，也不是国家代位履行民事赔偿责任。这里的"无法通过诉讼获得有效赔偿"，在实践中存在一定的理解困难。有的人认为，无法通过诉讼获得赔偿就是要经过诉讼过程，最终确实得不到赔偿，这样理解将这一条件绝对化了。为了体现救助的及时性，根据国家司法救助的宗旨，办案机关不能见死不救、见危不救、当为不为，而应当及时伸出援手救民于危难，不应当以诉讼过程尚未进行为由不受理救助申请、不予救助。如果经过判断确实属于经过诉讼也无法获得有效赔偿的，应当考虑予以救助。

在诉讼过程尚未进行或者无法进行时，如何判断是否应当予以救助？主要看几个方面：一是当事人遭受不法侵害的类型和情况；二是不法侵害造成的人身伤害或者财产损失的程度；三是当事人生活困难的情况；四是加害责任人的赔偿能力等，从多个因素、多个方面进行综合判断。

还需指出的是，这里的"有效赔偿"不是指当事人的损失在较大程度上得到弥补，而要从缓解被害人生活困难的角度来理解。从赔偿损失的角度看，到底赔偿了损失的多大比例才算有效赔偿，无法判断。如果加害责任人予以了一定数额的赔偿，被害人没有出现生活困难的情况，或者生活不太困难，自然不符合予以救助的前提条件。

第四，如何理解把握"生活面临急迫困难"？

救助申请人生活面临急迫困难，是予以国家司法救助的核心要件。司法救助的目的不是代替加害责任人赔偿损失，也不是要填补当事人受到的损失，而是要对生活困难的当事人予以帮扶，帮助其摆脱当前的生活困境。但是，司法救助不是扶贫工作，救急不救贫，不能追求帮助当事人脱贫的目标。所谓的"急迫困难"，主要是指当事人无力支付大额医疗费用、支付医疗费用后生活费没有着落或者生活困难，以及无力承担其他必须负担的生活成本。如果当事人生活没有困难，而是生产经营困难的，应当不属于国家司法救助的范围。有的地方以难以维持当地最低生活保障标准为衡量尺度，各地在实践中可以参考，但不应当作为主要的或者唯一的尺度。实践中的问题情况各异，应当根据具体案件的具体情况进行分析，只要克服简单化，本着同情、关爱，基于生活常识，自主进行判断，就一定能实现公正救助。

（二）救助工作基本原则

《救助细则》第三条规定了人民检察院开展国家司法救助工作应当遵循的4项基本原则：（1）辅助性救助。对同一案件的同一当事人只救助一次，其他办案机关已经予以救助的，人民检察院不再救助。对通过诉讼能够获得赔偿、补偿的，应当通过诉讼途径解决。（2）公正救助。严格把握救助标准和条件，兼顾当事人实际情况和同类案件救助数额，做到公平、公正、合理救助。（3）及时救助。对符合救助条件的当事人，应当根据当事人申请或者依据职权及时提供救助。（4）属地救助。对符合救助条件的当事人，应当由办理案件的人民检察院负责救助。这些内容与《六部委意见》的表述基本保持一致。

第一，关于辅助性救助。

辅助性是国家司法救助制度中一个非常重要的概念，是准确理解国家司法救助的一个关键，对把握好国家司法救助的度，公正合理地进行救助，具有重要意义。具体从以下5个方面来理解和把握：一是国家司法救助的从属性、附带性。国家司法救助是在司法过程中由司法机关代表国家进行的救助，是人权司法保障的重要方面，具有鲜明的司法特点。检察机关开展国家司法救助，必须依托司法办案职能，必须在司法办案过程中进行，不能脱离办案职能和办案环节单纯开展救助。当事人生活困难非案件原因导致的，不属于救助范围；相关案件不属于本院管辖或者未进入本院办案环节的，不应受理有关救助申请，应当告知其向正在办理案件的机关申请。二是国家司法救助的社会保障属性。国家司法救助是运用国家权力和财政资金对符合条件的困难群众采取的救济帮扶措施，本质上是社会保障体系的一部分，不是国家赔偿，也不是国家代位进行民事赔偿，而是从属于社会保障的特殊方面。三是国家司法救助的临时性。国家司法救助是临时性救济措施，其前提是有关刑事案件或者民事侵权案件发生，且当事人受不法侵害导致人身伤害或重大财产损失，造成生活困难；其目的是帮助当事人摆脱生活面临的急迫困难。四是国家司法救助的一次性。国家司法救助是直接针对案件被害人采取的一次性救助，不针对同一对象长期适用或者多次反复进行，不取代社会保障。要特别注意的是，一次性救助是指经济救助的一次性，不影响多种救助方式同时综合使用。给予司法救助后，当事人仍然面临生活困难的，应当通过社会保障托底。五是国家司法救助的补充地位。当事人申请国家司法救助，应当属于因遭受不法侵害导致严重人身伤害或者重大财产损失，无法经过诉讼获得赔偿的情形。当事人已经获得民事赔偿、补偿的，主动放弃民事赔偿请求，或者拒绝加害责任人及其近亲属赔偿的，不予救助。

第二，关于救助的公正性。

开展国家司法救助工作，应当准确把握救助的范围，严格把握救助标准和条件，兼顾当事人实际情况和同类案件救助数额，做到公平、公正、及时、合理救助，防止因救助不公引发新的矛盾。

实现国家司法救助的公正性，要注意以下几个方面：

一是要平等看待每一个当事人。坚持司法救助的公正原则，要坚决反对救助工作中的歧视性做法，对所有当事人，符合救助条件的，都应当告知救助权利；根据有关情况予以救助，不能因为怕麻烦、图省事而不告知权利，不提供救助；对同类案件当事人应当掌握基本一致的救助标准。二是要"就救助说救助"，不应当对救助额外施加限制性条件，不应当将案件处理结果与救助挂钩。对于司法救助的对象范围、标准、条件和程序等，《六部委意见》和《救助细则》均作了明确规定。在实践中，检察机关不能突破相关规定，对当事人提出额外的救助条件，设置过高的门槛，特别是不能将是否予以救助与当事人是否息诉罢访挂钩，形成"大闹大救，不闹不救"，造成新的不公，引发新的矛盾。三是要根据相关案件和当事人实际情况合理确定救助金额。《六部委意见》和《救助细则》规定的救助标准和条件具有一定的弹性和原则性，每个当事人的情况各不相同。检察机关在开展司法救助工作中，要实现公正救助，还必须根据相关案件和当事人的具体情况，合理确定救助金额。不能为了图省事，对所有案件当事人掌握同一个救助标准，简单给钱、给小钱，将一件好事简单敷衍了事。

第三，关于救助的及时性。

对符合救助条件的当事人，检察机关应当根据当事人申请或者依据职权及时提供救助，确保及早化解社会矛盾。

救助工作效率对救助效果有直接、重要影响，救助越是及时，对当事人的帮助就越大。为了进一步提高司法救助工作的效率，增强救助效果，《六部委意见》和《救助细则》一方面优化了救助审批程序，减少了中间环节；另一方面明确规定了救助时限，要求检察机关应当在受理申请后 10 个工作日内作出是否给予救助和具体救助金额的审批意见，并在收到拨付款后 2 个工作日内通知申请人领取救助资金。

检察机关开展司法救助工作，要实现及时救助，应当重点做到以下几个方面：一是要及时了解当事人相关情况。《六部委意见》明确要求，人民法院、人民检察院、公安机关、司法行政机关在办理案件、处理涉法涉诉信访问题过程中，对符合救助条件的当事人，应当告知其有权提出救助申请。因此，及时了解当事人因受不法侵害造成损失情况、生活困难情况、通过诉讼获得赔偿或者补偿情况等，是启动司法救助程序的首要环节，对提高司法救助工作效率具有十分重要的意义，对提高救助权利告知准确度，防止不掌握实际情况和对象一律告知而影响救助工作效果，也具有重要意义。办理案件的部门在办理案件过程中，应当在接触当事人的第一时间，在了解案件情况的同时，一并了解被害人遭受不法侵害造成损失的情况、家庭经济收入来源、因不法侵害造成生活困难情况等。了解的有关情况应当及时移送国家司法救助工作部门。二是要及时告知当事人有申请救助的权利。办理案件的部门经初步了解情况后，认为当事人符合救助条件的，应当及时告知其有权提出救助申请，并告知其提出申请的方式、程序和受理的部门等。三是要及时受理并审查办理。国家司法救助工作部门对当事人提出的救助申请，应当及时受理，及时审核当事人提供的申请材料，综合相关情况，在 10 个工作日提出是否救助和具体救助金额的审批意见。决定不予救助的，要及时告知当事人，并做好解释说明工作。四是要及时发放救助资金。办案机关在收到财政部门拨付的救助款后，应当在 2 个工作日内，通知申请人领取救助资金，不能拖延通知，不能压款不发，更不允许坐支或挪作他用。为了实现救助的及时性，《六部委意见》和《救助细则》还明确规定了特殊救助程序，对于急需医疗救治等特殊情况，检察机关可以依据救助标准，先行垫付救助资金，救助后及时补办审批手续。

第四，关于救助的属地原则。

《六部委意见》明确规定：对符合救助条件的当事人，不论其户籍在本地或外地，原则上都由案件管辖地负责救助。《关于开展刑事被害人救助工作的若干意见》对救助工作的属地原则未作明确规定，虽然从文件精神来看似乎也倾向于实行属地原则，但由于规定不够明确，实践中也存在一定的认识分歧和不同做法。《六部委意见》确立了救助工作的属地原则，体现了办理案件责任与司法救助责任的一致性。对于消除认识分歧、明确救助责任、落实救助政策，具有十分重要的意义。

属地救助，主要包括三个核心内容：一是是否予以救助，不受当事人户籍限制，不论当事人户籍是否在办案机关所在地，只要符合救助条件，均应予以救助。二是案件管辖地由办理案件的机关所在地确定，救助资金由办案机关同级政府财政部门拨付。三是办理案件的机关为司法救助的责任单位，办案主体与救助主体是同一的。

（三）救助对象范围

《救助细则》第七条和第八条是对人民检察院国家司法救助的范围作出的规定。

明确救助的对象和范围，是国家司法救助制度的核心内容之一。受国家财力限制，救助对象范围必须控制在适度的规模，才能到达一定的救助水平，取得较好的救助效果，并在不同类型的救助对象之间保持平衡，实现公平救助。《救助细则》在《六部委意见》规定的救助对象范围基础上，立足当前我国经济社会发展水平，结合检察工作实际、检察机关司法救助工作需要两个实际，实事求是明确规定了应当予以救助和不予救助的对象范围。在第七条中规定了应当予以救助的七类具体情形，在第八条中规定了一般不予救助的六种情形。另外，《六部委意见》规定，有权提出救助申请的是当事人和死亡刑事被害人的近亲属。我们根据各地意见，对这一范围作了适当拓宽，规定依靠受犯罪侵害死亡的被害人收入为主要生活来源的与被害人有赡养、扶养、抚养关系的人，也属于救助的对象。

准确把握《救助细则》第七条规定的检察机关救助的对象和范围，要注意以下几个重点：一是救助对象的有限性。救助的对象应当是部分刑事案件的被害人或者部分民事侵权案件的受害人，不在《六部委意见》和《救助细则》明确规定的受害情形之列的，不属于救助的对象。刑事案件的被害人因犯罪行为导致严重人身伤害或者重大财产损失而造成生活困难获得救助，民事侵权案件如道路交通事故等民事案件则只限于人身伤害，单纯的财产损失不在救助范围内。二是救助分工的差异性。检察机关国家司法救助的对象和范围有别于其他政法机关。比如，《六部委意见》规定的追索赡养费、扶养费、抚育费等，因被执行人没有履行能力，造成申请执行人生活困难，当事人申请救助的，应当向人民法院提出。对这类案件的裁判结果无异议，仅向检察机关申请救助的，检察机关应当不予受理。三是救助范围的专门性。根据《六部委意见》，涉法涉诉信访人，其诉求具有一定合理性，但通过法律途径难以解决，且生活困难，愿意接受国家司法救助后息诉息访的，可参照执行。实践中，有些地方为了减轻办案压力、化解矛盾，不当地将救助的重点倾向信访人，导致救助工作信访化偏向，符合国家司法救助条件的当事人反而得不到救助，背离了司法救助制度的初衷，国家司法救助制度的公正性得不到体现。为了纠正信访化偏向，根据有关方面意见，《救助细则》没有涉及涉法涉诉信访人的救助问题。

从实务操作的角度来看，准确适用第七条和第八条，需注意3点：一是关于第八条规定的不予救助的对象范围，不可绝对化。第八条明确说的是一般不予救助，确实因为特殊情况事出有因、情有可原、当事人也确实生活困难的，应当考虑适当予以救助。比如，刑事案件的被害人对犯罪案件的发生有重大过错，但毕竟也是被害人，如果生活确实困难，也不宜以此为由视而不见、置之不理。二是对"生活困难非案件原因所导致"要具体情况具体分析。研究起草《救助细则》过程中，有观点建议删去这种情形，理由是无法判断生活困难是否因案件原因所导致，另外，如果申请人本来就已经生活困难，因受犯罪侵害造成人身伤害或财产损失，生活更加困难，应该不必要区分到底因案件原因导致的比例有多大。实际上，《六部委意见》和《救助细则》规定这一限制，是司法救助性质的内在要求，同时也有利于与社会救助区分。但在实践中对这种情形应当放宽适用。如果当事人申请救助的时候本身就是生活困难，而且确实也因遭受不法侵害导致人身伤害或财产损失，一般就不必强调、区分生活困难确实是案件原因导致。三是办理申诉案件中进行救助须审慎而为。在办理申诉案件过程中的救助与涉法涉诉信访救助很难区分，尤其是有的案件多头申诉、多年申诉，与信访案件无异。从国家司法救助的救急救困不救贫的性质来看，救助的及时性是一个重要要求，也是一个重要特征，申诉案件的当事人符合救助条件的，应当在原案件办理过程中提出申请，在申诉阶段提出救助申请，从一定程度上也反映出当事人面临的困难不具有急迫性特点。有不少申诉人以申诉为名行索要救助之实，检察机关在申诉案件办理中大面积开展司法救助，会挑动一些申诉人为钱申诉，对扭转司法救助信访化偏向不利。因此，对这种情况，检察机关一定要慎重处理，如果申诉时间较长，时过境迁的，建议协调社会保障为宜。另外，也要区分申诉案件的类型，对于不服检察机关处理决定的申诉和不服法院生效判决裁定的申诉，要区别对待。不服法院生效判决裁定的申诉过程中向检察机关提出救助申请的，一般情况下可以告知其向人民法院提出，以切断救助与信访的联系，对涉法涉诉信访人进行有效心理预期管控，防止大量当事人为救助而申诉，案件大量涌向检察机关，导致因救助吸附信访、冲击司法权威。

（四）救助方式

《救助细则》第九条规定："国家司法救助以支付救助金为主要方式，并与思想疏导、宣传教育相结合，与法律援助、诉讼救济相配套，与其他社会救助相衔接。"这是根据《六部委意见》对国家司法救助方式作出的规定，但没有写对刑事案件伤员急救的"绿色通道"、对遭受严重心理创伤的受害人实施"心理治疗"、对行动不便的受害人提供"社工帮助"等内容，主要是考虑到这些内容还处于探索阶段。

对国家司法救助方式，可以从4个方面来理解和把握：

一是支付救助金救助。《六部委意见》明确规定，国家司法救助以支付救助金为主要方式，也就是通常所说的以资金救助为主。国家司法救助的一次性救助原则，也是专指资金救助的一次性。

二是综合运用多种救助方式。《六部委意见》强调，国家司法救助以支付救助金为主要方式。同时，与思想疏导、宣传教育相结合，有条件的地方，积极探索建立刑事案件伤员急救"绿色通道"，对遭受严重心理创伤的被害人实施心理治疗，对行动不便的受害人提供社工帮助等多种救助方式，进一步增强救助效果。检察机关在实践中可以积极探索，优化救助效果。

三是与法律援助、诉讼救济相配套。《六部委意见》明确要求，建立国家司法救助衔接机制，对于符合司法救助条件的当事人就人身伤害或财产损失提起民事诉讼的，人民法院应当依法及时审查并减免相关诉讼费用，司法行政部门应当依法及时提供法律援助，保障困难群众充分行使诉讼权利。随着下一步涉法涉诉信访改革包括律师代理申诉的深入推进，检察机关也面临如何用好法律援助的实际问题，应当对此进行积极探索，回应改革需要和实践需求。

四是与其他社会救助相衔接。根据《六部委意见》要求，对于未纳入国家司法救助范围或者实施国家司法救助后仍然面临生活困难的当事人，符合社会救助条件的，办案机关协调其户籍所在地有关部门，纳入社会救助范围，但没有说明具体操作程序。为细化操作程序，《救助细则》第十二条明确规定：救助申请人接受国家司法救助后仍然生活困难的，人民检察院应当建议有关部门依法予以社会救助。办理案件的人民检察院所在地与救助申请人户籍所在地不一致的，办理案件的人民检察院应当将有关案件情况、给予国家司法救助的情况、予以社会救助的建议等书面材料，移送救助申请人户籍所在地的人民检察院。申请人户籍所在地的人民检察院应当及时建议当地有关部门予以社会救助。

需要特别注意的是，在实际工作中，一定要防止将救助工作简单化，简单给钱了事。要恪守真诚救助精神，全面了解救助申请人面临的实际困难，深入调查核实，增强救助工作的针对性、实效性和时效性，切实做到雪中送炭、扶危济困。要注意在救助工作中加强思想疏导和宣传教育，增强救助申请人对案件处理结果、司法救助决定的理解度和接受度，避免负面情绪，打消抵触心理，切实感受到党和政府的关怀，以及司法的公正和公信。要增强综合救助意识，在进行资金救助的同时，根据需要综合运用法律援助、诉讼救济等手段，切实优化救助工作效果。要注意将司法救助与其他社会救助相衔接，切实化解申请人生活困难。

（五）救助标准

《救助细则》第十条规定："救助金以办理案件的人民检察院所在省、自治区、直辖市上一年度职工月平均工资为基准确定，一般不超过三十六个月的工资总额。损失特别重大、生活特别困难，需要适当突破救助限额的，应当严格审核控制，依照相关规定报批，总额不得超过人民法院依法应当判决的赔偿数额。各省、自治区、直辖市上一年度职工月平均工资，根据已经公布的各省、自治区、直辖市上一年度职工年平均工资计算。上一年度职工年平均工资尚未公布的，以公布的最近年度职工年平均工资为准。"

救助标准是国家司法救助制度的重要因素，明确救助标准是该制度得以规范统一实施的前提。《六部委意见》对救助标准设定了一个弹性较大的操作空间，要求各地根据当地经济社会发展水平制定具体标准，以案件管辖地上一年度职工月平均工资为基准，一般不超过36个月工资总额。

需要指出的是，案件管辖地与救助标准紧密相关。研究制定《救助细则》过程中，不少地方反映，如果将案件管辖地理解为办理案件的人民检察院所在的县、市，则案件管辖地随着诉讼程序的推进会不断变动，相应的平均工资标准也会处于变动状态，导致无法执行，甚至可能因不同的救助标准导致案件上行。另外，有的县、市不公布上一年度职工工资标准，司法救助无标准可循。为了增强可操作性，《救助细则》将案件管辖地上一年度职工月平均工资明确为省级人民政府发布的本省上一年度职工月平均工资。这样规定，在一个省（自治区、直辖市）范围内执行相同、确定的救助标准，更有利于实现救助的公平公正。

在此需要进一步说明的是，关于法院依法应当判决的赔偿数额问题。《六部委意见》将其作为救助金额的上限，从实践情况看，有的案件根本到不了法院裁判环节，比如无法侦破的刑事案件、检察机关不起诉的案件，有的案件急需救助而不能等待法院判决。实际上，《六部委意见》和《救助细则》规定法院依法应当判决的赔偿数额为救助的最高限，是逻辑上的要求。当事人因为遭受不法侵害造成人身伤害或者财产损失，应当由加害责任人承担赔偿责任，国家司法救助不是国家赔偿，也不是代位赔偿，自然不应当超出法院依法应当判决的赔偿数额。

（六）救助金数额的确定

《救助细则》第十一条规定了确定救助金具体数额应当综合考虑的因素：救助申请人实际遭受的损失；救助申请人本人有无过错以及过错程度；救助申请人及其家庭的经济状况；救助申请人维持基本生活所必需的最低支出；赔偿义务人实际赔偿情况；其他应当考虑的因素。

一是救助申请人实际遭受的损失。损失也就是损害后果，主要是指人身损害和财产损失等。损害后果并不是决定是否给予救助的主要因素，不能仅仅因为损害较大就给予救助。是否给予救助，更主要的是考虑救助对象的生活困难情况。但损害后果无疑会直接影响救助对象的生活，对于判定救助对象生活困难程度具有重要参考价值。《六部委意见》规定，损失特别重大、生活特别困难，需要适当突破救助限额的，应当严格审核控制，救助金额不得超过人民法院依法应当判决的赔偿数额。从文件精神来看，这里的"突破救助限额"应当是指突破36个月工资总额，在36个月工资总额之内支付救助金的，不属于突破救助限额的情况。

二是救助申请人本人有无过错以及过错程度。《六部委意见》明确规定，救助申请人对案件发生有重大过错的，一般不予救助。随着犯罪被害人学说的发展，在确定被告人的刑事责任时，将被害人是否具有过错及过错程度的大小纳入量刑考量范畴。由于被害人的过错导致犯罪发生或者犯罪危害后果产生，不能将责任完全归咎于被告人，部分责任应由被害人承担。因救助申请人对案件发生有重大过错而不予救助，或者因有一定过错而适当减少救助金数额，是对救助申请人实施的引发案件的先行不当行为的否定性评价，也是救助申请人承担责任的一种形式。虽然《六部委意见》没有明确规定对案件发生有过错的，虽然不属于重大过错，可以适当减少救助金额。但从规定的本意上分析，也应当属于可以适当减少救助金额的情形。需要注意的是，减少以后的救助金额不应当过低，否则会起不到应有的救助效果。

三是救助申请人及其家庭的经济状况是确定是否给予救助的主要依据之一。个人及其家庭经济状况，既包括收入情况，也包括现有财产情况、负债情况。个人及其家庭经济状况较好的，即使因不法侵害行为遭受损失，也不会明显影响其生活水平的，自然不属于应当救助的情况。目前社会救助工作中，在对申请救助的居民家庭收入和财产进行核查时，采取的主要方法是入户调查、邻里访问、信函索证以及社区评议、社区公示等，这些做法能在一定程度上解决问题，但实践中，越来越暴露出信息失真、不适应形势发展变化的弊端。检察机关在今后的国家司法救助工作中，有必要进一步探索管用、高效、低成本的经济状况核查方法。同时，加强与民政等有关部门沟通，进一步提高核对工作的准确性。

四是救助申请人维持基本生活水平所必需的最低支出。申请国家司法救助人员的当前经济状况是否足以维持当地最低生活水平，是给予国家司法救助的决定性指标。可以通过与个人及家庭经济状况的反差比较，判定是否应当救助以及救助金额的最低限度。如果根据其个人及家庭经济状况，可以认定其难以维持当地最低生活水平的，则应当予以救助，救助金额则以能够帮助其维持一定期间最低生活水平为基准来确定。

五是赔偿义务人实际赔偿情况。根据《六部委意见》，赔偿义务人不能对受害人予以有效赔偿的，是对受害人予以救助的重要条件，对于能够通过诉讼获得赔偿、补偿的，一般应当通过诉讼渠道解决。检察机关在对救助申请进行审查时，应当查明赔偿义务人赔偿的实际情况，是全部赔偿了，还是部分赔偿了，赔偿对于弥补受害人损失、缓解其生活困难的作用等。一般而言，赔偿义务人给予了有效或充分赔偿的，不再给予司法救助。

检察机关审查救助申请时，对上述因素要作综合考虑，经全面综合分析后，合理确定救助金额。此外，还应当考虑具体救助个案的平衡。一方面，按照同样情况同样处理的原则，对情况相近的救助个案，应当掌握基本一致的救助标准，不能相差悬殊，造成救助不公；另一方面，应当加强与其他机关的沟通协调，实现不同办案机关掌握基本一致的救助标准，确保公平救助。

（七）救助工作机制创新

《救助细则》在工作程序一章规定了救助申请的受理、救助申请的审查与决定、救助金的发放等，并在细化一般操作程序的基础上，设置了几个比较重要的机制：

一是针对有时申请人难以获得有关申请材料的实际情况，规定救助申请人确因特殊困难不能取得相关证明的，可以申请人民检察院调取，体现了真诚救助精神。

二是规定了委托调查，体现了检察一体、相互协作精神。《救助细则》规定，审查国家司法救助申请的人民检察院需要向外地调查、核实有关情况的，可以委托有关人民检察院代为进行，受委托的人民检察院应当及时办理并反馈情况。这样规定，有利于提高救助工作效率，降低救助工作成本。

三是规定了救助金的分批发放，体现了稳妥负责精神。特别是在救助申请人系未成年人等无限制行为能力人的情况下，救助金分批发放，有利于保障救助资金妥善使用，实现救助效果的最大化。

四是规定检察机关可以与救助申请人协商救助金发放方式，体现了亲民便民精神。经过检察机关与救助申请人沟通，可以选择合法、稳妥、便民的方式，充分照顾救助申请人的实际需要。

四、当前应当重点抓好的几个方面

当前贯彻执行《救助细则》、做好国家司法救助工作，要重点抓好以下几个方面：

第一，乘势而上，推动国家司法救助工作上台阶上水平。加强国家司法救助工作，顺应人民群众对司法公正、权益保障的新期待，顺应加强权利救济的现代法治发展趋势，是检察机关践行人权司法保障的重要任务，是促进司法公平正义、维护社会和谐稳定的重要途径。各级刑事申诉检察部门应当摒弃那种认为国家司法救助工作可有可无、可抓可不抓的错误认识，切实增强责任感、紧迫感和主动性，将国家司法救助工作作为刑事申诉检察工作重要的经常性工作进一步抓实抓好。要以《救助细则》的发布实施为契机，对本院的国家司法救助开展情况进行认真总结，找准存在的突出问题和薄弱环节，精心谋划，综合施策，迅速打开工作新局面。

第二，加大工作力度，保持合理办案规模。从近年来的工作情况看，国家司法救助地区发展极不平衡，仅就救助人数而言，不少地方或者救助人数常年在低位徘徊，甚至常年空白，发展空间很大。达到并保持一定的办案规模，是下一步开展工作的基本要求。要坚持主动救助，主动告知救助权利，切实畅通救助渠道，确保符合条件的救助申请人得到救助。要进一步加快工作进度，快受理、快审查、快报批、快发放，进一步提高救助工作效率，尽快帮助救助申请人脱离困境。

第三，树立正确理念，做到公平公正及时救助。要坚持具体情况具体分析、严格区别对待的原则，准确了解救助对象的具体困难，做到因人而异、因案施策，避免简单化、"一刀切"的救助方式。要正确把握国家司法救助的功能定位，防止片面依赖花钱摆平矛盾，导致救助工作信访化。要讲究工作方法，主动延伸职能，加强与有关部门沟通协调，避免"单打一"，不唱"独角戏"，主动融入国家救助体系大格局，促进多种救助渠道相衔接、多种救助方式综合运用，进一步优化救助工作效果。

《人民检察院国家司法救助工作细则（试行）》配套文书格式样本

（2016 年 8 月 18 日公布　2016 年 8 月 25 日印发　高检发刑申字〔2016〕2 号）

国家司法救助工作文书样式一：

×××人民检察院
受理国家司法救助申请登记表

受理时间					
案件来源	办案部门移送/当事人申请				
申请人基本情况	姓名		性别		
	有效身份证件号码				
	联系方式		文化程度		
	家庭住址				
代理人基本情况	姓名		与申请人关系		
	有效身份证件号码				
	联系方式				
	家庭住址				
简要案情					
申请救助理由					
承办人意见				年　月　日	
部门负责人意见				年　月　日	
处理结果					

使用说明

一、本文书根据《人民检察院国家司法救助工作细则（试行）》第二十条规定制作，供人民检察院受理国家司法救助申请后进行登记使用。

二、本文书为工作文书，附卷。

国家司法救助工作文书样式二：

国家司法救助申请审查报告

一、申请人及代理人基本情况

申请人：……（姓名、性别、年龄、有效身份证件及其号码、工作单位、住址等情况）。

代理人：……（姓名、性别、年龄、工作单位、有效身份证件及其号码、与申请人的关系等情况）。

二、申请救助的时间、理由及具体事项

申请人……（姓名）于××××年××月××日，以……（申请国家司法救助的理由），请求本院予以国家司法救助（申请人提出具体救助金额的一并说明）。

三、原案办理情况

……（写明原案的案由、案件来源及各个诉讼环节的时间、简要处理情况）。

四、审查核实情况

……（详细写明经过审查认定的申请人人身、财产受损失情况，损害行为与损害结果之间的因果关系，申请人生活困难情况，是否属于国家司法救助范围，是否属于检察机关予以国家司法救助的情形，是否有不应当予以救助或者应当予以扣减救助金额的情形等内容）。

五、承办人意见及理由

……（写明根据认定的事实和证据，提出是否应当予以国家司法救助以及救助金额的具体意见及理由，是否需要予以其他救助等内容）。

六、部门集体讨论意见

……（写明部门集体讨论的时间、意见及依据。有两种以上不同意见的，应当分别表述，并写明不同意见的理由及法律依据）。

承办人：

年　月　日

使用说明

一、本文书根据《人民检察院国家司法救助工作细则（试行）》第二十一条规定制作，供人民检察院对国家司法救助申请进行审查后使用，以固定审查过程、反映审查意见，是作出是否予以救助的决定的基础。

二、本文书由承办人制作，个人署名后报部门负责人或者分管检察长审批。

三、报告日期为提交报批日期。

四、本文书为工作文书，附卷。

国家司法救助工作文书样式三：

×××人民检察院
国家司法救助审批表

（　　　　年度）

填报单位　　　　　　　　　　　　　　　序号

申请人基本情况	姓名	性别		出生年月		
	有效身份证件号码			案件身份		
	住址			联系电话		
案情简述						
救助理由						
拟救助金额						
其他救助方式						
部门审核意见						
分管检察长审批						

使用说明

一、本文书根据《人民检察院国家司法救助工作细则（试行）》第二十四条规定制作，供报请审批国家司法救助申请时使用。

二、其他救助方式是指支付救助金以外的救助方式。

三、本文书为工作文书，附卷。

国家司法救助工作文书样式四:

×××人民检察院
国家司法救助决定书

×检救助〔20××〕×号

救助申请人×××(写明姓名、性别、年龄、民族、文化程度、工作单位及职务、住址)(如由他人代理申请的,还应当写明代理人的基本情况及其与申请人的关系)。

申请人×××因……(写明案由、申请人人身或者财产受侵害的类型),于××××年××月××日,以……申请理由(写明申请人提出申请的理由,重点写明因遭受不法侵害导致损失的情况、因此造成生活困难情况等。申请理由可概括叙述,分项表述),向本院提出国家司法救助申请(如申请人提出具体救助金额请求的,一并写明)。

本院查明:……(写明审查认定的情况)。

本院认为,申请人……的情况符合《关于建立完善国家司法救助制度的意见(试行)》《人民检察院国家司法救助工作细则(试行)》(有关条款的内容),应当予以救助。

本院决定:……(写明决定内容)。

××××年××月××日
(人民检察院印章)

使用说明

一、本文书根据《人民检察院国家司法救助工作细则(试行)》第二十四条规定制作,供人民检察院对国家司法救助申请进行审查并作出予以救助的决定时使用。

二、本文书为叙述式文书,由首部、正文、尾部等三个部分组成。

首部包括制作文书的人民检察院名称、文书名称和文书编号。

正文包括救助申请人基本情况、申请人所述因不法侵害所致损失及造成生活困难情况、人民检察院对救助申请进行审查认定的情况、决定救助金额等内容。

尾部包括日期和院印。

三、本文书应当送达救助申请人,同时抄送有关部门,并附卷。

国家司法救助工作文书样式五：

×××人民检察院
国家司法救助金发放登记表

案件名称及文号			
国家司法救助决定书编号			
救助金发放经办人签名（至少2人）			年　月　日
救助申请人		代理人	
救助申请人身份证件	证件名称		
	证件号码		
救助申请人家庭住址			
救助申请人联系方式			
救助金额			
救助申请人银行账号			
救助申请人签收			年　月　日
备　注			

使用说明

一、本文书根据《人民检察院国家司法救助工作细则（试行）》第二十八条规定制作，供发放国家司法救助金时使用。

二、案件名称系指救助申请人受不法侵害的案件的名称，文号系指该案件的相关主要文书编号。

三、本文书为工作文书，附卷。

关于防范和打击电信网络诈骗犯罪的通告

（最高人民法院、最高人民检察院、公安部、工业和信息化部、
中国人民银行、中国银行业监督管理委员会 2016 年 9 月 23 日公布并施行）

电信网络诈骗犯罪是严重影响人民群众合法权益、破坏社会和谐稳定的社会公害，必须坚决依法严惩。为切实保障广大人民群众合法权益，维护社会和谐稳定，根据《中华人民共和国刑法》《中华人民共和国刑事诉讼法》《全国人民代表大会常务委员会关于加强网络信息保护的决定》等有关规定，现就防范和打击电信网络诈骗犯罪相关事项通告如下：

一、凡是实施电信网络诈骗犯罪的人员，必须立即停止一切违法犯罪活动。自本通告发布之日起至 2016 年 10 月 31 日，主动投案、如实供述自己罪行的，依法从轻或者减轻处罚，在此规定期限内拒不投案自首的，将依法从严惩处。

二、公安机关要主动出击，将电信网络诈骗案件依法立为刑事案件，集中侦破一批案件、打掉一批犯罪团伙、整治一批重点地区，坚决拔掉一批地域性职业电信网络诈骗犯罪"钉子"。对电信网络诈骗案件，公安机关、人民检察院、人民法院要依法快侦、快捕、快诉、快审、快判，坚决遏制电信网络诈骗犯罪发展蔓延势头。

三、电信企业（含移动转售企业，下同）要严格落实电话用户真实身份信息登记制度，确保到 2016 年 10 月底前全部电话实名率达到 96%，年底前达到 100%。未实名登记的单位和个人，应按要求对所持有的电话进行实名登记，在规定时间内未完成真实身份信息登记的，一律予以停机。电信企业在为新入网用户办理真实身份信息登记手续时，要通过采取二代身份证识别设备、联网核验等措施验证用户身份信息，并现场拍摄和留存用户照片。

四、电信企业立即开展一证多卡用户的清理，对同一用户在同一家基础电信企业或同一移动转售企业办理有效使用的电话卡达到 5 张的，该企业不得为其开办新的电话卡。电信企业和互联网企业要采取措施阻断改号软件网上发布、搜索、传播、销售渠道，严禁违法网络改号电话的运行、经营。电信企业要严格规范国际通信业务出入口局主叫号码传送，全面实施语音专线规范清理和主叫鉴权，加大网内和网间虚假主叫发现与拦截力度，立即清理规范一号

通、商务总机、400 等电话业务，对违规经营的网络电话业务一律依法予以取缔，对违规经营的各级代理商责令限期整改，逾期不改的一律由相关部门吊销执照，并严肃追究民事、行政责任。移动转售企业要依法开展业务，对整治不力、屡次违规的移动转售企业，将依法坚决查处，直至取消相应资质。

五、各商业银行要抓紧完成借记卡存量清理工作，严格落实"同一客户在同一商业银行开立借记卡原则上不得超过 4 张"等规定。任何单位和个人不得出租、出借、出售银行账户（卡）和支付账户，构成犯罪的依法追究刑事责任。自 2016 年 12 月 1 日起，同一个人在同一家银行业金融机构只能开立一个 I 类银行账户，在同一家非银行支付机构只能开立一个 III 类支付账户。自 2017 年起，银行业金融机构和非银行支付机构对经设区市级及以上公安机关认定的出租、出借、出售、购买银行账户（卡）或支付账户的单位和个人及相关组织者，假冒他人身份或虚构代理关系开立银行账户（卡）或支付账户的单位和个人，5 年内停止其银行账户（卡）非柜面业务、支付账户所有业务，3 年内不得为其新开立账户。对经设区市级及以上公安机关认定为被不法分子用于电信网络诈骗作案的涉案账户，将对涉案账户开户人名下其他银行账户暂停非柜面业务，支付账户暂停全部业务。自 2016 年 12 月 1 日起，个人通过银行自助柜员机向非同名账户转账的，资金 24 小时后到账。

六、严禁任何单位和个人非法获取、非法出售、非法向他人提供公民个人信息。对泄露、买卖个人信息的违法犯罪行为，坚决依法打击。对互联网上发布的贩卖信息、软件、木马病毒等要及时监控、封堵、删除，对相关网站和网络账号要依法关停，构成犯罪的依法追究刑事责任。

七、电信企业、银行、支付机构和银联，要切实履行主体责任，对责任落实不到位导致被不法分子用于实施电信网络诈骗犯罪的，要依法追究责任。各级行业主管部门要落实监管责任，对监管不到位的，要严肃问责。对因重视不够，防范、打击、整治措施不落实，导致电信网络诈骗犯罪问题严重的地区、部门、国有电信企业、银行和支付机构，坚决依法实行社会治安综合治理"一票否决"，并追究相关责任人的责任。

八、各地各部门要加大宣传力度，广泛开展宣传报道，形成强大舆论声势。要运用多种媒体渠道，及时向公众发布电信网络犯罪预警提示，普及法律知识，提高公众对各类电信网络诈骗的鉴别能力和安全防范意识。

九、欢迎广大人民群众积极举报相关违法犯罪线索，对在捣毁特大犯罪窝点、打掉特大犯罪团伙中发挥重要作用的，予以重奖，并依法保护举报人的个人信息及安全。

本通告自发布之日起施行。

关于办理刑事案件收集提取和审查判断电子数据若干问题的规定

（最高人民法院、最高人民检察院、公安部 2016 年 9 月 9 日公布
2016 年 10 月 1 日施行 法发〔2016〕22 号）

为规范电子数据的收集提取和审查判断，提高刑事案件办理质量，根据《中华人民共和国刑事诉讼法》等有关法律规定，结合司法实际，制定本规定。

一、一般规定

第一条 电子数据是案件发生过程中形成的，以数字化形式存储、处理、传输的，能够证明案件事实的数据。

电子数据包括但不限于下列信息、电子文件：

（一）网页、博客、微博客、朋友圈、贴吧、网盘等网络平台发布的信息；

（二）手机短信、电子邮件、即时通信、通讯群组等网络应用服务的通信信息；

（三）用户注册信息、身份认证信息、电子交易记录、通信记录、登录日志等信息；

（四）文档、图片、音视频、数字证书、计算机程序等电子文件。

以数字化形式记载的证人证言、被害人陈述以及犯罪嫌疑人、被告人供述和辩解等证据，不属于电子数据。确有必要的，对相关证据的收集、提取、移送、审查，可以参照适用本规定。

第二条 侦查机关应当遵守法定程序，遵循有关技术标准，全面、客观、及时地收集、提取电子数据；人民检察院、人民法院应当围绕真实性、合法性、关联性审查判断电子数据。

第三条 人民法院、人民检察院和公安机关有权依法向有关单位和个人收集、调取电子数据。有关单位和个人应当如实提供。

第四条 电子数据涉及国家秘密、商业秘密、个人隐私的，应当保密。

第五条 对作为证据使用的电子数据，应当采取以下一种或者几种方法保

护电子数据的完整性：

（一）扣押、封存电子数据原始存储介质；

（二）计算电子数据完整性校验值；

（三）制作、封存电子数据备份；

（四）冻结电子数据；

（五）对收集、提取电子数据的相关活动进行录像；

（六）其他保护电子数据完整性的方法。

第六条 初查过程中收集、提取的电子数据，以及通过网络在线提取的电子数据，可以作为证据使用。

二、电子数据的收集与提取

第七条 收集、提取电子数据，应当由二名以上侦查人员进行。取证方法应当符合相关技术标准。

第八条 收集、提取电子数据，能够扣押电子数据原始存储介质的，应当扣押、封存原始存储介质，并制作笔录，记录原始存储介质的封存状态。

封存电子数据原始存储介质，应当保证在不解除封存状态的情况下，无法增加、删除、修改电子数据。封存前后应当拍摄被封存原始存储介质的照片，清晰反映封口或者张贴封条处的状况。

封存手机等具有无线通信功能的存储介质，应当采取信号屏蔽、信号阻断或者切断电源等措施。

第九条 具有下列情形之一，无法扣押原始存储介质的，可以提取电子数据，但应当在笔录中注明不能扣押原始存储介质的原因、原始存储介质的存放地点或者电子数据的来源等情况，并计算电子数据的完整性校验值：

（一）原始存储介质不便封存的；

（二）提取计算机内存数据、网络传输数据等不是存储在存储介质上的电子数据的；

（三）原始存储介质位于境外的；

（四）其他无法扣押原始存储介质的情形。

对于原始存储介质位于境外或者远程计算机信息系统上的电子数据，可以通过网络在线提取。

为进一步查明有关情况，必要时，可以对远程计算机信息系统进行网络远程勘验。进行网络远程勘验，需要采取技术侦查措施的，应当依法经过严格的批准手续。

第十条 由于客观原因无法或者不宜依据第八条、第九条的规定收集、提取电子数据的，可以采取打印、拍照或者录像等方式固定相关证据，并在笔录中说明原因。

第十一条 具有下列情形之一的，经县级以上公安机关负责人或者检察长批准，可以对电子数据进行冻结：

（一）数据量大，无法或者不便提取的；

（二）提取时间长，可能造成电子数据被篡改或者灭失的；

（三）通过网络应用可以更为直观地展示电子数据的；

（四）其他需要冻结的情形。

第十二条 冻结电子数据，应当制作协助冻结通知书，注明冻结电子数据的网络应用账号等信息，送交电子数据持有人、网络服务提供者或者有关部门协助办理。解除冻结的，应当在三日内制作协助解除冻结通知书，送交电子数据持有人、网络服务提供者或者有关部门协助办理。

冻结电子数据，应当采取以下一种或者几种方法：

（一）计算电子数据的完整性校验值；

（二）锁定网络应用账号；

（三）其他防止增加、删除、修改电子数据的措施。

第十三条 调取电子数据，应当制作调取证据通知书，注明需要调取电子数据的相关信息，通知电子数据持有人、网络服务提供者或者有关部门执行。

第十四条 收集、提取电子数据，应当制作笔录，记录案由、对象、内容、收集、提取电子数据的时间、地点、方法、过程，并附电子数据清单，注明类别、文件格式、完整性校验值等，由侦查人员、电子数据持有人（提供人）签名或者盖章；电子数据持有人（提供人）无法签名或者拒绝签名的，应当在笔录中注明，由见证人签名或者盖章。有条件的，应当对相关活动进行录像。

第十五条 收集、提取电子数据，应当根据刑事诉讼法的规定，由符合条件的人员担任见证人。由于客观原因无法由符合条件的人员担任见证人的，应当在笔录中注明情况，并对相关活动进行录像。

针对同一现场多个计算机信息系统收集、提取电子数据的，可以由一名见证人见证。

第十六条 对扣押的原始存储介质或者提取的电子数据，可以通过恢复、破解、统计、关联、比对等方式进行检查。必要时，可以进行侦查实验。

电子数据检查，应当对电子数据存储介质拆封过程进行录像，并将电子数据存储介质通过写保护设备接入到检查设备进行检查；有条件的，应当制作电子数据备份，对备份进行检查；无法使用写保护设备且无法制作备份的，应当注明原因，并对相关活动进行录像。

电子数据检查应当制作笔录，注明检查方法、过程和结果，由有关人员签名或者盖章。进行侦查实验的，应当制作侦查实验笔录，注明侦查实验的条件、经过和结果，由参加实验的人员签名或者盖章。

第十七条　对电子数据涉及的专门性问题难以确定的，由司法鉴定机构出具鉴定意见，或者由公安部指定的机构出具报告。对于人民检察院直接受理的案件，也可以由最高人民检察院指定的机构出具报告。

具体办法由公安部、最高人民检察院分别制定。

三、电子数据的移送与展示

第十八条　收集、提取的原始存储介质或者电子数据，应当以封存状态随案移送，并制作电子数据的备份一并移送。

对网页、文档、图片等可以直接展示的电子数据，可以不随案移送打印件；人民法院、人民检察院因设备等条件限制无法直接展示电子数据的，侦查机关应当随案移送打印件，或者附展示工具和展示方法说明。

对冻结的电子数据，应当移送被冻结电子数据的清单，注明类别、文件格式、冻结主体、证据要点、相关网络应用账号，并附查看工具和方法的说明。

第十九条　对侵入、非法控制计算机信息系统的程序、工具以及计算机病毒等无法直接展示的电子数据，应当附电子数据属性、功能等情况的说明。

对数据统计量、数据同一性等问题，侦查机关应当出具说明。

第二十条　公安机关报请人民检察院审查批准逮捕犯罪嫌疑人，或者对侦查终结的案件移送人民检察院审查起诉的，应当将电子数据等证据一并移送人民检察院。人民检察院在审查批准逮捕和审查起诉过程中发现应当移送的电子数据没有移送或者移送的电子数据不符合相关要求的，应当通知公安机关补充移送或者进行补正。

对于提起公诉的案件，人民法院发现应当移送的电子数据没有移送或者移送的电子数据不符合相关要求的，应当通知人民检察院。

公安机关、人民检察院应当自收到通知后三日内移送电子数据或者补充有关材料。

第二十一条　控辩双方向法庭提交的电子数据需要展示的，可以根据电子数据的具体类型，借助多媒体设备出示、播放或者演示。必要时，可以聘请具有专门知识的人进行操作，并就相关技术问题作出说明。

四、电子数据的审查与判断

第二十二条　对电子数据是否真实，应当着重审查以下内容：

（一）是否移送原始存储介质；在原始存储介质无法封存、不便移动时，有无说明原因，并注明收集、提取过程及原始存储介质的存放地点或者电子数据的来源等情况；

（二）电子数据是否具有数字签名、数字证书等特殊标识；

（三）电子数据的收集、提取过程是否可以重现；

（四）电子数据如有增加、删除、修改等情形的，是否附有说明；

（五）电子数据的完整性是否可以保证。

第二十三条 对电子数据是否完整，应当根据保护电子数据完整性的相应方法进行验证：

（一）审查原始存储介质的扣押、封存状态；

（二）审查电子数据的收集、提取过程，查看录像；

（三）比对电子数据完整性校验值；

（四）与备份的电子数据进行比较；

（五）审查冻结后的访问操作日志；

（六）其他方法。

第二十四条 对收集、提取电子数据是否合法，应当着重审查以下内容：

（一）收集、提取电子数据是否由二名以上侦查人员进行，取证方法是否符合相关技术标准；

（二）收集、提取电子数据，是否附有笔录、清单，并经侦查人员、电子数据持有人（提供人）、见证人签名或者盖章；没有持有人（提供人）签名或者盖章的，是否注明原因；对电子数据的类别、文件格式等是否注明清楚；

（三）是否依照有关规定由符合条件的人员担任见证人，是否对相关活动进行录像；

（四）电子数据检查是否将电子数据存储介质通过写保护设备接入到检查设备；有条件的，是否制作电子数据备份，并对备份进行检查；无法制作备份且无法使用写保护设备的，是否附有录像。

第二十五条 认定犯罪嫌疑人、被告人的网络身份与现实身份的同一性，可以通过核查相关 IP 地址、网络活动记录、上网终端归属、相关证人证言以及犯罪嫌疑人、被告人供述和辩解等进行综合判断。

认定犯罪嫌疑人、被告人与存储介质的关联性，可以通过核查相关证人证言以及犯罪嫌疑人、被告人供述和辩解等进行综合判断。

第二十六条 公诉人、当事人或者辩护人、诉讼代理人对电子数据鉴定意见有异议，可以申请人民法院通知鉴定人出庭作证。人民法院认为鉴定人有必要出庭的，鉴定人应当出庭作证。

经人民法院通知，鉴定人拒不出庭作证的，鉴定意见不得作为定案的根据。对没有正当理由拒不出庭作证的鉴定人，人民法院应当通报司法行政机关或者有关部门。

公诉人、当事人或者辩护人、诉讼代理人可以申请法庭通知有专门知识的人出庭，就鉴定意见提出意见。

对电子数据涉及的专门性问题的报告，参照适用前三款规定。

第二十七条 电子数据的收集、提取程序有下列瑕疵，经补正或者作出合理解释的，可以采用；不能补正或者作出合理解释的，不得作为定案的根据：

（一）未以封存状态移送的；

（二）笔录或者清单上没有侦查人员、电子数据持有人（提供人）、见证人签名或者盖章的；

（三）对电子数据的名称、类别、格式等注明不清的；

（四）有其他瑕疵的。

第二十八条 电子数据具有下列情形之一的，不得作为定案的根据：

（一）电子数据系篡改、伪造或者无法确定真伪的；

（二）电子数据有增加、删除、修改等情形，影响电子数据真实性的；

（三）其他无法保证电子数据真实性的情形。

五、附　　则

第二十九条 本规定中下列用语的含义：

（一）存储介质，是指具备数据信息存储功能的电子设备、硬盘、光盘、优盘、记忆棒、存储卡、存储芯片等载体。

（二）完整性校验值，是指为防止电子数据被篡改或者破坏，使用散列算法等特定算法对电子数据进行计算，得出的用于校验数据完整性的数据值。

（三）网络远程勘验，是指通过网络对远程计算机信息系统实施勘验，发现、提取与犯罪有关的电子数据，记录计算机信息系统状态，判断案件性质，分析犯罪过程，确定侦查方向和范围，为侦查破案、刑事诉讼提供线索和证据的侦查活动。

（四）数字签名，是指利用特定算法对电子数据进行计算，得出的用于验证电子数据来源和完整性的数据值。

（五）数字证书，是指包含数字签名并对电子数据来源、完整性进行认证的电子文件。

（六）访问操作日志，是指为审查电子数据是否被增加、删除或者修改，由计算机信息系统自动生成的对电子数据访问、操作情况的详细记录。

第三十条 本规定自 2016 年 10 月 1 日起施行。之前发布的规范性文件与本规定不一致的，以本规定为准。

关于办理非法采矿、破坏性采矿刑事案件
适用法律若干问题的解释

（2016 年 9 月 26 日最高人民法院审判委员会第 1694 次会议、
2016 年 11 月 4 日最高人民检察院第十二届检察委员会
第五十七次会议通过　2016 年 11 月 28 日公布
2016 年 12 月 1 日施行　法释〔2016〕25 号）

为依法惩处非法采矿、破坏性采矿犯罪活动，根据《中华人民共和国刑法》《中华人民共和国刑事诉讼法》的有关规定，现就办理此类刑事案件适用法律的若干问题解释如下：

第一条　违反《中华人民共和国矿产资源法》《中华人民共和国水法》等法律、行政法规有关矿产资源开发、利用、保护和管理的规定的，应当认定为刑法第三百四十三条规定的"违反矿产资源法的规定"。

第二条　具有下列情形之一的，应当认定为刑法第三百四十三条第一款规定的"未取得采矿许可证"：

（一）无许可证的；

（二）许可证被注销、吊销、撤销的；

（三）超越许可证规定的矿区范围或者开采范围的；

（四）超出许可证规定的矿种的（共生、伴生矿种除外）；

（五）其他未取得许可证的情形。

第三条　实施非法采矿行为，具有下列情形之一的，应当认定为刑法第三百四十三条第一款规定的"情节严重"：

（一）开采的矿产品价值或者造成矿产资源破坏的价值在十万元至三十万元以上的；

（二）在国家规划矿区、对国民经济具有重要价值的矿区采矿，开采国家规定实行保护性开采的特定矿种，或者在禁采区、禁采期内采矿，开采的矿产品价值或者造成矿产资源破坏的价值在五万元至十五万元以上的；

（三）二年内曾因非法采矿受过两次以上行政处罚，又实施非法采矿行为的；

（四）造成生态环境严重损害的；

（五）其他情节严重的情形。

实施非法采矿行为，具有下列情形之一的，应当认定为刑法第三百四十三条第一款规定的"情节特别严重"：

（一）数额达到前款第一项、第二项规定标准五倍以上的；

（二）造成生态环境特别严重损害的；

（三）其他情节特别严重的情形。

第四条　在河道管理范围内采砂，具有下列情形之一，符合刑法第三百四十三条第一款和本解释第二条、第三条规定的，以非法采矿罪定罪处罚：

（一）依据相关规定应当办理河道采砂许可证，未取得河道采砂许可证的；

（二）依据相关规定应当办理河道采砂许可证和采矿许可证，既未取得河道采砂许可证，又未取得采矿许可证的。

实施前款规定行为，虽不具有本解释第三条第一款规定的情形，但严重影响河势稳定，危害防洪安全的，应当认定为刑法第三百四十三条第一款规定的"情节严重"。

第五条　未取得海砂开采海域使用权证，且未取得采矿许可证，采挖海砂，符合刑法第三百四十三条第一款和本解释第二条、第三条规定的，以非法采矿罪定罪处罚。

实施前款规定行为，虽不具有本解释第三条第一款规定的情形，但造成海岸线严重破坏的，应当认定为刑法第三百四十三条第一款规定的"情节严重"。

第六条　造成矿产资源破坏的价值在五十万元至一百万元以上，或者造成国家规划矿区、对国民经济具有重要价值的矿区和国家规定实行保护性开采的特定矿种资源破坏的价值在二十五万元至五十万元以上的，应当认定为刑法第三百四十三条第二款规定的"造成矿产资源严重破坏"。

第七条　明知是犯罪所得的矿产品及其产生的收益，而予以窝藏、转移、收购、代为销售或者以其他方法掩饰、隐瞒的，依照刑法第三百一十二条的规定，以掩饰、隐瞒犯罪所得、犯罪所得收益罪定罪处罚。

实施前款规定的犯罪行为，事前通谋的，以共同犯罪论处。

第八条　多次非法采矿、破坏性采矿构成犯罪，依法应当追诉的，或者二年内多次非法采矿、破坏性采矿未经处理的，价值数额累计计算。

第九条　单位犯刑法第三百四十三条规定之罪的，依照本解释规定的相应自然人犯罪的定罪量刑标准，对直接负责的主管人员和其他直接责任人员定罪处罚，并对单位判处罚金。

第十条 实施非法采矿犯罪，不属于"情节特别严重"，或者实施破坏性采矿犯罪，行为人系初犯，全部退赃退赔，积极修复环境，并确有悔改表现的，可以认定为犯罪情节轻微，不起诉或者免予刑事处罚。

第十一条 对受雇佣为非法采矿、破坏性采矿犯罪提供劳务的人员，除参与利润分成或者领取高额固定工资的以外，一般不以犯罪论处，但曾因非法采矿、破坏性采矿受过处罚的除外。

第十二条 对非法采矿、破坏性采矿犯罪的违法所得及其收益，应当依法追缴或者责令退赔。

对用于非法采矿、破坏性采矿犯罪的专门工具和供犯罪所用的本人财物，应当依法没收。

第十三条 非法开采的矿产品价值，根据销赃数额认定；无销赃数额，销赃数额难以查证，或者根据销赃数额认定明显不合理的，根据矿产品价格和数量认定。

矿产品价值难以确定的，依据下列机构出具的报告，结合其他证据作出认定：

（一）价格认证机构出具的报告；

（二）省级以上人民政府国土资源、水行政、海洋等主管部门出具的报告；

（三）国务院水行政主管部门在国家确定的重要江河、湖泊设立的流域管理机构出具的报告。

第十四条 对案件所涉的有关专门性问题难以确定的，依据下列机构出具的鉴定意见或者报告，结合其他证据作出认定：

（一）司法鉴定机构就生态环境损害出具的鉴定意见；

（二）省级以上人民政府国土资源主管部门就造成矿产资源破坏的价值、是否属于破坏性开采方法出具的报告；

（三）省级以上人民政府水行政主管部门或者国务院水行政主管部门在国家确定的重要江河、湖泊设立的流域管理机构就是否危害防洪安全出具的报告；

（四）省级以上人民政府海洋主管部门就是否造成海岸线严重破坏出具的报告。

第十五条 各省、自治区、直辖市高级人民法院、人民检察院，可以根据本地区实际情况，在本解释第三条、第六条规定的数额幅度内，确定本地区执行的具体数额标准，报最高人民法院、最高人民检察院备案。

第十六条 本解释自 2016 年 12 月 1 日起施行。本解释施行后，《最高人民法院关于审理非法采矿、破坏性采矿刑事案件具体应用法律若干问题的解释》（法释〔2003〕9 号）同时废止。

《关于办理非法采矿、破坏性采矿刑事案件适用法律若干问题的解释》理解与适用

缐　杰　吴峤滨*

2016 年 11 月 28 日，最高人民法院、最高人民检察院联合出台了《关于办理非法采矿、破坏性采矿刑事案件适用法律若干问题的解释》（以下简称《解释》），自 2016 年 12 月 1 日起施行。《解释》根据《刑法修正案（八）》的规定，结合经济社会的发展变化情况对此前发布的相关司法解释的有关规定进行了修改完善，进一步明确了破坏矿产资源犯罪的定罪量刑标准和有关法律适用问题。这是最高人民法院、最高人民检察院依法惩治破坏矿产资源犯罪，维护国家矿产资源管理制度，贯彻落实新发展理念，推动生态文明制度建设的重大举措。为便于深入理解和掌握《解释》的基本精神和主要内容，现就《解释》有关问题解读如下：

一、起草背景及过程

1997 年《刑法》第三百四十三条规定了非法采矿罪、破坏性采矿罪。2003 年 5 月，最高人民法院发布了《关于审理非法采矿、破坏性采矿刑事案件具体应用法律若干问题的解释》（法释〔2003〕9 号，以下简称《2003 年解释》），对矿产资源犯罪的定罪量刑标准及其他法律适用问题作了明确规定。2011 年 5 月 1 日起施行的《刑法修正案（八）》对非法采矿罪作了修改完善：一是将"经责令停止开采后拒不停止开采，造成矿产资源破坏"的犯罪构成要件，修改为"情节严重的"，降低了入罪门槛；二是将适用第二档刑罚的条件由"造成矿产资源严重破坏的"修改为"情节特别严重的"。随着《刑法修正案（八）》的实施，《2003 年解释》的相关规定需要作出相应调整和修改。

矿产资源是国家所有的宝贵财富，是社会主义现代化建设的重要物质基础。近年来，随着矿产品市场价格的不断上升，受利益驱动，非法采挖和滥采滥挖矿产资源的现象屡禁不止，不仅造成矿产资源的破坏，也严重影响了国家关于矿产资源的管理制度。此外，近年来，随着经济社会的快速发展和工业化、城镇化深入推进，建筑用砂需求量大增、价格暴涨，非法采砂现象十分突出，一些地方甚至出现凡有河砂的地方，即有非法采砂的严峻局面，严重威胁

---

* 作者单位：最高人民检察院法律政策研究室。

防洪安全，亟须加以规制。鉴此，国土资源部和水利部均建议尽快修订《2003 年解释》，明确有关法律适用问题，为惩治矿产资源犯罪提供更为有力的法律依据。

2015 年 4 月，最高人民法院、最高人民检察院研究室经协商沟通，共同启动了《解释》的研究制定工作。在深入调查研究、广泛听取意见的基础上，经反复研究讨论，最高人民法院、最高人民检察院研究室提出了征求意见稿，书面征求了全国人大常委会法工委、公安部、国土资源部、水利部、国务院法制办、国家海洋局等中央单位和全国法院、检察院系统的意见。2016 年 3 月，最高人民法院、最高人民检察院研究室共同召开专家论证会，分别邀请有关刑法专家和矿产资源、水利专家对解释稿进行论证研讨。经多次研究修改，2016年 9 月 26 日由最高人民法院审判委员会第 1694 次会议、2016 年 11 月 4 日由最高人民检察院第十二届检察委员会第五十七次会议分别审议通过了该解释。

二、《解释》的主要内容

《解释》共 16 条，主要包括三方面内容：一是非法采矿罪、破坏性采矿罪的定罪量刑标准；二是非法采砂行为的定性处理和入罪标准；三是破坏矿产资源犯罪所涉及的从重处罚、单位犯罪、共同犯罪、术语界定、价值认定等实体问题和违法所得、犯罪工具的处理及专门性问题鉴定等程序问题。

（一）关于"违反矿产资源法的规定"的含义

《解释》第一条明确了"违反矿产资源法的规定"的含义。根据《刑法》第三百四十三条第一款、第二款的规定，以"违反矿产资源法的规定"作为非法采矿罪、破坏性采矿罪构成犯罪的违法性前提。本条明确，违反《矿产资源法》《水法》等法律、行政法规有关矿产资源开发、利用、保护和管理的规定的，应当认定为《刑法》第三百四十三条规定的"违反矿产资源法的规定"。主要考虑是：关于矿产资源开发、利用、保护和管理，除《矿产资源法》作了集中规定外，其他有关法律法规也有所涉及。例如，《水法》第三十九条对河道采砂作了专门规定："国家实行河道采砂许可制度。河道采砂许可制度实施办法，由国务院规定。"《河道管理条例》第二十五条规定，在河道管理范围内进行采砂活动，必须报经河道主管机关批准。第四十四条规定，未经批准或者不按照河道主管机关的规定在河道管理范围内采砂的，予以相应行政处罚；构成犯罪的，依法追究刑事责任。《水法》《河道采砂条例》等法律法规的相关规定虽然不直接涉及矿产资源管理，且主要是从影响河势稳定或者危及堤防安全角度作出的制度安排，但也对河道采挖砂石矿产资源作出了明确规定，属于与矿产资源开发、利用、保护和管理相关的规定。因此，为避免实践中的法律适用漏洞，对于《刑法》第三百四十三条规定的"违反矿产资源法的规定"，不宜限缩解释为违反《矿产资源法》的规定，而应当包括违反《水法》等其他有关法律、行政法规中关于矿产资源开发、利用、保护和管理的规定的情形。

（二）关于"未取得采矿许可证"的具体情形

《解释》第二条明确了"未取得采矿许可证"的具体情形。根据《刑法》第三百四十三条第一款的规定，"未取得采矿许可证擅自采矿"属于非法采矿罪的行为方式之一。本条规定基本沿用了《2003年解释》第二条的规定，明确了五种应当认定为"未取得采矿许可证"的具体情形：（一）无许可证的；（二）许可证被注销、吊销、撤销的；（三）超越许可证规定的矿区范围或者开采范围的；（四）超出许可证规定的矿种的（共生、伴生矿种除外）；（五）其他未取得许可证的情形。

（三）关于非法采矿罪的定罪量刑标准

《解释》第三条明确了非法采矿罪的定罪量刑标准，分为两款。

《刑法修正案（八）》将非法采矿罪的入罪标准"经责令停止开采后拒不停止开采，造成矿产资源破坏"修改为"情节严重"的情形。本条第一款规定了五种应当认定为"情节严重"情形。第（一）项规定"开采的矿产品价值或者造成矿产资源破坏的价值在十万元至三十万元以上的"情形，主要考虑：一是基于矿产品价格上涨的实际情况对数额标准作适当提高。根据《2003年解释》第三条、第九条的规定，非法采矿罪以"造成矿产资源破坏的价值，数额在五万元至十万元以上"作为入罪的数额标准。鉴于矿产资源属于不可再生资源，且处于持续递减的消耗之中，必须加以有效保护，同时综合考虑矿产品价格上涨因素（据国土资源部门提供的数据，近十年来，我国煤、铁、金、银、铜、铅、锌、铝、锡等部分主要矿产品的市场价格平均上涨1.86倍），本项规定的数额标准在《2003年解释》规定的基础上作了适当提高，更符合当前经济社会发展的实际情况。二是基于全国矿产资源分布"贫富不均"的实际情况设置数额标准的幅度。北方矿产资源往往是富矿，以大型平地、露天开采为主，非法开采的矿产品价值往往较大。而南方矿产资源多是贫矿，以硐采（相对于露天采矿而言的一种地下采矿方式）为主，非法开采的矿产品价值往往相对较小。因此，实行统一数额标准在不同地区的司法实践中难以体现罪责刑相适应，有必要继续沿用《2003年解释》的做法设置数额标准的幅度，由各地确定具体标准。第（二）项规定"在国家规划矿区、对国民经济具有重要价值的矿区采矿，开采国家规定实行保护性开采的特定矿种，或者在禁采区、禁采期内采矿，矿产品价值或者造成矿产资源破坏的价值在五万元至十五万元以上的"情形，主要考虑是：根据《矿产资源法》及其实施细则的规定，国家对"两矿区一矿种"（国家规划矿区、对国民经济具有重要价值的矿区和国家规定实行保护性开采的特定矿种）实行特殊保护，根据《水法》《航道法》《水库大坝安全管理条例》等有关法律法规的规定，有关行政主管部门可以依法划定禁采区和规定禁采期。因此，针对"两矿区一矿种"或者在禁采区、禁采期内采矿，其行为的社会危害性更大，其数额标准也应当适当低于一般的非法采矿行为。第（三）项规定"二年内曾因非法采矿受过两次以上行政处罚，又实施非法采矿行为的"情形，主要考虑到实践中出现了"蚂蚁搬家"式的非法采矿行为，这类犯罪分子利用小型货车、农业三轮车等交通工具进行"蚂蚁搬家"式开采，被查获的矿产品达不到入罪标准，只能给予行政处罚。这类犯罪分子屡罚屡犯，主观恶性较大，客观危害严重，有必要予以刑事打击。第（四）项规定"造成生态环境严重损害的"情形，主要考虑到实践中非法采矿行为不仅破坏矿产资源，往往还会对森林、林地、水体、生物物种等生态环境造成不同程度的损害。对于造成生态环境严重损害的非法采矿行为，有必要予以刑事打击。第（五）项是兜底条款。

《刑法修正案（八）》将非法采矿罪的第二档量刑标准"造成矿产资源严重破坏的"修改为"情节特别严重"的情形。本条第二款规定了3种应当认定为"情节特别严重"的情形。第（一）项规定的数额标准与第一款第（一）项、第（二）项规定的数额标准保持五倍关系。第（二）项规定"造成生态环境特别严重损害的"情形，是第一款第（四）项的加重情节。第（三）项是兜底条款。

（四）关于非法开采河砂的定性处理问题和入罪标准

《解释》第四条明确了非法开采河砂的定性处理问题和入罪标准，分为两款。

长期以来，司法实践中对于非法采砂行为的定性处理存在不同认识和做法，主要集中在两个方面：

第一，对于非法采砂行为是否有必要纳入刑事打击范畴。征求意见过程中，有一种意见认为，实践中违法开采砂、石、粘土行为大量存在，在司法解释中单独明确并强调非法开采砂、石、粘土应当予以追究刑事责任，可能存在打击面过大、执法成本较高的风险。经研究认为，非法采砂行为具有较大的社会危害性，有必要予以刑事打击：一是砂石资源是河道河床的组成部分，是维持河道水沙平衡的重要物质条件，是保持河势稳定的基本要素。近年来，在河道内非法采砂现象十分突出，严重威胁防洪安全，亟须加以规制。而非法采挖海砂行为也日益猖獗，已危及近海航运安全，造成沙源流失和海水污染，破坏海洋生态环境。二是打击非法采砂行为，规范开采河砂、海砂秩序，并不会影响基建用砂所需，也不会增加老百姓用砂和工程建设用砂成本。以河道采砂为例，按照河道采砂规划或者采砂许可证规定的可采区、可采期、可采量和开采方式，有计划、有步骤地适度采砂，既可以疏浚河道，又能满足建筑用砂需要。从江西、湖南等几个采砂管理比较规范的省份看，严格依法管理河道采砂、打击非法采砂，并没有影响本地基建用砂需要，其开采的砂石还可以供应长江下游的江苏、上海等省份。此外，河砂并不是建筑用砂的唯一来源，近年来建筑用砂采用碎石替代河砂的比例已经提高到30%左右。三是从境外立法例来看，对于非法采砂行为追究刑事责任已是通例。西班牙、德国、罗马尼亚和我国台湾地区均将非法采砂直接规定为犯罪，瑞士、芬兰、墨西哥、朝鲜等则按照其他相关条文惩治非法采砂行为。

第二，对于非法采砂行为适用什么罪名追究刑事责任。司法实践中，对非法采砂行为大部分适用非法采矿罪，有的适用盗窃罪、非法经营罪，还有个别适用非法占用农用地罪、寻衅滋事罪、妨害公务罪、以危险方法危害公共安全罪等其他罪名。经研究认为，对非法采砂行为以非法采矿罪定性处理是比较合适的，主要理由：一是矿产资源是指由地质作用形成的，具有利用价值的，呈固态、液态、气态的自然资源。砂、石、粘土均属于矿产资源，可以成为非法采矿罪的对象。二是非法采砂既侵犯了国家对矿产资源的管理制度，又侵犯了矿产资源的所有权，但其行为的社会危害性主要还是体现在对砂石资源管理制度的破坏，这区别于一般的盗窃行为。三是《刑法》对非法开采矿产资源的行为作了特殊规定，根据"特别法优于一般法"的原则，对非法采砂行为应当适用非法采矿罪，这与盗伐林木罪是类似的。

鉴于目前开采河砂和开采海砂的行政许可情况不同，《解释》第四条、第五条分别对非法开采河砂和非法开采海砂的定性处理问题和入罪标准作了规定。第四条第一款明确了非法开采河砂行为的定性处理问题，即在河道管理范围内采砂，依据相关规定应当办理河道采砂许可证，未取得河道采砂许可证，或者依据相关规定应当办理河道采砂许可证和采矿许可证，既未取得河道采砂许可证，又未取得采矿许可证的，以非法采矿罪定罪处罚。主要考虑是，目前开采河砂行政许可的实际情况比较复杂：在长江流域开采河砂，根据《长江河道采砂管理条例》的规定，实行"一证"（河道采砂许可证）、"一费"（长江河道砂石资源费）的管理制度，只领取河道采砂许可证，不再办理其他许可手续；在长江以外区域开采河砂，据水利部提供的资料，全国已经有28个省（自治区、直辖市）明确实行"一证"（河道采砂许可证），由水行政主管部门审批管理，浙江、青海、广西要求同时办理采砂许可证和采矿许可证。因此，根据上述开采河砂行政许可的实际情况，为了合理控制刑事打击面，本款对于依据相关规定实行一证管理的区域，以是否取得河道采砂许可证作为认定非法采矿的标准；对于依据相关规定实行两证管理的区域，只要取得一个许可证的，就不以非法采矿罪论处，即以同时未取得河道采砂许可证和采矿许可证作为认定非法采矿的标准。

本条第二款明确了非法开采河砂行为的入罪标准。非法开采河砂特别是在禁采区、禁采期实施河道采砂，可能改变河势，甚至影响河势稳定，危害防洪安全。因此，为了加强对防洪安全的特殊保护，本款明确实施非法开采河砂行为，虽不具有《解释》第三条第一款规定的情形，但严重影响河势稳定，危害防洪安全的，应当认定为非法采矿罪的"情节严重"。

（五）关于非法开采海砂的定性处理问题和入罪标准

《解释》第五条明确了非法开采海砂的定性处理问题和入罪标准，分为两款。

本条第一款明确了非法开采海砂的定性处理问题，即未取得海砂开采海域使用权证，且未取得采矿许可证，采挖海砂的，以非法采矿罪定罪处罚。主要考虑是：目前，开采海砂需要取得海砂开采海域使用权证（由海洋主管部门发放）和采矿许可证（由国土资源主管部门发放）。因此，根据上述开采海砂行政许可的实际情况，为了合理控制刑事打击面，本款明确以同时未取得海砂开采海域使用权证和采矿许可证作为认定非法采矿的标准，只要取得一个许可证的，就不以非法采矿罪论处。

本条第二款明确了非法开采海砂行为的入罪标准。非法开采海砂不仅破坏矿产资源，还可能严重破坏海岸线或者危害海洋生态环境，特别是在入海口、滨海湿地、海岛、红树林、珊瑚礁等典型、敏感海域开采海砂，极易造成海岸线改变。因此，为了加强对海洋环境的特殊保护，本款明确实施非法开采海砂行为，虽不具有《解释》第三条第一款规定的情形，但造成海岸线严重破坏的，应当认定为非法采矿罪的"情节严重"。

（六）关于破坏性采矿罪"造成矿产资源严重破坏"的认定标准

根据《刑法》第三百四十三条第二款的规定，破坏性采矿罪以"造成矿产资源严重破坏"作为入罪标准，《解释》第六条明确了其认定标准。根据《2003年解释》第五条、第九条的规定，破坏性采矿罪以"造成矿产资源破坏的价值，数额在三十万元至五十万元以上"作为入罪的数额标准。本条规定的数额标准在《2003年解释》规定的基础上，综合考虑矿产品价格上涨因素作了适当提高，以"造成矿产资源破坏的价值在五十万元至一百万元以上"作为入罪的数额标准。同时，参照《解释》第三条第一款第二项的规定，对"造成国家规定实行保护性开采的特定矿种资源破坏"的情形规定了低于一般破坏性采矿行为的数额标准。

（七）关于掩饰、隐瞒破坏矿产资源犯罪所得及其收益的定性处理问题

《解释》第七条明确了掩饰、隐瞒破坏矿产资源犯罪所得及其收益的定性处理问题。从司法实践来看，破坏矿产资源犯罪形成了利益链条，后续的窝藏、转移、收购、代为销售等环节成为此类犯罪蔓延的重要原因之一。为有效惩治此类犯罪，保护国家矿产资源，本条明确对明知是犯罪所得的矿产品及其产生的收益，而予以窝藏、转移、收购、代为销售或者以其他方法掩饰、隐瞒的，以掩饰、隐瞒犯罪所得、犯罪所得收益罪定罪处罚；事前通谋的，以共同犯罪论处。

（八）关于破坏矿产资源犯罪的数额累计计算规则

《解释》第八条明确了破坏矿产资源犯罪的数额累计计算规则，与《2003年解释》第七条规定精神保持一致，即多次非法采矿、破坏性采矿构成犯罪，依法应当追诉的，或者二年内多次非法采矿、破坏性采矿未经处理的，价值数额累计计算。

（九）关于单位犯罪的定罪量刑标准

《解释》第九条明确单位实施破坏矿产资源犯罪的，适用自然人犯罪的定罪量刑标准，即依照《解释》规定的相应自然人犯罪的定罪量刑标准，对直接负责的主管人员和其他直接责任人员定罪处罚，并对单位判处罚金。

（十）关于破坏矿产资源犯罪的从宽处理问题

《解释》第十条明确了破坏矿产资源犯罪的从宽处理的情形。主要考虑是：为贯彻落实《中共中央关于全面推进依法治国若干重大问题的决定》提出的"完善刑事诉讼中认罪认罚从宽制度"，在破坏矿产资源犯罪中体现恢复性司法理念，对于达到非法采矿罪、破坏性采矿罪入罪标准的行为人，如果其系初犯，全部退赃退赔，积极修复环境，并确有悔改表现的，可以认定为犯罪情节轻微，不起诉或者免予刑事处罚。

（十一）关于宽严相济刑事政策的把握问题

《解释》第十一条明确了宽严相济刑事政策的把握问题。主要考虑是：破坏矿产资源犯罪案件，特别是非法采矿案件，往往具有聚众性的特征。从司法实践来看，非法采矿、破坏性采矿犯罪的涉案主体一般有三个层次：第一层次是出资者、组织者、经营者；第二层次是管理者，即具体犯罪活动的执行者；第三层次是提供具体劳务的一般参与者。根据刑法谦抑性和宽严相济刑事政策的要求，应当将第一层次和第二层次作为打击重点；对于第三层次应当区分情况，对于参与利润分成或者领取高额固定工资的，可以共同犯罪论处，对于受雇佣领取正常劳务报酬且无其他恶劣情节的，一般不以犯罪论处。

（十二）关于破坏矿产资源犯罪的违法所得和犯罪工具的处理问题

《解释》第十二条明确了破坏矿产资源犯罪的违法所得和犯罪工具的处理问题。根据《刑法》第六十四条的规定，犯罪分子违法所得的一切财物，应当予以追缴或者责令退赔；违禁品和供犯罪所用的本人财物，应当予以没收。司法实践中比较突出的问题是，有的大型翻斗式采砂船的造价达数百万元至两三千万元，有的采砂船系由其他船舶改装而成可以用作他用，有的采砂船系集资或者贷款建造，对于是否一律没收，地方司法机关存在顾虑和不同做法。经研究，本条为了体现对破坏矿产资源犯罪特别是非法采砂犯罪的从严打击和源头治理，根据《刑法》第六十四条的立法精神作了规定，即对非法采矿、破坏性采矿犯罪的违法所得及其收益，应当依法追缴或者责令退赔；对用于非法采矿、破坏性采矿犯罪的专门工具和供犯罪所用的本人财物，应当依法没收。

（十三）关于非法开采矿产品的价值认定问题

《解释》第十三条明确了非法开采矿产品的价值认定问题。办理破坏矿产资源犯罪案件中，准确认定非法开采矿产品的价值，是正确适用定罪量刑标准的重要前提。本条在总结司法实践经验的基础上，本着尽可能准确反映非法开采行为的社会危害性原则，明确了价值认定规则：一般情况下，价值根据销赃数额认定；无销赃数额，销赃数额难以查证，或者根据销赃数额认定明显不合理的，根据矿产品价格和数量认定；矿产品价值难以确定的，依据价格认证机构或者有关行政主管部门出具的报告，结合其他证据作出认定。

（十四）关于破坏矿产资源案件涉及专门性问题的认定问题

《解释》第十四条明确了破坏矿产资源案件涉及专门性问题的认定问题。

本条规定对案件所涉的有关专门性问题难以确定的，可以由以下机构出具鉴定意见或者报告：一是司法鉴定机构就生态环境损害出具鉴定意见。2015年12月，最高人民法院、最高人民检察院司法部印发《关于将环境损害司法鉴定纳入统一登记管理范围的通知》（司发通〔2015〕117号），司法部、环境保护部印发《关于规范环境损害司法鉴定管理工作的通知》（司发通〔2015〕118号），对司法鉴定机构出具环境损害司法鉴定意见提供了依据并作出规范。二是省级以上人民政府国土资源主管部门就造成矿产资源破坏的价值、是否属于破坏性开采方法出具报告。《2003年解释》第六条规定："破坏性的开采方法以及造成矿产资源破坏或者严重破坏的数额，由省级以上地质矿产主管部门出具鉴定结论，经查证属实后予以认定。"本条继续沿用上述规定。三是省级以上人民政府海洋主管部门就是否造成海岸线严重破坏出具报告。根据《海洋环境保护法》《海域使用管理法》《海岛保护法》等规定，海洋行政主管部门负责海洋环境的监督管理，由其就是否造成海岸线严重破坏出具报告是合适的。四是省级以上人民政府水行政主管部门或者国务院水行政主管部门在国家确定的重要江河、湖泊设立的流域管理机构就是否危害防洪安全出具报告。根据《水法》规定，国家对水资源实行流域管理与行政区域管理相结合的管理体制。国务院水行政主管部门在国家确定的重要江河、湖泊设立流域管理机构，即长江、黄河、淮河、海河、珠江、松辽水利委员会和太湖流域管理局，在所管辖的范围内行使法律、行政法规规定的和国务院水行政主管部门授予的水资源管理和监督职责。因此，由水行政主管部门或者流域管理机构就是否危害防洪安全出具报告是合适的。

（十五）关于各地确定具体数额标准的问题

《解释》第十五条明确了各地在本解释规定的数额幅度内确定具体数额标准的问题，主要考虑到破坏矿产资源犯罪实行统一数额标准在不同地区的司法实践中难以体现罪责刑相适应，可以继续沿用《2003 年解释》的做法，由各地区根据本地区实际情况在《解释》规定的数额幅度内，确定本地区执行的具体数额标准。

（十六）关于司法解释的效力规定

《解释》第十六条是关于司法解释的效力规定。由于《解释》的内容已完全涵盖《2003 年解释》，本解释公布施行后，《2003 年解释》同时废止。

人民检察院、保密行政管理部门查办泄密案件若干问题的规定

（最高人民检察院、国家保密局 2016 年 12 月 14 日公布）

第一条 为保守国家秘密，维护国家安全和利益，加强查办泄密案件中保密行政管理部门与人民检察院的协调配合，根据《中华人民共和国刑法》《中华人民共和国刑事诉讼法》《中华人民共和国保守国家秘密法》等法律法规，制定本规定。

第二条 本规定所称泄密案件，包括泄密违法案件和泄密犯罪案件。

泄密违法案件，是指机关、单位或者有关人员的行为违反保密法律法规规章，致使国家秘密已经泄露或者可能泄露，但尚不构成犯罪的案件。

泄密犯罪案件，是指根据刑法和有关司法解释的规定，构成故意泄露国家秘密罪或者过失泄露国家秘密罪，依法应当追究刑事责任的案件。

第三条 泄密违法案件由发生案件的机关、单位或者相关责任人员所在地的保密行政管理部门组织查处。有关法律法规规章对泄密违法案件管辖另有规定的从其规定。

第四条 泄密犯罪案件由犯罪地人民检察院立案侦查。必要时，可以由犯罪嫌疑人居住地人民检察院立案侦查。

泄密犯罪案件的犯罪地包括泄密犯罪行为实施地，发生泄密犯罪案件的机关、单位所在地，泄密犯罪案件涉及的国家秘密载体所在地，发生泄密犯罪案件的计算机信息系统或者网站服务器所在地，以及因泄密犯罪案件而直接遭受损失的机关、单位所在地等。

第五条 保密行政管理部门查办的泄密违法案件，经初步调查，认为涉嫌构成泄密犯罪，依法应当追究刑事责任的，应当立即中止调查，并在中止调查之日起十日以内移交同级或者有管辖权的人民检察院查处。

保密行政管理部门向人民检察院移送涉嫌泄密犯罪案件，应当附有下列材料：

（一）案件移送书；

（二）案件情况的初查报告；

（三）涉案物品清单；

（四）有关检验报告或者密级鉴定书；

（五）其他有关证明涉嫌泄密犯罪的材料。

第六条　保密行政管理部门接到机关和单位报告、有关部门移送、公民举报的涉嫌泄密犯罪案件线索，或者在保密检查中发现涉嫌泄密犯罪案件线索，认为达到泄密犯罪案件立案标准的，应当及时将线索移送同级或者有管辖权的人民检察院。

第七条　人民检察院直接受理立案侦查涉嫌泄密犯罪案件时，发现国家秘密已经泄露或者可能泄露的，应当立即将有关情况通报同级保密行政管理部门。

人民检察院办理其他案件时，发现有涉嫌泄密违法行为但尚不构成犯罪的，应当及时将有关情况通报同级保密行政管理部门。

第八条　人民检察院对保密行政管理部门移送的涉嫌泄密犯罪案件材料，应当及时进行审查，必要时可以进行初查。经审查认为符合立案条件的，应当及时作出立案决定，并在决定立案之日起十日以内，书面通知移送案件的保密行政管理部门。

人民检察院决定不予立案的，应当制作不立案通知书，写明案由和案件来源、决定不立案的理由和法律依据，自作出不立案决定之日起十日以内送达移送案件的保密行政管理部门。

第九条　对于人民检察院的不立案决定，移送案件的保密行政管理部门可以在收到不立案通知书后五日以内要求作出不立案决定的人民检察院复议。人民检察院应当另行指派专人进行审查，并在收到保密行政管理部门要求复议意见书后七日以内作出复议决定。

保密行政管理部门对复议决定不服的，可以在收到人民检察院复议决定书后五日以内向上一级人民检察院提请复核。上一级人民检察院应当在收到保密行政管理部门提请复核意见书后十五日以内作出复核决定。对于原不立案决定错误的，应当及时纠正，并通知作出不立案决定的下级人民检察院执行。

第十条　人民检察院在侦查过程中或者侦查终结后，发现具有《人民检察院刑事诉讼规则（试行）》第二百九十条规定情形的，应当撤销案件，并将撤销案件决定书及时送达移送案件的保密行政管理部门。

第十一条　人民检察院对泄密犯罪案件进行审查后，认为犯罪嫌疑人的犯罪事实已经查清，证据确实、充分，依法应当追究刑事责任的，应当作出起诉决定，并及时将起诉情况通知移送案件的保密行政管理部门。

人民检察院对泄密案件进行审查后，认为符合《人民检察院刑事诉讼规则（试行）》规定的不起诉情形的，依法作出不起诉决定，及时将不起诉决定书抄送移送案件的保密行政管理部门，并说明作出不起诉决定的理由与法律依据。

第十二条 人民检察院在办理泄密犯罪案件过程中，发现有下列情形之一的，可以向相关主管部门或者发案机关、单位等提出依法依纪处理、改进工作等检察建议：

（一）决定不予立案或者撤销案件、不起诉，但需要对发案机关、单位的直接负责的主管人员和其他直接责任人员给予处分的；

（二）发案机关、单位在预防泄密方面管理不完善，制度不健全、不落实，存在泄密犯罪隐患的；

（三）发案机关、单位的行业主管部门或者主管机关需要加强或者改进本行业或者本部门保密工作的；

（四）其他需要提出检察建议的。

人民检察院向相关主管部门或者发案机关、单位提出检察建议的，应当同时抄送有管辖权的保密行政管理部门。

第十三条 保密行政管理部门向人民检察院移送涉嫌泄密犯罪案件，对于其在行政执法中收集的物证、书证、视听资料、电子数据等证据材料，应当以该保密行政管理部门的名义一并移送人民检察院。经人民检察院审查符合法定要求的，可以作为刑事诉讼证据使用。

对于保密行政管理部门在查办泄密案件过程中收集的鉴定意见和勘验、检查笔录，经人民检察院审查符合法定要求的，可以作为刑事诉讼证据使用。

人民检察院办理泄密犯罪案件，对于保密行政管理部门在查办泄密案件过程中收集的涉案人员供述或者相关人员的证言、陈述，应当重新收集。确有证据证实涉案人员或者相关人员因路途遥远、死亡、失踪或者丧失作证能力，无法重新收集，且供述、证言或者陈述的来源、收集程序合法，并有其他证据相印证，经人民检察院审查符合法定要求的，可以作为刑事诉讼证据使用。

第十四条 人民检察院在办理泄密犯罪案件过程中，对于案件涉及的国家秘密载体，应当及时采取查封、扣押措施，防止泄密范围扩大。

保密行政管理部门对于先期采取登记保存、收缴等措施的有关设施、设备、文件资料等，应当及时通报人民检察院采取查封、扣押措施，并提供必要的协助。

第十五条 人民检察院办理泄密犯罪案件过程中，需要对有关事项是否属于国家秘密以及属于何种密级进行鉴定的，应当向有鉴定权的保密行政管理部门提请鉴定。保密行政管理部门应当依法作出鉴定，并出具密级鉴定书。

第十六条 保密行政管理部门对于疑难、复杂的泄密案件，可以商请人民检察院就案件性质、追诉标准、证据固定等问题提出咨询或者参考意见。

第十七条 保密行政管理部门应当向人民检察院移送而不移送涉嫌泄密犯罪案件，或者逾期未移送，或者以处分代替移送的，上级保密行政管理部门应当责令限期移送；情节严重的，对负有责任的主管人员和其他直接责任人员依法给予处分。

人民检察院接到控告、举报或者发现保密行政管理部门应当移送而不移送涉嫌泄密犯罪案件，或者逾期未移送，或者以处分代替移送的，应当向保密行政管理部门提出检察意见，建议其移送，保密行政管理部门应当立即移送。保密行政管理部门仍不移送的，人民检察院应当将有关情况通报上级保密行政管理部门，必要时对涉嫌泄密犯罪直接立案侦查。对于构成徇私舞弊不移交刑事案件罪的责任人员，依法追究刑事责任。

第十八条 人民检察院有关部门不受理保密行政管理部门移送的案件，或者未在法定期限内作出立案或者不予立案决定的，保密行政管理部门应当向人民检察院通报情况、提出意见。人民检察院经审查认为存在违法情形的，应当及时纠正；情节严重的，对负有责任的主管人员和其他直接责任人员依法给予处分；构成犯罪的，依法追究刑事责任。

第十九条 人民检察院建立和完善泄密犯罪案件线索汇总与管控机制。对于保密行政管理部门移送的涉嫌泄密犯罪案件或者线索，人民检察院有关部门应当采取分类登记、专人负责、定期汇总等措施，防止泄密犯罪案件或者线索流失。

第二十条 人民检察院与保密行政管理部门建立和完善泄密犯罪案件协调会商机制。保密行政管理部门依据本规定向人民检察院移送重大、疑难、复杂的涉嫌泄密犯罪案件前，可以启动协调会商机制，与人民检察院就案件性质、适用法律、案件管辖等问题进行会商。

第二十一条 人民检察院与保密行政管理部门建立和完善泄密犯罪案件应急处置机制。发生保密突发事件，保密行政管理部门可以依法启动应急处置机制，商请人民检察院在职责范围内依法予以协助。

人民检察院在办理泄密犯罪案件过程中，发现需要立即采取防范或者补救措施的，可以商请保密行政管理部门依法启动应急处置机制。

第二十二条 人民检察院与保密行政管理部门建立联席会议机制。双方及时相互通报移送、办理泄密犯罪案件以及衔接工作的有关情况，会商案件移送、办理中遇到的法律政策问题，研究阶段性工作重点和措施。

　　第二十三条　人民检察院与保密行政管理部门建立信息共享机制。加强和推进泄密犯罪案件衔接工作信息共享平台建设，实现保密行政管理部门与人民检察院之间行政执法、刑事司法信息互联互通。

　　第二十四条　本规定由最高人民检察院会同国家保密局负责解释，自印发之日起施行。

《人民检察院、保密行政管理部门查办泄密案件若干问题的规定》理解与适用

万　春　缐　杰　吴峤滨　侯庆奇*

2016 年 12 月 20 日，最高人民检察院、国家保密局联合印发了《人民检察院、保密行政管理部门查办泄密案件若干问题的规定》（以下简称《规定》）。《规定》根据《刑法》《刑事诉讼法》《保守国家秘密法》等相关法律法规的规定，结合行政执法和刑事司法的实际情况，明确了人民检察院、保密行政管理部门查办泄密案件工作中行政执法与刑事司法衔接的有关问题。这是最高人民检察院、国家保密局贯彻落实中央加强和改进保密工作的决策部署，维护国家安全和利益，加强协调配合的重大举措。为便于深入理解和掌握《规定》的基本精神和主要内容，现就《规定》有关问题解读如下：

一、制定《规定》的意义和原则

（一）制定意义

保密工作是一项基础性、全局性、长期性工作。在党和国家发展的不同历史时期，保密工作始终发挥着不可或缺的重要作用，是国家安全和利益的重要保障。革命年代，保密就是保生存、保胜利。和平建设时期，保密工作关系着党和国家事业的成败安危和永续发展。在全面推进依法治国的大背景下，适应总体国家安全观的需要，积极应对反窃密防泄密斗争的复杂形势，建立健全泄密案件行政执法与刑事司法衔接机制，构建人民检察院和保密行政管理部门查办泄密案件的长效工作机制，具有十分重要的意义：

一是贯彻落实中央决策部署的重要举措。保密工作极端重要，须臾不可放松。中央关于加强和改进保密工作的决策部署，强调加强和改进保密工作的特殊重要意义，明确加强和改进保密工作的总体要求，为当前和今后一个时期做好保密工作提供了基本遵循。保密行政管理部门和人民检察院担负着查办泄密违法犯罪案件的重要职责，是做好新时期保密工作的重要力量。面对新形势下保密工作面临的新情况、新任务、新要求，两部门必须坚决贯彻落实中央决策部署，严格依法履行法定职责，密切配合，加强协作，确保党和国家秘密安全。

---

* 作者单位：最高人民检察院法律政策研究室。

二是应对当前窃密、泄密案件高发形势的重要举措。随着改革开放的不断深化和信息化的快速推进，国家秘密安全环境的复杂性凸显，安全威胁的多样性增大，安全挑战的严峻性加剧。泄密与防泄密、窃密与反窃密斗争异常激烈，窃密、泄密案件高发、易发，给国家安全和利益造成重大损害。近年来，各级保密行政管理部门和人民检察院积极应对新形势、新挑战，加大对泄密违法犯罪案件的查处力度，取得了一定成效。《规定》的制定出台，有利于巩固当前泄密案件查处工作成效，进一步发挥两部门各自优势，形成合力，共同打击泄密违法犯罪行为。

三是密切保密行政管理部门和人民检察院协调配合的重要举措。一方面，长期以来，人民检察院和保密行政管理部门在查处泄密案件中相互配合、密切协作，积累了很多有益的经验和做法，取得了良好的政治效果、法律效果和社会效果，尤其在案件移送、协助调查、信息共享等方面形成了较为完善的工作规则，有必要通过规范性文件加以总结、固化和发扬。另一方面，两部门在具体操作层面还存在着工作机制不够完善、信息沟通不够畅通、信息共享不够全面等问题，有待进一步加强和改进。《规定》的制定出台，有利于促进行政执法与刑事司法衔接，推进两部门协调配合，更好维护国家秘密安全。

（二）制定原则

最高人民检察院、国家保密局在《规定》的研究起草过程中，始终注意坚持以下几方面原则：

一是以中央相关重大决策部署作为指导思想。《中共中央关于全面推进依法治国若干重大问题的决定》明确指出："健全行政执法和刑事司法衔接机制，完善案件移送标准和程序，建立行政执法机关、公安机关、人民检察院、审判机关信息共享、案情通报、案件移送制度，坚决克服有案不移、有案难移、以罚代刑现象，实现行政处罚与刑事处罚无缝对接。"《规定》将中央关于全面推进依法治国和加强改进保密工作的重大决策部署作为贯穿全文的指导思想和总纲领，进一步明确工作要求、规范工作程序、健全工作机制，把各级人民检察院和保密行政管理部门的思想和行动统一到中央的部署要求上来，切实增强责任感和使命感。

二是以相关法律法规和司法解释作为依据。泄密案件行政执法与刑事司法衔接工作涵盖面广、涉及问题多，既涉及《保守国家秘密法》及其实施条例等保密行政法律法规，也涉及刑法、刑事诉讼法、《人民检察院刑事诉讼规则（试行）》等刑事法律、司法解释，还同时涉及《行政执法机关移送涉嫌犯罪案件的规定》《人民检察院办理行政执法机关移送涉嫌犯罪案件的规定》《关于加强行政执法与刑事司法衔接的意见》等有关行政执法与刑事司法衔接的行政法规、司法解释和规范性文件。《规定》注意与上述相关法律法规和司法解释保持协调一致，做到有法可依，于法有据。

三是注意突出重点。《规定》围绕人民检察院、保密行政管理部门查办泄密案件行刑衔接这条主线，重点明确两部门在案件管辖、案件及线索移送、立案、起诉、检察建议、证据、密级鉴定、提前介入、责任追究等方面工作的程序和标准，提高行刑衔接的规范化水平。

四是注意强化可操作性。《规定》遵循立足本职、符合实际的工作方针，着重对具体工作程序和相关环节作出细化规定，着力增强针对性和可操作性。

二、制定《规定》的过程和背景

（一）制定过程

2015 年 5 月，最高人民检察院法律政策研究室与国家保密局监督检查司共同启动《规定》的起草工作。7 月，两部门赴广东、云南等省进行实地调研，经过深入调查研究、广泛听取意见建议，共同研究起草了《规定》初稿。9 月，在四川召开专家座谈会，听取学术界、实务界有关专家的意见建议。随后，两部门又多次进行深入沟通交流，对《规定》初稿反复修改，形成《规定》征求意见稿。2016 年 5 月，两部门分别在检察系统、保密系统内征求了意见，并综合研究各方反馈意见多次修改完善，形成了《规定》会签稿。12 月，最高人民检察院与国家保密局共同会签《规定》，并于 2017 年 1 月 14 日公布《规定》全文。

（二）制定背景

最高人民检察院法律政策研究室与国家保密局监督检查司在《规定》的研究起草过程中，通过实地调研、召开座谈会等方式，深入了解和考察人民检察院和保密行政管理部门查办泄密违法犯罪案件的情况，系统总结分析案件特点、工作经验以及泄密案件行政执法与刑事司法衔接工作中存在的困难和问题。主要包括以下几方面情况：

首先是保密行政管理部门查办泄密违法案件的特点，主要有：（1）案件总量基本呈上升态势。随着保密行政管理部门案件线索发现能力和查处能力的增强，从 2011 年至 2015 年，保密行政管理部门组织查处泄密违法案件的数量总体呈上升趋势，处理人员数量也总体呈不断攀升态势。（2）过失泄密案件高发频发。在 2011 年至 2015 年保密行政管理部门组织查处的泄密违法案件中，过失泄密案件占到绝大部分。主要表现在非涉密办公自动化系统中违规存储、处理国家秘密信息，在连接互联网的非涉密计算机、存储设备中储存、处理国家秘密信息，微信、微博等新媒体过失泄密，党政机关传达学习涉密文件过程中的泄密等几种情况。这些案件中，责任人员主要是由于缺乏保密意识和保密常识而导致泄密。（3）涉密、知密人员卖密、泄密情况触目惊心，机关单位内部工作人员故意泄密势头也有所上升。一些机关单位内部工作人员，利用工作之便，对外泄露国家秘密。在经济、司法、考试等领域，此类案件也屡屡发生。（4）互联网站违规刊登泄密文件资料居高不下。机关单位在信息发布过程中对涉密文件忽略保密审查或保密审查不严格、社会网站对涉密文件的违规上传或者转载、机关单位将承担的涉密项目业务信息发布到门户网站以及个别机关单位工作人员违规将涉密文件资料发布到个人博客等社会网站，是导致互联网泄密案件高发、频发的重要原因。此类案件的突出特点是信息传扩迅速，难以及时、有效地采取补救措施。

其次是检察机关立案侦查泄密犯罪案件的特点，主要有：（1）犯罪主体多元化。保密工作涉及的领域广，包括经济、外交、军事等诸多领域，并且不断从机关、单位向社会、市场拓展，与之相对应，实施泄密犯罪的人员成分也呈现多元化特点，既有行政机关、司法机关工作人员，也有国有企事业单位人员，还有其他非国家机关工作人员。（2）故意犯罪为主。从泄密犯罪案件的构成比例来看，故意泄露国家秘密案件占案件总量的绝大部分，泄密犯罪案件总体呈现极强的趋利性，有的行为人为了获取经济利益，甚至通过出卖的方式主动向他人泄露国家秘密。（3）犯罪手段多样化。除了传统的泄密手段，行为人实施泄露国家秘密犯罪的手段更加多样，方法更加先进，方式更加隐蔽。特别是随着信息化技术的发展，国家秘密存储、处理和传输方式发生了重大变化，互联网成为实施犯罪的主渠道。行为人更多地通过移动存储设备、发送电子邮件、短信或者微信等信息化手段泄露国家秘密。检察机关发现和查处泄密犯罪案件的难度明显增加。（4）涉案领域不断扩展。泄密犯罪的领域已经从传统的国防、军事、外交、军工领域向经济、社会、司法、地理等多领域扩展。（5）保密意识淡薄是过失犯罪主因。从近5年来的过失泄密犯罪案件来看，一个共同特点是犯罪行为人缺乏应有的保密意识和基本的保密常识，对泄密事件的后果缺乏清醒的认识。过失泄密犯罪在行为方面的突出表现就是虽然涉案人员签订了保密协议，但都不认真执行各项保密管理要求，最终因疏忽大意或者过于自信造成泄密事件。

最后是泄密案件行政执法与刑事司法衔接工作中存在的主要问题，主要有：（1）案件移送缺少程序性规定。实现泄密案件行政执法与刑事司法的顺畅衔接，必须构建一套健全的程序衔接机制，其中最为重要的就是案件移送问题。如何将保密行政检查查处中发现的涉嫌泄密犯罪案件及时移送刑事司法程序，防止案件移送、接收的随意性成为泄密案件两法衔接的首要问题。目前，泄密案件行刑衔接方面的依据主要还是1989年制发的《保密工作部门同检察、国家安全、公安、监察、党的纪检机关查处泄密案件协调配合的办法》。该办法作为制度性框架，对案件移送的主体、标准和程序等均未作规定，可操作性不强，已无法适应新形势下泄密案件行刑衔接工作的需要。实践中，由于泄密案件行刑衔接缺乏细化的操作程序，案件移送的条件和材料、如何移送、移送的期限、移送的对接程序等均不明确，极大地影响了案件移送的时效性和有效性。（2）案件移送后的执法状态不明确。调研过程中，一些地方的保密行政管理部门和检察机关反映案件移送中的难题：一是当一个案件涉及多个泄密违法行为或者泄密主体时，有些泄密违法行为或者泄密主体涉及犯罪，有些泄密违法行为或者违法主体不涉及犯罪，是全案移送还是仅仅将涉嫌犯罪的泄密违法行为、违法主体移送，实践中的做法不一。二是保密行政管理部门认定相关的泄密违法行为涉嫌犯罪后，是立即中止案件办理及时移送司法机关追究刑事责任，还是可以在移送的同时继续调查并作出相应的决定，在实践中也存在争议。（3）未形成双向移送的工作机制。行刑衔接工作机制，应当是一种双向的办案协作机制。一方面，保密行政管理部门在查处泄密违法违纪案件过程中，发现涉嫌泄露国家秘密犯罪的案件或者线索的，应当及时移送检察机关；另一方面，检察机关在办案过程中，对尚不构成泄密犯罪但属于泄密违法违纪的案件，应当移送保密行政管理部门。实践中，主要是保密行政管理部门向检察机关移送涉嫌犯罪的案件，检察机关将不构成犯罪但应当追究行政责任的泄密违法违纪案件线索及证据向保密行政管理部门移送的则比较少。（4）案情通报渠道不畅。保密行政管理部门和检察机关及时通报案情，可以使彼此了解泄密违法犯罪案件发生、发展的态势和特点，及时进行研判，有的放矢地打击泄密违法犯罪行为。在调研中发现，各地保密行政管理部门和检察机关大多未建立案情通报机制，对案情的了解只能通过个案协调的手段，费时费力且效率低下。一些地方保密行政管理部门指出，将涉嫌犯罪案件移送检察机关后，检察机关通常不告知案件后续处理情况，保密行政管理部门对案件是否立案、起诉和判决一概不知。上述情形既影响了保密行政管理部门移送案件的积极性，也使其对泄密案件其他违法违纪行为人无法及时进行处理。（5）配套工作机制的作用有待进一步发挥。在调研中发现，为了确保泄密案件两法衔接机制的顺畅，一些地方保密行政管理部门和检察机关建立了联席会议制度、信息共享机制和案件咨询制度等具体的配套制度。但在配套制度的实际运行中，存在一些问题。比如，联席会议制度的组织协调单位不明确，很多地方规定由"牵头单位"具体负责组织联席会议的召开，但牵头单位本身就是一个不明确的概念，容易导致实践中缺乏可操作性。再如，信息共享平台难以发挥其作用。由于泄密犯罪案件具有特殊性，在办理过程中需要保护案件所涉及的国家秘密，防止"二次泄密"，造成保密行政管理部门和检察机关很难利用信息平台进行沟通交流。此外，在泄密案件行刑衔接工作中还缺少责任追究制度，无论是在保密行政管理部门的执法环节，还是在检察机关的刑事司法环节，对相关人员不依法履行职责的责任追究问题都有待明确。

三、《规定》的主要内容及说明

《规定》共24条，主要包括两个方面内容：一是关于查办泄密案件过程中行政执法与刑事司法衔接的具体程序，即第三条至第十八条的规定。包括泄密案件的管辖，案件和案件线索的双向移送，案件初查，立案、不立案，撤案，起诉、不起诉，检察建议，证据使用，密级鉴定，提前介入，责任追究等具体程序。二是关于查办泄密案件过程中行政执法与刑事司法衔接的相关工作机制，即第十九条至第二十三条的规定。包括案件线索汇总与管控机制、会商机制、应急处置机制、联席会议机制、信息共享机制等相关工作机制。现逐条解读如下：

（一）制定目的和依据

《规定》第一条明确了制定《规定》的目的和依据：目的是保守国家秘密，维护国家安全和利益，加强查办泄密案件中保密行政管理部门与检察机关的协调配合；依据是《中华人民共和国刑法》《中华人民共和国刑事诉讼法》《中华人民共和国保守国家秘密法》等法律法规。

（二）泄密案件范围

《规定》第二条明确了泄密案件的范围：泄密案件包括泄密违法案件和泄密犯罪案件。

泄密违法案件是指机关、单位或者有关人员发生保密违法行为，导致国家秘密已经泄露或者可能泄露，但尚不构成犯罪的案件。根据《保守国家秘密法》的相关规定，实践中保密行政管理部门查处泄密违法案件主要包括立案、调查、处理和结案4个主要环节。其中，处理环节是案件查处实体性工作的既定目标和最终结果，主要是指在对案件性质、重要情节以及危害后果作出认定结论的基础上，督促对责任人员作出处理，并指导和监督落实整改方案。

泄密犯罪案件是指根据《刑法》和有关司法解释的规定，涉嫌构成故意泄露国家秘密罪或者过失泄露国家秘密罪，依法应当追究刑事责任的案件。需要说明的是，根据法律及司法解释的规定，涉密犯罪案件主要包括故意泄露国家秘密罪、过失泄露国家秘密罪，以及为境外窃取、刺探、收买、非法提供国家秘密、情报罪，非法获取国家秘密罪，非法持有国家绝密、机密文件、资料、物品罪，非法获取军事秘密罪，为境外窃取、刺探、收买、非法提供军事秘密罪，故意泄露军事秘密罪，过失泄露军事秘密罪。为解决当前实践中反映的突出问题，《规定》主要以查办泄密犯罪案件行政执法与刑事司法衔接机制作为主要内容，为今后涉密犯罪案件查办工作机制构建和追诉标准研究进行有益的探索。因此，《规定》明确泄密犯罪案件的范围为涉嫌故意泄露国家秘密和过失泄露国家秘密犯罪案件。

（三）保密行政管理部门的管辖

《规定》第三条明确了保密行政管理部门查办泄密违法案件的管辖问题。主要考虑是：《保守国家秘密法》第四十二条规定："保密行政管理部门依法组织开展保密宣传教育、保密检查、保密技术防护和泄密案件查处工作，对机关、单位的保密工作进行指导和监督。"实践中，保密行政管理部门对泄密违法案件的查办一般由发生泄密违法案件的机关、单位或者相关责任人员所在地的保密行政管理部门组织查处，有关法律法规规章对泄密违法案件管辖另有规定的从其规定。本条据此作了规定。

（四）检察机关的管辖

《规定》第四条明确了检察机关查办泄密犯罪案件的管辖问题。主要考虑：一是本条第一款重申了刑事诉讼法关于地域管辖的一般原则，即以犯罪地管辖为主、以犯罪嫌疑人居住地管辖为辅。这一规定有利于与人民法院的审判管辖相衔接，确保刑事诉讼活动的顺利进行。二是《刑事诉讼法》规定的犯罪地，包括犯罪行为发生地和结果发生地。结合泄密犯罪案件的特点，特别是当前互联网泄密犯罪案件多发的实际情况，对泄密犯罪案件的犯罪地应当作出更加合理的界定，便于检察机关行使管辖权。2014 年最高人民法院、最高人民检察院、公安部《关于办理网络犯罪案件适用刑事诉讼程序若干问题的意见》规定，网络犯罪案件的犯罪地包括用于实施犯罪行为的网站服务器所在地，网络接入地，网站建立者、管理者所在地，被侵害的计算机信息系统或其管理者所在地，犯罪嫌疑人、被害人使用的计算机信息系统所在地，被害人被侵害时所在地，以及被害人财产遭受损失地等。参照上述规定，本条第二款明确泄密犯罪案件的犯罪地包括泄密犯罪行为实施地，发生泄密犯罪案件的机关、单位所在地，泄密犯罪案件涉及的国家秘密载体所在地，发生泄密犯罪案件的计算机信息系统或者网站服务器所在地，以及因泄密犯罪案件而直接遭受损失的机关、单位所在地等。

（五）案件移送的具体程序

《规定》第五条明确了保密行政管理部门向检察机关移送涉嫌泄密犯罪案件的具体程序。主要考虑：一是本条第一款明确了保密行政管理部门移送案件的时间节点，即经初步调查认为涉嫌泄密犯罪，依法应当追究刑事责任的，应当立即中止调查，并在中止调查之日起 10 日以内移送同级或者有管辖权的检察机关查处。通过调研和征求意见，这一规定符合当前的工作实际，有利于督促保密行政管理部门提高工作效率、及时移送案件，也有利于督促检察机关尽早开展案件查办工作，把握调查取证的最佳时机。二是本条第二款明确了保密行政管理部门移送案件的随案材料范围。主要依照《行政执法机关移送涉嫌犯罪案件的规定》（国务院令第 310 号）第六条、《人民检察院办理行政执法机关移送涉嫌犯罪案件的规定》（高检发释字〔2001〕4 号）第四条作了细化规定，随案应当附有下列材料：（一）案件移送书；（二）案件情况的调查报告；（三）涉案物品清单；（四）有关检验报告或者密级鉴定书；（五）其他有关证明涉嫌泄密犯罪的材料。

（六）保密行政管理部门发现案件线索的移送

《规定》第六条明确了保密行政管理部门向检察机关移送案件线索的具体程序。根据《人民检察院刑事诉讼规则（试行）》等司法解释、规范性文件的规定，有关行政机关向检察机关既可以移送涉嫌犯罪案件，也可以移送涉嫌犯罪的案件线索。因此，本条明确保密行政管理部门接到机关和单位报告、有关部门移送、公民举报的或者在保密检查中发现涉嫌泄密犯罪案件线索，认为达到泄密犯罪案件立案标准的，应当及时将线索移送检察机关。

（七）检察机关办理案件的通报和移送

《规定》第七条明确了检察机关办理案件通报和移送的具体程序。为解决实践中保密行政管理部门反映强烈的突出问题，建立健全行刑衔接案件的双向移送机制，本条根据《人民检察院刑事诉讼规则（试行）》的有关规定，对检察机关办理直接受理立案侦查案件通报和移送的具体程序作了规定，共分两款：一是对于检察机关办理直接受理立案侦查的涉嫌泄密犯罪案件，发现国家秘密已经泄露或者可能泄露的，检察机关应当立即将有关情况通报保密行政管理部门。二是对于检察机关办理其他案件时，发现有涉嫌泄密违法行为但尚不构成犯罪的，检察机关应当及时将有关情况通报保密行政管理部门。

（八）立案、不立案

《规定》第八条明确了检察机关对移送案件立案或者不立案的具体程序。《人民检察院办理行政执法机关移送涉嫌犯罪案件的规定》（高检发释字〔2001〕4 号）第五条规定，对于行政执法机关移送的涉嫌犯罪案件，人民检察院经审查，认为符合立案条件的，应当及时作出立案决定，并通知移送的行政执法机关。第六条规定，对于行政执法机关移送的涉嫌犯罪案件，人民检察院经审查，认为不符合立案条件的，可以作出不立案决定。《规定》根据上述内容，结合泄密案件查办工作的需要作了细化规定，进一步明确了行刑衔接机制中检察机关立案或者不立案的程序和要求：一是人民检察院对保密行政管理部门移送的涉嫌泄密犯罪案件材料，应当及时进行审查，必要时可以进行初查。经审查认为符合立案条件的，应当及时作出立案决定，并在决定立案之日起 10 日以内，书面通知移送案件的保密行政管理部门。二是人民检察院决定不予立案的，应当制作不立案通知书，写明案由和案件来源、决定不立案的理由和法律依据，自作出不立案决定之日起 10 日以内送达移送案件的保密行政管理部门。

（九）不立案决定的复议、复核

《规定》第九条明确了保密行政管理部门对检察机关不立案决定复议、复核的具体程序。《人民检察院办理行政执法机关移送涉嫌犯罪案件的规定》（高检发释字〔2001〕4 号）第七条规定："对于人民检察院的不立案决定，移送涉嫌犯罪案件的行政执法机关可以在收到不立案决定书后五日内要求作出不立案决定的人民检察院复议。人民检察院刑事申诉检察部门应当指派专人进行审查，并在收到行政执法机关要求复议意见书后七日内作出复议决定。行政执法机关对复议决定不服的，可以在收到人民检察院复议决定书后 5 日内向上一级人民检察院提请复核。上一级人民检察院应当在收到行政执法机关提请复核意见书后十五日内作出复核决定。对于原不立案决定错误的，应当及时纠正，并通知作出不立案决定的下级人民检察院执行。"因此，《规定》根据上述内容，结合泄密案件查办工作的需要作了细化规定：一是对于人民检察院的不立案决定，移送案件的保密行政管理部门可以在收到不立案通知书后五日以内要求作出不立案决定的人民检察院复议。人民检察院应当另行指派专人进行审查，并在收到保密行政管理部门要求复议意见书后 7 日以内作出复议决定。二是保密行政管理部门对复议决定不服的，可以在收到人民检察院复议决定书后 5 日以内向上一级人民检察院提请复核。上一级人民检察院应当在收到保密行政管理部门提请复核意见书后 15 日以内作出复核决定。对于原不立案决定错误的，应当及时纠正，并通知作出不立案决定的下级人民检察院执行。

（十）撤销案件

《规定》第十条明确了检察机关撤销案件的具体程序。根据《刑事诉讼法》第一百六十六条的规定，人民检察院侦查终结的案件，应当作出提起公诉、不起诉或者撤销案件的决定。《人民检察院刑事诉讼规则（试行）》第二百九十条对撤销案件的条件作了规定："人民检察院在侦查过程中或者侦查终结后，发现具有下列情形之一的，侦查部门应当制作拟撤销案件意见书，报请检察长或者检察委员会决定：（一）具有刑事诉讼法第十五条规定情形之一的；（二）没有犯罪事实的，或者依照刑法规定不负刑事责任或者不是犯罪的；（三）虽有犯罪事实，但不是犯罪嫌疑人所为的。"因此，本条根据上述规定，明确人民检察院在侦查过程中或者侦查终结后，发现具有上述情形的，应当撤销案件，并将撤销案件决定书及时送达移送案件的保密行政管理部门。

（十一）起诉、不起诉

《规定》第十一条明确了检察机关对泄密案件起诉或者不起诉的具体程序。根据《刑事诉讼法》第一百六十六条的规定，人民检察院侦查终结的案件，应当作出提起公诉、不起诉或者撤销案件的决定。《人民检察院刑事诉讼规则（试行）》第三百九十条对起诉的条件作了规定，即人民检察院对案件进行审查后，认为犯罪嫌疑人的犯罪事实已经查清，证据确实、充分，依法应当追究刑事责任的，应当作出起诉决定。第四百零一条、第四百零四条、第四百零六条分别对法定不起诉、存疑不起诉、酌定不起诉的情形作了规定，即没有犯罪事实，或者符合《刑事诉讼法》第十五条规定情形之一的，应当作出不起诉决定；证据不足，不符合起诉条件，应当或者可以作出不起诉决定；犯罪情节轻微，依照刑法规定不需要判处刑罚或者免除刑罚的，可以作出不起诉决定。本条根据上述规定，进一步明确了检察机关对泄密案件起诉或者不起诉的具体程序：一是人民检察院对泄密犯罪案件进行审查后，认为犯罪嫌疑人的犯罪事实已经查清，证据确实、充分，依法应当追究刑事责任的，应当作出起诉决定，并及时将起诉情况通知移送案件的保密行政管理部门。二是人民检察院对泄密案件进行审查后，认为符合《人民检察院刑事诉讼规则（试行）》规定的不起诉情形的，依法作出不起诉决定，及时将不起诉决定书抄送移送案件的保密行政管理部门，并说明作出不起诉决定的理由与法律依据。

为解决实践中保密行政管理部门反映强烈的问题，本条第一款、第二款分别增加了"及时将起诉情况通知移送的保密行政管理部门"以及"及时将不起诉决定书抄送移送的保密行政管理部门""说明作出不起诉决定的理由与法律依据"的规定，有利于保密行政管理部门及时了解检察机关办理案件的情况，有效实现案件信息交流共享。

（十二）检察建议

《规定》第十二条明确了检察机关提出检察建议的具体程序。主要考虑：一是《人民检察院检察建议工作规定（试行）》第五条规定了人民检察院可以提出检察建议的六种情形。比如，预防违法犯罪等方面管理不完善、制度不健全、不落实，存在犯罪隐患的；行业主管部门或者主管机关需要加强或改进本行业或者部门的管理监督工作的；在办理案件过程中发现应对有关人员或行为予以表彰或者给予处分、行政处罚的。因此，本条第一款参照上述规定，结合《保守国家秘密法》及其实施条例的相关规定以及工作实际，明确了检察机关在办理泄密案件过程中可以提出检察建议的 4 种情形：（1）决定不予立案或者撤销案件、不起诉，但需要对发案机关、单位的直接负责的主管人员和其他直接责任人员给予处分的；（2）发案机关、单位在预防泄密方面管理不完善，制度不健全、不落实，存在泄密犯罪隐患的；（3）发案机关、单位的行业主管部门或者主管机关需要加强或者改进本行业或者本部门保密工作的；（4）其他需要提出检察建议的。二是为了确保检察建议得到采纳落实，并确保保密行政管理部门有效履行法律赋予的监督管理职责，本条第二款明确检察机关向相关单位提出检察建议的，应当同时抄送有管辖权的保密行政管理部门。

（十三）证　据

《规定》第十三条明确了证据的使用和转化问题。《刑事诉讼法》第五十二条第二款规定："行政机关在行政执法和查办案件过程中收集的物证、书证、视听资料、电子数据等证据材料，在刑事诉讼中可以作为证据使用。"《人民检察院刑事诉讼规则（试行）》第六十四条对上述规定作了细化规定，体现了实物证据可以直接使用、言词证据需要重新收集的原则。本条根据上述法律、司法解释的规定，分3款作了规定：

第一款明确对于其在行政执法中收集的物证、书证、视听资料、电子数据等证据材料，应当以该保密行政管理部门的名义一并移送人民检察院。经人民检察院审查符合法定要求的，可以作为刑事诉讼证据使用。实践中，一般情况下都是由保密行政管理部门在查办泄密案件中先依法收集证据材料，特别是很多泄密案件的证据材料必须采取专门的技术方法才能收集固定。证据的专业性把握有利于检察机关在后续的刑事司法程序中准确认定犯罪事实。同时，保密行政管理部门也最有条件在第一时间收集、固定和保全证据材料。如对泄密案件定性具有决定意义的实物证据，由于其具有不可恢复性，因此在将涉嫌犯罪的泄密案件移送给检察机关之前，保密行政管理部门就已将这些实物证据予以收集。否则，检察机关如果重新收集证据，这部分证据材料很可能已经灭失，进而对后续的案件查处造成不利影响。这里的"可以作为证据使用"是指这些证据具有进入刑事诉讼的资格，不需要检察机关再次履行取证手续。但这些证据能否作为定案的根据，还需要根据《刑事诉讼法》及司法解释的相关规定，经由司法机关审查判断后才能确定其能否作为定案的根据。

第二款明确对于保密行政管理部门在查办泄密案件过程中收集的鉴定意见、勘验、检查笔录，经人民检察院审查符合法定要求的，可以作为刑事诉讼证据使用。主要考虑是上述证据种类不易发生伪造变造等现象，本质属性上较为客观，同时在办案实践中如果再次收集可能造成不必要的资源浪费。

第三款明确对于保密行政管理部门在查办泄密案件过程中收集的涉案人员供述或者相关人员的证言、陈述等言词证据，人民检察院应当重新收集。主要考虑是言词证据容易发生造假、胁迫等情形，为确保其真实性，原则上应当重新收集。同时考虑到司法实践中可能出现的言词证据确实无法或者不便收集的情况，还应当考虑例外情形，即确有证据证实涉案人员或者相关人员因路途遥远、死亡、失踪或者丧失作证能力，无法重新收集，且供述、证言或者陈述的来源、收集程序合法，并有其他证据相印证，经人民检察院审查符合法定要求的，可以作为刑事诉讼证据使用。需要注意的是，言词证据无须重新收集、可以作为证据使用的情形仅限于以上几种情形，不能任意扩大。

（十四）查封、扣押

《规定》第十四条明确了检察机关查封、扣押国家秘密载体的具体程序。主要考虑是：查封与扣押是刑事诉讼法明确规定的刑事侦查措施，完善泄密案件行刑衔接机制，有必要对检察机关查封、扣押国家秘密载体的具体程序做出规定。《保守国家秘密法》第四十五条规定："保密行政管理部门对保密检查中发现的非法获取、持有的国家秘密载体，应当予以收缴。"这一规定明确了保密行政管理部门的法定职责。保密行政管理部门在查处泄密违法案件过程中根据具体案情有时会采取一定的预防或补救性质的紧急措施，虽然这些措施与开展调查后最终确定是否存在泄密事实或保密违法行为没有直接联系，但可以避免国家秘密实际泄露，或减轻国家秘密泄露的危害程度。例如，将涉密计算机、涉密存储设备接入互联网及其他公共信息网络的，应立即断开涉密计算机、涉密存储设备与互联网及其他公共信息网络的连接，同时封存涉案计算机或存储设备以备下一步调查取证；使用非涉密计算机、非涉密存储设备存储、处理国家秘密信息的，应立即停止使用涉案计算机或存储设备，若连接互联网及其他公共信息网络的应立即断开，同时封存涉案计算机或存储设备以备下一步调查取证；在涉密载体、密品被遗失、盗窃、抢劫、抢夺、非法买卖、非法提供、非法持有等失控的情况下，应立即采取有效措施确定其去向及位置，协调有关部门、单位开展查找，在找到涉密载体、密品后应随即予以控制。对于保密行政管理部门封存或者控制的上述涉密计算机、涉密存储设备或者其他涉密载体，在泄密案件通过行刑衔接机制进入刑事诉讼程序后，检察机关应当根据《刑事诉讼法》《人民检察院刑事诉讼规则（试行）》的有关规定，对涉案国家秘密载体及时采取查封、扣押措施，这既有利于防止泄密范围扩大，确保国家秘密安全，也有利于保证涉案国家秘密载体的证据价值，确保刑事诉讼活动的顺利进行。

具体而言，如果上述涉密计算机、涉密存储设备或者其他涉密载体可以证明犯罪嫌疑人有罪、无罪或者犯罪情节轻重，检察机关可以查封或者扣押，但与案件无关的，不得查封或者扣押。根据《人民检察院刑事诉讼规则（试行）》的相关规定，查封、扣押的一般步骤和程序包括：一是查点。侦查人员应当会同在场见证人和被查封、扣押财物、文件的持有人对查封、扣押的财物、文件查点清楚。二是开列清单。在查点的基础上，应当当场开列清单一式两份，在清单上写明查封、扣押财物、文件的名称、规格、特征、质量、数量，文件的编号，以及财物、文件发现的地点，查封、扣押的时间等。三是签名、盖章。清单应当由侦查人员、持有人和在场见证人签名或盖章。四是留存。查封、扣押清单一份交给持有人或者其家属，另一份由检察机关机关附卷备查。当场开列的清单，不得涂改，凡是必须更正的，须由侦查人员、持有人和见证人共同签名或盖章，或者重新开列清单。

同时，保密行政管理部门对于先期采取登记保存、收缴等措施的有关设施、设备、文件资料等，也应当及时通报检察机关采取查封、扣押措施，并提供必要的协助。

（十五）密级鉴定

《规定》第十五条明确了密级鉴定的具体程序。在查办泄密犯罪案件过程中，密级鉴定是认定是否构成犯罪以及如何适用量刑档次的重要环节。《保守国家秘密法》第四十六条规定："办理涉嫌泄露国家秘密案件的机关，需要对有关事项是否属于国家秘密以及属于何种密级进行鉴定的，由国家保密行政管理部门或者省、自治区、直辖市保密行政管理部门鉴定。"《保密法实施条例》第三十七条规定："国家保密行政管理部门或者省、自治区、直辖市保密行政管理部门应当依据保密法律法规和保密事项范围，对办理涉嫌泄露国家秘密案件的机关提出鉴定的事项是否属于国家秘密、属于何种密级作出鉴定。保密行政管理部门受理鉴定申请后，应当自受理之日起 30 日内出具鉴定结论；不能按期出具鉴定结论的，经保密行政管理部门负责人批准，可以延长 30 日。"同时，2013 年国家保密局《密级鉴定工作规定》对查处泄密案件过程中如何甄别涉案信息是否属于国家秘密作出了具体规定。该规定第二条第一款规定："本规定所称密级鉴定，是指保密行政管理部门对涉嫌泄露国家秘密案件中有关事项是否属于国家秘密以及属于何种密级进行鉴别和认定的活动。"第十条规定了密级鉴定的具体步骤：（1）审查鉴定材料的真伪和出处；（2）根据工作需要送请鉴定材料产生单位、有关业务主管部门，或者提交密级鉴定委员会提出密级鉴定意见，也可以由密级鉴定工作机构或者制定的专门工作机构直接提出密级鉴定意见；（3）依照有关保密法律法规，对鉴定意见进行审查，综合判断，形成密级鉴定结论，出具密级鉴定意见。第十一条同时规定："密级鉴定应当以鉴定材料泄露时适用的保密法律法规、保密事项范围和密级变更、解密文件为依据。鉴定材料泄露时间不明确的，应当以鉴定材料产生时适用的保密法律法规、保密事项范围和密级变更、解密文件作为依据。鉴定材料泄露时间和产生时间都不明确的，应当以鉴定材料被查获时适用的保密法律法规、保密事项范围和密级变更、解密文件作为依据。"这些规定为确认故意泄露国家秘密、过失泄露国家秘密案件中的有关信息是否属于国家秘密以及属于何种密级提供了依据。

根据上述规定，本条明确检察机关办理泄密犯罪案件过程中，需要对有关事项是否属于国家秘密以及属于何种密级进行鉴定的，应当向有鉴定权的保密行政管理部门提请鉴定。保密行政管理部门应当依法作出鉴定，并出具国家秘密鉴定书。

（十六）提前介入

《规定》第十六条确了检察机关提前介入的问题。从调研的情况看，各地检察机关、保密行政管理部门普遍反映有必要建立和完善检察机关提前介入的程序，既能提高行刑衔接的实效性和针对性，又能加强对泄密违法犯罪行为的查办惩处力度。经研究，此前有关司法解释性质文件或者规范性文件曾就检察机关提前介入问题作了原则规定，比如最高人民检察院、全国整顿和规范市场经济秩序领导小组办公室、公安部、监察部《关于在行政执法中及时移送涉嫌犯罪案件的意见》（高检会〔2006〕2号）、国土资源部、最高人民检察院、公安部《关于国土资源行政主管部门移送涉嫌国土资源犯罪案件的若干意见》（国土资发〔2008〕203号）、国家环境保护总局、公安部、最高人民检察院《关于环境保护行政主管部门移送涉嫌环境犯罪案件的若干规定》（环发〔2007〕78号）等。因此，本条参照上述规定，结合泄密案件查办工作的需要作了规定，即对于疑难、复杂的泄密案件，保密行政管理部门可以商请检察机关就案件性质、追诉标准、证据固定等问题提出咨询或者参考意见。

（十七）保密行政管理部门的责任追究

《规定》第十七条明确了保密行政管理部门不依法移送案件的责任追究问题。本条主要参照了中办、国办转发国务院法制办等部门《关于加强行政执法与刑事司法衔接的意见》（中办发〔2011〕8号）第十五条的规定，分为两款：第一款规定保密行政管理部门不移送涉嫌泄密犯罪案件，由上级保密行政管理部门责令限期移送，情节严重的依法给予处分。第二款规定检察机关发现保密行政管理部门不移送涉嫌泄密犯罪案件，应当向保密行政管理部门提出意见，建议其移送。保密行政管理部门仍不移送的，检察机关应当将有关情况通报上级保密行政管理部门，必要时直接立案侦查。对于构成徇私舞弊不移交刑事案件罪的责任人员，依法追究刑事责任。

（十八）检察机关的责任追究

《规定》第十八条明确了检察机关不依法受理案件的责任追究问题。本条参照《人民检察院刑事诉讼规则（试行）》《人民检察院办理行政执法机关移送涉嫌犯罪案件的规定》的有关规定，规定：检察机关有关部门不受理保密行政管理部门移送的案件，保密行政管理部门应当向检察机关通报情况、提出意见；检察机关认为处理不当的，应当及时纠正；情节严重的给予处分；构成犯罪的，依法追究刑事责任。

（十九）案件线索汇总与管控机制

《规定》第十九条是关于案件线索汇总与管控机制的规定。《人民检察院办理行政执法机关移送涉嫌犯罪案件的规定》第一条规定："对于行政执法机关移送检察机关的涉嫌犯罪案件，统一由人民检察院控告检察部门受理。人民检察院控告检察部门受理行政执法机关移送的涉嫌犯罪案件后，应当登记，并指派二名以上检察人员进行初步审查。"根据上述规定，结合泄密案件查办工作的需要，本条对案件线索汇总与管控机制予以细化：对于保密行政管理部门移送的涉嫌泄密犯罪案件或者线索，人民检察院有关部门应当采取分类登记、专人负责、定期汇总等措施，防止泄密犯罪案件或者线索流失。

（二十）会商机制

《规定》第二十条是关于会商机制的规定。经研究，此前有关司法解释性质文件或者规范性文件曾就行刑衔接中的会商机制作了规定，比如最高人民法院、最高人民检察院、公安部、中国证监会《关于办理证券期货违法犯罪案件工作若干问题的意见》（证监发〔2011〕30号）第三条规定："证券监管机构与公安机关建立和完善协调会商机制。证券监管机构依据行政机关移送涉嫌犯罪案件的有关规定，在向公安机关移送重大、复杂、疑难的涉嫌证券期货犯罪案件前，应当启动协调会商机制，就行为性质认定、案件罪名适用、案件管辖等问题进行会商。"本条参照上述规定，结合泄密案件查办工作的需要，对泄密案件会商机制作了规定：保密行政管理部门依据本规定，在向检察机关移送重大、疑难、复杂的涉嫌泄密犯罪案件前，可以启动协调会商机制，就案件性质、适用法律、案件管辖等问题进行会商。

（二十一）应急处置机制

《规定》第二十一条是关于应急处置机制的规定。实践中，部分泄密案件具有突发性、紧急性等特点，特别是有的属于突然发生、已经或者可能危害国家秘密安全的保密突发事件，需要立即采取紧急应对措施。根据2016年《中共中央办公厅、国务院办公厅〈关于印发保护国家秘密应急预案的通知〉》中的保密工作及相关突发事件应急处理的总体要求和规定，在泄密违法犯罪案件两法衔接中，保密行政管理部门与检察机关可进一步建立和完善泄密犯罪案件应急处置机制，密切协同，各司其职，及时处置，共同做好保密应急处置工作。根据上述规定，本条对应急处置机制作了规定：一是保密行政管理部门遇有保密突发事件发生，可以启动应急处置机制，商请检察机关在职责范围内依法予以协助。二是检察机关在办理泄密犯罪案件过程中，发现需要立即采取防范或者补救措施的，可以商请保密行政管理部门依法启动应急处置机制。

（二十二）联席会议机制

《规定》第二十二条是关于联席会议机制的规定。中办、国办转发国务院法制办等部门《关于加强行政执法与刑事司法衔接的意见》（中办发〔2011〕8 号）第十条明确要求建立行政执法与刑事司法衔接工作联席会议制度。本条根据上述文件要求，结合泄密案件查办工作的需要，对泄密案件联席会议机制作了规定：人民检察院与保密行政管理部门建立联席会议机制。双方及时相互通报移送、办理泄密犯罪案件以及衔接工作的有关情况，会商案件移送、办理中遇到的法律政策问题，研究阶段性工作重点和措施。

（二十三）信息共享机制

《规定》第二十三条是关于信息共享机制的规定。中办、国办转发国务院法制办等部门《关于加强行政执法与刑事司法衔接的意见》（中办发〔2011〕8 号）第十二条明确要求建立衔接工作信息共享平台。本条根据上述文件要求，结合泄密案件查办工作的需要，对泄密案件信息共享机制作了规定：人民检察院与保密行政管理部门建立信息共享机制。加强和推进泄密犯罪案件衔接工作信息共享平台建设，实现保密行政管理部门与人民检察院之间行政执法、刑事司法信息互联互通。

（二十四）解释单位及施行时间

《规定》第二十四条对《规定》的解释单位及施行时间作了规定。

关于办理环境污染刑事案件适用法律若干问题的解释

（2016 年 11 月 7 日最高人民法院审判委员会第 1698 次会议、
2016 年 12 月 8 日最高人民检察院第十二届检察委员会第五十八次会议通过
2016 年 12 月 23 日公布　2017 年 1 月 1 日施行 法释〔2016〕29 号）

为依法惩治有关环境污染犯罪，根据《中华人民共和国刑法》《中华人民共和国刑事诉讼法》的有关规定，现就办理此类刑事案件适用法律的若干问题解释如下：

第一条　实施刑法第三百三十八条规定的行为，具有下列情形之一的，应当认定为"严重污染环境"：

（一）在饮用水水源一级保护区、自然保护区核心区排放、倾倒、处置有放射性的废物、含传染病病原体的废物、有毒物质的；

（二）非法排放、倾倒、处置危险废物三吨以上的；

（三）排放、倾倒、处置含铅、汞、镉、铬、砷、铊、锑的污染物，超过国家或者地方污染物排放标准三倍以上的；

（四）排放、倾倒、处置含镍、铜、锌、银、钒、锰、钴的污染物，超过国家或者地方污染物排放标准十倍以上的；

（五）通过暗管、渗井、渗坑、裂隙、溶洞、灌注等逃避监管的方式排放、倾倒、处置有放射性的废物、含传染病病原体的废物、有毒物质的；

（六）二年内曾因违反国家规定，排放、倾倒、处置有放射性的废物、含传染病病原体的废物、有毒物质受过两次以上行政处罚，又实施前列行为的；

（七）重点排污单位篡改、伪造自动监测数据或者干扰自动监测设施，排放化学需氧量、氨氮、二氧化硫、氮氧化物等污染物的；

（八）违法减少防治污染设施运行支出一百万元以上的；

（九）违法所得或者致使公私财产损失三十万元以上的；

（十）造成生态环境严重损害的；

（十一）致使乡镇以上集中式饮用水水源取水中断十二小时以上的；

（十二）致使基本农田、防护林地、特种用途林地五亩以上，其他农用地十亩以上，其他土地二十亩以上基本功能丧失或者遭受永久性破坏的；

（十三）致使森林或者其他林木死亡五十立方米以上，或者幼树死亡二千五百株以上的；

（十四）致使疏散、转移群众五千人以上的；

（十五）致使三十人以上中毒的；

（十六）致使三人以上轻伤、轻度残疾或者器官组织损伤导致一般功能障碍的；

（十七）致使一人以上重伤、中度残疾或者器官组织损伤导致严重功能障碍的；

（十八）其他严重污染环境的情形。

第二条　实施刑法第三百三十九条、第四百零八条规定的行为，致使公私财产损失三十万元以上，或者具有本解释第一条第十项至第十七项规定情形之一的，应当认定为"致使公私财产遭受重大损失或者严重危害人体健康"或者"致使公私财产遭受重大损失或者造成人身伤亡的严重后果"。

第三条　实施刑法第三百三十八条、第三百三十九条规定的行为，具有下列情形之一的，应当认定为"后果特别严重"：

（一）致使县级以上城区集中式饮用水水源取水中断十二小时以上的；

（二）非法排放、倾倒、处置危险废物一百吨以上的；

（三）致使基本农田、防护林地、特种用途林地十五亩以上，其他农用地三十亩以上，其他土地六十亩以上基本功能丧失或者遭受永久性破坏的；

（四）致使森林或者其他林木死亡一百五十立方米以上，或者幼树死亡七千五百株以上的；

（五）致使公私财产损失一百万元以上的；

（六）造成生态环境特别严重损害的；

（七）致使疏散、转移群众一万五千人以上的；

（八）致使一百人以上中毒的；

（九）致使十人以上轻伤、轻度残疾或者器官组织损伤导致一般功能障碍的；

（十）致使三人以上重伤、中度残疾或者器官组织损伤导致严重功能障碍的；

（十一）致使一人以上重伤、中度残疾或者器官组织损伤导致严重功能障碍，并致使五人以上轻伤、轻度残疾或者器官组织损伤导致一般功能障碍的；

（十二）致使一人以上死亡或者重度残疾的；

（十三）其他后果特别严重的情形。

第四条　实施刑法第三百三十八条、第三百三十九条规定的犯罪行为，具有下列情形之一的，应当从重处罚：

（一）阻挠环境监督检查或者突发环境事件调查，尚不构成妨害公务等犯罪的；

（二）在医院、学校、居民区等人口集中地区及其附近，违反国家规定排放、倾倒、处置有放射性的废物、含传染病病原体的废物、有毒物质或者其他有害物质的；

（三）在重污染天气预警期间、突发环境事件处置期间或者被责令限期整改期间，违反国家规定排放、倾倒、处置有放射性的废物、含传染病病原体的废物、有毒物质或者其他有害物质的；

（四）具有危险废物经营许可证的企业违反国家规定排放、倾倒、处置有放射性的废物、含传染病病原体的废物、有毒物质或者其他有害物质的。

第五条　实施刑法第三百三十八条、第三百三十九条规定的行为，刚达到应当追究刑事责任的标准，但行为人及时采取措施，防止损失扩大、消除污染，全部赔偿损失，积极修复生态环境，且系初犯，确有悔罪表现的，可以认定为情节轻微，不起诉或者免予刑事处罚；确有必要判处刑罚的，应当从宽处罚。

第六条　无危险废物经营许可证从事收集、贮存、利用、处置危险废物经营活动，严重污染环境的，按照污染环境罪定罪处罚；同时构成非法经营罪的，依照处罚较重的规定定罪处罚。

实施前款规定的行为，不具有超标排放污染物、非法倾倒污染物或者其他违法造成环境污染的情形的，可以认定为非法经营情节显著轻微危害不大，不认为是犯罪；构成生产、销售伪劣产品等其他犯罪的，以其他犯罪论处。

第七条　明知他人无危险废物经营许可证，向其提供或者委托其收集、贮存、利用、处置危险废物，严重污染环境的，以共同犯罪论处。

第八条　违反国家规定，排放、倾倒、处置含有毒害性、放射性、传染病病原体等物质的污染物，同时构成污染环境罪、非法处置进口的固体废物罪、投放危险物质罪等犯罪的，依照处罚较重的规定定罪处罚。

第九条　环境影响评价机构或其人员，故意提供虚假环境影响评价文件，情节严重的，或者严重不负责任，出具的环境影响评价文件存在重大失实，造成严重后果的，应当依照刑法第二百二十九条、第二百三十一条的规定，以提供虚假证明文件罪或者出具证明文件重大失实罪定罪处罚。

第十条　违反国家规定，针对环境质量监测系统实施下列行为，或者强令、指使、授意他人实施下列行为的，应当依照刑法第二百八十六条的规定，以破坏计算机信息系统罪论处：

（一）修改参数或者监测数据的；

（二）干扰采样，致使监测数据严重失真的；

（三）其他破坏环境质量监测系统的行为。

重点排污单位篡改、伪造自动监测数据或者干扰自动监测设施，排放化学需氧量、氨氮、二氧化硫、氮氧化物等污染物，同时构成污染环境罪和破坏计算机信息系统罪的，依照处罚较重的规定定罪处罚。

从事环境监测设施维护、运营的人员实施或者参与实施篡改、伪造自动监测数据、干扰自动监测设施、破坏环境质量监测系统等行为的，应当从重处罚。

第十一条 单位实施本解释规定的犯罪的，依照本解释规定的定罪量刑标准，对直接负责的主管人员和其他直接责任人员定罪处罚，并对单位判处罚金。

第十二条 环境保护主管部门及其所属监测机构在行政执法过程中收集的监测数据，在刑事诉讼中可以作为证据使用。

公安机关单独或者会同环境保护主管部门，提取污染物样品进行检测获取的数据，在刑事诉讼中可以作为证据使用。

第十三条 对国家危险废物名录所列的废物，可以依据涉案物质的来源、产生过程、被告人供述、证人证言以及经批准或者备案的环境影响评价文件等证据，结合环境保护主管部门、公安机关等出具的书面意见作出认定。

对于危险废物的数量，可以综合被告人供述，涉案企业的生产工艺、物耗、能耗情况，以及经批准或者备案的环境影响评价文件等证据作出认定。

第十四条 对案件所涉的环境污染专门性问题难以确定的，依据司法鉴定机构出具的鉴定意见，或者国务院环境保护主管部门、公安部门指定的机构出具的报告，结合其他证据作出认定。

第十五条 下列物质应当认定为刑法第三百三十八条规定的"有毒物质"：

（一）危险废物，是指列入国家危险废物名录，或者根据国家规定的危险废物鉴别标准和鉴别方法认定的，具有危险特性的废物；

（二）《关于持久性有机污染物的斯德哥尔摩公约》附件所列物质；

（三）含重金属的污染物；

（四）其他具有毒性，可能污染环境的物质。

第十六条 无危险废物经营许可证，以营利为目的，从危险废物中提取物质作为原材料或者燃料，并具有超标排放污染物、非法倾倒污染物或者其他违法造成环境污染的情形的行为，应当认定为"非法处置危险废物"。

第十七条 本解释所称"二年内"，以第一次违法行为受到行政处罚的生效之日与又实施相应行为之日的时间间隔计算确定。

本解释所称"重点排污单位"，是指设区的市级以上人民政府环境保护主管部门依法确定的应当安装、使用污染物排放自动监测设备的重点监控企业及其他单位。

本解释所称"违法所得"，是指实施刑法第三百三十八条、第三百三十九条规定的行为所得和可得的全部违法收入。

本解释所称"公私财产损失"，包括实施刑法第三百三十八条、第三百三十九条规定的行为直接造成财产损毁、减少的实际价值，为防止污染扩大、消除污染而采取必要合理措施所产生的费用，以及处置突发环境事件的应急监测费用。

本解释所称"生态环境损害"，包括生态环境修复费用，生态环境修复期间服务功能的损失和生态环境功能永久性损害造成的损失，以及其他必要合理费用。

本解释所称"无危险废物经营许可证"，是指未取得危险废物经营许可证，或者超出危险废物经营许可证的经营范围。

第十八条 本解释自 2017 年 1 月 1 日起施行。本解释施行后，《最高人民法院、最高人民检察院关于办理环境污染刑事案件适用法律若干问题的解释》（法释〔2013〕15 号）同时废止；之前发布的司法解释与本解释不一致的，以本解释为准。

《关于办理环境污染刑事案件适用法律 若干问题的解释》理解与适用

缐　杰　吴峤滨*

2016 年 12 月 23 日，最高人民法院、最高人民检察院联合出台了《关于办理环境污染刑事案件适用法律若干问题的解释》（以下简称《解释》），自 2017 年 1 月 1 日起施行。《解释》针对司法实践中的新情况、新问题，对 2013 年最高人民法院、最高人民检察院《关于办理环境污染刑事案件适用法律若干问题的解释》（以下简称《2013 年解释》）进行了修改完善，进一步明确了环境污染犯罪的有关法律适用问题。这是最高人民法院、最高人民检察院依法惩治环境污染犯罪，保障人民群众生命健康，贯彻落实新发展理念，推动生态文明制度建设的重大举措。为便于深入理解和掌握《解释》的基本精神和主要内容，现就《解释》有关问题解读如下：

一、起草背景及过程

党的十八大以来，以习近平同志为核心的党中央高度重视生态环境保护，把生态文明建设纳入中国特色社会主义事业五位一体总体布局，明确提出大力推进生态文明建设，努力建设美丽中国，实现中华民族永续发展。习近平总书记多次强调"绿水青山就是金山银山""像对待生命一样对待生态环境""保护生态环境就是保护生产力"，形成了一系列关于推进生态文明建设的重要论述，为今后一个时期加强生态环境保护工作提供了基本遵循。依法打击环境污染犯罪是保护生态环境的重要手段，司法机关在推进生态文明建设、加强环境司法保护方面肩负着重要的职责。

为了依法惩治环境污染犯罪，最高人民法院、最高人民检察院联合制发了《2013 年解释》，明确了环境污染犯罪的定罪量刑标准等有关法律适用问题。《2013 年解释》施行以来，各级公检法机关和环保部门保持对环境污染犯罪的高压严打态势，准确认定事实，正确适用法律，坚决依法惩处环境污染犯罪活动，环境污染刑事案件量增长明显，取得了良好的法律效果和社会效果，对推进生态文明建设，建设美丽中国，发挥了十分重要的作用。

《2013 年解释》在取得明显成效的同时，有关单位和部门也反映在办案中

---

* 作者单位：最高人民检察院法律政策研究室。

存在一些法律适用问题，多次建议最高人民法院、最高人民检察院通过适当方式对《2013年解释》实施中出现的新问题予以解决，更好地满足司法实践的需要。2015年10月，最高人民法院、最高人民检察院研究室共同启动了新的环境污染犯罪司法解释起草工作，在认真梳理总结司法实践中出现的新情况、新问题的基础上，起草了司法解释初稿。经深入调查研究、广泛听取意见、反复研究讨论，提出了征求意见稿，书面征求了全国人大常委会法工委、公安部、环保部、住建部等有关中央单位和全国法院、检察院系统的意见。2016年7月，最高人民法院、最高人民检察院研究室共同召开专家论证会，分别邀请有关刑法、环保法、环境学、医学专家对解释稿进行论证研讨。经综合各方面的意见，多次研究修改，2016年11月7日由最高人民法院审判委员会第1698次会议、2016年12月8日由最高人民检察院第十二届检察委员会第五十八次会议分别审议通过了该解释。

二、主要内容及说明

《解释》共18条，主要包括3方面内容：一是污染环境罪、非法处置进口的固体废物罪、擅自进口固体废物罪、环境监管失职罪等环境污染犯罪的定罪量刑标准；二是环境污染犯罪所涉及的从重处罚、犯罪竞合、单位犯罪、共同犯罪、术语界定等问题；三是环境污染刑事案件所涉及的监测数据使用及专门性问题的鉴定、检验等程序问题。

（一）关于污染环境罪"严重污染环境"的认定标准

《解释》第一条明确了污染环境罪"严重污染环境"的认定标准。根据《刑法》第三百三十八条的规定，以"严重污染环境"作为污染环境罪的入罪标准，《2013年解释》第一条规定了14项应当认定为"严重污染环境"的情形。

《解释》第一条在《2013年解释》规定的基础上，结合司法实践情况作了修改完善，规定了18项应当认定为"严重污染环境"的情形，其中新增和修改的情形主要有：

一是关于超标排放重金属污染物的情形。本条第（三）项、第（四）项将《2013年解释》第一条第（三）项"非法排放含重金属、持久性有机污染物等严重危害环境、损害人体健康的污染物超过国家污染物排放标准或者省、自治区、直辖市人民政府根据法律授权制定的污染物排放标准三倍以上"的规定，根据重金属毒害性的区别拆分为两项。主要考虑的是：《2013年解释》施行以来，司法实践中对重金属范围的理解和把握存在不同认识和做法。2011年2月，国务院正式批复《重金属污染综合防治"十二五"规划》，确定了"十二五"期间重点防控的重金属污染物是铅（PB）、汞（HG）、镉（CD）、铬（CR）和类金属砷（AS）等，兼顾镍（NI）、铜（CU）、锌（ZN）、银

（AG）、钒（V）、锰（MN）、钴（CO）、铊（TL）、锑（SB）等其他重金属污染物。根据《2013 年解释》第一条第（三）项规定，非法排放含重金属的污染物超标 3 倍以上即构成犯罪，未考虑上述 14 种重金属在毒害性程度方面的差异，不符合罪刑相适应原则，有必要做出调整。为了严厉惩治和有效防范重金属污染违法犯罪行为，经研究并从环境学和环境医学角度综合考量，本条第（三）项对于重点防范的重金属（铅、汞、镉、铬、砷）以及兼顾防范的重金属中的铊、锑（虽属于兼顾防范的重金属，但其对环境和人体的危害十分严重），仍然沿用超过标准 3 倍以上的入罪标准；本条第（四）项对于其他重点防范的重金属（镍、铜、锌、银、钒、锰、钴），则适用超过标准 10 倍以上的入罪标准。

二是关于隐蔽排放污染物的情形。本条第（五）项根据修订后《环境保护法》第四十二条第四款的规定，将《2013 年解释》第一条第（四）项"私设暗管或者利用渗井、渗坑、裂隙、溶洞等排放、倾倒、处置"的表述，修改为"通过暗管、渗井、渗坑、裂隙、溶洞、灌注等逃避监管的方式排放、倾倒、处置"。

三是关于篡改、伪造自动监测数据排放污染物的情形。本条第（七）项增加规定"重点排污单位篡改、伪造自动监测数据或者干扰自动监测设施，排放化学需氧量、氨氮、二氧化硫、氮氧化物等污染物的"情形。主要考虑是：从司法实践的情况来看，篡改、伪造自动监测数据、干扰自动监测设施，是规模以上企业非法排污的常见手法。根据修订后《环境保护法》第六十三条的规定，企业事业单位和其他生产经营者通过暗管、渗井、渗坑、灌注或者篡改、伪造监测数据，或者不正常运行防治污染设施等逃避监管的方式违法排放污染物，尚不构成犯罪的，除依照有关法律法规规定予以处罚外，由县级以上人民政府环境保护主管部门或者其他有关部门将案件移送公安机关，对其直接负责的主管人员和其他直接责任人员，处 10 日以上 15 日以下拘留；情节较轻的，处 5 日以上 10 日以下拘留。经向有关行政主管部门了解情况，目前自动监测设施主要监测的化学需氧量、氨氮、二氧化硫、氮氧化物等水体和大气污染物的排放情况。为了防范规模以上企业的污染环境行为，实现行政执法与刑事司法的有效衔接，加大对水污染犯罪和大气污染犯罪的惩治力度，本项作了专门规定。

四是关于违法减少支出和取得违法所得的情形。本条第（八）项增加规定"违法减少防治污染设施运行支出一百万元以上的"情形，第（九）项增加规定"违法所得三十万元以上的"情形。主要考虑：一是司法实践中，《2013 年解释》第一条第（九）项"致使公私财产损失三十万元以上的"规定，由于环境损害鉴定评估工作尚处于探索阶段，该项规定的适用存在障碍，有必要增加规定适用数额标准的其他情形。二是修订后《环境保护法》第四十一条规定："建设项目中防治污染的设施，应当与主体工程同时设计、同时施工、同时投产使用。防治污染的设施应当符合经批准的环境影响评价文件的要求，不得擅自拆除或者闲置。"从行政执法情况来看，有些企业没有严格执行《环境保护法》规定的"三同时"制度，虽然建有污染防治设施，但为减少运行成本，闲置、拆除污染防治设施或者使污染防治设施不正常运行的情况时有发生。为依法惩治上述行为，第（八）项增加规定"违法减少防治污染设施运行支出一百万元以上的"情形。三是行为人实施污染环境行为，主观目的多是牟利，在造成公私财产损失的同时，还会体现为违法获得收入。因此，第九项增加规定"违法所得三十万元以上的"情形。

五是关于造成生态环境损害的情形。本条第（十）项增加规定"造成生态环境严重损害的"情形。主要考虑是：党的十八届三中全会提出，生态环境损害赔偿制度是生态文明制度体系的重要内容，要求对造成生态环境损害的责任者严格实行赔偿制度，依法追究刑事责任。2015年9月，中共中央、国务院印发《生态文明体制改革总体方案》，明确要求："严格实行生态环境损害赔偿制度。强化生产者环境保护法律责任，大幅度提高违法成本。健全环境损害赔偿方面的法律制度、评估方法和实施机制，对违反环保法律法规的，依法严惩重罚；对造成生态环境损害的，以损害程度等因素依法确定赔偿额度；对造成严重后果的，依法追究刑事责任。"2015年12月，中办、国办印发《生态环境损害赔偿制度改革试点方案》，部署开展相关工作。为了贯彻落实生态环境损害赔偿制度，本条第（十）项增加规定"造成生态环境严重损害的"情形，同时在《解释》第十七条第五款明确"生态环境严重损害"的含义。

（二）关于《刑法》第三百三十九条"致使公私财产遭受重大损失或者严重危害人体健康"、第四百零八条"致使公私财产遭受重大损失或者造成人身伤亡的严重后果"的认定标准

根据《刑法》第三百三十九条的规定，"致使公私财产遭受重大损失或者严重危害人体健康"是非法处置进口的固体废物罪的第二档量刑标准，是擅自进口固体废物罪的入罪标准。根据《刑法》第四百零八条的规定，"致使公私财产遭受重大损失或者造成人身伤亡的严重后果"是环境监管失职罪的入罪标准。《解释》第二条明确了上述标准的认定标准，即致使公私财产损失三十万元以上，或者《解释》第一条第（十）项至第（十七）项规定的情形。

（三）关于《刑法》第三百三十八条、第三百三十九条"后果特别严重"的认定标准

根据《刑法》第三百三十八条、第三百三十九条的规定，"后果特别严

重"是污染环境罪的第二档量刑标准、非法处置进口的固体废物罪的第三档量刑标准，以及擅自进口固体废物罪的第二档量刑标准，《2013年解释》第三条规定了11项应当认定为"后果特别严重"的情形。

《解释》第三条在《2013年解释》规定的基础上，规定了13项应当认定为"严重污染环境"的情形，即增加规定了第（二）项"非法排放、倾倒、处置危险废物一百吨以上的"，第（六）项"造成生态环境特别严重损害的"情形，作为《解释》第一条第（八）项、第（十）项的加重情节。

（四）关于环境污染犯罪的从重处罚情节

《解释》第四条明确了环境污染犯罪应当从重处罚的4种情形。本条在《2013年解释》第四条的基础上，作了修改完善：一是为避免对实施环境污染犯罪且具有阻挠环境监督检查或者突发环境事件调查的情形的重复评价，在第（一）项中增加"尚不构成犯罪"的表述，并删除《2013年解释》第四条第二款关于污染环境罪与妨害公务罪数罪并罚的规定。需要注意的是，本项规定中的"环境监督检查"，是指负有环境保护监督管理职责的行政主管部门对环境监督检查，包括但不限于环境保护主管部门，如对水污染的监督检查可以由水行政主管部门实施，对海洋污染的监督检查可以由海洋行政主管部门实施。二是考虑到《解释》第一条第（八）项已将"违法减少防治污染设施运行支出一百万元以上的"增加规定为污染环境罪的入罪标准，因此删除《2013年解释》第四条第一款第（二）项"闲置、拆除污染防治设施或者使污染防治设施不正常运行的"规定。三是参照最高人民检察院《关于全面履行检察职能为推进健康中国建设提供有力司法保障的意见》中的有关表述，在第（三）项中增加"重污染天气预警期间、突发环境事件处置期间"的表述。四是在第（四）项中增加规定"具有危险废物经营许可证的企业违反国家规定排放、倾倒、处置有放射性的废物、含传染病病原体的废物、有毒物质或者其他有害物质的"情形，主要考虑到此类情形明知故犯，主管恶性较大，社会危害性更为突出，有必要从严处罚。

（五）关于环境污染犯罪的从宽处罚情节

《解释》第五条明确了环境污染犯罪的从宽处理的情形，基本沿用了《2013年解释》第五条的规定，对文字表述作了修改完善。本条规定是为了贯彻落实《中共中央关于全面推进依法治国若干重大问题的决定》提出的"完善刑事诉讼中认罪认罚从宽制度"，在环境污染犯罪中体现恢复性司法理念，对于刚达到环境污染犯罪应当追究刑事责任标准的行为人，如果行为人及时采取措施，防止损失扩大、消除污染，全部赔偿损失，积极修复生态环境，且系初犯，确有悔罪表现的，可以认定为情节轻微，不起诉或者免予刑事处罚；确有必要判处刑罚的，应当从宽处罚。

（六）关于无危险废物经营许可证从事危险废物经营活动的定性处理问题

《解释》第六条明确了无危险废物经营许可证从事收集、贮存、利用、处置危险废物经营活动，严重污染环境行为的定性处理问题，分为两款。

本条第一款明确实施上述行为同时构成污染环境罪和非法经营罪的，从一重罪处断。主要考虑是：无危险废物经营许可证从事收集、贮存、利用、处置危险废物经营活动，严重污染环境的，构成污染环境罪。同时，根据《固体废物污染防治法》第五十七条的规定，从事收集、贮存、处置危险废物经营活动的单位，必须向县级以上人民政府环境保护行政主管部门申请领取经营许可证；从事利用危险废物经营活动的单位，必须向国务院环境保护行政主管部门或者省、自治区、直辖市人民政府环境保护行政主管部门申请领取经营许可证。因此，无危险废物经营许可证从事收集、贮存、利用、处置危险废物经营活动，情节严重的，还可能构成非法经营罪。为有效应对当前涉及危险废物的环境污染犯罪的多发态势，切断危险废物非法经营活动的利益链条，本款明确了对同时构成污染环境罪和非法经营罪的从一重罪处断的原则。

本条第二款明确实施上述行为不具有造成环境污染的情形，可以认定为非法经营情节显著轻微危害不大，不认为是犯罪；构成其他犯罪的，以其他犯罪论处。主要考虑是：一是《解释》坚持对此类行为是否具有社会危害性的实质性判断原则，一些具有处置、利用危险废物能力的企业在未取得经营许可证的情况下从事处置、利用活动，只要不具有造成环境污染的情形，就不具有实质的社会危害性，不宜以非法经营罪论处。二是根据《固体废物污染防治法》第七十七条的规定，无经营许可证或者不按照经营许可证规定从事收集、贮存、利用、处置危险废物经营活动的，由县级以上人民政府环境保护行政主管部门责令停止违法行为，没收违法所得，可以并处违法所得3倍以下的罚款；不按照经营许可证规定从事上述活动的，还可以由发证机关吊销经营许可证。因此，从坚持《刑法》谦抑性和合理控制刑事打击面的角度出发，对上述行为给予行政处罚也能起到制裁、预防作用，不宜追究刑事责任。

（七）涉及危险废物的共同犯罪问题

《解释》第七条明确了涉及危险废物的共同犯罪问题，沿用了《2013年解释》第七条的规定，即明知他人无危险废物经营许可证，向其提供或者委托其收集、贮存、利用、处置危险废物，严重污染环境的，以共同犯罪论处。

（八）关于实施环境污染犯罪同时构成其他犯罪的处理原则

《解释》第八条明确了实施环境污染犯罪又构成其他犯罪的处理原则，沿用了《2013年解释》第八条的规定，即违反国家规定，排放、倾倒、处置含有毒害性、放射性、传染病病原体等物质的污染物，同时构成污染环境罪、非法处置进口的固体废物罪、投放危险物质罪等犯罪的，依照处罚较重的规定定罪处罚。

（九）关于环境影响评价机构或其人员提供虚假证明文件或者出具证明文件重大失实的定性处理问题

《解释》第九条明确了环境影响评价机构或其人员提供虚假证明文件或者出具证明文件重大失实的定性处理问题，主要考虑是：环境影响评价，对于预防因规划和建设项目实施后对环境造成不良影响，促进经济、社会和环境的协调发展具有重要意义。环境影响评价必须客观、公开、公正，综合考虑规划或者建设项目实施后对各种环境因素及其所构成的生态系统可能造成的影响，为决策提供科学依据。《环境影响评价法》第十九条第一款规定："接受委托为建设项目环境影响评价提供技术服务的机构，应当经国务院环境保护行政主管部门考核审查合格后，颁发资质证书，按照资质证书规定的等级和评价范围，从事环境影响评价服务，并对评价结论负责。"第三十二条规定："接受委托为建设项目环境影响评价提供技术服务的机构在环境影响评价工作中不负责任或者弄虚作假，致使环境影响评价文件失实的，由授予环境影响评价资质的环境保护行政主管部门降低其资质等级或者吊销其资质证书，并处所收费用一倍以上三倍以下的罚款；构成犯罪的，依法追究刑事责任。"为了从源头上预防环境污染犯罪，实现行政执法与刑事司法的有效衔接，本条明确对此种行为应当依照《刑法》第二百二十九条、第二百三十一条的规定，以提供虚假证明文件罪或者出具证明文件重大失实罪定罪处罚。

（十）关于破坏国家环境质量监测系统行为的定性处理问题

《解释》第十条明确了破坏国家环境质量监测系统行为的定性处理问题，分为三款。

本条第一款明确针对环境质量监测系统实施修改参数或者监测数据，或者干扰采样，致使监测数据严重失真，或者其他破坏环境质量监测系统的行为，以破坏计算机信息系统罪定性处理。主要考虑是：修订后《环境保护法》第十七条规定："国家建立、健全环境监测制度。国务院环境保护主管部门制定监测规范，会同有关部门组织监测网络，统一规划国家环境质量监测站（点）的设置，建立监测数据共享机制，加强对环境监测的管理。……监测机构应当使用符合国家标准的监测设备，遵守监测规范。监测机构及其负责人对监测数据的真实性和准确性负责。"实践中发现的破坏环境质量监测系统，干扰监测数据取样的行为，比如近期媒体曝光的西安环保局监测站的工作人员破坏国家空气质量监测站案件，严重扰乱国家环境监测制度，性质十分恶劣，有必要予以刑事打击。根据 2011 年最高人民法院、最高人民检察院《关于办理危害计算机信息系统安全刑事案件应用法律若干问题的解释》第十一条的规定，"计算机信息系统"是指具备自动处理数据功能的系统，包括计算机、网络设备、通信设备、自动化控制设备等。因此，环境质量监测系统属于"计算机信息系统"范畴，对其实施修改参数或者监测数据，或者干扰采样，致使监测数据严重失真等破坏行为，符合《刑法》第二百八十六条破坏计算机信息系统罪的罪状表述，可以破坏计算机信息系统罪论处。

本条第二款明确重点排污单位实施本条第一款规定的破坏环境质量监测系统的行为，又实施《解释》第一条第（七）项规定的排放化学需氧量、氨氮、二氧化硫、氮氧化物等污染物的污染环境行为，同时构成犯罪的，从一重罪处断。

本条第三款明确从事环境监测设施维护、运营的人员实施本条第一款规定的破坏环境质量监测系统行为，应当从重处罚。

（十一）关于单位实施有关环境污染犯罪的定罪量刑标准

《解释》第十一条明确了单位实施有关环境污染犯罪的刑罚问题，沿用了《2013 年解释》第六条的规定，即依照《解释》规定的相应自然人犯罪的定罪量刑标准，对直接负责的主管人员和其他直接责任人员定罪处罚，并对单位判处罚金。

（十二）关于监测数据作为刑事诉讼证据使用的问题

《解释》第十二条明确了监测数据作为刑事诉讼证据使用的问题，分为两款。

本条第一款对《2013 年解释》第十一条第二款的规定作了修改完善。《2013 年解释》第十一条第二款规定："县级以上环境保护部门及其所属监测机构出具的监测数据，经省级以上环境保护部门认可的，可以作为证据使用。"当时主要考虑到各级环保部门的监测条件、水平不同，为确保相关数据的客观、准确，确保相关案件公正处理，作为认定相关案件事实的证据使用的监测数据，必须是县级以上环保部门出具的，且经省级以上环境保护部门认可的数据。针对实践中反映比较突出的监测数据认可程序不能满足办案需要的问题，本款将《2013 年解释》的规定修改为："环境保护主管部门及其所属监测机构在行政执法过程中收集的监测数据，在刑事诉讼中可以作为证据使用。"主要考虑：一是党的十八届五中全会提出"实行省以下环保机构监测监察执法垂直管理制度"，垂直管理后环境监测事权将上收，市县一级环保部门将不再负责环境监测工作。二是司法实践表明，由于环境监测样品的不可复制性，省级环保部门的认可程序只能进行形式审查，容易导致程序冗繁、效率低下，不利于环境污染刑事案件的及时办理。三是《刑事诉讼法》第五十二条第二款规定："行政机关在行政执法和查办案件过程中收集的物证、书证、视听资料、电子数据等证据材料，在刑事诉讼中可以作为证据使用。"因此，本款规定既符合《刑事诉讼法》的规定精神，也符合司法办案的实际情况。

本条第二款明确公安机关单独或者会同环境保护主管部门，提取污染物样品进行检测获取的数据，在刑事诉讼中可以作为证据使用。主要考虑：一是根据《刑事诉讼法》和相关司法解释的规定，公安机关作为侦查机关，享有当然的刑事证据收集权力，其收集的证据作为刑事证据使用无须经过行政认可等其他程序。二是从司法实践来看，要求公安机关收集的监测数据必须经过环保部门的认可程序，极大地制约了公安机关对环境污染案件的查办力度，不符合实际情况。近年来，公安机关收集监测数据的取证能力大幅提升，已经能够满足有关技术规范的要求。

（十三）关于危险废物的认定问题

《解释》第十三条明确了危险废物的认定问题，分为两款。

本条第一款明确司法机关对国家危险废物名录所列的废物，可以依据涉案物质的来源、产生过程等相关证据，结合环境保护主管部门、公安机关等出具的书面意见作出认定。主要考虑是：当前，对危险废物的鉴定机构较少，无法完全满足司法办案需要，严重制约对环境污染犯罪的打击。考虑到《国家危险废物名录》对危险废物的类别、行业来源、危险特性等已作出具体规定，司法机关可以综合相关证据直接认定，无须再由鉴定机构进行鉴定。这也符合此前最高人民法院、最高人民检察院有关食品、药品等司法解释的精神和做法。

本条第二款明确司法机关对于危险废物的数量，可以综合被告人供述、涉案企业的生产工艺、物耗、能耗情况等相关证据作出认定。这一规定有利于加大对危险废物产生企业的规制力度，强化司法办案的可操作性。

（十四）关于环境污染专门性问题的认定问题

《解释》第十四条明确了环境污染专门性问题的认定问题。本条规定在《2013年解释》第十一条第一款的基础上，增加规定公安机关也可以指定出具报告的机构。主要考虑是：《2013年解释》施行后，环保部办公厅分别于2014年1月、2016年2月指定推荐了两批环境损害鉴定评估推荐机构（第一批12家、第二批17家）。2015年12月，最高人民法院、最高人民检察院、司法部印发《关于将环境损害司法鉴定纳入统一登记管理范围的通知》（司发通〔2015〕117号），司法部、环境保护部印发《关于规范环境损害司法鉴定管理工作的通知》（司发通〔2015〕118 号），对司法鉴定机构出具环境损害司法鉴定意见提供了依据并作出规范。目前，这项工作正在推进过程中，但也只涉及环境损害鉴定，未涉及其他环境污染专门性问题。总体而言，目前司法鉴定机构和环保部指定的机构仍然偏少，难以满足实际办案所需。因此，本条增加规定公安机关也可以指定出具报告的机构，以强化解释的可操作性。

（十五）关于"有毒物质"的范围

《解释》第十五条明确了"有毒物质"的范围。根据《刑法》第三百三十八条规定，污染环境罪的犯罪对象是指"有放射性的废物、含传染病病原体的废物、有毒物质或者其他有害物质"。其中，"有放射性的废物""含传染病病原体的废物"实践中容易鉴定、认定，无须专门解释；"其他有害物质"范围十分宽泛，难以具体界定。因此，《解释》第十条对"有毒物质"的范围和认定标准作出了专门规定。

本条规定基本沿用了《2013 年解释》第十条的内容，并对文字表述作了修改完善，删除了《2013 年解释》第十条第（二）项将"剧毒化学品、列入重点环境管理危险化学品名录的化学品，以及含有上述化学品的物质"认定为"有毒物质"的规定。主要考虑：自 2015 年 5 月 1 日起实施的《危险化学品目录（2015 版）》已经将《剧毒化学品目录》废止，《重点环境管理危险化学品名录》也已被环保部于 2016 年 7 月废止。《国家危险废物名录（2016版）》作出相应修改完善，其中第四条规定："列入《危险化学品目录》的化学品废弃后属于危险废物。"鉴于上述规定实现了《国家危险废物名录（2016版）》与《危险化学品目录（2015 版）》的合理衔接，本条第（一）项的规定实际上已经涵盖了《2013 年解释》第十条第（二）项的规定，故删去原有规定。

（十六）关于"非法处置危险废物"的认定问题

《解释》第十六条明确了"非法处置危险废物"的认定问题。司法实践中，对于"非法处置危险废物"的认定，特别是处置危险废物与利用危险废物之间的关系，存在较大认识分歧。根据《固体废物污染环境防治法》第八十八条第（六）项、第（七）项的规定，处置，是指将固体废物焚烧和用其他改变固体废物的物理、化学、生物特性的方法，达到减少已产生的固体废物数量、缩小固体废物体积、减少或者消除其危险成分的活动，或者将固体废物最终置于符合环境保护规定要求的填埋场的活动；利用，是指从固体废物中提取物质作为原材料或者燃料的活动。为了严密刑事法网，本条明确将从危险废物中提取物质作为原材料或者燃料，造成环境污染的利用行为认定为"非法处置危险废物"，以尽量扩大"非法处置危险废物"的范围，减少司法实践中的认定障碍。同时，将"无危险废物经营许可证，以营利为目的"作为前提条件，防止不当扩大刑事打击面。

（十七）关于《解释》涉及的相关用语含义

《解释》第十七条明确了《解释》中"二年内""重点排污单位""违法所得""公私财产损失""生态环境损害""无危险废物经营许可证"等用语的含义，分为六款。

本条第一款关于"二年内"的含义，参照了 2014 年最高人民法院、最高人民检察院《关于办理走私刑事案件适用法律若干问题的解释》第十七条的规定，明确"二年内"以第一次违法行为受到行政处罚的生效之日与又实施相应行为之日的时间间隔计算确定。

本条第二款关于"重点排污单位"的含义，根据《环境保护法》《水污染防治法》《大气污染防治法》等相关法律关于"重点排污单位"的规定，明确"重点排污单位"是指设区的市级以上人民政府环境保护主管部门依法确定的应当安装、使用污染物排放自动监测设备的重点监控企业及其他单位。

本条第三款关于"违法所得"的含义，参照了 2014 年最高人民法院、最高人民检察院《关于办理危害药品安全刑事案件适用法律若干问题的解释》第十五条的规定，明确"违法所得"是指实施《刑法》第三百三十八条、第三百三十九条规定的行为所得和可得的全部违法收入。

本条第四款关于"公私财产损失"的含义，在《2013 年解释》第九条规定的基础上，将"处置突发环境事件的应急监测费用"纳入"公私财产损失"的范畴。

本条第五款关于"生态环境损害"的含义，参照了中办、国办《生态环境损害赔偿制度改革试点方案》的相关规定，明确"生态环境损害"包括生态环境修复费用，生态环境修复期间服务功能的损失和生态环境功能永久性损害造成的损失，以及其他必要合理费用。

本条第六款关于"无危险废物经营许可证"的含义，参照了 2016 年最高人民法院、最高人民检察院《关于办理非法采矿、破坏性采矿刑事案件适用法律若干问题的解释》第二条的规定，明确"无危险废物经营许可证"是指未取得危险废物经营许可证，或者超出危险废物经营许可证的经营范围。

（十八）关于司法解释的效力规定

《解释》第十八条是关于施行时间和解释效力的规定。由于《解释》已完全涵盖《2013 年解释》，本解释公布施行后，《2013 年解释》同时废止。

关于民事执行活动法律监督若干问题的规定

（最高人民法院、最高人民检察院 2016 年 11 月 2 日公布
2017 年 1 月 1 日施行 法发〔2016〕30 号）

为促进人民法院依法执行，规范人民检察院民事执行法律监督活动，根据《中华人民共和国民事诉讼法》和其他有关法律规定，结合人民法院民事执行和人民检察院民事执行法律监督工作实际，制定本规定。

第一条 人民检察院依法对民事执行活动实行法律监督。人民法院依法接受人民检察院的法律监督。

第二条 人民检察院办理民事执行监督案件，应当以事实为依据，以法律为准绳，坚持公开、公平、公正和诚实信用原则，尊重和保障当事人的诉讼权利，监督和支持人民法院依法行使执行权。

第三条 人民检察院对人民法院执行生效民事判决、裁定、调解书、支付令、仲裁裁决以及公证债权文书等法律文书的活动实施法律监督。

第四条 对民事执行活动的监督案件，由执行法院所在地同级人民检察院管辖。

上级人民检察院认为确有必要的，可以办理下级人民检察院管辖的民事执行监督案件。下级人民检察院对有管辖权的民事执行监督案件，认为需要上级人民检察院办理的，可以报请上级人民检察院办理。

第五条 当事人、利害关系人、案外人认为人民法院的民事执行活动存在违法情形向人民检察院申请监督，应当提交监督申请书、身份证明、相关法律文书及证据材料。提交证据材料的，应当附证据清单。

申请监督材料不齐备的，人民检察院应当要求申请人限期补齐，并明确告知应补齐的全部材料。申请人逾期未补齐的，视为撤回监督申请。

第六条 当事人、利害关系人、案外人认为民事执行活动存在违法情形，向人民检察院申请监督，法律规定可以提出异议、复议或者提起诉讼，当事人、利害关系人、案外人没有提出异议、申请复议或者提起诉讼的，人民检察院不予受理，但有正当理由的除外。

当事人、利害关系人、案外人已经向人民法院提出执行异议或者申请复议，人民法院审查异议、复议期间，当事人、利害关系人、案外人又向人民检

察院申请监督的，人民检察院不予受理，但申请对人民法院的异议、复议程序进行监督的除外。

第七条 具有下列情形之一的民事执行案件，人民检察院应当依职权进行监督：

（一）损害国家利益或者社会公共利益的；

（二）执行人员在执行该案时有贪污受贿、徇私舞弊、枉法执行等违法行为、司法机关已经立案的；

（三）造成重大社会影响的；

（四）需要跟进监督的。

第八条 人民检察院因办理监督案件的需要，依照有关规定可以调阅人民法院的执行卷宗，人民法院应当予以配合。

通过拷贝电子卷、查阅、复制、摘录等方式能够满足办案需要的，不调阅卷宗。

人民检察院调阅人民法院卷宗，由人民法院办公室（厅）负责办理，并在五日内提供，因特殊情况不能按时提供的，应当向人民检察院说明理由，并在情况消除后及时提供。

人民法院正在办理或者已结案尚未归档的案件，人民检察院办理民事执行监督案件时可以直接到办理部门查阅、复制、拷贝、摘录案件材料，不调阅卷宗。

第九条 人民检察院因履行法律监督职责的需要，可以向当事人或者案外人调查核实有关情况。

第十条 人民检察院认为人民法院在民事执行活动中可能存在怠于履行职责情形的，可以向人民法院书面了解相关情况，人民法院应当说明案件的执行情况及理由，并在十五日内书面回复人民检察院。

第十一条 人民检察院向人民法院提出民事执行监督检察建议，应当经检察长批准或者检察委员会决定，制作检察建议书，在决定之日起十五日内将检察建议书连同案件卷宗移送同级人民法院。

检察建议书应当载明检察机关查明的事实、监督理由、依据以及建议内容等。

第十二条 人民检察院提出的民事执行监督检察建议，统一由同级人民法院立案受理。

第十三条 人民法院收到人民检察院的检察建议书后，应当在三个月内将审查处理情况以回复意见函的形式回复人民检察院，并附裁定、决定等相关法律文书。有特殊情况需要延长的，经本院院长批准，可以延长一个月。

回复意见函应当载明人民法院查明的事实、回复意见和理由并加盖院章。不采纳检察建议的，应当说明理由。

第十四条　人民法院收到检察建议后逾期未回复或者处理结果不当的，提出检察建议的人民检察院可以依职权提请上一级人民检察院向其同级人民法院提出检察建议。上一级人民检察院认为应当跟进监督的，应当向其同级人民法院提出检察建议。人民法院应当在三个月内提出审查处理意见并以回复意见函的形式回复人民检察院，认为人民检察院的意见正确的，应当监督下级人民法院及时纠正。

第十五条　当事人在人民检察院审查案件过程中达成和解协议且不违反法律规定的，人民检察院应当告知其将和解协议送交人民法院，由人民法院依照民事诉讼法第二百三十条的规定进行处理。

第十六条　当事人、利害关系人、案外人申请监督的案件，人民检察院认为人民法院民事执行活动不存在违法情形的，应当作出不支持监督申请的决定，在决定之日起十五日内制作不支持监督申请决定书，发送申请人，并做好释法说理工作。

人民检察院办理依职权监督的案件，认为人民法院民事执行活动不存在违法情形的，应当作出终结审查决定。

第十七条　人民法院认为检察监督行为违反法律规定的，可以向人民检察院提出书面建议。人民检察院应当在收到书面建议后三个月内作出处理并将处理情况书面回复人民法院；人民法院对于人民检察院的回复有异议的，可以通过上一级人民法院向上一级人民检察院提出。上一级人民检察院认为人民法院建议正确的，应当要求下级人民检察院及时纠正。

第十八条　有关国家机关不依法履行生效法律文书确定的执行义务或者协助执行义务的，人民检察院可以向相关国家机关提出检察建议。

第十九条　人民检察院民事检察部门在办案中发现被执行人涉嫌构成拒不执行判决、裁定罪且公安机关不予立案侦查的，应当移送侦查监督部门处理。

第二十条　人民法院、人民检察院应当建立完善沟通联系机制，密切配合，互相支持，促进民事执行法律监督工作依法有序稳妥开展。

第二十一条　人民检察院对人民法院行政执行活动实施法律监督，行政诉讼法及有关司法解释没有规定的，参照本规定执行。

第二十二条　本规定自 2017 年 1 月 1 日起施行。

二、指导性案例

关于印发最高人民检察院
第七批指导性案例的通知

（2016 年 5 月 13 日最高人民检察院第十二届检察委员会第五十一次会议
通过　2016 年 5 月 31 日公布并施行　高检发研字〔2016〕7 号）

各省、自治区、直辖市人民检察院，军事检察院，新疆生产建设兵团人民检察院：

经 2016 年 5 月 13 日最高人民检察院第十二届检察委员会第五十一次会议决定，现将马乐利用未公开信息交易案等 4 个指导性案例印发你们，供参照适用。

最高人民检察院
2016 年 5 月 31 日

检例第 24 号

马乐利用未公开信息交易案

【关键词】 适用法律错误　刑事抗诉　援引法定刑　情节特别严重

【基本案情】

马乐，男，1982 年 8 月生。

2011 年 3 月 9 日至 2013 年 5 月 30 日期间，马乐担任博时基金管理有限公司旗下博时精选股票证券投资基金经理，全权负责投资基金投资股票市场，掌握了博时精选股票证券投资基金交易的标的股票、交易时点和交易数量等未公开信息。马乐在任职期间利用其掌控的上述未公开信息，操作自己控制的"金某""严某进""严某雯"三个股票账户，通过临时购买的不记名神州行电话卡下单，从事相关证券交易活动，先于、同期或稍晚于其管理的"博时精选"基金账户，买卖相同股票 76 只，累计成交金额人民币 10.5 亿余元，非法获利人民币 19120246.98 元。

【诉讼过程】

2013 年 6 月 21 日中国证监会决定对马乐涉嫌利用未公开信息交易行为立案稽查，交深圳证监局办理。2013 年 7 月 17 日，马乐到广东省深圳市公安局投案。2014 年 1 月 2 日，深圳市人民检察院向深圳市中级人民法院提起公诉，指控被告人马乐构成利用未公开信息交易罪，情节特别严重。2014 年 3 月 24 日，深圳市中级人民法院作出一审判决，认定马乐构成利用未公开信息交易罪，鉴于《刑法》第一百八十条第四款未对利用未公开信息交易罪情节特别严重作出相关规定，马乐属于犯罪情节严重，同时考虑其具有自首、退赃、认罪态度良好、罚金能全额缴纳等可以从轻处罚情节，因此判处其有期徒刑 3 年，缓刑 5 年，并处罚金 1884 万元，同时对其违法所得 1883 万余元予以追缴。

深圳市人民检察院于 2014 年 4 月 4 日向广东省高级人民法院提出抗诉，认为被告人马乐的行为应当认定为犯罪情节特别严重，依照"情节特别严重"的量刑档次处罚；马乐的行为不属于退赃，应当认定为司法机关追赃。一审判决适用法律错误，量刑明显不当，应当依法改判。2014 年 8 月 28 日，广东省人民检察院向广东省高级人民法院发出《支持刑事抗诉意见书》，认为一审判决认定情节错误，导致量刑不当，应当依法纠正。

广东省高级人民法院于 2014 年 10 月 20 日作出终审裁定，认为《刑法》

第一百八十条第四款并未对利用未公开信息交易罪规定有"情节特别严重"情形，马乐的行为属"情节严重"，应在该量刑幅度内判处刑罚，抗诉机关提出马乐的行为应认定为"情节特别严重"缺乏法律依据；驳回抗诉，维持原判。

广东省人民检察院认为终审裁定理解法律规定错误，导致认定情节错误，适用缓刑不当，于2014年11月27日提请最高人民检察院抗诉。2014年12月8日，最高人民检察院按照审判监督程序向最高人民法院提出抗诉。

【抗诉理由】

最高人民检察院审查认为，原审被告人马乐利用因职务便利获取的未公开信息，违反规定从事相关证券交易活动，累计成交额人民币10.5亿余元，非法获利人民币1883万余元，属于利用未公开信息交易罪"情节特别严重"的情形。本案终审裁定以《刑法》第一百八十条第四款并未对利用未公开信息交易罪有"情节特别严重"规定为由，对此情形不作认定，降格评价被告人的犯罪行为，属于适用法律确有错误，导致量刑不当。理由如下：

一、《刑法》第一百八十条第四款属于援引法定刑的情形，应当引用第一款处罚的全部规定。按照立法精神，《刑法》第一百八十条第四款中的"情节严重"是入罪标准，在处罚上应当依照本条第一款的全部罚则处罚，即区分情形依照第一款规定的"情节严重"和"情节特别严重"两个量刑档次处罚。首先，援引的重要作用就是减少法条重复表述，只需就该罪的基本构成要件作出表述，法定刑全部援引即可；如果法定刑不是全部援引，才需要对不同量刑档次作出明确表述，规定独立的罚则。刑法分则多个条文都存在此种情形，这是业已形成共识的立法技术问题。其次，《刑法》第一百八十条第四款"情节严重"的规定是入罪标准，作此规定是为了避免"情节不严重"也入罪，而非量刑档次的限缩。最后，从立法和司法解释先例来看，《刑法》第二百八十五条第三款也存在相同的文字表述，2011年最高人民法院、最高人民检察院《关于办理危害计算机信息系统安全刑事案件应用法律若干问题的解释》第三条明确规定了《刑法》第二百八十五条第三款包含有"情节严重""情节特别严重"两个量刑档次。司法解释的这一规定，表明了最高司法机关对援引法定刑立法例的一贯理解。

二、利用未公开信息交易罪与内幕交易、泄露内幕信息罪的违法与责任程度相当，法定刑亦应相当。内幕交易、泄露内幕信息罪和利用未公开信息交易罪，都属于特定人员利用未公开的可能对证券、期货市场交易价格产生影响的信息从事交易活动的犯罪。两罪的主要差别在于信息范围不同，其通过信息的未公开性和价格影响性获利的本质相同，均严重破坏了金融管理秩序，损害了公众投资者利益。刑法将两罪放在第一百八十条中分款予以规定，亦是对两罪违法和责任程度相当的确认。因此，从社会危害性理解，两罪的法定刑也应相当。

三、马乐的行为应当认定为"情节特别严重"，对其适用缓刑明显不当。最高人民检察院、公安部《关于公安机关管辖的刑事案件立案追诉标准的规定（二）》对内幕交易、泄露内幕信息罪和利用未公开信息交易罪"情节严重"规定了相同的追诉标准，最高人民法院、最高人民检察院《关于办理内幕交易、泄露内幕信息刑事案件具体应用法律若干问题的解释》将成交额250万元以上、获利75万元以上等情形认定为内幕交易、泄露内幕信息罪"情节特别严重"。如前所述，利用未公开信息交易罪"情节特别严重"的，也应当依照第一款的规定，遵循相同的标准。马乐利用未公开信息进行交易活动，累计成交额人民币10.5亿余元，从中非法获利人民币1883万余元，显然属于"情节特别严重"，应当在"五年以上十年以下有期徒刑"的幅度内量刑。其虽有自首情节，但适用缓刑无法体现罪责刑相适应，无法实现惩罚和预防犯罪的目的，量刑明显不当。

四、本案所涉法律问题的正确理解和适用，对司法实践和维护我国金融市场的健康发展具有重要意义。自《刑法修正案（七）》增设利用未公开信息交易罪以来，司法机关对该罪是否存在"情节特别严重"、是否有两个量刑档次长期存在分歧，亟须统一认识。正确理解和适用本案所涉法律问题，对明确同类案件的处理、同类从业人员犯罪的处罚具有重要指导作用，对于加大打击"老鼠仓"等严重破坏金融管理秩序的行为，维护社会主义市场经济秩序，保障资本市场健康发展具有重要意义。

【案件结果】

2015年7月8日，最高人民法院第一巡回法庭公开开庭审理此案，最高人民检察院依法派员出庭履行职务，原审被告人马乐的辩护人当庭发表了辩护意见。最高人民法院审理认为，最高人民检察院对《刑法》第一百八十条第四款援引法定刑的理解及原审被告人马乐的行为属于犯罪情节特别严重的抗诉意见正确，应予采纳；辩护人的辩护意见不能成立，不予采纳。原审裁判因对《刑法》第一百八十条第四款援引法定刑的理解错误，导致降格认定了马乐的犯罪情节，进而对马乐判处缓刑确属不当，应予纠正。

2015年12月11日，最高人民法院作出再审终审判决：维持原刑事判决中对被告人马乐的定罪部分；撤销原刑事判决中对原审被告人马乐的量刑及追缴违法所得部分；原审被告人马乐犯利用未公开信息交易罪，判处有期徒刑3年，并处罚金人民币1913万元；违法所得人民币19120246.98元依法予以追缴，上缴国库。

【要旨】

《刑法》第一百八十条第四款利用未公开信息交易罪为援引法定刑的情形，应当是对第一款法定刑的全部援引。其中，"情节严重"是入罪标准，在处罚上应当依照本条第一款内幕交易、泄露内幕信息罪的全部法定刑处罚，即区分不同情形分别依照第一款规定的"情节严重"和"情节特别严重"两个量刑档次处罚。

【指导意义】

我国刑法分则"罪状+法定刑"的立法模式决定了在性质相近、危害相当罪名的法条规范上，基本采用援引法定刑的立法技术。本案对《刑法》第一百八十条第四款援引法定刑理解的争议是刑法解释的理论问题。正确理解《刑法》条文，应当以文义解释为起点，综合运用体系解释、目的解释等多种解释方法，按照罪刑法定原则和罪责刑相适应原则的要求，从整个《刑法》体系中把握立法目的，平衡法益保护。

1. 从法条文义理解，《刑法》第一百八十条第四款中的"情节严重"是入罪条款，为犯罪构成要件，表明该罪情节犯的属性，具有限定处罚范围的作用，以避免"情节不严重"的行为也入罪，而非量刑档次的限缩。本条款中"情节严重"之后并未列明具体的法定刑，不兼具量刑条款的性质，量刑条款为"依照第一款的规定处罚"，应当理解为对第一款法定刑的全部援引而非部分援引，即同时存在"情节严重""情节特别严重"两种情形和两个量刑档次。

2. 从《刑法》体系的协调性考量，一方面，《刑法》中存在与第一百八十条第四款表述类似的条款，印证了援引法定刑为全部援引。如《刑法》第二百八十五条第三款规定"情节严重的，依照前款的规定处罚"，2011年最高人民法院、最高人民检察院《关于办理危害计算机信息系统安全刑事案件应用法律若干问题的解释》第三条明确了本款包含有"情节严重""情节特别严重"两个量刑档次。另一方面，从《刑法》其他条文的反面例证看，法定刑设置存在细微差别时即无法援引。如《刑法》第一百八十条第二款关于内幕交易、泄露内幕信息罪单位犯罪的规定，没有援引前款个人犯罪的法定刑，而是单独明确规定处5年以下有期徒刑或者拘役。这是因为第一款规定了情节严重、情节特别严重两个量刑档次，而第二款只有一个量刑档次，并且不对直接负责的主管人员和其他直接责任人员并处罚金。在这种情况下，为避免发生歧义，立法不会采用援引法定刑的方式，而是对相关法定刑作出明确表述。

3. 从设置利用未公开信息交易罪的立法目的分析，《刑法》将本罪与内幕交易、泄露内幕信息罪一并放在第一百八十条中分款予以规定，就是由于两罪虽然信息范围不同，但是其通过信息的未公开性和价格影响性获利的本质相同，对公众投资者利益和金融管理秩序的实质危害性相当，行为人的主观恶性相当，应当适用相同的法定量刑幅度，具体量刑标准也应一致。如果只截取情节严重部分的法定刑进行援引，势必违反罪刑法定原则和罪刑相适应原则，无法实现惩罚和预防犯罪的目的。

【相关法律规定】

《中华人民共和国刑法》（根据 2015 年 8 月 29 日第十二届全国人民代表大会常务委员会第十六次会议通过的《刑法修正案（九）》修正）

第一百八十条　证券、期货交易内幕信息的知情人员或者非法获取证券、期货交易内幕信息的人员，在涉及证券的发行，证券、期货交易或者其他对证券、期货交易价格有重大影响的信息尚未公开前，买入或者卖出该证券，或者从事与该内幕信息有关的期货交易，或者泄露该信息，或者明示、暗示他人从事上述交易活动，情节严重的，处五年以下有期徒刑或者拘役，并处或者单处违法所得一倍以上五倍以下罚金；情节特别严重的，处五年以上十年以下有期徒刑，并处违法所得一倍以上五倍以下罚金。

单位犯前款罪的，对单位判处罚金，并对其直接负责的主管人员和其他直接责任人员，处五年以下有期徒刑或者拘役。

内幕信息、知情人员的范围，依照法律、行政法规的规定确定。

证券交易所、期货交易所、证券公司、期货经纪公司、基金管理公司、商业银行、保险公司等金融机构的从业人员以及有关监管部门或者行业协会的工作人员，利用因职务便利获取的内幕信息以外的其他未公开的信息，违反规定，从事与该信息相关的证券、期货交易活动，或者明示、暗示他人从事相关交易活动，情节严重的，依照第一款的规定处罚。

检例第 25 号

于英生申诉案

【关键词】 刑事申诉　再审检察建议　改判无罪

【基本案情】

于英生，男，1962 年 3 月生。

1996 年 12 月 2 日，于英生的妻子韩某在家中被人杀害。安徽省蚌埠市中区公安分局侦查认为于英生有重大犯罪嫌疑，于 1996 年 12 月 12 日将其刑事拘留。1996 年 12 月 21 日，蚌埠市中市区人民检察院以于英生涉嫌故意杀人罪，将其批准逮捕。在侦查阶段的审讯中，于英生供认了杀害妻子的主要犯罪事实。蚌埠市中区公安分局侦查终结后，移送蚌埠市中市区人民检察院审查起诉。蚌埠市中市区人民检察院审查后，依法移送蚌埠市人民检察院审查起诉。1997 年 12 月 24 日，蚌埠市人民检察院以涉嫌故意杀人罪对于英生提起公诉。蚌埠市中级人民法院一审判决认定以下事实：1996 年 12 月 1 日，于英生一家三口在逛商场时，韩某将 2800 元现金交给于英生让其存入银行，但却不愿告诉这笔钱的来源，引起于英生的不满。12 月 2 日 7 时 20 分，于英生送其子去上学，回家后再次追问韩某 2800 元现金是哪来的。因韩某坚持不愿说明来源，二人发生争吵厮打。厮打过程中，于英生见韩某声音越来越大，即恼羞成怒将其推倒在床上，然后从厨房拿了一根塑料绳，将韩某的双手拧到背后捆上。接着又用棉被盖住韩某头面部并隔着棉被用双手紧捂其口鼻，将其捂昏迷后匆忙离开现场到单位上班。约 9 时 50 分，于英生从单位返回家中，发现韩某已经死亡，便先解开捆绑韩某的塑料绳，用菜刀对韩某的颈部割了数刀，然后将其内衣向上推至胸部、将其外面穿的毛线衣拉平，并将尸体翻成俯卧状。接着又将屋内家具的柜门、抽屉拉开，将物品翻乱，造成家中被抢劫、韩某被奸杀的假象。临走时，于英生又将液化气打开并点燃一根蜡烛放在床头柜上的烟灰缸里，企图使液化气排放到一定程度，烛火引燃液化气，达到烧毁现场的目的。后因被及时发现而未引燃。经法医鉴定：死者韩某口、鼻腔受暴力作用，致机械性窒息死亡。

【诉讼过程】

1998 年 4 月 7 日，蚌埠市中级人民法院以故意杀人罪判处于英生死刑，缓期 2 年执行。于英生不服，向安徽省高级人民法院提出上诉。

1998 年 9 月 14 日，安徽省高级人民法院以原审判决认定于英生故意杀人的部分事实不清，证据不足为由，裁定撤销原判，发回重审。被害人韩某的父母提起附带民事诉讼。

1999 年 9 月 16 日，蚌埠市中级人民法院以故意杀人罪判处于英生死刑，缓期 2 年执行。于英生不服，再次向安徽省高级人民法院提出上诉。

2000 年 5 月 15 日，安徽省高级人民法院以原审判决事实不清，证据不足为由，裁定撤销原判，发回重审。

2000 年 10 月 25 日，蚌埠市中级人民法院以故意杀人罪判处于英生无期徒刑。于英生不服，向安徽省高级人民法院提出上诉。2002 年 7 月 1 日，安徽省高级人民法院裁定驳回上诉，维持原判。

2002 年 12 月 8 日，于英生向安徽省高级人民法院提出申诉。2004 年 8 月

9 日，安徽省高级人民法院驳回于英生的申诉。后于英生向安徽省人民检察院提出申诉。

安徽省人民检察院经复查，提请最高人民检察院按照审判监督程序提出抗诉。最高人民检察院经审查，于 2013 年 5 月 24 日向最高人民法院提出再审检察建议。

【建议再审理由】

最高人民检察院审查认为，原审判决、裁定认定于英生故意杀人的事实不清，证据不足，案件存在的矛盾和疑点无法得到合理排除，案件事实结论不具有唯一性。

一、原审判决认定事实的证据不确实、不充分。一是根据安徽省人民检察院复查调取的公安机关侦查内卷中的手写"现场手印检验报告"及其他相关证据，能够证实现场存在的 2 枚指纹不是于英生及其家人所留，但侦查机关并未将该情况写入检验报告。原审判决依据该"现场手印检验报告"得出"没有发现外人进入现场的痕迹"的结论与客观事实不符。二是关于于英生送孩子上学以及到单位上班的时间，缺少明确证据支持，且证人证言之间存在矛盾。原审判决认定于英生 9 时 50 分回家伪造现场，10 时 20 分回到单位，而于英生辩解其在 10 时左右回到单位，后接到传呼并用办公室电话回此传呼，并在侦查阶段将传呼机提交侦查机关。安徽省人民检察院复查及最高人民检察院审查时，相关人员证实侦查机关曾对有关人员及传呼机信息问题进行了调查，并调取了通话记录，但案卷中并没有相关调查材料及通话记录，于英生关于在 10 时左右回到单位的辩解不能合理排除。因此依据现有证据，原审判决认定于英生具有 20 分钟作案时间和 30 分钟伪造现场时间的证据不足。

二、原审判决定罪的主要证据之间存在矛盾。原审判决认定于英生有罪的证据主要是现场勘查笔录、尸检报告以及于英生曾作过的有罪供述。而于英生在侦查阶段虽曾作过有罪供述，但其有罪供述不稳定，时供时翻，供述前后矛盾。且其有罪供述与现场勘查笔录、尸检报告等证据亦存在诸多不一致的地方，如于英生曾作有罪供述中有关菜刀放置的位置、拽断电话线、用于点燃蜡烛的火柴梗丢弃在现场以及与被害人发生性行为等情节与现场勘查笔录、尸检报告等证据均存在矛盾。

三、原审判决认定于英生故意杀人的结论不具有唯一性。根据从公安机关侦查内卷中调取的手写"手印检验报告"以及 DNA 鉴定意见，现场提取到外来指纹，被害人阴道提取的精子也不是于英生的精子，因此存在其他人作案的可能。同时，根据侦查机关蜡烛燃烧试验反映的情况，该案存在杀害被害人并伪造现场均在 8 时之前完成的可能。原审判决认定于英生故意杀害韩某的证据未形成完整的证据链，认定的事实不能排除合理怀疑。

【案件结果】

2013 年 6 月 6 日，最高人民法院将最高人民检察院再审检察建议转安徽省高级人民法院。2013 年 6 月 27 日，安徽省高级人民法院对该案决定再审。2013 年 8 月 5 日，安徽省高级人民法院不公开开庭审理了该案。安徽省高级人民法院审理认为，原判决、裁定根据于英生的有罪供述、现场勘查笔录、尸体检验报告、刑事科学技术鉴定、证人证言等证据，认定原审被告人于英生杀害了韩某。但于英生供述中部分情节与现场勘查笔录、尸体检验报告、刑事科学技术鉴定等证据存在矛盾，且韩某阴道擦拭纱布及三角内裤上的精子经DNA 鉴定不是于英生的，安徽省人民检察院提供的侦查人员从现场提取的没有比对结果的他人指纹等证据没有得到合理排除，因此原审判决、裁定认定于英生犯故意杀人罪的事实不清、证据不足，指控的犯罪不能成立。2013 年 8 月 8 日，安徽省高级人民法院作出再审判决：撤销原审判决裁定，原审被告人于英生无罪。

【要旨】

坚守防止冤假错案底线，是保障社会公平正义的重要方面。检察机关既要依法监督纠正确有错误的生效刑事裁判，又要注意在审查逮捕、审查起诉等环节有效发挥监督制约作用，努力从源头上防止冤假错案发生。在监督纠正冤错案件方面，要严格把握纠错标准，对于被告人供述反复，有罪供述前后矛盾，且有罪供述的关键情节与其他在案证据存在无法排除的重大矛盾，不能排除有其他人作案可能的，应当依法进行监督。

【指导意义】

1. 对案件事实结论应当坚持"唯一性"证明标准。《刑事诉讼法》第一百九十五条第一项规定："案件事实清楚，证据确实、充分，依据法律认定被告人有罪的，应当作出有罪判决。"《刑事诉讼法》第五十三条第二款对于认定"证据确实、充分"的条件进行了规定："（一）定罪量刑的事实都有证据证明；（二）据以定案的证据均经法定程序查证属实；（三）综合全案证据，对所认定的案件事实已排除合理怀疑。"排除合理怀疑，要求对于认定的案件事实，从证据角度已经没有符合常理的、有根据的怀疑，特别在是否存在犯罪事实和被告人是否实施了犯罪等关键问题上，确信证据指向的案件结论具有唯一性。只有坚持对案件事实结论的唯一性标准，才能够保证裁判认定的案件事实与客观事实相符，最大限度避免冤假错案的发生。

2. 坚持全面收集证据，严格把握纠错标准。在复查刑事申诉案件过程中，除全面审查原有证据外，还应当注意补充收集、调取能够证实被告人有罪或者无罪、犯罪情节轻重的新证据，通过正向肯定与反向否定，检验原审裁判是否做到案件事实清楚，证据确实、充分。要坚持疑罪从无原则，严格把握纠错标准，对于被告人有罪供述出现反复且前后矛盾，关键情节与其他在案证据存在无法排除的重大矛盾，不能排除有其他人作案可能的，应当认为认定主要案件事实的结论不具有唯一性。人民法院据此判决被告人有罪的，人民检察院应当按照审判监督程序向人民法院提出抗诉，或者向同级人民法院提出再审检察建议。

【相关法律规定】

《中华人民共和国刑事诉讼法》（根据 2012 年 3 月 14 日第十一届全国人民代表大会第五次会议《关于修改〈中华人民共和国刑事诉讼法〉的决定》第二次修正）

第五十三条 对一切案件的判处都要重证据，重调查研究，不轻信口供。只有被告人供述，没有其他证据的，不能认定被告人有罪和处以刑罚；没有被告人供述，证据确实、充分的，可以认定被告人有罪和处以刑罚。

证据确实、充分，应当符合以下条件：

（一）定罪量刑的事实都有证据证明；

（二）据以定案的证据均经法定程序查证属实；

（三）综合全案证据，对所认定事实已排除合理怀疑。

第二百四十二条 当事人及其法定代理人、近亲属的申诉符合下列情形之一的，人民法院应当重新审判：

（一）有新的证据证明原判决、裁定认定的事实确有错误，可能影响定罪量刑的；

（二）据以定罪量刑的证据不确实、不充分、依法应当予以排除，或者证明案件事实的主要证据之间存在矛盾的；

（三）原判决、裁定适用法律确有错误的；

（四）违反法律规定的诉讼程序，可能影响公正审判的；

（五）审判人员在审理该案件的时候，有贪污受贿，徇私舞弊，枉法裁判行为的。

第二百四十三条 各级人民法院院长对本院已经发生法律效力的判决和裁定，如果发现在认定事实上或者在适用法律上确有错误，必须提交审判委员会处理。

最高人民法院对各级人民法院已经发生法律效力的判决和裁定，上级人民法院对下级人民法院已经发生法律效力的判决和裁定，如果发现确有错误，有权提审或者指令下级人民法院再审。

最高人民检察院对各级人民法院已经发生法律效力的判决和裁定，上级人民检察院对下级人民法院已经发生法律效力的判决和裁定，如果发现确有错误，有权按照审判监督程序向同级人民法院提出抗诉。

人民检察院抗诉的案件，接受抗诉的人民法院应当组成合议庭重新审理，对于原判决事实不清楚或者证据不足的，可以指令下级人民法院再审。

检例第 26 号

陈满申诉案

【关键词】 刑事申诉 刑事抗诉 改判无罪

【基本案情】

陈满，男，1963 年 2 月生。

1992 年 12 月 25 日 19 时 30 分许，海南省海口市振东区上坡下村 109 号发生火灾。19 时 58 分，海口市消防中队接警后赶到现场救火，并在灭火过程中发现室内有一具尸体，立即向公安机关报案。20 时 30 分，海口市公安局接报警后派员赴现场进行现场勘查及调查工作。经走访调查后确定，死者是居住在 109 号的钟某，曾经在此处租住的陈满有重大作案嫌疑。同年 12 月 28 日凌晨，公安机关将犯罪嫌疑人陈满抓获。1993 年 9 月 25 日，海口市人民检察院以陈满涉嫌故意杀人罪，将其批准逮捕。1993 年 11 月 29 日，海口市人民检察院以涉嫌故意杀人罪对陈满提起公诉。海口市中级人民法院一审判决认定以下事实：1992 年 1 月，被告人陈满搬到海口市上坡下村 109 号钟某所在公司的住房租住。其间，陈满因未交房租等原因，与钟某发生矛盾，钟某声称要向公安机关告发陈满私刻公章帮他人办工商执照之事，并于同年 12 月 17 日要陈满搬出上坡下村 109 号房。陈满怀恨在心，遂起杀害钟某的歹念。同年 12 月 25 日 19 时许，陈满发现上坡下村停电并得知钟某要返回四川老家，便从宁屯大厦窜至上坡下村 109 号，见钟某正在客厅喝酒，便与其聊天，随后从厨房拿起一把菜刀，趁钟某不备，向其头部、颈部、躯干部等处连砍数刀，致钟某当即死亡。后陈满将厨房的煤气罐搬到钟某卧室门口，用打火机点着火焚尸灭迹。大火烧毁了钟某卧室里的床及办公桌等家具，消防队员及时赶到，才将大火扑灭。经法医鉴定：被害人钟某身上有多处锐器伤、颈动脉被割断造成失血性休克死亡。

【诉讼过程】

1994 年 11 月 9 日，海口市中级人民法院以故意杀人罪判处陈满死刑，缓期 2 年执行，剥夺政治权利终身；以放火罪，判处有期徒刑 9 年，决定执行死刑，缓期 2 年执行，剥夺政治权利终身。

1994 年 11 月 13 日，海口市人民检察院以原审判决量刑过轻，应当判处死刑立即执行为由提出抗诉。1999 年 4 月 15 日，海南省高级人民法院驳回抗诉，维持原判。判决生效后，陈满的父母提出申诉。

2001 年 11 月 8 日，海南省高级人民法院经复查驳回申诉。陈满的父母仍不服，向海南省人民检察院提出申诉。2013 年 4 月 9 日，海南省人民检察院经审查，认为申诉人的申诉理由不成立，不符合立案复查条件。陈满不服，向最高人民检察院提出申诉。

2015 年 2 月 10 日，最高人民检察院按照审判监督程序向最高人民法院提出抗诉。

【抗诉理由】

最高人民检察院复查认为，原审判决据以定案的证据不确实、不充分，认定原审被告人陈满故意杀人、放火的事实不清，证据不足。

一、原审裁判认定陈满具有作案时间与在案证据证明的案件事实不符。原审裁判认定原审被告人陈满于 1992 年 12 月 25 日 19 时许，在海口市振东区上坡下村 109 号房间持刀将钟某杀死。根据证人杨某春、刘某生、章某胜的证言，能够证实在当日 19 时左右陈满仍在宁屯大厦，而根据证人何某庆、刘某清的证言，19 时多一点听到 109 号传出上气不接下气的"啊啊"声，大约过了 30 分钟看见 109 号起火。据此，有证据证明陈满案发时仍然在宁屯大厦，不可能在同一时间出现在案发现场，原审裁判认定陈满在 19 时许进入 109 号并实施杀人、放火行为与证人提供的情况不符。

二、原审裁判认定事实的证据不足，部分重要证据未经依法查证属实。原审裁判认定原审被告人陈满实施杀人、放火行为的主要证据，除陈满有罪供述为直接证据外，其他如公安机关火灾原因认定书、现场勘查笔录、现场照片、物证照片、法医检验报告书、物证检验报告书、刑事科学技术鉴定书等仅能证明被害人钟某被人杀害，现场遭到人为纵火；在案证人证言只是证明了案发时的相关情况、案发前后陈满的活动情况以及陈满与被害人的关系等情况，但均不能证实犯罪行为系陈满所为。而在现场提取的带血白衬衫、黑色男西装等物品在侦查阶段丢失，没有在原审法院庭审中出示并接受检验，因此不能作为定案的根据。

三、陈满有罪供述的真实性存在疑问。陈满在侦查阶段虽曾作过有罪供述，但其有罪供述不稳定，时供时翻，且与现场勘查笔录、法医检验报告等证据存在矛盾。如陈满供述杀人后厨房水龙头没有关，而现场勘查时，厨房水龙头呈关闭状，而是卫生间的水龙头没有关；陈满供述杀人后菜刀扔到被害人的卧室中，而现场勘查时，该菜刀放在厨房的砧板上，且在菜刀上未发现血迹、指纹等痕迹；陈满供述将"工作证"放在被害人身上，是为了制造自己被烧死假象的说法，与案发后其依然正常工作、并未逃避侦查的实际情况相矛盾。

【案件结果】

2015 年 4 月 24 日，最高人民法院作出再审决定，指令浙江省高级人民法院再审。2015 年 12 月 29 日，浙江省高级人民法院公开开庭审理了本案。法院经过审理认为，原审裁判据以定案的主要证据即陈满的有罪供述及辨认笔录的客观性、真实性存疑，依法不能作为定案依据；本案除原被告人陈满有罪供述外无其他证据指向陈满作案。因此，原审裁判认定原审被告人陈满故意杀人并放火焚尸灭迹的事实不清、证据不足，指控的犯罪不能成立。2016 年 1 月 25 日，浙江省高级人民法院作出再审判决：撤销原审判决裁定，原审被告人陈满无罪。

【要旨】

证据是刑事诉讼的基石，认定案件事实，必须以证据为根据。证据未经当庭出示、辨认、质证等法庭调查程序查证属实，不能作为定案的根据。对于在案发现场提取的物证等实物证据，未经鉴定，且在诉讼过程中丢失或者毁灭，无法在庭审中出示、质证，有罪供述的主要情节又得不到其他证据印证，而原审裁判认定被告人有罪的，应当依法进行监督。

【指导意义】

1. 切实强化证据裁判和证据审查意识。证据裁判原则是现代刑事诉讼的一项基本原则，是正确惩治犯罪、防止冤假错案的重要保障。证据裁判原则不仅要求认定案件事实必须以证据为依据，而且所依据的证据必须客观真实、合法有效。《刑事诉讼法》第四十八条第三款规定："证据必须经过查证属实，才能作为定案的根据。"这是证据使用的根本原则，违背这一原则就有可能导致冤假错案，放纵罪犯或者侵犯公民的合法权利。检察机关审查逮捕、审查起诉和复查刑事申诉案件，都必须注意对证据的客观性、合法性进行审查，及时防止和纠正冤假错案。对于刑事申诉案件，经审查，如果原审裁判据以定案的有关证据，在原审过程中未经法定程序证明其真实性、合法性，而人民法院据此认定被告人有罪的，人民检察院应当依法进行监督。

2. 坚持综合审查判断证据规则。《刑事诉讼法》第一百九十五条第（一）项规定："案件事实清楚，证据确实、充分，依据法律认定被告人有罪的，应当作出有罪判决。"证据确实、充分，不仅是对单一证据的要求，而且是对审查判断全案证据的要求。只有使各项证据相互印证，合理解释消除证据之间存在的矛盾，才能确保查明案件事实真相，避免出现冤假错案。特别是在将犯罪嫌疑人、被告人有罪供述作为定罪主要证据的案件中，尤其要重视以客观性证据检验补强口供等言词证据。只有口供而没有其他客观性证据，或者口供与其他客观性证据相互矛盾、不能相互印证，对所认定的事实不能排除合理怀疑的，应当坚持疑罪从无原则，不能认定被告人有罪。

【相关法律规定】

《中华人民共和国刑事诉讼法》（根据 2012 年 3 月 14 日第十一届全国人民代表大会第五次会议《关于修改〈中华人民共和国刑事诉讼法〉的决定》第二次修正）

第四十八条 可以用于证明案件事实的材料，都是证据。

证据包括：（一）物证；（二）书证；（三）证人证言；（四）被害人陈述；（五）犯罪嫌疑人、被告人供述和辩解；（六）鉴定意见；（七）勘验、检查、辨认、侦查实验等笔录；（八）视听资料、电子数据。

证据必须经过查证属实，才能作为定案的根据。

第一百九十三条 法庭审理过程中，对与定罪、量刑有关的事实、证据都应当进行调查、辩论。

经审判长许可，公诉人、当事人和辩护人、诉讼代理人可以对证据和案件情况发表意见并且可以相互辩论。

审判长在宣布辩论终结后，被告人有最后陈述的权利。

检例第 27 号

王玉雷不批准逮捕案

【关键词】 侦查活动监督　排除非法证据　不批准逮捕

【基本案情】

王玉雷，男，1968 年 3 月生。

2014 年 2 月 18 日 22 时许，河北省顺平县公安局接到王玉雷报案称：当日 22 时许，其在回家路上发现一名男子躺在地上，旁边有血迹。次日，顺平县公安局对此案立案侦查。经排查，顺平县公安局认为报案人王玉雷有重大嫌疑，遂于 2014 年 3 月 8 日以涉嫌故意杀人罪对王玉雷刑事拘留。

【诉讼过程】

2014 年 3 月 15 日，顺平县公安局提请顺平县人民检察院批准逮捕王玉雷。顺平县人民检察院办案人员在审查案件时，发现该案事实证据存在许多疑点和矛盾。在提讯过程中，王玉雷推翻了在公安机关所作的全部有罪供述，称有罪供述系被公安机关对其采取非法取证手段后作出。顺平县人民检察院认为，该案事实不清，证据不足，不符合批准逮捕条件。鉴于案情重大，顺平县人民检察院向保定市人民检察院进行了汇报。保定市人民检察院同意顺平县人民检察院的意见。2014 年 3 月 22 日，顺平县人民检察院对王玉雷作出不批准逮捕的决定。

【不批准逮捕理由】

顺平县人民检察院在审查公安机关的报捕材料和证据后认为：

一、该案主要证据之间存在矛盾，案件存在的疑点不能合理排除。公安机关认为王玉雷涉嫌故意杀人罪，但除王玉雷的有罪供述外，没有其他证据证实王玉雷实施了杀人行为，且有罪供述与其他证据相互矛盾。王玉雷先后 9 次接受侦查机关询问、讯问，其中前 5 次为无罪供述，后 4 次为有罪供述，前后供述存在矛盾；在有罪供述中，对作案工具有斧子、锤子、刨锛 3 种不同说法，但去向均未查明；供述的作案工具与尸体照片显示的创口形状不能同一认定。

二、影响定案的相关事实和部分重要证据未依法查证，关键物证未收集在案。侦查机关在办案过程中，对以下事实和证据未能依法查证属实：被害人尸检报告没有判断出被害人死亡的具体时间，公安机关认定王玉雷的作案时间不足信；王玉雷作案的动机不明；现场提取的手套没有进行 DNA 鉴定；王玉雷供述的 3 种凶器均未收集在案。

三、犯罪嫌疑人有罪供述属非法言词证据，应当依法予以排除。2014 年 3 月 18 日，顺平县人民检察院办案人员首次提审王玉雷时发现，其右臂被石膏固定、活动吃力，在询问该伤情原因时，其极力回避，虽然对杀人行为予以供认，但供述内容无法排除案件存在的疑点。在顺平县人民检察院驻所检察室人员发现王玉雷胳膊打了绷带并进行询问时，王玉雷自称是骨折旧伤复发。监所检察部门认为公安机关可能存在违法提讯情况，遂通报顺平县人民检察院侦查监督部门，提示在批捕过程中予以关注。鉴于王玉雷伤情可疑，顺平县人民检察院办案人员向检察长进行了汇报，检察长在阅卷后，亲自到看守所提审犯罪嫌疑人，并对讯问过程进行全程录音录像。经过耐心细致的思想疏导，王玉雷消除顾虑，推翻了在公安机关所作的全部有罪供述，称被害人王某被杀不是其所为，其有罪供述系被公安机关采取非法取证手段后作出。

2014 年 3 月 22 日，顺平县人民检察院检察委员会研究认为，王玉雷有罪供述系采用非法手段取得，属于非法言词证据，依法应当予以排除。在排除王玉雷有罪供述后，其他在案证据不能证实王玉雷实施了犯罪行为，因此不应对其作出批准逮捕决定。

【案件结果】

2014 年 3 月 22 日，顺平县人民检察院对王玉雷作出不批准逮捕决定。后公安机关依法解除王玉雷强制措施，予以释放。

顺平县人民检察院对此案进行跟踪监督，依法引导公安机关调查取证并抓获犯罪嫌疑人王斌。2014 年 7 月 14 日，顺平县人民检察院以涉嫌故意杀人罪对王斌批准逮捕。2015 年 1 月 17 日，保定市中级人民法院以故意杀人罪判处被告人王斌死刑，缓期 2 年执行，剥夺政治权利终身。被告人王斌未上诉，一审判决生效。

【要旨】

检察机关办理审查逮捕案件，要严格坚持证据合法性原则，既要善于发现非法证据，又要坚决排除非法证据。非法证据排除后，其他在案证据不能证明犯罪嫌疑人实施犯罪行为的，应当依法对犯罪嫌疑人作出不批准逮捕的决定。要加强对审查逮捕案件的跟踪监督，引导侦查机关全面及时收集证据，促进侦查活动依法规范进行。

【指导意义】

1. 严格坚持非法证据排除规则。根据我国《刑事诉讼法》第七十九条规定，逮捕的证据条件是"有证据证明有犯罪事实"，这里的"证据"必须是依法取得的合法证据，不包括采取刑讯逼供、暴力取证等非法方法取得的证据。检察机关在审查逮捕过程中，要高度重视对证据合法性的审查，如果接到犯罪嫌疑人及其辩护人或者证人、被害人等关于刑讯逼供、暴力取证等非法行为的控告、举报及提供的线索，或者在审查案件材料时发现可能存在非法取证行为，以及刑事执行检察部门反映可能存在违法提讯情况的，应当认真进行审查，通过当面讯问犯罪嫌疑人、查看犯罪嫌疑人身体状况、识别犯罪嫌疑人供述是否自然可信以及调阅提审登记表、犯罪嫌疑人入所体检记录等途径，及时发现非法证据，坚决排除非法证据。

2. 严格把握作出批准逮捕决定的条件。构建以客观证据为核心的案件事实认定体系，高度重视无法排除合理怀疑的矛盾证据，注意利用收集在案的客观证据验证、比对全案证据，守住"犯罪事实不能没有、犯罪嫌疑人不能搞错"的逮捕底线。要坚持惩罚犯罪与保障人权并重的理念，重视犯罪嫌疑人不在犯罪现场、没有作案时间等方面的无罪证据以及侦查机关可能存在的非法取证行为的线索。综合审查全案证据，不能证明犯罪嫌疑人实施了犯罪行为的，应当依法作出不批准逮捕的决定。要结合办理审查逮捕案件，注意发挥检察机关侦查监督作用，引导侦查机关及时收集、补充其他证据，促进侦查活动依法规范进行。

【相关法律规定】

《中华人民共和国刑事诉讼法》（根据 2012 年 3 月 14 第十一届全国人民代表大会第五次会议《关于修改〈中华人民共和国刑事诉讼法〉的决定》第二次修正）

第五十四条　采用刑讯逼供等非法方法收集的犯罪嫌疑人、被告人供述和采用暴力、威胁等非法方法收集的证人证言、被害人陈述，应当予以排除。收集物证、书证不符合法定程序，可能严重影响司法公正的，应当予以补正或者作出合理解释；不能补正或者作出合理解释的，对该证据应当予以排除。

在侦查、审查起诉、审判时发现有应当排除的证据的，应当依法予以排除，不得作为起诉意见、起诉决定和判决的依据。

第七十九条　对有证据证明有犯罪事实，可能判处徒刑以上刑罚的犯罪嫌疑人、被告人，采取取保候审尚不足以防止发生下列社会危险性的，应当予以逮捕：

（一）可能实施新的犯罪的；

（二）有危害国家安全、公共安全或者社会秩序的现实危险的；

（三）可能毁灭、伪造证据，干扰证人作证或者串供的；

（四）可能对被害人、举报人、控告人实施打击报复的；

（五）企图自杀或者逃跑的。

对有证据证明有犯罪事实，可能判处十年有期徒刑以上刑罚的，或者有证据证明有犯罪事实，可能判处徒刑以上刑罚，曾经故意犯罪或者身份不明的，应当予以逮捕。

被取保候审、监视居住的犯罪嫌疑人、被告人违反取保候审、监视居住的规定，情节严重的，可以予以逮捕。

第八十六条　人民检察院审查批准逮捕，可以讯问犯罪嫌疑人；有下列情形之一的，应当讯问犯罪嫌疑人：

（一）对是否符合逮捕条件有疑问的；

（二）犯罪嫌疑人要求向检察人员当面陈述的；

（三）侦查活动可能有重大违法行为的。

人民检察院审查批准逮捕，可以询问证人等诉讼参与人，听取辩护律师的意见；辩护律师提出要求的，应当听取辩护律师的意见。

第八十八条　人民检察院对于公安机关提请批准逮捕的案件进行审查后，应当根据情况分别作出批准逮捕或者不批准逮捕的决定。对于批准逮捕的决定，公安机关应当立即执行，并且将执行情况及时通知人民检察院。对于不批准逮捕的，人民检察院应当说明理由，需要补充侦查的，应当同时通知公安机关。

关于印发最高人民检察院
第八批指导性案例的通知

（2016 年 12 月 26 日最高人民检察院第十二届检察委员会第五十九次会议
通过　2016 年 12 月 29 日公布并施行　高检发研字〔2016〕13 号）

各省、自治区、直辖市人民检察院，军事检察院，新疆生产建设兵团人民检察院：

经 2016 年 12 月 26 日最高人民检察院第十二届检察委员会第五十九次会议决定，现将江苏省常州市人民检察院诉许建惠、许玉仙民事公益诉讼案等 5 个指导性案例印发给你们，供参照适用。

最高人民检察院

2016 年 12 月 29 日

检例第 28 号

江苏省常州市人民检察院诉许建惠、许玉仙 民事公益诉讼案

【关键词】民事公益诉讼　生态环境修复　虚拟治理成本法

【基本案情】

许建惠，男，1962 年 4 月 1 口生。

许玉仙，女，1965 年 5 月 15 日生。

2010 年上半年至 2014 年 9 月，许建惠、许玉仙在江苏省常州市武进区遥观镇东方村租用他人厂房，在无营业执照、无危险废物经营许可证的情况下，擅自从事废树脂桶和废油桶的清洗业务。洗桶产生的废水通过排污沟排向无防渗漏措施的露天污水池，产生的残渣被堆放在污水池周围。

2014 年 9 月 1 日，公安机关在许建惠、许玉仙洗桶现场查获废桶 7789 只，其中 6289 只尚未清洗。经鉴定，未清洗的桶及桶内物质均属于危险废物，现场地下水、污水池内废水以及污水池四周堆放的残渣、污水池底部沉积物中均检出铬、锌等多种重金属和总石油烃、氯代烷烃、苯系物等多种有机物。

2015 年 6 月 17 日，许建惠、许玉仙因犯污染环境罪被常州市武进区人民法院分别判处有期徒刑 2 年 6 个月、缓刑 4 年，有期徒刑 2 年、缓刑 4 年，并分别判处罚金。许建惠、许玉仙虽被依法追究刑事责任，但现场尚留存 130 只未清洗的废桶、残渣、污水和污泥尚未清除，对土壤和地下水持续造成污染。

【诉前程序】

经调查，在常州市民政局登记的 3 家环保类社会组织，均不符合法律对提起公益诉讼主体要求的相关规定，不能作为原告向常州市中级人民法院提起环境民事公益诉讼。

【诉讼过程】

2015 年 12 月 21 日，常州市人民检察院以公益诉讼人身份，向常州市中级人民法院提起民事公益诉讼，诉求：（1）判令二被告依法及时处置场地内遗留的危险废物，消除危险；（2）判令二被告依法及时修复被污染的土壤，恢复原状；（3）判令二被告依法赔偿场地排污对环境影响的修复费用，以虚拟治理成本 30 万元为基数，根据该区域环境敏感程度以 4.5 至 6 倍计算赔偿数额。常州市人民检察院认为：

一、许建惠、许玉仙非法洗桶行为造成了严重的环境污染损害后果。现场留存的大量废桶、残渣，污水池里的废水、污泥，均属于有毒物质，并且仍在对环境造成污染。经检测，污水池下方的地下水、土壤已遭到严重污染。

二、许建惠、许玉仙的行为与环境污染损害后果之间存在因果关系。污水池附近区域的地下水中检测出的污染物与洗桶产生的特征污染物相同，而周边的纺织、塑料和铝制品加工企业等不会产生该系列的特征污染物。

【案件结果】

庭审过程中，公益诉讼人向法院申请由市环保局从常州市环境应急专家库中甄选的环境专家苏衡博士作为专家辅助人，就本案涉及的环境专业性问题发表意见。

2016年4月14日，常州市中级人民法院作出一审判决：

1. 被告许建惠、许玉仙于本判决发生法律效力之日起15日内，将常州市武进区遥观镇东方村洗桶场地内留存的130只废桶、两个污水池中蓄积的污水及池底污泥以及厂区内堆放的残渣委托有处理资质的单位全部清理处置，消除继续污染环境危险。

2. 被告许建惠、许玉仙于本判决发生法律效力之日起30日内，委托有土壤处理资质的单位制订土壤修复方案，提交常州市环保局审核通过后，60日内实施。

3. 被告许建惠、许玉仙赔偿对环境造成的其他损失150万元，该款于判决发生法律效力之日起30日内支付至常州市环境公益基金专用账户。

一审宣判后，许建惠、许玉仙均未上诉，判决已发生法律效力。

本案的办理得到当地政府、相关行政执法部门以及公益组织的广泛关注和支持，对引导政府完善社会治理，促进环保等行政执法部门加强履职起到了积极作用。本案经20多家媒体直播庭审、跟踪报道，激发了社会公众关注公益诉讼的热情。当地政府将本案作为典型案例，以生效判决文书作为宣教材料，对当地企业开展宣传教育，为进一步推进公益保护工作营造了良好的社会氛围。

【要旨】

1. 侵权人因同一行为已经承担行政责任或者刑事责任的，不影响承担民事侵权责任。

2. 环境污染导致生态环境损害无法通过恢复工程完全恢复的，恢复成本远远大于其收益的或者缺乏生态环境损害恢复评价指标的，可以参考虚拟治理成本法计算修复费用。

3. 专业技术问题，可以引入专家辅助人。专家意见经质证，可以作为认定事实的根据。

【指导意义】

本案是全国人大常委会授权检察机关开展公益诉讼试点工作后全国首例由检察机关提起的民事公益诉讼案件。

1. 围绕侵权构成要件，开展调查核实。虽然污染环境侵权案件因果关系适用举证责任倒置原则，但为保证依法准确监督，检察机关仍应充分开展调查核实，查明案件事实。调查核实主要包括以下方面：（1）侵权人实施了污染环境的行为；（2）侵权人的行为已经损害社会公共利益；（3）侵权人实施的污染环境行为与损害结果之间具有关联性。

2. 准确定位民事侵权责任，提起公益诉讼。《侵权责任法》第四条规定，侵权人因同一行为应当承担行政责任或者刑事责任的，不影响依法承担侵权责任。污染环境肇事人、食品药品安全领域侵害众多消费者合法权益等损害社会公共利益的侵权人，因该侵权行为受过行政或刑事处罚，不影响检察机关对该侵权人提起民事公益诉讼。罚款或罚金均不属于民事侵权责任范畴，不能抵消损害社会公共利益的侵权损害赔偿金额。

3. 围绕环境污染情况，提出合理诉求。检察机关提起环境民事公益诉讼，应当结合具体案情和相关证据合理确定污染者承担停止侵害、排除妨碍、消除危险、恢复原状、赔礼道歉、赔偿损失等民事责任。检察机关提起环境民事公益诉讼的第一诉求应是停止侵害、排除危险和恢复原状。其中，"恢复原状"应当是在有恢复原状的可能和必要的前提下，要求损害者承担治理污染和修复生态的责任。无法完全恢复或恢复成本远远大于其收益的，可以准许采用替代性修复方式，也可以要求被告承担生态环境修复费用。

4. 围绕生态环境修复实际，确定赔偿费用。生态环境修复费用包括制订、实施修复方案的费用和监测、监管等费用。环境污染所致生态环境损害无法通过恢复工程完全恢复的，恢复成本远大于收益的，缺乏生态环境损害恢复评价指标、生态环境修复费用难以确定的，可以参考环境保护部制定的《环境损害鉴定评估推荐方法》，采用虚拟治理成本法计算修复费用，即在虚拟治理成本基数的基础上，根据受污染区域的环境功能敏感程度与对应的敏感系数相乘予以合理确定。

5. 围绕专业技术问题，引入专家辅助人。环境民事公益诉讼案件，涉及土壤污染、非法排污、因果关系、环境修复等大量的专业技术问题，检察机关可以通过甄选环境专家协助办案，厘清关键证据中的专业性技术问题。专家辅助人出庭就鉴定人作出的鉴定意见或者就因果关系、生态环境修复方式、生态环境修复费用以及生态环境受到损害至恢复原状期间服务功能的损失等专门性问题，作出说明或提出意见，经质证后可以作为认定事实的根据。

【相关规定】

《中华人民共和国侵权责任法》（2009 年 12 月 26 日第十一届全国人民代表大会常务委员会第十二次会议通过）

第四条　侵权人因同一行为应当承担行政责任或者刑事责任的，不影响依法承担侵权责任。

因同一行为应当承担侵权责任和行政责任、刑事责任，侵权人的财产不足以支付的，先承担侵权责任。

《中华人民共和国固体废物污染环境防治法》（2013 年修正）

第十七条　收集、贮存、运输、利用、处置固体废物的单位和个人，必须采取防扬散、防流失、防渗漏或者其他防止污染环境的措施；不得擅自倾倒、堆放、丢弃、遗撒固体废物。

禁止任何单位或者个人向江河、湖泊、运河、渠道、水库及其最高水位线以下的滩地和岸坡等法律、法规规定禁止倾倒、堆放废弃物的地点倾倒、堆放固体废物。

《最高人民法院关于审理环境民事公益诉讼案件适用法律若干问题的解释》（2014 年 12 月 8 日最高人民法院审判委员会第 1631 次会议通过）

第十五条　当事人申请通知有专门知识的人出庭，就鉴定人作出的鉴定意见或者就因果关系、生态环境修复方式、生态环境修复费用以及生态环境受到损害至恢复原状期间服务功能的损失等专门性问题提出意见的，人民法院可以准许。

前款规定的专家意见经质证，可以作为认定事实的根据。

第二十条　原告请求恢复原状的，人民法院可以依法判决被告将生态环境修复到损害发生之前的状态和功能。无法完全修复的，可以准许采用替代性修复方式。

人民法院可以在判决被告修复生态环境的同时，确定被告不履行修复义务时应承担的生态环境修复费用；也可以直接判决被告承担生态环境修复费用。

生态环境修复费用包括制订、实施修复方案的费用和监测、监管等费用。

第二十三条　生态环境修复费用难以确定或者确定具体数额所需鉴定费用明显过高的，人民法院可以结合污染环境、破坏生态的范围和程度、生态环境的稀缺性、生态环境恢复的难易程度、防治污染设备的运行成本、被告因侵害行为所获得的利益以及过错程度等因素，并可以参考负有环境保护监督管理职责的部门的意见、专家意见等，予以合理确定。

《人民检察院提起公益诉讼试点工作实施办法》（2015 年 12 月 16 日最高

人民检察院第十二届检察委员会第四十五次会议通过)

第十四条 经过诉前程序,法律规定的机关和有关组织没有提起民事公益诉讼,或者没有适格主体提起诉讼,社会公共利益仍处于受侵害状态的,人民检察院可以提起民事公益诉讼。

第十七条 人民检察院提起民事公益诉讼应当提交下列材料:

(一)民事公益诉讼起诉书;

(二)被告的行为已经损害社会公共利益的初步证明材料。

《环境损害鉴定评估推荐方法》(第Ⅱ版)(环境保护部办公厅2014年10月24日印发)

A.2.3 虚拟治理成本法

虚拟治理成本是按照现行的治理技术和水平治理排放到环境中的污染物所需要的支出。虚拟治理成本法适用于环境污染所致生态环境损害无法通过恢复工程完全恢复、恢复成本远远大于其收益或缺乏生态环境损害恢复评价指标的情形。虚拟治理成本法的具体计算方法见《突发环境事件应急处置阶段环境损害评估技术规范》。

《突发环境事件应急处置阶段环境损害评估推荐方法》(即《突发环境事件应急处置阶段环境损害评估技术规范》)(环境保护办公厅2014年12月31日印发)

附F 虚拟治理成本法

虚拟治理成本是指工业企业或污水处理厂治理等量的排放到环境中的污染物应该花费的成本,即污染物排放量与单位污染物虚拟治理成本的乘积。单位污染物虚拟治理成本是指突发环境事件发生地的工业企业或污水处理厂单位污染物治理平均成本(含固定资产折旧)。在量化生态环境损害时,可以根据受污染影响区域的环境功能敏感程度分别乘以1.5-10的倍数作为环境损害数额的上下限值,确定原则见附表F-1。利用虚拟治理成本法计算得到的环境损害可以作为生态环境损害赔偿的依据。

附表F-1:利用虚拟治理成本法确定生态环境损害数额的原则

环境功能区类型	生态环境损害数额
地表水	
Ⅰ类	>虚拟治理成本的8倍
Ⅱ类	虚拟治理成本的6-8倍
Ⅲ类	虚拟治理成本的4.5-6倍

续表

IV类	虚拟治理成本的 3 – 4.5 倍
V类	虚拟治理成本的 1.5 – 3 倍
地下水污染	
I类	> 虚拟治理成本的 10 倍
II类	虚拟治理成本的 8 – 10 倍
III类	虚拟治理成本的 6 – 8 倍
IV类	虚拟治理成本的 4 – 6 倍
V类	虚拟治理成本的 2 – 4 倍
环境空气污染	
I类	> 虚拟治理成本的 5 倍
II类	虚拟治理成本的 3 – 5 倍
III类	虚拟治理成本的 1.5 – 3 倍
土壤污染	
I类	> 虚拟治理成本的 8 倍
II类	虚拟治理成本的 4 – 8 倍
III类	虚拟治理成本的 2 – 4 倍

注：本表中所指的环境功能区类型以现状功能区为准。

检例第 29 号

吉林省白山市人民检察院诉白山市江源区
卫生和计划生育局及江源区中医院
行政附带民事公益诉讼案

【关键词】 行政附带民事公益诉讼　　诉前程序　　管辖

【基本案情】

2012 年，吉林省白山市江源区中医院建设综合楼时未建设污水处理设施，综合楼未经环保验收即投入使用，并将医疗污水经消毒粉处理后直接排入院内渗井及院外渗坑，污染了周边地下水及土壤。2014 年 1 月 8 日，江源区中医院在进行建筑设施改建时，未执行建设项目的防治污染措施应当与主体工程同时设计、同时施工、同时投产使用的"三同时"制度，江源区环保局对区中医院作出罚款行政处罚和责令改正、限期办理环保验收的行政处理。江源区中医院因污水处理系统建设资金未到位，继续通过渗井、渗坑排放医疗污水。

2015年5月18日，在江源区中医院未提供环评合格报告的情况下，江源区卫生和计划生育局对区中医院《医疗机构执业许可证》校验结果评定为合格。

【诉前程序】

2015年11月18日，吉林省白山市江源区人民检察院向区卫生和计划生育局发出检察建议，建议该局依法履行监督管理职责，采取有效措施，制止江源区中医院违法排放医疗污水。江源区卫生和计划生育局于2015年11月23日向区中医院发出整改通知，并于2015年12月10日向江源区人民检察院作出回复，但一直未能有效制止江源区中医院违法排放医疗污水，导致社会公共利益持续处于受侵害状态。

经咨询吉林省环保厅，白山市环保局、民政局，吉林省内没有符合法律规定条件的可以提起公益诉讼的社会公益组织。

【诉讼过程】

2016年2月29日，白山市人民检察院以公益诉讼人身份向白山市中级人民法院提起行政附带民事公益诉讼，诉求判令江源区中医院立即停止违法排放医疗污水，确认江源区卫生和计划生育局校验监管行为违法，并要求江源区卫生和计划生育局立即履行法定监管职责责令区中医院有效整改建设污水净化设施。白山市人民检察院认为：

一、江源区中医院排放医疗污水造成了环境污染及更大环境污染风险隐患。经取样检测，医疗污水及渗井周边土壤化学需氧量、五日生化需氧量、悬浮物、总余氯等均超出国家规定的标准限值，已造成周边地下水、土壤污染。鉴定意见认为，医疗污水的排放可引起医源性细菌对地下水、生活用水及周边土壤的污染，存在细菌传播的隐患。

二、江源区卫生和计划生育局怠于履行监管职责。江源区卫生和计划生育局对辖区内医疗机构具有监督管理的法定职责。江源区人民检察院发出检察建议后，江源区卫生和计划生育局虽然发出整改通知并回复，并通过向江源区人民政府申请资金的方式，促使区中医院污水处理工程投入建设。但江源区中医院仍通过渗井、渗坑违法排放医疗污水，导致社会公共利益持续处于受侵害状态。

三、江源区卫生和计划生育局的校验行为违法。卫生部《医疗机构管理条例实施细则》第三十五条、《吉林省医疗机构审批管理办法（试行）》第四十四条规定，医疗机构申请校验时应提交校验申请、执业登记项目变更情况、接受整改情况、环评合格报告等材料。在江源区中医院未提交环评合格报告的情况下，江源区卫生和计划生育局对区中医院的《医疗机构执业许可证》校验为合格，违反上述规章和规范性文件的规定，江源区卫生和计划生育局的校验行为违法。

【案件结果】

2016 年 5 月 11 日，白山市中级人民法院公开开庭审理了本案。同年 7 月 15 日，白山市中级人民法院分别作出一审行政判决和民事判决。行政判决确认江源区卫生和计划生育局于 2015 年 5 月 18 日对江源区中医院《医疗机构执业许可证》校验合格的行政行为违法；判令江源区卫生和计划生育局履行监督管理职责，监督江源区中医院在 3 个月内完成医疗污水处理设施的整改。民事判决判令江源区中医院立即停止违法排放医疗污水。

一审宣判后，江源区卫生和计划生育局、中医院均未上诉，判决已发生法律效力。

本案判决作出后，白山市委、市政府为积极推动整改，专门开展医疗废物、废水的专项治理活动，并要求江源区政府拨款 90 余万元，购买并安装医疗污水净化处理设备。江源区政府主动接受监督，积极整改，拨款 90 余万元推动完成整改工作。吉林省人民检察院就全省范围内存在的医疗垃圾和污水处理不规范等问题，向省卫计委、环保厅发出检察建议，与省卫计委、环保厅召开座谈会，联合发文开展专项执法检查，推动在全省范围内对医疗垃圾和污水处理问题的全面调研、全面检查、全面治理。

【要旨】

检察机关在履行职责中发现负有监督管理职责的行政机关存在违法行政行为，导致发生污染环境，侵害社会公共利益的行为，且违法行政行为是民事侵权行为的先决或者前提行为，在履行行政公益诉讼和民事公益诉讼诉前程序后，违法行政行为和民事侵权行为未得到纠正，在没有适格主体或者适格主体不提起诉讼的情况下，检察机关可以参照《行政诉讼法》第六十一条第一款的规定，向人民法院提起行政附带民事公益诉讼，由法院一并审理。

【指导意义】

本案是公益诉讼试点后全国首例行政附带民事公益诉讼案。

1. 检察机关作为公益诉讼人，可以提起行政附带民事公益诉讼。根据《人民检察院提起公益诉讼试点工作实施办法》（以下简称《检察院实施办法》）第五十六条和《人民法院审理人民检察院提起公益诉讼案件试点工作实施办法》（以下简称《法院实施办法》）第四条、第十四条、第二十三条的规定，人民检察院以公益诉讼人身份提起民事或行政公益诉讼，诉讼权利义务参照民事诉讼法、行政诉讼法关于原告诉讼权利义务的规定。人民法院审理人民检察院提起的公益诉讼案件，《检察院实施办法》《法院实施办法》没有规定的，适用民事诉讼法、行政诉讼法及相关司法解释的规定。

根据《检察院实施办法》第一条和第二十八条规定，试点阶段人民检察院可以同时提起民事公益诉讼和行政公益诉讼的仅为污染环境领域。人民检察院能否直接提起行政附带民事公益诉讼，《检察院实施办法》和《法院实施办法》均没有明确规定。根据《检察院实施办法》第五十六条和《法院实施办法》第二十三条规定，没有规定的即适用民事诉讼法、行政诉讼法及相关司法解释的规定。其中《中华人民共和国行政诉讼法》第六十一条第一款规定了行政附带民事诉讼制度，该制度的设立主要是源于程序效益原则，有利于节约诉讼成本，优化审判资源，统一司法判决和增强判决权威性。在试点的检察机关提起的公益诉讼中，存在生态环境领域侵害社会公共利益的民事侵权行为，而负有监督管理职责的行政机关又存在违法行政行为，且违法行政行为是民事侵权行为的先决或前提行为，为督促行政机关依法正确履行职责，一并解决民事主体对国家利益和社会公共利益造成侵害的问题，检察机关可以参照《行政诉讼法》第六十一条第一款的规定，向人民法院提起行政附带民事公益诉讼，由法院一并审理。

2. 检察机关提起行政附带民事公益诉讼，应当同时履行行政公益诉讼和民事公益诉讼诉前程序。《检察院实施办法》规定，人民检察院提起民事公益诉讼或行政公益诉讼，都必须严格履行诉前程序。行政附带民事公益诉讼涵盖民事公益诉讼和行政公益诉讼，提起公益诉讼前，人民检察院应当发出检察建议依法督促行政机关纠正违法行为、履行法定职责，并督促、支持法律规定的机关和有关组织提请民事公益诉讼。

3. 检察机关提起行政附带民事公益诉讼案件，原则上由市（分、州）以上人民检察院办理。《检察院实施办法》第二条第一款、第二十九条第一款、第四款规定："人民检察院提起民事公益诉讼的案件，一般由侵权行为地、损害结果地或者被告住所地的市（分、州）人民检察院管辖""人民检察院提起行政公益诉讼的案件，一般由违法行使职权或者不作为的行政机关所在地的基层人民检察院管辖""上级人民检察院认为确有必要，可以办理下级人民检察院管辖的案件"。由于检察机关提起的行政公益诉讼和民事公益诉讼管辖级别不同，民事公益诉讼一般不由基层人民检察院管辖，而上级人民检察院可以办理下级人民检察院的行政公益诉讼案件，故行政附带民事公益诉讼原则上应由市（分、州）以上人民检察院向中级人民法院提起。

有管辖权的市（分、州）人民检察院根据《检察院实施办法》第二条第四款规定将案件交办的，基层人民检察院也可以提起行政附带民事公益诉讼。

【相关规定】

《中华人民共和国行政诉讼法》（2014 年修正）

第六十一条　在涉及行政许可、登记、征收、征用和行政机关对民事争议所作的裁决的行政诉讼中，当事人申请一并解决相关民事争议的，人民法院可以一并审理。

在行政诉讼中，人民法院认为行政案件的审理需以民事诉讼的裁判为依据的，可以裁定中止行政诉讼。

《人民检察院提起公益诉讼试点工作实施办法》（2015 年 12 月 16 日最高人民检察院第十二届检察委员会第四十五次会议通过）

第一条　人民检察院履行职责中发现污染环境、食品药品安全领域侵害众多消费者合法权益等损害社会公共利益的行为，在没有适格主体或者适格主体不提起诉讼的情况下，可以向人民法院提起民事公益诉讼。

人民检察院履行职责包括履行职务犯罪侦查、批准或者决定逮捕、审查起诉、控告检察、诉讼监督等职责。

第二条　人民检察院提起民事公益诉讼的案件，一般由侵权行为地、损害结果地或者被告住所地的市（分、州）人民检察院管辖。

有管辖权的人民检察院由于特殊原因，不能行使管辖权的，应当由上级人民检察院指定本区域其他试点地区人民检察院管辖。

上级人民检察院认为确有必要，可以办理下级人民检察院管辖的案件。下级人民检察院认为需要由上级人民检察院办理的，可以报请上级人民检察院办理。

有管辖权的人民检察院认为有必要将本院管辖的民事公益诉讼案件交下级人民检察院办理的，应当报请其上一级人民检察院批准。

第二十八条　人民检察院履行职责中发现生态环境和资源保护、国有资产保护、国有土地使用权出让等领域负有监督管理职责的行政机关违法行使职权或者不作为，造成国家和社会公共利益受到侵害，公民、法人和其他社会组织由于没有直接利害关系，没有也无法提起诉讼的，可以向人民法院提起行政公益诉讼。

人民检察院履行职责包括履行职务犯罪侦查、批准或者决定逮捕、审查起诉、控告检察、诉讼监督等职责。

第二十九条　人民检察院提起行政公益诉讼的案件，一般由违法行使职权或者不作为的行政机关所在地的基层人民检察院管辖。

违法行使职权或者不作为的行政机关是县级以上人民政府的案件,由市(分、州)人民检察院管辖。

有管辖权的人民检察院由于特殊原因,不能行使管辖权的,应当由上级人民检察院指定本区域其他试点地区人民检察院管辖。

上级人民检察院认为确有必要,可以办理下级人民检察院管辖的案件。下级人民检察院认为需要由上级人民检察院办理的,可以报请上级人民检察院办理。

第五十六条 本办法未规定的,分别适用民事诉讼法、行政诉讼法以及相关司法解释的规定。

《人民法院审理人民检察院提起公益诉讼案件试点工作实施办法》(2016年2月22日由最高人民法院审判委员会第1679次会议通过)

第四条 人民检察院以公益诉讼人身份提起民事公益诉讼,诉讼权利义务参照民事诉讼法关于原告诉讼权利义务的规定。民事公益诉讼的被告是被诉实施损害社会公共利益行为的公民、法人或者其他组织。

第十四条 人民检察院以公益诉讼人身份提起行政公益诉讼,诉讼权利义务参照行政诉讼法关于原告诉讼权利义务的规定。行政公益诉讼的被告是生态环境和资源保护、国有资产保护、国有土地使用权出让等领域行使职权或者负有行政职责的行政机关,以及法律、法规、规章授权的组织。

第二十三条 人民法院审理人民检察院提起的公益诉讼案件,本办法没有规定的,适用《中华人民共和国民事诉讼法》《中华人民共和国行政诉讼法》及相关司法解释的规定。

检例第 30 号

湖北省十堰市郧阳区人民检察院诉
郧阳区林业局行政公益诉讼案

【关键词】 行政公益诉讼 公共利益 依法履行法定职责

【基本案情】

2013 年 3 月至 4 月,金兴国、吴刚、赵丰强在未经县级林业主管部门同意、未办理林地使用许可手续的情况下,在湖北省十堰市郧阳区杨溪铺镇财神庙村五组、卜家河村一组、杨溪铺村大沟处,相继占用国家和省级生态公益林地 0.28 公顷、0.22 公顷、0.28 公顷开采建筑石料。2013 年 4 月 22 日、4 月 30 日、5 月 2 日，郧阳区林业局对金兴国、吴刚、赵丰强作出行政处罚决定，责令金兴国、吴刚、赵丰强停止违法行为，恢复所毁林地原状，分别处以 56028 元、22000 元、28000 元罚款，限期 15 日内缴清。金兴国、吴刚、赵丰强在收到行政处罚决定书后，在法定期限内均未申请行政复议，也未提起行政诉讼，仅分别缴纳罚款 20000 元、15000 元、20000 元，未将被毁公益林地恢复原状。郧阳区林业局在法定期限内既未催告 3 名行政相对人履行行政处罚决定所确定的义务，也未向人民法院申请强制执行，致使其作出的行政处罚决定未得到全部执行，被毁公益林地未得到及时修复。

【诉前程序】

2015 年 12 月 12 日，郧阳区人民检察院向区林业局发出检察建议，建议区林业局规范执法，认真落实行政处罚决定，采取有效措施，恢复森林植被。区林业局收到检察建议后，在规定期限内既未按检察建议进行整改落实，也未书面回复。

郧阳区人民检察院经调查核实，没有公民、法人和其他社会组织因公益林被毁而提起相关诉讼。

【诉讼过程】

2016 年 2 月 29 日，郧阳区人民检察院以公益诉讼人身份向郧阳区人民法院提起行政公益诉讼，要求法院确认区林业局未依法履行职责违法，并判令其依法继续履行职责。郧阳区人民检察院认为：

一、金兴国等 3 人破坏了公益林，损害了社会公共利益。根据国家林业局、财政部制定的《国家级公益林区划界定办法》第二条、《湖北省生态公益林管理办法》第二条规定，公益林有提供公益性服务的典型目的，金兴国等 3 人非法改变公益林用途，导致公共利益受损。专家意见认为，金兴国等 3 人共破坏 11.7 亩生态公益林，单从森林资源方面已造成对公共生态环境影响。

二、郧阳区林业局怠于履职，行政处罚决定得不到有效执行，国家和社会公共利益持续处于受侵害状态。区林业局对其辖区内的森林资源有管理和监督的职责。针对金兴国等 3 人的违法行为，区林业局已对金兴国等 3 人处以限期恢复林地原状和罚款的行政处罚决定。作出行政处罚决定后，区林业局还应根据《中华人民共和国行政处罚法》第五十一条规定，对金兴国等 3 人逾期未履行生效行政处罚决定的行为，依法采取法律规定的措施督促履行。但区林业局怠于履职，致使行政处罚决定得不到有效执行，被金兴国等 3 人非法改变用途的林地未恢复原状，剩余罚款未依法收缴，区林业局也没有对金兴国等 3 人加处罚款，导致国家和社会公共利益持续处于受侵害状态。

案件审理过程中，经郧阳区林业局督促，吴刚、赵丰强相继将罚款及加处罚款全部缴清，金兴国缴纳了全部罚款及部分加处罚款，剩余加处罚款以经济困难为由申请缓缴，区林业局批准了金兴国缓缴加处罚款的请求。同时，金兴国等3人均在被毁林地上补栽了苗木。受郧阳区人民法院委托，十堰市林业调查规划设计院对被毁林地当前生态恢复程度及生态恢复所需期限进行了鉴定，鉴定意见为：造林时间、树种、苗木质量、造林密度、造林方式等符合林业造林相关技术要求，在正常管护的情况下修复期限至少需要3年的时间才能达到郁闭要求。

郧阳区林业局在案件审理期间提交了一套对被毁林地拟订的管护方案。方案中，区林业局明确表示愿意继续履行监督管理职责，采取有效措施进行补救，恢复被毁林地的生态功能，并且成立领导小组，明确责任单位、管护范围、管护措施和相关要求。

【案件结果】

2016年5月5日，郧阳区人民法院作出一审判决：确认郧阳区林业局在对金兴国、吴刚、赵丰强作出行政处罚决定后，未依法履行后续监督、管理和申请人民法院强制执行法定职责的行为违法；责令区林业局继续履行收缴剩余加处罚款的法定职责；责令区林业局继续履行被毁林地生态修复工作的监督、管理法定职责。

一审宣判后，郧阳区林业局未上诉，判决已发生法律效力。

案件办理期间，十堰市、郧阳区两级党委和政府主要领导表态要积极支持检察机关提起公益诉讼。庭审期间组织了70余名相关行政机关负责人到庭旁听。郧阳区林业局局长当庭就其怠于履职行为鞠躬道歉。

案件宣判后，湖北省林业厅专门向全省林业行政部门下发文件，要求各级林业部门高度重视检察机关监督，引以为戒，认真整改、切实规范林业执法，并在全省范围内开展规范执法自查活动，查找、整改违法作为和不作为的问题。

【要旨】

负有监督管理职责的行政机关对侵害生态环境和资源保护领域的侵权人进行行政处罚后，怠于履行法定职责，既未依法履行后续监督、管理职责，也未申请人民法院强制执行，导致国家和社会公共利益未脱离受侵害状态，经诉前程序后，人民检察院可以向人民法院提起行政公益诉讼。

【指导意义】

1. 检察机关提起公益诉讼的前提是公共利益受到侵害。公共利益可以界定为：由不特定多数主体享有的，具有基本性、整体性和发展性的重大利益。

在实践中，判断被侵害的利益是否属于公共利益范畴，可以从以下几个方面来把握：一是公共利益的主体是不特定的多数人。公共利益首先是一种多数人的利益，但又不同于一般的多数人利益，其享有主体具有开放性。二是公共利益具有基本性。公共利益是有关国家和社会共同体及其成员生存和发展的基本利益，如公共安全、公共秩序、自然环境和公民的生命、健康、自由等。三是公共利益具有整体性和层次性。公共利益是一种整体性利益，可以分享，但不可以分割。公共利益不仅有涉及全国范围的存在形式，也有某个地区的存在形式。四是公共利益具有发展性。公共利益始终与社会价值取向联系在一起，会随着时代的发展变化而变化，也会随着不同社会价值观的改变而变动。五是公共利益具有重大性。其涉及不特定多数人，涉及公共政策变动，涉及公权与私权的限度，代表的利益都是重大利益。六是公共利益具有相对性。它受时空条件的影响，在此时此地认定为公共利益的事项，彼时彼地可能应认定为非公共利益。

2. 行政机关没有依法履行法定职责与国家和社会公共利益受到侵害是检察机关提起行政公益诉讼的必要条件。判断负有监督管理职责的行政机关是否依法履职，关键要厘清行政机关的法定职责和行政机关是否依法履职到位；判断国家和社会公共利益是否受侵害，要看违法行政行为造成国家和社会公共利益的实然侵害，发出检察建议后要看国家和社会公共利益是否脱离被侵害状态。

【相关规定】

《中华人民共和国行政处罚法》（2009 年修正）

第五十一条　当事人逾期不履行行政处罚决定的，作出行政处罚决定的行政机关可以采取下列措施：

（一）到期不缴纳罚款的，每日按罚款数额的百分之三加处罚款；

（二）根据法律规定，将查封、扣押的财物拍卖或者将冻结的存款划拨抵缴罚款；

（三）申请人民法院强制执行。

《中华人民共和国行政强制法》（2011 年 6 月 30 日第十一届全国人民代表大会常务委员会第二十一次会议通过）

第五十条　行政机关依法作出要求当事人履行排除妨碍、恢复原状等义务的行政决定，当事人逾期不履行，经催告仍不履行，其后果已经或者将危害交通安全、造成环境污染或者破坏自然资源的，行政机关可以代履行，或者委托没有利害关系的第三人代履行。

第五十三条　当事人在法定期限内不申请行政复议或者提起行政诉讼，又不履行行政决定的，没有行政强制执行权的行政机关可以自期限届满之日起三个月内，依照本章规定申请人民法院强制执行。

《人民检察院提起公益诉讼试点工作实施办法》（2015 年 12 月 16 日最高人民检察院第十二届检察委员会第四十五次会议通过）

第二十八条 人民检察院履行职责中发现生态环境和资源保护、国有资产保护、国有土地使用权出让等领域负有监督管理职责的行政机关违法行使职权或者不作为，造成国家和社会公共利益受到侵害，公民、法人和其他社会组织由于没有直接利害关系，没有也无法提起诉讼的，可以向人民法院提起行政公益诉讼。

人民检察院履行职责包括履行职务犯罪侦查、批准或者决定逮捕、审查起诉、控告检察、诉讼监督等职责。

检例第 31 号

福建省清流县人民检察院诉清流县环保局
行政公益诉讼案

【关键词】 行政公益诉讼　违法行政行为　变更诉讼请求
【基本案情】

2014 年 7 月 31 日，福建省三明市清流县环保局会同县公安局现场制止刘文胜非法焚烧电子垃圾，当场查扣危险废物电子垃圾 28580 千克并存放在附近的养猪场。2014 年 8 月，清流县环保局将扣押的电子垃圾转移至不具有贮存危险废物条件的东莹公司仓库存放。2014 年 9 月 2 日，清流县公安局对刘文胜涉嫌污染环境案刑事立案侦查，并于 2015 年 5 月 5 日作出扣押决定书，扣押刘文胜污染环境案中的危险废物电子垃圾。清流县环保局未将电子垃圾移交公安机关，于 2015 年 5 月 12 日将电子垃圾转移到不具有贮存危险废物条件的九利公司仓库存放。

【诉前程序】

因刘文胜涉嫌污染环境罪一案事实不清，证据不足，清流县人民检察院于 2015 年 7 月 7 日作出不起诉决定，并于 7 月 9 日向县环保局发出检察建议，建议其对扣押的电子垃圾和焚烧后的电子垃圾残留物进行无害化处置。2015 年 7 月 22 日，清流县环保局回函称，拟将电子垃圾等危险废物交由有资质的单位处置。2015 年 12 月 16 日，清流县人民检察院得知县环保局逾期仍未对扣押的电子垃圾和焚烧电子垃圾残留物进行无害化处置，也未对刘文胜作出行政处罚。

清流县人民检察院经调查核实，没有公民、法人和其他社会组织因县环保局非法贮存危险物品而提起相关诉讼。

【诉讼过程】

2015 年 12 月 21 日，清流县人民检察院以公益诉讼人身份向清流县人民法院提起行政公益诉讼，诉求法院确认清流县环保局怠于履行职责行为违法并判决其依法履行职责。清流县人民检察院认为：

一、清流县环保局作为涉案电子垃圾的实际监管人，在明知涉案电子垃圾属于危险废物，具有毒性，理应依法管理并及时处置的情形下，没有寻找符合贮存条件的场所进行贮存，而是将危险废物从扣押现场转移至附近的养猪场、再转至没有危险废物经营许可证资质的东莹公司，后再租用同样不具资质的九利公司仓库进行贮存，且未设置危险废物识别标志。清流县环保局的行为属于不依法履行职责的违法行政行为。

二、清流县环保局作为地方环境保护主管部门，在检察机关对刘文胜作出不起诉决定后，未对刘文胜非法收集、贮存、焚烧电子垃圾的行为作出行政处罚，属于行政不作为。

三、经检察机关发出检察建议督促后，清流县环保局仍怠于依法履行职责，使社会公共利益持续处于被侵害状态，导致重大环境风险和隐患。

2015 年 12 月 29 日，三明市中级人民法院作出行政裁定书，指定该案由明溪县人民法院管辖。2016 年 1 月 5 日，清流县环保局向三明市环保局提出危险废物跨市转移，并于 1 月 11 日得到批准。2016 年 1 月 18 日，清流县公安局告知县环保局，清流县人民检察院对犯罪嫌疑人刘文胜作出不起诉决定。1 月 23 日，清流县环保局对刘文胜作出责令停止生产并对焚烧现场残留物进行无害化处理及罚款 2 万元的行政处罚。同日清流县环保局将涉案的 28580 千克电子垃圾交由福建德晟环保技术有限公司处置。

鉴于清流县环保局在诉讼期间已对刘文胜的违法行为进行行政处罚并依法处置危险废物，清流县人民检察院将诉讼请求变更为确认被告清流县环保局处置危险废物的行为违法。

【案件结果】

2016 年 3 月 1 日，清流县人民法院依法作出一审判决，确认被告清流县环保局处置危险废物的行为违法。

一审宣判后，清流县环保局未上诉，判决已发生法律效力。

福建省清流县人民检察院诉县环保局不依法履行职责一案，受到社会各界广泛关注，产生积极反响。福建省政府下发文件充分肯定检察机关提起公益诉讼的积极作用，指出"该案充分体现了人民检察院作为国家法律监督机关，在促进依法行政、推进法治政府建设中发挥的积极作用。该案在福建省乃至全国都有典型的示范意义，建议由环境保护督察办公室在环保系统内通报，吸取教训"。并采纳检察机关跟进监督建议，要求"省环境保护督察办公室开展环境专项督察，对各地相关部门不积极落实环保法律法规等行政不作为加强督察，督促相关部门予以整改，严肃问责"。中央电视台等主流媒体均对该案办理进行报道并给予积极评价。

【要旨】

1. 发出检察建议是检察机关提起行政公益诉讼的前置程序，目的是增强行政机关纠正违法行政行为的主动性，有效节约司法资源。

2. 行政公益诉讼审理过程中，行政机关纠正违法行为或者依法履行职责而使人民检察院的诉讼请求实现的，人民检察院可以变更诉讼请求。

【指导意义】

1. 检察机关提起行政公益诉讼，必须严格履行诉前程序。提起公益诉讼前，人民检察院应当依法督促行政机关纠正违法行政行为、履行法定职责。诉前程序主要目的在于增强行政机关纠正违法行政行为的主动性，也是为了最大限度地节约诉讼成本和司法资源。通过诉前程序推动侵害公益问题的解决，不仅是检察机关提起公益诉讼工作的重要内容，也是公益诉讼制度价值的重要体现。只有当行政机关应当纠正而拒不纠正，坚持不履行法定职责，致使国家和社会公共利益持续处于受侵害状态的，检察机关才应当提起行政公益诉讼。检察机关提起行政公益诉讼仅是在公共利益严重受损而无相关救济渠道时的一种司法补救措施，具有救济性和终局性。

2. 依法适时变更诉讼请求。《人民检察院提起公益诉讼试点工作实施办法》第四十九条规定，在行政公益诉讼审理过程中，行政机关纠正违法行为或者依法履行职责而使人民检察院的诉讼请求全部实现的，人民检察院可以变更诉讼请求，请求判决确认行政行为违法，或者撤回起诉。该条规定的目的在于实现诉讼请求的同时，提高诉讼效率，节约司法资源。检察机关提出检察建议和提起行政公益诉讼，目的都是督促涉案行政机关积极依法履行职责，有效维护国家和社会公共利益。

【相关规定】

《中华人民共和国固体废物污染环境防治法》（2013 年修正）

第十条 国务院环境保护行政主管部门对全国固体废物污染环境的防治工作实施统一监督管理。国务院有关部门在各自的职责范围内负责固体废物污染环境防治的监督管理工作。

县级以上地方人民政府环境保护行政主管部门对本行政区域内固体废物污染环境的防治工作实施统一监督管理。县级以上地方人民政府有关部门在各自的职责范围内负责固体废物污染环境防治的监督管理工作。

国务院建设行政主管部门和县级以上地方人民政府环境卫生行政主管部门负责生活垃圾清扫、收集、贮存、运输和处置的监督管理工作。

第十七条 收集、贮存、运输、利用、处置固体废物的单位和个人，必须采取防扬散、防流失、防渗漏或者其他防止污染环境的措施；不得擅自倾倒、堆放、丢弃、遗撒固体废物。

禁止任何单位或者个人向江河、湖泊、运河、渠道、水库及其最高水位线以下的滩地和岸坡等法律、法规规定禁止倾倒、堆放废弃物的地点倾倒、堆放固体废物。

第五十二条 对危险废物的容器和包装物以及收集、贮存、运输、处置危险废物的设施、场所，必须设置危险废物识别标志。

第五十八条 收集、贮存危险废物，必须按照危险废物特性分类进行。禁止混合收集、贮存、运输、处置性质不相容而未经安全性处置的危险废物。

贮存危险废物必须采取符合国家环境保护标准的防护措施，并不得超过一年；确需延长期限的，必须报经原批准经营许可证的环境保护行政主管部门批准；法律、行政法规另有规定的除外。

禁止将危险废物混入非危险废物中贮存。

《人民检察院提起公益诉讼试点工作实施办法》（2015 年 12 月 16 日最高人民检察院第十二届检察委员会第四十五次会议通过）

第四十条 在提起行政公益诉讼之前，人民检察院应当先行向相关行政机关提出检察建议，督促其纠正违法行为或者依法履行职责。行政机关应当在收到检察建议书后一个月内依法办理，并将办理情况及时书面回复人民检察院。

第四十一条 经过诉前程序，行政机关拒不纠正违法行为或者不履行法定职责，国家和社会公共利益仍处于受侵害状态的，人民检察院可以提起行政公益诉讼。

第四十九条 在行政公益诉讼审理过程中，被告纠正违法行为或者依法履行职责而使人民检察院的诉讼请求全部实现的，人民检察院可以变更诉讼请求，请求判决确认行政行为违法，或者撤回起诉。

检例第 32 号

贵州省锦屏县人民检察院诉锦屏县环保局
行政公益诉讼案

【关键词】 行政公益诉讼 指定集中管辖 履行法定职责到位

【基本案情】

2014 年 8 月 5 日，贵州省黔东南州锦屏县环保局在执法检查中发现鸿发石材公司、雄军石材公司等 7 家石材加工企业均存在未按建设项目环保设施"同时设计、同时施工、同时投产"要求配套建设，并将生产中的污水直接排放清水江，造成清水江悬浮物和油污污染的后果。锦屏县环保局责令鸿发石材公司、雄军石材公司等 7 家石材加工企业立即停产整改。鸿发石材公司等 7 家石材加工企业在收到停产整改通知后，在未完成环境保护设施建设和报请验收的情形下，仍擅自开工生产并继续向清水江排污。

【诉前程序】

2014 年 8 月 15 日，锦屏县人民检察院在开展督促起诉工作中发现上述 7 家企业没有停产整改，向锦屏县环保局发出检察建议，建议锦屏县环保局及时跟进对上述 7 家企业的督促与检查，对于不按要求整改的企业依法依规进行处罚，并将情况书面回复检察院。2015 年 4 月 16 日，锦屏县人民检察院发现鸿发石材公司和雄军石材公司仍未修建环保设施却一直生产、排污，遂再次向锦屏县环保局发出检察建议，督促县环保局履行监督管理职责，对鸿发石材公司和雄军石材公司的违法行为进行制止和处罚并书面回复。对于上述检察建议，锦屏县环保局均逾期未答复，也未依法履行监督管理职责，督促违法企业停业整改。2015 年 11 月 11 日，锦屏县环保局责令鸿发石材公司、雄军石材公司立即停止生产。12 月 1 日，锦屏县环保局对鸿发石材公司和雄军石材公司分别作出罚款 1 万元的行政处罚。但锦屏县环保局仍没有向锦屏县人民检察院书面回复。

锦屏县人民检察院经调查核实，没有公民、法人和其他社会组织因鸿发石材公司和雄军石材公司非法排污行为而提起相关诉讼。

【诉讼过程】

2015 年 12 月 18 日，锦屏县人民检察院根据《贵州省高级人民法院关于环境保护案件指定集中管辖的规定（试行）》，以公益诉讼人身份向福泉市人民法院提起行政公益诉讼，诉求判令：（1）确认锦屏县环保局对鸿发石材公司、雄军石材公司等企业违法生产怠于履行监督管理职责的行为违法；（2）判令锦屏县环保局履行行政监督管理职责，依法对鸿发石材公司、雄军石材公司进行处罚。锦屏县人民检察院认为：

一、锦屏县环保局具有环境保护工作监督管理的职责。根据《中华人民共和国环境保护法》第十条规定，锦屏县环保局作为锦屏县的环境保护主管部门，监督管理本县生态环境保护工作是其法定职责。

二、锦屏县环保局明知生产企业违法却没有有效制止。锦屏县环保局发现鸿发石材公司、雄军石材公司等7家企业的违法行为后，虽责令违法企业限期整改，但并未继续就整改情况进行监督管理。经检察机关多次督促，仍未履行环境保护的监督管理职责，导致排污企业的违法行为未得到制止，其怠于履行职责的行为与其行政职能是相违背的。

三、国家和社会公共利益未脱离被侵害状态。锦屏县环保局不依法及时履行职责，继续放任上述企业违法生产，进一步加剧清水江的水质污染和生态破坏。污水中高浓度悬浮物常年沉积于河床，还将给下游水库的行洪、泄洪带来安全隐患，国家和社会公共利益受到更加严重的侵害。

2015年12月24日，锦屏县环保局向锦屏县人民检察院书面回复，称其已对鸿发石材公司、雄军石材公司予以处罚。2015年12月29日，锦屏县人民检察院经现场查看，发现鸿发石材公司和雄军石材公司仍在生产，污水在未经有效处理的情况下仍排向清水江。2015年12月31日，锦屏县政府组织国土、环保、安监等部门，开展非煤矿山集中整治专项行动，对清水江沿河两岸包括鸿发石材公司、雄军石材公司在内存在环境违法行为的石材加工企业全部实行关停。

庭审过程中，锦屏县人民检察院申请撤回诉讼请求中的第二项，即判令锦屏县环保局履行行政监督管理职责，依法对鸿发石材公司、雄军石材公司进行处罚的诉讼请求。

【案件结果】

2016年1月13日，福泉市人民法院依法作出一审判决，确认被告锦屏县环保局在2014年8月5日至2015年12月31日对鸿发、雄军等企业违法生产的行为怠于履行监督管理职责的行为违法。

一审宣判后，锦屏县环保局未上诉，判决已发生法律效力。

案件庭审期间，黔东南州各市县环保局局长、锦屏县政府行政职能部门的主要负责人、生态环境破坏较严重的乡镇一把手均到庭参与旁听，实现了办理一案、教育一片的警示效果。庭审结束后，锦屏县环保局局长表示："公益诉讼是检察院对环境保护工作的支持和促进，在以后的工作中一定要加以改进落实，要举一反三，加强与政法等部门的协作沟通，共同为保护生态环境作贡献。"

该案一审宣判后，贵州省委、省政府领导高度重视，密切关注案件后续整改工作，省环保厅根据要求立即成立工作小组赶赴黔东南州和锦屏县，就依法做好涉案企业处理进行指导，并向全省各级环保主管部门专题通报了案件情况，明确要求在全省推动建立环保行政执法责任制，完善环保行政执法制度和程序。要求全省各级环保部门及执法人员要以此为鉴，积极支持配合检察机关公益诉讼工作，大力提高依法行政意识，加强和改进环境执法监管工作。锦屏县委总结案件经验教训，对环保工作进行了专题研究部署，及时成立联合执法领导小组专项整治锦屏县非煤矿山，明确了具体整改目标、整治内容和整改要求，从源头上遏制和治理环境污染问题。

【要旨】

1. 行政相对人违法行为是否停止可以作为判断行政机关履行法定职责到位的一个标准。

2. 生态环保民事、行政案件可以指定集中管辖。

【指导意义】

1. 行政机关违法作为或不作为是人民检察院提起行政公益诉讼的前提条件。实践中，环境保护执法是一项连续性、持续性强的执法工作，检察机关在判断行政机关是否尽到生态环境和资源监管保护的法定职责时，行政相对人违法行为是否停止可以作为一个判断标准。行政机关虽有执法行为，但没有依照法定职责执法到位，导致行政相对人的违法行为仍在继续，造成生态环境和资源受到侵害的后果，经人民检察院督促依法履职后，行政机关在一定期限内仍然没有依法履职到位，国家和社会公共利益仍处在被侵害状态，人民检察院可以将行政机关作为被告提起行政公益诉讼。

2. 生态环保民事、行政案件可以指定集中管辖。根据《中华人民共和国民事诉讼法》第三十八条、《中华人民共和国行政诉讼法》第十八条第二款、最高人民法院《关于审理环境民事公益诉讼案件适用法律若干问题的解释》第七条、最高人民法院《关于行政案件管辖若干问题的规定》第五条、第九条的规定，生态环保民事、行政案件可以根据审判工作的实际情况，指定集中管辖。生态环保民事、行政案件采取集中管辖模式，有利于避免对跨行政区划环境污染分段治理，各自为政，治标不治本的问题；有利于在对区域内污染情况进行整体评估的基础上，统一司法政策和裁判尺度，实现司法裁判法律效果和社会效果的统一；有利于避免因按行政区划管辖案件带来的地方保护。

【相关规定】

《中华人民共和国民事诉讼法》（2012 年修正）

第三十八条　上级人民法院有权审理下级人民法院管辖的第一审民事案件；确有必要将本院管辖的第一审民事案件交下级人民法院审理的，应当报请其上级人民法院批准。

下级人民法院对它所管辖的第一审民事案件，认为需要由上级人民法院审理的，可以报请上级人民法院审理。

《中华人民共和国行政诉讼法》（2014 年修正）

第十八条　行政案件由最初作出行政行为的行政机关所在地人民法院管辖。经复议的案件，也可以由复议机关所在地人民法院管辖。

经最高人民法院批准，高级人民法院可以根据审判工作的实际情况，确定若干人民法院跨行政区域管辖行政案件。

《中华人民共和国环境保护法》（2014 年修订）

第十条　国务院环境保护主管部门，对全国环境保护工作实施统一监督管理；县级以上地方人民政府环境保护主管部门，对本行政区域环境保护工作实施统一监督管理。

县级以上人民政府有关部门和军队环境保护部门，依照有关法律的规定对资源保护和污染防治等环境保护工作实施监督管理。

第四十一条　建设项目中防治污染的设施，应当与主体工程同时设计、同时施工、同时投产使用。防治污染的设施应当符合经批准的环境影响评价文件的要求，不得擅自拆除或者闲置。

《最高人民法院关于审理环境民事公益诉讼案件适用法律若干问题的解释》（2014 年 12 月 8 日最高人民法院审判委员会第 1631 次会议通过）

第七条　经最高人民法院批准，高级人民法院可以根据本辖区环境和生态保护的实际情况，在辖区内确定部分中级人民法院受理第一审环境民事公益诉讼案件。

中级人民法院管辖环境民事公益诉讼案件的区域由高级人民法院确定。

《最高人民法院关于行政案件管辖若干问题的规定》（2007 年 12 月 17 日由最高人民法院审判委员会第 1441 次会议通过）

第五条　中级人民法院对基层人民法院管辖的第一审行政案件，根据案件情况，可以决定自己审理，也可以指定本辖区其他基层人民法院管辖。

第九条　中级人民法院和高级人民法院管辖的第一审行政案件需要由上一级人民法院审理或者指定管辖的，参照本规定。

《建设项目环境保护管理条例》（1998 年 11 月 18 日国务院第 10 次常务会

议通过，1998 年 11 月 29 日发布施行）

第二十八条 违反本条例规定，建设项目需要配套建设的环境保护设施未建成、未经验收或者经验收不合格，主体工程正式投入生产或者使用的，由审批该建设项目环境影响报告书、环境影响报告表或者环境影响登记表的环境保护行政主管部门责令停止生产或者使用，可以处 10 万元以下的罚款。

《最高人民检察院第八批指导性案例》解读

万　春　缐　杰　张　杰　施孝友*

2016 年 12 月 29 日，最高人民检察院下发了第八批指导性案例。第八批指导性案例以检察机关提起公益诉讼为主题，目的是总结检察机关提起公益诉讼的特点和规律，加大检察机关提起公益诉讼工作力度，为建立具有中国特色、符合检察职能特点的公益诉讼制度进行有益的探索。为便于理解和掌握第八批指导性案例的基本精神和指导要点，现就第八批指导性案例的有关问题作出解读。

一、制发第八批指导性案例的背景和过程

党的十八届四中全会明确提出"探索建立检察机关提起公益诉讼制度"。2015 年 7 月 1 日，第十二届全国人大常委会第十五次会议《关于授权最高人民检察院在部分地区开展公益诉讼试点工作的决定》（以下简称《决定》），授权最高人民检察院在生态环境和资源保护、国有资产保护、国有土地使用权出让、食品药品安全等领域开展提起公益诉讼试点。最高人民检察院根据全国人大常委会的授权，在全国 13 个省级检察院、86 个市级检察院和 761 个县级检察院开展为期两年的公益诉讼试点工作。截至 2016 年 12 月底，各试点地区检察机关共办理公益诉讼案件 4378 件，其中诉前程序案件 3883 件，提起诉讼案件 495 件。

从一年多来的实践情况看，试点地区检察机关充分发挥法律监督职能作用，牢牢抓住公益这个核心，突出生态环境保护重点，准确把握试点案件范围，依法办理一批公益诉讼案件，推动了试点工作平稳有序顺利进行。检察机关依法办理公益诉讼案件，不仅弥补了提起公益诉讼的主体缺位，促进了行政机关依法正确履行职责，调动了其他适格主体的积极性，而且有效保护了国家和社会公共利益，取得了良好法律效果、社会效果和政治效果。

最高人民检察院发布指导性案例，旨在对检察机关履行法律监督职能作用，规范司法办案进行指导。指导性案例不仅可以对检察机关准确、统一适用法律提供指导，还可以对检察机关相关工作方式加以规范和提供参考。下级人

---

*　作者单位：万春、缐杰、张杰单位为最高人民检察院法律政策研究室，施孝友单位为福建省人民检察院。

民检察院办理类似案件，不应与指导性案例所阐述的要旨相冲突，并且可以引用指导性案例作为释法说理根据。

公益诉讼是检察机关履行法律监督职能的新型工作方式，也是检察机关开展法律监督工作的全新领域。目前这项工作正处于试点阶段，各级检察机关对于如何界定"公益"范畴、如何判断行政机关是否依法履职、如何计算环境修复赔偿费用、能否提起行政附带民事公益诉讼等问题迫切需要统一认识、及时指导。鉴于此，从2016年8月开始，最高人民检察院法律政策研究室经广泛征求意见，并在积极向开展公益诉讼试点的13个省（自治区、直辖市）检察机关征集检察机关提起公益诉讼典型性案例资料后，筛选、整理、编辑出一批社会各界认为效果较好的案例作为备选性案例。经最高人民检察院案例指导工作委员会和检察委员会讨论审议，最高人民检察院第十二届检察委员会第五十九次会议决定，2016年12月29日，最高人民检察院公开发布了第八批指导性案例，包括江苏省常州市检察院诉许建惠、许玉仙民事公益诉讼案，吉林省白山市检察院诉白山市江源区卫生和计划生育局及江源区中医院行政附带民事公益诉讼案，湖北省十堰市郧阳区检察院诉郧阳区林业局行政公益诉讼案，福建省清流县检察院诉清流县环保局行政公益诉讼案，贵州省锦屏县检察院诉锦屏县环保局行政公益诉讼案5个案例。

二、适用第八批指导性案例需要明确的几个问题

第八批指导性案例确立的一些工作原则和方式、制度，可供办理其他公益诉讼案件参考，对其中涉及的一些重要问题，有必要准确把握和予以进一步明确。

（一）明确检察机关提起公益诉讼的目的

检察机关提起公益诉讼，目的是充分发挥检察机关法律监督职能作用，促进依法行政、严格执法，维护宪法法律权威，维护社会公平正义，维护国家和社会公共利益。按照中央精神要求，检察机关提起公益诉讼，需要明确诉讼目的。一是要着眼于维护国家和社会公共利益。检察机关对行政机关不履行职责或没有社会组织提起公益诉讼的情况下，直接向人民法院提起公益诉讼，就是要改变国家和社会公共利益遭受损害时无人诉、无法诉、不愿诉的现象，切实维护国家和社会公共利益。二是要着眼于督促行政机关依法行政。检察机关对在履行职责中发现的行政机关违法行使职权或者不作为，造成国家和社会公共利益遭受侵害的案件，及时提出检察建议，行政机关拒不纠正违法或不履行职责的，检察机关提起公益诉讼，通过人民法院裁判促使行政机关纠正违法行为，有利于推动行政机关依法行政，严格执法。三是要通过检察机关提起公益诉讼，调动其他适格主体参与公益保护的积极性。根据《民事诉讼法》相关

规定，对于污染环境、食品药品安全领域侵害众多消费者合法权益的违法行为，法律规定的机关和有关组织可以提起民事公益诉讼。检察机关在提起民事公益诉讼前，要依法督促、支持这些机关或组织提起民事公益诉讼，充分发挥适格主体的积极性。

（二）准确把握检察机关提起公益诉讼的条件

按照《人民检察院提起公益诉讼试点工作实施办法》《人民法院审理人民检察院提起公益诉讼案件试点工作实施办法》（以下简称两个《办法》）规定，检察机关提起公益诉讼，需要准确把握3个方面的要求：一是国家和社会公共利益受到侵害。国家和社会公共利益受到侵害是检察机关提起公益诉讼的前提，公共利益可以界定为：由不特定多数主体享有的，具有基本性、整体性和发展性的重大利益。同时，公共利益受到侵害应当是实然侵害，而不包括公共利益受到的侵害危险和安全隐患。二是必须先履行诉前程序。诉前程序是检察机关提起公益诉讼的前置程序。通过诉前程序推动侵害公益问题的解决，不仅是检察机关提起公益诉讼工作的重要内容，也是公益诉讼制度价值的重要体现。民事公益诉讼的诉前程序是要依法督促法律规定的机关和建议辖区内符合法律规定条件的有关组织提起民事公益诉讼。法律规定的机关和有关组织应当在收到督促起诉意见书或者检察建议书后1个月内依法办理，并将办理情况及时书面回复人民检察院。行政公益诉讼的诉前程序是人民检察院应当先向相关行政机关提出检察建议，督促其纠正违法行为或者依法履行职责。行政机关应当在收到检察建议书后1个月内依法办理，并将办理情况及时书面回复人民检察院。三是没有适格主体提起诉讼。民事公益案件经过诉前程序，法律规定的机关和有关组织没有提起民事公益诉讼，或者没有适格主体提起诉讼，社会公共利益仍处于受侵害状态的，人民检察院才能提起民事公益诉讼。行政公益案件经过诉前程序，行政机关拒不纠正违法行为或者不履行法定职责，国家和社会公共利益仍处于受侵害状态的，公民、法人和其他社会组织由于与受损的公共利益没有直接利害关系，没有也无法提起诉讼的，人民检察院才能提起行政公益诉讼。检察机关提起公益诉讼仅是在公共利益严重受损而无相关救济渠道时的一种司法补救措施，具有救济性。

（三）明确行政附带民事公益诉讼制度适用范围和程序

第八批指导性案例中的检例第29号吉林省白山市人民检察院诉白山市江源区卫计局及江源区中医院行政附带民事公益诉讼案，是公益诉讼试点后首例检察机关提起的行政公益附带民事公益诉讼案件，该案实际上确立了公益诉讼中的行政附带民事公益诉讼制度，为检察机关提起行政公益附带民事公益诉讼的适用范围和诉讼程序提供了参考。检察机关作为公益诉讼人，可以提起行政附带民事公益诉讼。根据两个《办法》的相关规定，人民检察院以公益诉讼人身份提起民事或行政公益诉讼，通常按照两个《办法》确定其诉讼权利义务，两个《办法》没有规定的，适用民事诉讼法、行政诉讼法及相关司法解释的规定。《行政诉讼法》第六十一条第一款规定了行政附带民事诉讼制度，该制度的设立主要是源于程序效益原则，有利于节约诉讼成本，优化司法资源，统一司法判决和增强判决权威性。同样，行政附带民事公益诉讼制度对于节省司法资源，提高司法效率也具有重要意义。这项制度在试点过程中，得到了最高人民法院和最高人民检察院相关部门的共同认可。目前，试点阶段人民检察院可以同时提起民事公益诉讼和行政公益诉讼的，仅为污染环境领域。检察机关在履行职责中发现负有监督管理职责的行政机关存在违法行政行为，导致发生污染环境，侵害社会公共利益的行为，且违法行政行为是民事侵权行为的先决行为或者前提行为的，在履行行政公益诉讼和民事公益诉讼诉前程序后，违法行政行为和民事侵权行为未得到纠正，在没有适格主体或者适格主体不提起诉讼的情况下，检察机关可以参照《行政诉讼法》第六十一条第一款的规定，向人民法院提起行政附带民事公益诉讼，由法院一并审理。

（四）准确把握检察机关提起民事公益诉讼与刑事附带民事诉讼之间的关系

检察机关提起民事公益诉讼和刑事附带民事诉讼在提起诉讼的范围上存在部分交叉，但二者有本质区别。一是涉案范围不同。《刑事诉讼法》第九十九条第二款规定，检察机关提起刑事附带民事诉讼局限于犯罪行为致使国家财产、集体财产遭受损失的情形，且损失应当是具体的物质损失；而公益诉讼发生的前提是公共利益受到侵害。通常认为，公共利益是指由不特定多数主体享有的，具有基本性、整体性和发展性的重大利益。公共利益的范围明显比国家财产、集体财产遭受物质损失更宽。例如检例第 28 号江苏省常州市人民检察院诉许建惠、许玉仙民事公益诉讼案，被告许建惠、许玉仙污染了环境，损害了社会公共利益，但造成国家财产、集体财产的物质损失难以直接认定，此时，通过公益诉讼的方式追究民事侵权责任，要求恢复原状或承担生态环境修复费用，就显得非常有必要。二是涉及领域不同。根据《人民检察院提起公益诉讼试点工作实施办法》，目前检察机关提起民事公益诉讼的领域仅为污染环境、食品药品安全领域，而刑事附带民事诉讼则没有这方面限制。三是诉讼前提不同。刑事附带民事诉讼是以犯罪行为发生且提起公诉为前提，而检察机关提起民事公益诉讼则是在没有适格主体提起或适格主体不提起诉讼的情况下，检察机关才能提起民事公益诉讼。

三、第八批指导性案例的指导作用

（一）指导性案例第 28 号：江苏省常州市检察院诉许建惠、许玉仙民事公益诉讼案

许建惠、许玉仙因非法经营清洗废树脂桶和废油桶业务导致污染环境受到刑事处罚，但是环境污染的侵害后果并未消除，常州市检察院就此提起了民事公益诉讼。该案例可参考的指导作用有以下 4 个方面：

1. 提起公益诉讼的必要性。因民事责任与行政责任、刑事责任属于不同的法律责任，侵权人因同一行为已经承担行政责任或者刑事责任的，不影响承担民事侵权责任。本案例中，二被告仍应对其污染环境的行为承担民事侵权责任，消除继续污染危险并将被污染的环境恢复原状。但由于本案造成的直接损失难以估算，检察机关无法通过刑事附带民事诉讼予以一并解决民事责任问题，而被污染的环境是可以通过被告承担生态环境修复费用方式，要求二被告承担治理污染和修复生态的责任。经常州市检察院调查核实，常州市虽有三家环保组织，其中两家并不专门从事环境保护公益活动，另一家环保组织成立未满 5 年，均不符合提起民事公益诉讼主体要求。因此，本案只能由检察机关提起民事公益诉讼，通过诉讼判决及时消除环境污染危险，让侵权人承担治理污染和修复生态的责任。

2. 如何确定赔偿费用。本案例中二被告长期排污对地下水和周边环境造成的污染，已难以通过修复工程予以恢复，其恢复成本远大于其收益且缺乏环境损害评价指标体系。公益诉讼人参考环保部制定的《环境损害鉴定评估推荐方法》，采用虚拟治理成本法计算修复费用。根据相关证据证明排污总量，主张两被告至少产生 500 吨废水，洗桶废水处置费用为 600 元每吨，并根据当地区域水体敏感受体的宋剑湖（Ⅲ类水体），以虚拟治理成本的 4.5－6 倍计算污染修复费用，得到了法院的认可。法院考虑到污染者的过错程度、污染物性质、周边环境敏感度等因素，酌情确定以虚拟治理成本 5 倍计算，赔偿数额为 150 万元。在污染环境民事公益诉讼案件中，环境污染所致生态环境损害经常会出现无法通过恢复工程完全恢复、恢复成本远大于收益、缺乏生态环境损害恢复评价指标、生态环境修复费用难以确定、确定具体数额所需鉴定费用明显过高等情形，此时就需要一种科学的计算修复费用方法来确定赔偿费用。虚拟治理成本是按照现行的治理技术和水平治理排放到环境中的污染物所需要的支出。虚拟治理成本法即在虚拟治理成本基数的基础上根据受污染区域的环境功能敏感程度与对应的敏感系数相乘予以合理确定。环境污染所致生态环境损害无法通过恢复工程完全恢复的，恢复成本远大于收益的，缺乏生态环境损害

恢复评价指标、生态环境修复费用难以确定的，都可适用于虚拟治理成本法。虚拟治理成本法可以解决目前诸多污染环境案件认定侵权人承担治理污染和修复生态的赔偿金额问题，为类案的处理提供参考。

3. 引入专家辅助人。由于本案涉及较强的环境专业技术问题，为了更加公正、准确地认定事实，公益诉讼人向法院申请，由常州市环保局从常州市环境应急专家库中甄选的环境专家作为专家辅助人，就本案涉及的环境专业性问题发表意见。专家辅助人的专业意见论证了案件中土壤被污染的鉴定意见和环境修复技术方案的科学性，也得到法院的认可。专家辅助人是一种专业人士，也就是我们平时说的"专家"。我国《民事诉讼法》和相关司法解释称为"有专门知识的人"。专家辅助人属于某一专业领域的专家或专业人士，他们通常具有某一方面的专业知识。"专家辅助人"的引入，说明在公益诉讼中有专门知识的人在法官就专业问题作出判断时承担辅助人的角色。他所体现的是，在事实认定上，当出现专业性问题时，法官需要得到专家的协助。一些环境领域公益诉讼案件中，由于涉及环境污染、因果关系、环境修复等大量的专业技术问题，办案人员可能对该方面的专业技术问题掌握得不是那么透彻，此时就可以通过甄选环境专家协助办案，帮助厘清关键证据中的专业性技术问题。在庭审过程中，检察机关可以向法院申请专家辅助人出庭作证，由专家辅助人对鉴定意见及因果关系、生态环境修复方式和费用以及生态环境受到损害至恢复原状期间服务功能的损失等专门性问题作出说明或提出意见。专家辅助人对专门性问题作出说明或提出意见，经质证后可以作为认定事实的根据。

4. 赔偿金的处置。本案在诉讼过程中，对于民事公益诉讼赔偿金的处置问题，常州市检察院与常州市中级人民法院达成共识，由常州市中级人民法院判决二被告赔偿对环境造成的损失150万元，支付至常州市环境公益基金专用账户。民事公益诉讼的赔偿金应当用于修复被损害的生态环境，该案对民事公益诉讼赔偿金的处置方式，也为类案的处理提供了参考。

（二）指导性案例第29号：吉林省白山市检察院诉白山市江源区卫生和计划生育局及江源区中医院行政附带民事公益诉讼案

吉林省白山市江源区中医院在污水处理系统未建设、环保验收未合格的情况下，将未经有效处理的医疗污水排入院内渗井及院外渗坑，污染了周边地下水及土壤。在江源区中医院未提供环评合格报告的情况下，江源区卫计局却对区中医院《医疗机构执业许可证》校验结果评定为合格。检察机关向江源区卫计局发出检察建议，但区卫计局未能有效制止江源区中医院违法排放医疗污水，同时查明吉林省内没有符合可以提起公益诉讼的社会组织。白山市检察院以公益诉讼人身份向白山市中级人民法院提起了行政附带民事公益诉讼。如上文所述，本案例实际上确立了检察机关提起行政附带民事公益诉讼制度。本案例另外两个可以参考的指导作用分别是：

1. 提起行政附带民事公益诉讼应当履行的程序。行政附带民事公益诉讼涵盖民事公益诉讼和行政公益诉讼，提起公益诉讼前，人民检察院应当同时履行行政公益诉讼和民事公益诉讼诉前程序，向相关行政机关提出检察建议，督促其纠正行政违法行为或依法履行职责，同时还要依法督促或者支持法律规定的机关或有关组织提起民事公益诉讼。经过诉前程序，法律规定的机关和有关组织没有提起民事公益诉讼，且行政机关拒不纠正违法行为或持续不履行法定职责，国家利益和社会公共利益仍处于受侵害状态的，检察机关才可以参照《行政诉讼法》第六十一条第一款的规定，向人民法院提起行政附带民事公益诉讼，由法院一并审理。

2. 行政附带民事公益诉讼案件的管辖。检察机关提起行政附带民事公益诉讼案件，原则上由市（分、州）以上人民检察院办理。由于检察机关提起的行政公益诉讼和民事公益诉讼管辖级别不同，民事公益诉讼一般由市（分、州）人民检察院管辖，而上级人民检察院可以办理下级人民检察院的行政公益诉讼案件，因此行政附带民事公益诉讼原则上应由市（分、州）以上人民检察院向中级人民法院提起。有管辖权的市（分、州）人民检察院根据《人民检察院提起公益诉讼试点工作实施办法》第二条第四款规定将案件交办的，基层人民检察院也可以提起行政附带民事公益诉讼。

（三）指导性案例第30号：湖北省十堰市郧阳区检察院诉郧阳区林业局行政公益诉讼案

湖北省十堰市郧阳区检察院诉郧阳区林业局行政公益诉讼案中，金兴国等3人为开采建筑石料，违法将国家和省级生态公益林地砍伐。郧阳区林业局对金兴国等3人作出行政处罚决定，责令其停止违法行为，恢复所毁林地原状，并分别处以罚款。但金兴国等3人未全额缴纳罚款，也未将被毁公益林地恢复原状。郧阳区检察院向区林业局发出检察建议，未见成效后提起了行政公益诉讼。该案例可参考的指导作用有以下两个方面：

1. 关于公共利益的界定。本案是否侵害到公共利益，区林业局在案件审理过程提出抗辩：本案所被毁坏的林地属集体所有及个人承包经营，被处罚人占用林地采石事先取得了权属人的同意。但法院审理后认为，即使集体或者村民对林地、林木享有所有权，这与森林本身的属性和作用是公益林并不矛盾。《国家公益林划界办法》《湖北生态公益林管理办法》等规章均将林权与林地的性质和用途予以区分，林地归谁所有与林地是否属于公益林，并不存在必然的联系，不论林地归谁所有，均不能改变其公益林的性质。

　　检察机关提起公益诉讼的前提是公共利益受到侵害。我们认为，公益诉讼中"公共利益"的范畴，可以从以下6个方面来把握：一是公共利益的主体是不特定的多数人。公共利益首先是一种多数人的利益，但又不同于一般的多数人利益，其享有主体具有开放性和不确定性。二是公共利益具有基本性。公共利益是有关国家和社会共同体及其成员生存和发展的基本利益，如公共安全、公共秩序、自然环境和公民的生命、健康、自由等。三是公共利益具有整体性和层次性。公共利益是一种整体性利益，可以分享，但不可以分割。公共利益不仅有涉及全国范围的存在形式，也有某个地区的存在形式。四是公共利益具有发展性。公共利益始终与社会价值取向联系在一起，会随着时代的发展变化而变化，也会随着不同社会价值观的改变而变动。五是公共利益具有重大性，代表的利益都是重大利益。六是公共利益具有相对性。它受时空条件的影响，在此时此地认定为公共利益的事项，彼时彼地可能应认定为非公共利益。

　　2. 行政执法后不履行后续监督管理法定职责，可以认定为行政不作为。行政机关违法作为或不作为是人民检察院提起行政公益诉讼的前提条件。行政不作为是指行政主体负有某种作为的法定义务，并具有作为的可能性而在程序上逾期不为的行为。实践中，在生态环境和资源保护领域，存在部分行政机关对环境资源的保护和合理利用负有作为的法定义务，并且在有条件、有能力履行的情况下，消极地不履行、未完全履行或者拖延履行其行政管理义务，这些都属于行政不作为。如本案例中，郧阳区林业局在对金兴国等3人逾期未履行生效行政处罚决定的行为，未依法采取法律规定的措施督促履行，也未申请人民法院强制执行，致使行政处罚决定得不到有效执行，被金兴国等3人非法改变用途的林地未恢复原状，剩余罚款未依法收缴。区林业局怠于履行后续监督管理职责，应认定为行政不作为。因行政机关行政不作为，导致国家和社会公共利益受到侵害，经检察机关发出检察建议后，行政机关仍怠于履行法定职责，国家和社会公共利益仍未脱离受侵害状态，检察机关可以向人民法院提起公益诉讼。

　　（四）指导性案例第31号：福建省清流县检察院诉清流县环保局行政公益诉讼案

　　福建省三明市清流县环保局会同县公安局现场制止刘文胜非法焚烧电子垃圾，当场查扣危险废物电子垃圾28吨并存放在附近的养猪场，后将电子垃圾转移至不具有贮存危险废物条件的东莹公司和九利公司仓库存放。清流县检察院向县环保局发出检察建议，未见成效后提起了行政公益诉讼。该案例可参考的指导作用有以下两个方面：

　　1. 检察建议的制发。检察建议是人民检察院为促进法律正确实施和社会和谐稳定，在履行法律监督职能过程中，结合司法办案，建议有关单位完善制度，加强内部制约、监督，正确实施法律法规，完善社会管理、服务，预防和减少违法犯罪的一种重要方式。发出检察建议作为行政公益诉讼的诉前程序，主要目的在于增强行政机关纠正违法行政行为的主动性，也是为了最大限度地节约诉讼成本和司法资源。行政公益诉讼中，检察机关发出检察建议的前提条件应当是在充分调查核实的基础上，公共利益受到侵害，相关行政机关存在违法行使职权或不作为；目的在于督促行政机关纠正违法行为或者依法履行职责。行政机关应当在收到检察建议书后1个月内依法办理，并将办理情况及时书面回复人民检察院。检察机关要跟踪落实检察建议效果，对于行政机关不纠正违法或怠于履行职责的，公共利益仍处在受侵害状态，检察机关才可提起公益诉讼。如本案例中，清流县环保局虽回函称，拟将电子垃圾等危险废物交由有资质的单位处置，但实际上县环保局根本没有对电子垃圾进行依法处理。清流县检察院跟踪案件办理情况，发现县环保局没有依照检察建议纠正违法行政行为，社会公共利益仍处在被侵害状态，于是向人民法院提起了行政公益诉讼。另外，对于行政机关拒不纠正违法或怠于履行职责的，检察机关提起行政公益诉讼时，提出的诉讼请求应与检察建议的主要内容基本一致。

2. 适时变更诉讼请求。检察机关发出检察建议和提起行政公益诉讼，目的都是督促涉案行政机关积极依法履行职责，有效维护国家和社会公共利益。在行政公益诉讼审理过程中，行政机关纠正违法行为或者依法履行职责而使人民检察院的诉讼请求全部实现的，继续诉求行政机关纠正违法行为或依法履职已经没有意义，人民检察院可以变更诉讼请求，请求判决确认行政行为违法，或者撤回起诉。这种做法有利于提高诉讼效率，节约司法资源。如本案例中，清流县环保局在诉讼期间，依法将涉案电子垃圾交由具有处理资质的公司进行处理，并对刘文胜作出责令停止生产、对焚烧现场残留物进行无害化处理及罚款的行政处罚。此时，侵害公共利益的情形已经消失，清流县检察院的诉讼请求已提前实现，符合变更诉讼请求为确认行政行为违法或者撤回起诉的条件。为节约司法资源，清流县检察院将诉讼请求变更为确认清流县环保局先前的处置危险废物行为违法，并得到法院的判决支持。

（五）指导性案例第32号：贵州省锦屏县检察院诉锦屏县环保局行政公益诉讼案

贵州省锦屏县鸿发、雄军等7家石材加工企业未按环保要求修建环保设施，将生产中的污水直接排放到清水江，造成清水江污染的后果。锦屏县检察院先后两次向锦屏县环保局发出检察建议，未见成效后提起了行政公益诉讼。该案例可参考的指导作用有以下两个方面：

1. 指定集中管辖。现行诉讼管辖制度和模式下，各基层法院对第一审环境资源案件行使管辖权，公益诉讼中也仅是民事公益诉讼和部分行政公益诉讼由中级人民法院管辖，绝大多数案件处于分散审理状态。特别是生态环保民事、行政案件，涉及问题的专业性较强，采取集中管辖模式，有利于组建专业办案团队，解决疑难问题，可以避免对跨行政区划环境污染分段治理，各自为政，治标不治本的问题，更好地实现法律效果和社会效果的统一。如本案例中，贵州省高级人民法院就对环境保护案件进行了指定集中管辖，这为各地借鉴推广生态环保案件指定集中管辖提供了实践经验。

2. 依法履职到位的判断。行政机关虽有执法行为，但由于执法方式、执法手段不科学、不合理，履行法定职责不到位，导致行政相对人的违法行为仍在继续。这种履行法定职责不到位的情形，属于怠于履行监督管理职责，应认定为行政不作为。实践中，判断行政机关履行法定职责到位，行政相对人违法行为是否停止可以作为一个标准。如本案例中，锦屏县环保局在锦屏县检察院发出检察建议前，明知鸿发、雄军两家企业存在违法排污行为，但不正确履职，对该行为的监督只停留在下达整改通知，并未真正地规范企业的排污行为。在鸿发、雄军石材企业违法排污行为持续时间长达 16 个月后，才作出处罚决定，且仍没有采取有效措施阻止鸿发、雄军石材企业生产排污。锦屏县环保局这种怠于履行法定职责的表现，就是典型的行政不作为，履职不到位。经诉前程序后，行政机关仍怠于履行法定职责，国家和社会公共利益仍处在被侵害状态，人民检察院可以将行政机关作为被告提起行政公益诉讼。